从古典中寻新义·从旧籍里找时潮

王安石集 明夷待访录 信及录

【李敖主编国学精要 17】

李敖 主编

天津出版传媒集团
天津古籍出版社

图书在版编目（CIP）数据

王安石集·明夷待访录·信及录 / 李敖主编. -- 天津：天津古籍出版社，2016.11
（李敖主编国学精要）
ISBN 978-7-5528-0460-7

Ⅰ. ①王… Ⅱ. ①李… Ⅲ. ①王安石（1021-1086）—文学欣赏②哲学思想—中国—清代③史料—中国—清代 Ⅳ. ①I206.2②B249.32③K253.066

中国版本图书馆CIP数据核字（2016）第275540号

责任编辑：吴瞳瞳　　装帧设计：尚世视觉

本书简体中文版权由远流出版事业股份有限公司，经北京麦士达版权代理有限公司，授予天津古籍出版社出版发行，非经书面同意，不得以任何形式任意重制转载。本书限于中国内地发行。
著作权合同登记号 图字：02-2016-84

李敖主编国学精要 17
王安石集·明夷待访录·信及录
出版人 / 张玮

天津古籍出版社
（天津市西康路35号　邮编300051）
http://www.tjabc.net
三河市九洲财鑫印刷有限公司
全国新华书店发行
开本 700mm×1000mm　1/16　印张 58.25
2016 年 11 月第 1 版　2016 年 11 月第 1 次印刷
ISBN 978-7-5528-0460-7
定价：89.00元

序

谈中国名著，得先谈中国书；谈中国书，得先谈中国的文字历史。

中国历史从地下挖出的"北京人"起算，已远在五十万年以前；从地下挖出的"山顶洞人"起算，已远在两万五千年以前；从地下挖出的彩陶文化起算，已远在四千五百年以前；从地下挖出的黑陶文化起算，已远在三千五百年以前。这时候，已经跟地下挖出的商朝文化接龙，史实开始明确；从周朝共和元年（前841年）起，中国人有了每一年都查得出来的记录；从周平王四十九年（前722年）起，中国人有了每一月都查得出来的记录。中国人有排排坐的文字历史，已长达两千八百多年。

从何处说起

在自有纪年起长达两千一百多年之后，一位殉道者文天祥，被带到抓殉道者的元朝博罗丞相面前，他告诉博罗："自古有兴有废，帝王将相，挨杀的多了，请你早点杀我算了。"博罗说："你说有兴有废，请问从盘古开天辟地到今天，有几帝几王？我弄不清楚，你给我说说看。"文天祥说："一部'十七史'，从何处说起？"

三百多年过去了，"十七史"变成了"二十一史"。一位不同黑暗统治者合作的大思想家黄宗羲，回忆说："我十九、二十岁的时候看'二十一史'，每天清早看一本，看了两年。可是我很笨，常常一篇还没看完，已经搞不清那些人名了。"一部"二十一史"，从何处说起？

三百多年又过去了，"二十一史"变成了"二十五史"。书更多了，人更忙了，历史更长了。一部"二十五史"，从何处说起？

何况，中国历史又不只"二十五史"。"二十五史"只是史部书中的正史。正史以外，还有其他十四类历史书。最有名的《资治通鉴》，就是一个例子。司马光写《资治通鉴》，在参考正史以外，还参考了三百二十二种其他的历史书，写成两百九十四卷，前后花了十九年。大功告成以后，他回忆，只有他一个朋友王胜之看了一遍，别的人看了一页，就犯困了。

一部中国史，从何处说起？

古书有多少呢？

何况，中国书又不只历史书，历史书只是经、史、子、集四部分类中的一部分，清朝的史学家主张"六经皆史"，这下子经书又变成了历史书。其实凡书皆史才对，中国人面对的，已不是历史书的问题，而是古书的问题。

古书有多少呢？

古书多得吓人。

古书不只什么《古文观止》《唐诗三百首》，它们只不过占两种；古书不只什么"四书""五经"，它们只不过占九种；古书不只什么"二十五史"，它们只不过占二十五种。古书远超过这些，超过十倍、一百倍、一千倍，也超过两千倍、三千倍，古书有——十万种！

吓人吧？

这还是客气的。本来有二十五万三千种呢！幸亏历代战乱，把五分之三的古书给弄丢了，只剩下十万种了，不然的话，更给中国人好看！

又何况，还不止于古书呢！还有古物和古迹，有书本以外的大量残碑断简、大量手泽宗卷、大量玉器石鼓、大量故垒孤坟和陆续不断的大量文物出土……要面对起来，更难上加难了。

又何况，一个人想一辈子献身这种"皓首穷经"的工作，也不见得有好成绩。多少学究花一辈子时间在古书里打滚，写出来的，不过是"断烂朝报"；了解的，不过是"瞎子摸象"。古书太难了解了。

你不配做中国人

于是，中国人的办法便是：口口声声说复兴中华文化，但事实上，他们却对古书敬而远之，思念起来，未免惭愧。

说你不配做中国人，你一定从心里不服气；但研究一下配做中国人的条件，你一定从心里惭愧。

做中国人，总不能不看中国书吧？你看了多少中国书呢？"四书"、

《古文观止》、《唐诗三百首》，一数之下，不过几种而已，这就叫惭愧。

面对十万种的古书，面对这一庞大遗产，中国的子孙们到底该怎么办？不看吗？说不过去。看吗？从何看起？又多么难看？这的确是一个令人痛苦的问题。

为了解决这个令人痛苦的问题，有心人便出来，想法子做种种选本，来喂中国人。可叹的是，这些选本都失败了。失败的原因，最主要的，是大家太注重以"文章"为检定标准了，太注重"文章"挂帅，并且这种"文章"，又太局限在僵化的模式里头了。

好坏标准

以中国"文章"的大家而论，中国人评判"文章"，缺乏一种像样的标准。行家论"唐宋八大家"，说韩愈文章"如崇山大海"、柳宗元文章"如幽岩怪壑"、欧阳修文章"如秋山平远"、苏轼文章"如长江大河"、王安石文章"如断岸千尺"、曾巩文章"如波泽春涨"……说得玄之又玄，除了使我们知道水到处流、山一大堆以外，实在摸不清文章好在哪里？好的标准是什么？

又如林纾说他的文章是"史（记）汉（书）之遗"，章炳麟却大骂林纾吹牛，说林纾的文章，乃从唐人传奇剽窃衍演而来。章炳麟又说"当世之文，惟王闿运为能尽雅，马通伯为能尽俗"。其实一切摊开，有何史汉传奇雅俗之分？文章只有好坏问题，并无史汉传奇雅俗问题。文章的好坏标准，根本不在这里。

作为新时代的中国人，我们评判文章，实在该用一种新的标准，我们必须放弃什么山水标准、什么雅俗标准、什么气骨标准、什么文白标准。我们看文章，要问的只是两个问题：一、要表达什么？二、表达得好不好？有了这种新的标准，一切错打的笔墨官司，都可以去它的；一切不敢说它不好的所谓名家之作，都可以叫它狗屁。

从对对子到古文

古往今来，中国的文章特多，可是好文章不多的原因，就在没能将这二合一的问题摆平。中国人一谈写文章排名，韩愈就是老大，他是"唐宋八大家"的头牌，又是"文起八代（魏晋六朝）之衰"的大将，承前启后，代表性特强。可是你去读读他的全集，你会发现读不下去。你用上面两个问题一套。一、他要表达什么？答案是：他思路不清，头脑很混，他主张"非圣人之志，不敢存"，但什么是圣人之志？他自己也不知道。二、他表达得好不好？答案是：他好用古文奇字，作气势奔放状，文言文在他手下，变成了抽象名词排列组合，用一大堆废话，来说三句话就可说清楚的小意思，表达得实在不好。

虽然这样，韩愈却还算是进步分子呢！中国文章自魏晋以后，就有话不好好说，一定要配成了对儿才说话，一作起文来，就是"四六体"。"四六体"是四句、六句对偶而成的骈体文，是纯粹的中国字一字一形一音一义的大排队。中国人这时候，一写文章就要对对子，写满篇文章就是写满篇春联，满篇堆砌，矫揉造作，非常讨厌。到了唐朝，韩愈出来，主张秦汉古文，"师其意而不师其词"，"唯陈言之务去"，虽然韩愈文章也一样令人讨厌，但比起以前的八代的来，总是一种进步。

从古文到解放

这种进步，转变到北宋的"古文"。"古文"一方面说复古，一方面也创新，虽然南宋以后，有"语体"出现，把白话和文言合流，但以"文章"正宗论，还是"古文"的天下。于是，从韩愈到曾国藩，中国的能文之士都是古文家，"古文"就是我们一般指的文言文。

文言文的大缺点是它不能作为好的表达的工具，它跟白话分裂，写出来，是活人说死话，说得再好也是"古文辞类撰"。到了19、20世纪，有人开始突破，最成功的是梁启超，梁启超说他文章"解放，务为平易畅达，时杂以俚语、韵语及外国语法；纵笔所至不检束……老辈则痛恨，诋为野狐"。

梁启超虽被老辈"痛恨，诋为野狐"，但他在中国文章史上，和司马迁、韩愈等一样，是十足划时代的人物。梁启超风靡文坛一二十年，最后由白话文接替了文言文的位置，中国古书的时代，就告一段落了。

我们现在谈古书，就是以这一段落做标准的。这一段落以前的书，就是古书。读它们，无从读起；不读它们，又愧为中国人。我们遭遇了"两难式"。

分类的荒唐

对古书做选本，失败在"文章"挂帅以外。另外的失败，是分类笼统。

中国古书的分类，最流行的，是四部（经、史、子、集）分类。四部分类从东晋以后通吃，变成了典型的图书分类规范。但是稍一留心，就知道这种分类是相当荒唐的。以四部中第一部"经部"为例，"经部"的一部分，近于百科全书式的总集，应分入总类、文学类、历史类，其他部分（像《论语》《孟子》），应分入"集部"（个人集子）；以第二部"史部"为例，体裁上分正史、编年、别史、杂史、载记等，全无道理与必要，其他如诏令应入法律类，时令应分入天文类，目录应分入总类；以第三部"子部"为例，老、庄、申、韩等家，其实与《论语》《孟子》无别，都应分入"集部"，其他如谱录中草木、虫鱼应分入植物类、动物类，类书应分入总类，小说应分入文学类；以第四部"集部"为例，"经部""子部"分过来的书，多可分入哲学类、法律类、文学类……总之，四部分类，大体上说，"经""子""集"多是一类，"史"是另一类，四部分类实在只是两部分类。分类、分类，分了半天类，最后只分了两类。所谓分类，分了等于没分，这叫什么分类！（并且若按前面所提"六经皆史"之说，甚至连两类都没有呢！）

虽然这样，四部分类却还算是进步的分类呢！其他像《永乐大典》以韵来分类、《文渊阁书目》以"千字文"来分类、朱彝尊《竹垞行笈书目》以"心事数茎白发，生涯一片青山。空林有雪相待，古道无人独还"六绝一首来分类，其荒唐程度，比四部分类就尤有过之了。

所谓书目指导

从分类的笼统中,我们可以看到,它的毛病发生在古书内容上面,即古书内容的笼统。因为中国思想独尊儒家,思想失之一元化,所以常常古书一翻开,就犯了千篇一律的通病。乍看起来,经常一部书中,什么都包括;但细看之下,所包括的又极有限,在儒家框框里的同类作品太多太多,而异类的有个性有创见的作品太少太少。在这种情形下,要去做分类,尤其有现代眼光的分类,就非常困难了。

正因为古书众多而又分类困难,所以有心人就开始想法子,使中国人能够知所选择。这些有心人的做法是列举书目,例如:

一、龙启瑞《经籍举要》,列举书籍二百八十九种;

二、张之洞《书目答问》,列举书籍二千二百六十六种;

三、胡适《一个最低限度的国学书目》,列举书籍一百八十五种;

四、梁启超《国学入门书要目》,列举书籍一百六十种;

五、李笠《国学用书撰要》,列举书籍三百七十八种;

六、陈钟凡《治国学书目》,列举书籍四百八十八种;

七、支伟成《国学用书类述》,列举书籍三千二百种;

八、章炳麟《中学国文书目》,列举书籍五十一种;

九、徐敬修《国学常识书目》,列举书籍二百六十二种;

一〇、傅屯艮《中学适用之文学研究法》,列举书籍七十九种;

一一、沈信卿《国文自修书辑要》,列举书籍五十种;

一二、汤济沧《中小学国学书目》,列举书籍一百零六种;

一三、吴虞《中国文学选读书目》,列举书籍一百四十二种。

但是，看了这些列举的书目，我仍旧不得不感到：它们没有太多的用处，它们的毛病在于不该有的有了，该有的却又没有。它们无法把古书予以现代分类，无法从现代分类里透视古书的推陈出新的意义。同时，它们只提出书目，没有书本，虽然告诉人可以按图索骥，但是骥在哪儿，也要大费周章啊！

新的版本观念

由于时代的转变、由于"知识的爆炸"、由于传播知识的方法，等等，都有了不同，所以今天的有心人，从事这一努力的时候，就要采取现代的观点，来处理古书。以版本（板本）为例，现代印刷术的进步，尤其是影印技术的进步，使刊布图书的方法根本改变，同时也改变了"珍本""秘本""孤本"等古董观念，使古书不复成为某一阶层人的独得之秘。当然，对古书，并非不可讲究版本，但为一二校勘之便或几个异文讹漏，就把一部书的功能和流传性绞杀，则显然是旧式藏书楼主的行为；同样的，为了讲究版本之说，整天光刊些无甚价值的僻书，或一刊再刊些"版本竞赛"的常见经史之类，也不能不说是旧式版本学家的流毒，对鉴古知今的文化出版事业，为功究属狭窄。

当年黄荛圃的学生，曾有过"书无庸讲本子"的议论；俞樾的学生（章炳麟）也提过"读书何必讲究版本"的疑问。这些见解，都是从"取其大者"的角度，来从古书选材的，他们并不斤斤于"舆薪之不见"的癖好，当然也反对先以偏为务、再以偏盖全的专家孔见。

现代处理古书的标准，不该以古董式的版本为尚，也不该以鉴赏、校勘的用度为足，而该以配合新知的研究，定其去取。例如商务印书馆的宋本《资治通鉴》，当然没有胡三省的音注，在鉴赏和校勘上，虽然有它的价值，可是在普及和实用上，就远不如它的重排本《资治通鉴》；商务印书馆的"四部丛刊"本无疏单注"五经"，在普及和实用上，也远不及艺文印书馆的阮刻《十三经注疏》；同样的，仁寿本《二十五史》中的南宋印北宋监本《史记》，在普及和实用上，也远不如黄善夫本或殿本或泷川会注本。这些例子，都说明了版本的考究，并不就是弘扬了古书[①]。

出土带来了新收获

除了现有的古书以外，从汲冢到敦煌，历代也偶有古书的出土，值得我们特别重视。近十年来，古书的出土，更达到"汉唐以来所未有也"的地步。新出土的古书，带给我们前所未有的新发现，使我们在处理古书上，有了古人所没有的收获。例如，1972年4月，在山东临沂银雀山的一号、二号汉墓里，发现了一批竹简，由于竹简中有汉武帝元光元年（前134年）的历谱，可以断定这批竹简是两千一百年前就已流传的文献；又由于竹简中用字不避汉朝皇帝的讳，又可以断定竹简的古书，都早于汉朝。再

[①] 这套"中国名著精华全集"又注意版本又注意内容的特色，我举一个例。我收进了顾炎武的《日知录》，但我用的《日知录》版本，却是1932年张继搜集得到的何义门批校精抄本，其中有"胡服"等文字，这是一般《日知录》所没有的。所以这套"中国名著精华全集"所用的版本，是注意版本又注意内容的。这类特色，是很不容易的。为了达到这些好效果，有的版本，我甚至商请所有者特别同意我使用，桂冠图书公司的"中国古典文学名著"中的几种书，就是赖阿胜特别同意的。我要谢谢他。

往上推，秦二世在位三年，秦始皇在位三十七年，上距战国，不过四十多年，四十多年又值秦始皇统一思想，没人有闲工夫造假书，所以竹简中的古书，都是战国以前的原装货，应无疑义。

例如这批竹简中，有古书《尉缭子》。《尉缭子》一直被许多大牌学者如钱穆等人怀疑是后代假造的书，是伪书，并且说得头头是道。但是这批竹简一出土，证明了真金不怕众口铄，大牌学者也者，不过大言欺人而已。

如今《尉缭子》出土了，我们当然要恢复它在古书中的应有地位。

帛书也出现了

又如，1973年11月到1974年初，在湖南长沙马王堆第二、三号汉墓，出土了大批珍贵文物，最难得的是，其中有十二万字以上的帛书（因为那时纸还没发明，只能写在帛上，故叫帛书）。帛书中有一部分是失传了的古代医书。有一部包括了五十二种病名和治疗它们的二百八十个医方（每个都没有方名）。每个病的医方，从一个到二十七个不等，专家们把这部书定名为《五十二病方》。

《五十二病方》是中国最古的医学文献，它显示出来的病名，在内科方面，有肌肉痉挛、精神异常、往来寒热、小便不利、小便异常、阴囊肿大、肠道寄生虫和中蛊毒；在外科方面，有外伤、化脓、体表溃疡、动物咬螫、肛门、皮肤、肿瘤；在妇科方面，有产时子痫；在儿科方面，有小儿惊风；在五官科方面，有眼疾。用现代的观点来看这些医学材料——看这些早于《内经》等现有医书的材料，它们值得研究的意义，自然非比寻常。

又如同时出土的《相马经》，这是中国动物学、畜牧学的重要文献。

春秋战国时代，由于已从车战演变到骑兵，马的身价，也就越来越高。传说中的相马专家是伯乐，事实上，这种专家是很多的，《吕氏春秋·观表篇》就提到十个相马家，《史记·日者列传》也提到"以相马立名天下"的人氏，这些都可证明古人对相马的重视。这部《相马经》竟用来给死人陪葬，说明它在当时，必然是流行的一部名著。读了这部书，我们不得不惊讶：古人对马，原来是这样不马虎！

搜寻亡佚

另一个现代的观点是使被埋没的古书广为流传。中国历代的战乱不断，图书上的损失，早已无法细计，不论无意的被焚于兵祸，还是有意的聚毁于七塔，对文化而言，自属有害无益。今天我们得现代印刷术之便，实在应该把这些被埋没了的古书，尽量予以亮相，以免及身而绝。过去有心人处理这个问题的方法，就是出版丛书。

丛书在中国历史上，最早的是宋代俞鼎孙、俞经的《儒学警悟》，这部书成于宋宁宗嘉泰元年（1201年），距离今天，足足七百八十多年了。

七百八十多年来，从事文化出版的人，辑印丛书的种类很多，但是专辑近著搜寻亡佚的，除了光绪年间潘祖荫的"功顺堂丛书"、赵之谦的"仰视千七百二十九鹤斋丛书"外，实不多见。尤其赵之谦的丛书中，收有七弦河上钓叟的《英吉利广东入城始末》一卷，更可看出辑刊者的历史眼光。

宋朝以来，因为受印刷技术的限制，不能影印，至多只能影刻，直到清末，还是如此。陈三立的《黄山谷集》、端方的《东坡七集》，都是最有名的影刻本。但因影刻太贵，且产生窜易首尾节略翻刻的缺点，给了人们不良的印象。现在印刷术进步了，并且超过了商务印书馆"四部丛刊""古逸丛书""四库全书珍本初集"的影印水准，所以现在为被埋没了的古书，做亮相的工作、做搜寻亡佚的工作，自然也就责无旁贷了。

现代分类

由于过去的通病是儒家挂帅下的四部分类，古书所遭遇的摧残是相当严重的，这种挂帅和分类不打破，中国的古书情况必将永远陷在不均衡的畸形里，陷在比例不对的悬殊里。所以，用现代的观点处理古书，必须首先把儒家挂帅四部分类的错误予以矫正，把所有古书重新估定，该拉平的拉平、该扶起的扶起、该缩小的缩小、该放大的放大、该恢复的补足、该重视的给它地位[①]。这样重新估定之下，整个中国文化遗产，才能均衡地、成比例地重新呈现在我们眼前。我们再用现代方法去"新瓶装旧酒"，古书才不止是古书，才有现代的意义[②]。在现代意义的光照下，许

[①] 这套"中国名著精华全集"，尽量表扬被压扁的异类思想，特别注重中国古书中的多样性、独创性与个性。因此，作者群中，入狱的、杀头的比例也颇大，这是一个必要的义举——点燃旧日的火种，加添今后的光明，这本就是我多年的一个心愿。至于纯属个人的一些感情泛滥的集部书，我有意缩小它们的比例。

[②] 把难以分类的古书，纳入现代分类，是这套"中国名著精华全集"的一大特色。为了使中国人对中国书有鸟瞰式的了解，所以在总类方面，特别加强（我为加强中国人对图书分类的认识，特别以《四库全书》作为分类的总代表，当然在体积上，"长虫吞不了象"，是不能收入的）；又因为中国人读书，缺乏方法上的讲究，所以在方法学方面，特别着力。

多古书，古人所贵者，如今看来已是"断烂朝报"；又许多古书，古人所贱者，如今看来却余味无穷。如今我们处理古书，并不是止于把它们进一步分类（如刘国钧"中国图书分类法"或杜定友"杜氏图书分类法"），或就古人之所重者重印一阵就算完事，而该大力发掘并认定真正值得现代学术"獭祭"的典籍。否则的话，只是引今泥古而已，离玩物丧志，也就不很远了，"学术"云乎哉！

解决难读的问题

除了现代分类外，如何解决读懂古书的问题①，也是现代的观点中不能忽视的事。中国古今语文上的变化，差距很大，《尚书》中的文告，在当时是口语，现在是很难的文言了；《论语》中的对话，在当时是口语，现在是很斯文的典故了。所以古书的文字语言，对现代的中国人来说，有时比外国文还恐怖。这一现象，早在半个世纪前就被提出来讨论了。梁启超在1925年写《要籍解题及其读法自序》，就指出：

> 诸君对于中国旧书，不可因"无用"或"难读"这两个观念便废止不读。有用无用的标准本来很难确定，何以见得横文书都

---

① 俞樾是中国有史以来最能读古书的人，他在《古书疑义举例》里，却描写了古书是多么难读。他说："夫自周秦两汉，至于今远矣，执今人寻行数墨之文法，而以读周秦两汉之书，譬如犹执山野之夫，而与言甘泉建章之巨丽也！夫自大小篆而隶书、而真书，自竹简而缣素、而纸，其为变也屡矣。执今日传刻之书，而以为是古人之真本，譬如闻人言笋可食，归而煎其箦也。嗟夫，此古书疑义所以日滋也欤？"

有用，线装书都无用？依我看，著述有带时代性的，有不带时代性的。不带时代性的书，无论何时都有用。旧书里头属于此类者确不少。至于难读易读的问题呢，不错，未经整理之书，确是难读，读起来没有兴味或不得要领，像是枉费我们的时光。但是，从别方面看，读这类书，要自己用刻苦工夫，披荆斩棘，寻出一条路来，因此可以磨练自己的读书能力，比专吃现成饭的得益较多。所以我希望好学的青年们最好找一两部自己认为难读的书，偏要拼命一读，而且应用最新的方法去读它，读通之后，所得益处，在本书以内的不算，在本书以外的还多着哩。

现在，半个世纪过去了，中国人读古书的能力更不如前，时间也不如前了。所以，有心人处理古书给现代的中国人，必须兼顾到现代人的读书能力，精挑细选之后，必要的解题、注释、翻译，也该尽量齐备[①]。

"中国名著精华全集"

基于上面所说的一些有关古书的重点、基于上面所说的一些心得和认识，王荣文和我经过多次的交换意见和反复讨论，决定在《中国历史演义全集》成功后第四年，推出一部"中国名著精华全集"[②]。

[①] 这套"中国名著精华全集"尽量以实用的解题、注释、翻译为原则，酌量收入。现代人每以注释为读古书的要件，其实注释不一定全对读者有益。像《论语》《孟子》，读了朱熹的注释，反会堕入宋儒理学的魔障，这说明了注释不当，反倒有害。

[②] 所谓名著，除了一般的意义外，也包括特定的意义：凡是推定可成为（转下页）

"中国名著精华全集"的构想，部分接近美国哈佛大学校长伊利鹗（Charles W. Eliot）的"哈佛丛书"（The Harvard Classics）。"哈佛丛书"长五英尺，又名"五呎丛书"（Five Foot Shelf of Books），是用五英尺长度的精装书，把西方古典名著的精华收入。由于中国古书太多，在性质上也与西方互异，这部"中国名著精华全集"，在编选方面，自然独有它的特色。我们决定按照现代图书分类，精选出两百种古书①，每种"加

（接上页）名著的，也酌量选入。这是因为古书中，有的的确被埋没了，被不合理地埋没了。清朝李慈铭说得好："网罗散逸，蒐拾丛残，几于无隐之不搜，无微之不续，而其事遂为天壤间学术之所系，前哲之心力，其一二存者得以不坠。"为了使"一二存者得以不坠"，所以用的名著标准，比较有弹性。还有，在名著的去取上，我有大刀阔斧的气魄，去取之间，不受传统的名著的认定方式。例如我选深的书，所以浅的《三字经》等名著不选；我选原本的书，所以选本的《唐诗三百首》《古文观止》等名著不选；我选精审的书（如《呻吟语》），所以粗劣的《菜根谭》等名著不选。有的书，在去取上，也有割爱的，例如徐光启的《农政全书》，我终于嫌它缺乏独立见解，还是不选了。总之，这些去取之间的苦心与调济，只有全面的、非常的专家才能识货、才能惊叹。一般对中国古书似知非知的人，难免会有点议论，我是不重视的。至于古书真伪问题，我虽然选入胡应麟《少室山房全集》、姚际恒《庸言录》中辨伪的文献来提醒大家注意，但对一些可疑的书，能够取其内容而不取其时代，把它们看成"反正是古代中国人写的"，倒也圆通自在。因此我选《晏子春秋》《列子》等，都有反对因噎废食的意思。

① 古书入选标准，以1912年为下限（偶有例外，也是记事在1912年前的，像吴永的《庚子西狩丛谈》是），以一人一书为原则（所以只能说是割爱，不能说是遗漏。此外，也有两人"共家"的书出现，如程颢、程颐的《二程全书》；也有以辑佚刊印者挂名的一堆书出现，如叶德辉的"双梅景暗丛书"。所以，这套"中国名著精华全集"，作者不止二百人，书也不止二百种）。作者不明确的，从俗标注（当然过分荒谬的，如黄帝作《内经》等，也只好以佚名处理）。作者有时不明确，也是古书的一大特色。古人没有著作权观念，不但没有，还喜欢把自己的作品，射在别人头上，这种作者，叫"箭垛式作者"。"箭垛式作者"有时以一个人代表一个学派（像管仲之于《管子》），有时以一个人代表集体创作（像施耐庵之于《水浒传》），都不可拘泥就是；作者明确的，书名有时采用作者死后的总集名目；但是生前有总集性质的书名，虽然包罗不全，我也尽量把以后的出版品来个总归户，归到这个书名下（像康有为"万木草堂丛书"等是）。

工"以后，也以五英尺的长度①，精装起来②，配上图片③，贡献给现代的读者。我们用这部"中国名著精华全集"，把中国古书做一次彻底的、划时代的处理，用现代的观点、现代的印刷术、现代的出版企划，把它们带到现代的中国人面前。

我们希望，这部"中国名著精华全集"的问世，可以使现代的中国人，能够多少知道作为中国人应有的条件是什么，多少知道祖宗们的遗产是什么，多少知道这些遗产可以入宝山而不空手，多少知道这些遗产对我们并非高不可攀。

我们相信，这部"中国名著精华全集"的问世，可以把现代人看古书的问题，得到满意的一次解决。有了这部大书，你可以上下古今，把千年精华，尽收眼底；你可以纵横左右，把多样遗产，罗列手边；你可以从古典中寻新义，从旧籍里找时潮，从深入浅出的文字里，了解古代的中国和

---

① 因为要在五英尺长的书里收入两百种古书的精华，所以有的能全书收入，有的只能收入部分；古书这么多，有的自难免有遗珠之憾。但是不论怎么收，都以"精华"为准。一个人的作品或一部书的内容，如果涉及的项目多元的时候，尽量就多元中最有特色的部分，作为分类依据，但是虽然分类从严，但是选入却从宽，因为古书的性质本来就很含混，若从严选入，必将造成不必要的损失。

② 古书的处理，由于现代印刷术的进步，在规格上，又不得不注意配合时代要求，线装薄面也好、绸函丝订也罢，早已都是落伍的玩意儿，都不应该再予以考虑。在国际标准的图书馆中，甚至平装书都在不受皮藏之列，我们怎么能再抱残守缺，开时代倒车？所以无须采用旧式装订的方式，自无疑义。

③ 在《中国历史演义全集》中，我配上图片，并且把每张图片加上活泼的说明，很受欢迎。这套"中国名著精华全集"也同样处理。图片有的来之不易，非细心而识货的中国人，就很难看出来。以配图中徐渭（文长）《青天歌卷》的首尾为例，《青天歌卷》在1966年江苏吴县东角直地方曹澄墓中出土。纸本，纵31.6厘米，长2036厘米，共七十四行。卷首有"许宝善印""磬磬子"收藏章。卷后盖有"天池山人""青藤道士"章。这种十多年前才从坟里挖出来的文献，都被我用到了，这种"绝活"，总该令人绝倒吧？

现代的中国。

作为一个"旧学邃密""新知深沉"的中国人,我想逢今之世、处此之岛,没有人比我更适合做这一件大事了,也没有人比王荣文更适合推动这一出版计划了。我们高兴在我们的努力下,终于完成了这部大书,相信细心而识货的中国人,会和我们一样高兴。

一九八三年四月十八日,李敖在台湾

* * *

这套"中国名著精华全集"的内容,林明德(辅仁大学中文系教授)、詹宏志、李传理(远流的两位干将)提供我不少的好意见,我要特别谢谢他们。(一九八三年六月十八日,李敖补记)

目录

王安石集

导读 / 002

卷一　古诗一 / 003

卷二　古诗二 / 013

卷三　古诗三 / 023

卷四　古诗四 / 034

卷五　古诗五 / 045

卷六　古诗六 / 053

卷七　古诗七 / 064

卷八　古诗八 / 076

卷九　古诗九 / 085

卷十　古诗十 / 097

卷十一　古诗十一 / 108

卷十二　古诗十二 / 121

卷十三　古诗十三 / 133

卷十四　律诗一 / 144

卷十五　律诗二 / 157

卷十六　律诗三 / 170

卷十七　律诗四 / 183

卷十八　律诗五 / 195

卷十九　律诗六 / 208

卷二十　律诗七 / 220

卷二十一　律诗八 / 233

卷二十二　律诗九 / 245

卷二十三　律诗十 / 257

卷二十四　律诗十一 / 269

卷二十五　律诗十二 / 281

卷二十六　律诗十三 / 294

卷二十七　律诗十四 / 310

卷二十八　律诗十五 / 326

卷二十九　律诗十六 / 342

卷三十　律诗十七 / 358

卷三十一　律诗十八 / 374

卷三十二　律诗十九 / 392

卷三十三　律诗二十 / 407

卷三十四　律诗二十一 / 423

卷三十五　挽辞 / 440

卷三十六　集句 / 453

卷三十七　集句·词 / 467

卷三十八　四言诗·古赋·乐章·上梁文·铭赞 / 477

卷三十九　书疏 / 486

　　上仁宗皇帝言事书 / 486

　　上时政疏 / 499

　　进戒疏 / 500

卷四十　奏状 / 502

　　乞免就试状 / 502

　　辞集贤校理状四 / 503

　　辞同修起居注状七 / 505

　　再辞同修起居注状五 / 508

　　辞赴阙状三 / 511

　　辞知江宁府状 / 512

　　举陈枢充钱谷职司状 / 513

　　举钱公辅自代状 / 513

　　举吕公著自代状 / 513

　　举谢卿材充升擢任使状 / 514

举屯田员外郎刘彝状 / 514

敕举兵官未有人堪充状 / 514

举渭州兵马都监盖传等充边上任使状 / 514

举古渭寨都监段充充兵官任使状 / 515

卷六十二　论议一 / 516

郊宗议 / 516

答圣问麇歌事 / 517

看详杂议 / 518

详定十二等议 / 523

卷六十三　论议二 / 524

易泛论 / 524

卦名解 / 527

河图洛书义 / 530

谏官论 / 530

伯夷 / 531

卷六十四　论议三 / 533

三圣人 / 533

周公 / 535

子贡 / 536

杨孟 / 537

材论 / 538

命解 / 539

对疑 / 540

卷六十五　论议四 / 542

洪范传 / 542

易象论解 / 555

卷六十六　论议五 / 559

周南诗次解 / 559

礼论 / 560

礼乐论 / 561

大人论 / 565

致一论 / 566

九卦论 / 567

卷六十七　论议六 / 569

九变而赏罚可言 / 569

夫子贤于尧舜 / 570

三不欺 / 571

非礼之礼 / 572

王霸 / 573

性情 / 574

勇惠 / 575

仁智 / 576

中述 / 577

行述 / 578

卷六十八　论议七 / 579

夔说 / 579

鲧说 / 580

季子 / 581

荀卿 / 582

杨墨 / 583

老子 / 584

庄周上 / 584

庄周下 / 586

原性 / 586

性说 / 588

对难 / 589

卷六十九　论议八 / 590

禄隐 / 590

太古 / 591

原教 / 592

原过 / 593

进说 / 593

取材 / 594

兴贤 / 596

委任 / 596

知人 / 598

风俗 / 598

闵习 / 599

卷七十　论议九　杂著一 / 600

复仇解 / 600

推命对 / 601

使医 / 602

汴说 / 602

议茶法 / 603

茶商十二说 / 604

乞制置三司条例 / 605

相鹤经 / 606

策问十一道 / 607

卷七十一　杂著二 / 611

先大夫述 / 611

先大夫集序 / 613

题王逢原讲孟子后 / 613

许氏世谱 / 614

伤仲永 / 616

同学一首别子固 / 617

书瑞新道人壁 / 617

读孟尝君传 / 618

读柳宗元传 / 618

读江南录 / 619

书李文公集后 / 620

书刺客传后 / 620

孔子世家议 / 621

书洪范传后 / 621

题张忠定书 / 622

题燕华仙传 / 622

书金刚经义赠吴珪 / 623

与妙应大师说 / 623

题旁诗 / 623

卷七十二　书一 / 624

答韩求仁书 / 624

答龚深父书 / 628

再答龚深父论语孟子书 / 629

答王深甫书三 / 630

与王深父书二 / 633

答刘读秀才书 / 634

卷七十三　书二 / 635

答徐绛书 / 635

答李资深书 / 636

答韶州张殿丞书 / 636

答司马谏议书 / 637

答曾公立书 / 638

答吕吉甫书 / 638

与王子醇书四 / 639

与赵高书 / 641

回苏子瞻简 / 641

与陈和叔内翰简 / 642

答许朝议书 / 642

答蔡天启书 / 642

与参政王禹玉书二 / 643

答曾子固书 / 644

卷七十四　书三 / 645

上相府书 / 645

上富相公书 / 646

上曾参政书 / 646

上执政书 / 648

与刘原父书 / 651

答吴孝宗书 / 651

答吴孝宗论先志书 / 652

答钱公辅学士书 / 652

与崔伯易书 / 653

与郭祥正太博书三 / 653

与吴特起书 / 654

与曾子山书 / 655

与吴司录议王逢原姻事书 / 655

卷七十五　书四 / 656

与王逢原书七 / 656

与刘元忠待制书 / 660

与沈道原舍人书二 / 660

答黎检正书 / 661

与丁元珍书 / 661

上杜学士言开河书 / 662

与马运判书 / 662

答王伯虎书 / 663

答段缝书 / 663

答姚辟书 / 665

答李参书 / 665
答史讽书 / 666
上邵学士书 / 666

卷七十六　书五 / 668

上田正言书二 / 668
谢张学士书 / 670
答李秀才书 / 670
答孙长倩书 / 671
上杜学士书 / 671
与孙莘老书 / 672
上徐兵部书 / 673
上宋相公书 / 673
上富相公书 / 674
上张枢密书 / 675
上郎侍郎书 / 675
上运使孙司谏书 / 676
上浙漕孙司谏荐人书 / 678

卷七十七　书六 / 679

上张太博书二 / 679
上人书 / 680
上凌屯田书 / 681
与祖择之书 / 681
与孙子高书 / 682
与孙侔书三 / 683
请杜醇先生入县学书二 / 684
答孙元规大资书 / 685
答孙少述书 / 686
答王该秘校书二 / 686
答张几书 / 687

答杨忱书 / 688

答陈枢书 / 688

答余京书 / 689

答王景山书 / 689

卷七十八　书七 / 691

答郏大夫书 / 691

与章参政书 / 691

与王宣徽书三 / 692

与彭器资书 / 692

与程公辟书 / 693

与李修撰书 / 693

与徐贤良书 / 693

与杨蟠推官书二 / 694

与孟逸秘校手书九 / 694

与楼郁教授书 / 697

答王逢原书 / 697

答王致先生书 / 698

回文太尉书 / 698

回元少保书二 / 698

答范峋提刑书二 / 699

答孙莘老书 / 699

答俞秀老书 / 699

答宋保国书 / 700

答熊伯通书二 / 700

答蒋颖叔书 / 701

卷七十九　启 / 702

贺韩魏公启 / 702

贺致政文太师启 / 703

贺留守侍中启 / 703

贺留守王太尉启 / 703

贺致政赵少保启 / 704

贺吕参政启 / 704

回谢王参政启 / 705

贺章参政启 / 705

免参政上两府启 / 705

答高丽国王启 / 706

罢相出镇回谢启 / 706

谢皇亲叔教启 / 706

贺韩史馆相公启 / 707

回留守太尉贺生日启 / 707

除参知政事谢执政启 / 707

回王参政免启 / 708

参知政事回宗室贺启 / 708

回曾签书免启 / 708

上执政辞仆射启 / 709

除宰相上两府大王免启二 / 709

回谢舍人启 / 710

回韩相公启 / 710

回文侍中启 / 710

卷八十　启二 / 711

回贺冬启三 / 711

回贺正启三 / 712

贺文太师启 / 713

谢知制诰启 / 713

回谢馆职启 / 713

知常州上中书启 / 714

知常州上监司启 / 715

上扬州韩资政启 / 715

上郎侍郎启二 / 716

上田正言启 / 716

上抚州知州启 / 717

谢孙龙图启 / 717

谢王司封启 / 718

谢提刑启 / 718

谢夏霍察推启 / 718

答交代张廷讯启 / 719

贺致政杨侍读启 / 719

答桂帅余侍郎启 / 719

远迎宣徽太尉状 / 720

先状上韩太尉 / 720

答程公辟议亲书 / 721

卷八十一　启三 / 722

知常州谢运使元学士启 / 722

贺庆州杜待制启 / 722

贺运使转官启 / 723

贺钤辖柴太保启 / 723

贺知县启 / 724

上宋相公启 / 724

上集贤相公启 / 724

上梅户部启 / 725

上杭州范资政启 / 725

上江宁府王龙图启 / 726

上泉州毕少卿启 / 726

上信州知郡大谏启 / 727

上明州王司封启 / 727

上运使孙司谏启 / 727

上发运副使启 / 728

上李仲偃运使启 / 728

上通判启 / 728

谢范资政启 / 729

谢知州启 / 729

谢邻郡通判启 / 729

谢葛源郎中启 / 730

谢林中舍启 / 730

谢徐秘校启 / 730

谢林肇长官启 / 731

答林中舍启二 / 731

答定海知县启 / 732

答戚郎中启 / 732

上枢密王尚书启 / 732

与交代赵中舍启 / 733

与张护戎启 / 733

与谭主簿启 / 733

上范资政先状 / 733

谢许发运启 / 734

谢王供奉启 / 734

答马太博启二 / 734

答沈屯田启 / 735

答陈推官启 / 735

贺集贤相公启 / 735

贺枢密相公启 / 736

答福州知府学士启 / 736

贺凤翔知府陈学士启 / 736

贺昭文相公启 / 737

谢及第启 / 737

卷八十二　记一 / 739

虔州学记 / 739
君子斋记 / 741
度支副使厅壁题名记 / 742
桂州新城记 / 743
太平州新学记 / 744
繁昌县学记 / 744
芝阁记 / 745
信州兴造记 / 746
余姚县海塘记 / 747
通州海门兴利记 / 748

卷八十三　记二 / 749

鄞县经游记 / 749
游褒禅山记 / 750
城陂院兴造记 / 751
慈溪县学记 / 751
万宗泉记 / 753
扬州龙兴讲院记 / 753
抚州招仙观记 / 754
石门亭记 / 754
抚州通判厅见山阁记 / 755
真州长芦寺经藏记 / 756
涟水军淳化院经藏记 / 757
大中祥符观新修九曜阁记 / 757
扬州新园亭记 / 758
庐山文殊像现瑞记 / 759
抚州祥符观三清殿记 / 759

卷八十四　序 / 760

周礼义序 / 760
诗义序 / 761

书义序 / 761

熙宁字说序 / 762

新秦集序 / 762

老杜诗后集序 / 763

灵谷诗序 / 764

送陈兴之序 / 764

送李著作之官高邮序 / 765

石仲卿字序 / 765

伴送北朝人使诗序 / 766

唐百家诗选序 / 766

善救方后序 / 766

送陈升之序 / 767

张刑部诗序 / 768

送孙正之序 / 768

送胡叔才序 / 769

卷八十五　祭文 / 770

祭曾鲁公文 / 770

祭范颍州文 / 770

祭周几道文 / 771

祭张左丞文 / 772

祭高枢密文 / 772

群牧司祭高公文 / 772

祭吕侍读文 / 773

祭马龙图文 / 773

祭曾博士易占文 / 773

祭苏虞部文 / 774

祭李省副文 / 774

祭高师雄主簿文 / 775

祭马玘大夫文 / 775

祭盛侍郎文 / 775

祭杜待制文 / 776

祭丁元珍学士文 / 776

祭刁景纯学士文 / 777

祭韩钦圣学士文 / 777

祭沈文通文 / 777

祭杜庆州杞文 / 778

卷八十六　祭文二　哀辞 / 779

祭吴侍中冲卿文 / 779

祭欧阳文忠公文 / 779

祭张安国检正文 / 780

祭李审言文 / 781

祭沈中舍文 / 781

祭束向元道文 / 781

祭陈浚宣叔文 / 782

祭王回深甫文 / 782

祭刁博士绎文 / 783

祭虞靖之文 / 783

祭北山元长老文 / 783

祭吕望之母郡太文 / 784

祭程相公琳文 / 784

祭秦国夫人文 / 784

祭鲍君永泰王文 / 785

祈雨文 / 786

谢雨文 / 786

李通叔哀辞 / 786

泰兴令周孝先哀辞 / 788

心史

导读 / 790
宋郑所南先生久久书 / 791
  前臣子盟檄 / 791
  后臣子盟檄 / 793
  久久书后九跋 / 795

伯牙琴

导读 / 802
君道 / 803
吏道 / 806

明夷待访录

导读 / 810
原君 / 811
原臣 / 815
原法 / 818
置相 / 821
学校 / 825
田制一 / 832
田制二 / 836
财计三 / 840
明儒学案序 / 842

潜书

导读 / 846
抑尊 / 847
大命 / 851
破祟 / 854
博观 / 857
富民 / 861
室语 / 864

信及录

导读 / 868
颁发查禁营兵吸食鸦片规条稿 / 869
札发编查保甲告示条款转发衿耆查照办理由 / 871
谕洋商责令夷人呈缴烟土稿 / 873
谕各国夷人呈缴烟土稿 / 876
饬拿贩烟夷犯颠地稿 / 879
谕缴烟土未覆先行照案封舱稿 / 881
咪唎坚国夷商京禀该商向不贩卖鸦片由 / 882
批咪唎坚京夷禀 / 883
批司道会详核议设局收缴鸦片章程由 / 884
咨覆广督批示义律夷禀一案稿 / 885
示谕夷人速缴鸦片烟土四条稿 / 887

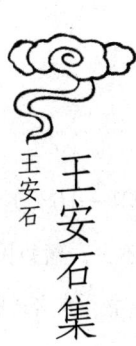

王安石集

导 读

王安石（1021—1086），字介甫，号半山，江西临川人。他从小随父亲宦游各地，见闻不少，颇知民间疾苦。王安石二十二岁中进士，做地方官十八年，但他拒绝做高官，声名动朝野。宋仁宗时候，他曾上万言书，未被重用；宋神宗时候，重用他推行新法。他从四十九岁起，当国八年，厉行改革，由于旧派大臣司马光等反对和客观条件限制，新法有成有败。为了新法的推行，他有信答比他大两岁的司马光，说："如君实（司马光字）责我以在位久，未能助上大有为，以膏泽斯民，则某知罪矣！如曰今日当一切不事事，守前所为而已，则非某之所敢知。"就是明指中国的事，"一切不事事"的守旧，是他不敢领教的。

王安石在政治以外，古文与诗词也卓然成家。他的文字比起旧式知识人来，思想细密得多。对他的万言书，方苞就说："欧、苏诸公上书，多条举数事，其体出于贾谊《陈政事疏》。此篇止言一事，而以众法之善败，经纬其中，义皆贯通，气能包举，遂觉高出同时诸公之上。"可见在思想上，他是超出时代的。

王安石死后，他的政敌苏轼代皇帝写敕文，说天意"将以非常之大事，必生希世之异人。使其名高一时，学贯千载，智足以达其道；辩足以行其言，瑰玮之文，足以藻饰万物；卓绝之行，足以风动四方。"对王安石说来，正是公论。

卷一 古诗一

元丰行示德逢

四山翛翛映赤日,田背坼如龟兆出。湖阴先生坐草室,看踏沟车望秋实。雷蟠电掣云滔滔,夜半载雨输亭皋。旱禾秀发埋牛尻,豆死更苏肥荚毛。倒持龙骨挂屋敖,买酒浇客追前劳。三年五谷贱如水,今见西成复如此。元丰圣人与天通,千秋万岁与此同。先生在野故不穷,击壤至老歌元丰。

后元丰行

歌元丰,十日五日一雨风。麦行千里不见土,连山没云皆种黍。水秧绵绵复多稌,龙骨长干挂梁梠。鲂鱼出网蔽洲渚,荻笋肥甘胜牛乳。百钱可得酒斗许,虽非社日长闻鼓。吴儿踏歌女起舞,但道快乐无所苦。老翁埴水西南流，杨柳中间杙小舟。乘兴欹眠过白下，逢人欢笑得无愁。

夜梦与和甫别如赴北京时和甫作诗觉而有作因寄纯甫

水菽中岁乐，鼎茵暮年悲。同胞苦零落，会合尚凄其。况乃梦乖阔，伤怀而赋诗。诗言道路寒，乃似北征时。叔兮今安否，季也来何迟。中夜遂不眠，辗转涕流离。老我孤主恩，结草以为期。冀叔善事国，有知无不为。千里永相望，昧昧我思之。幸唯季优游，岁晚相携持。于焉可晤语，水木有茅茨。畹兰伫归憩，绕屋正华滋。

纯甫出释惠崇画要予作诗

画史纷纷何足数，惠崇晚出吾最许。旱云六月涨林莽，移我翛然堕洲渚。黄芦低摧雪翳土，凫雁静立将俦侣。往时所历今在眼，沙平水淡西江浦。暮气沉舟暗鱼罟，欹眠呕轧如闻橹。颇疑道人三昧力，异域山川能断取。方诸承水调幻药，洒落生绡变寒暑。金坡巨然山数堵，粉墨空多真漫与。大梁崔白亦善画，曾见桃花净初吐。酒酣弄笔起春风，便恐漂零作红雨。莺流探枝婉欲语，蜜蜂掇蕊随翅股。一时二子皆绝艺，裘马穿羸久羁旅。华堂岂惜万黄金，苦道今人不如古。

徐熙花

徐熙丹青盖江左，杏枝偃蹇花婀娜。一见真谓值芳时，安知有人盘礴赢。同朝众史共排媚，亦欲学之无自可。锦囊深贮几春风，借问此木何时果。

燕侍郎山水

往时濯足潇湘浦，独上九疑寻二女。苍梧之野烟漠漠，断垅连冈散平楚。暮年伤心波浪阻，不意画中能更睹。燕公侍书燕王府，王求一笔终不与。奏论谳死误当赦，全活至今何可数。仁人义士埋黄土，只有粉墨归囊楮。

陶缜菜

江南种菜漫阡陌，紫芥绿菘何所直。陶生画此共言好，一幅往往黄金百。北山老圃不外慕，但守荒畦副荆棘。陶生养目渠养腹，各以所能为物役。

己未耿天骘著作自乌江来予逆沈氏妹于白鹭洲遇雪作此诗寄天骘

辛酉冬，天骘复来，诵之，遂书于壁，请天骘书所酬于右。

朔风积夜雪，明发洲渚净。开门望钟山，松石皓相映。故人过我宿，未尽跻攀兴。而我方渺然，长波一归艇。款段庶可策，柴荆当未暝。与子出东冈，墙西扫新径。

招约之职方并示正甫书记

往时江总宅，近在青溪曲。井灭非故桐，台倾尚余竹。池塘三四月，菱蔓芙蕖馥。蒲柳亦竞时，冥冥一川绿。方坻最所爱，意谓可穿筑。欲往无舟梁，长年寄心目。故人晚得此，心事付草木。消摇檐宇新，揽结蹊隧熟。更能适我愿，中水开茆屋。鬼营诛荒梗，人境扫喧黩。濠鱼净留连，海鸟暖追逐。岂无方外客，于此停高躅。忆初桑落时，要我岂非夙。蚕眠忽欲老，一介未言速。当缘东门水，尚涩南浦舳。吾庐虽隐翳，赏眺还自足。横陂受后涧，直埕输前渎。跳鳞出重锦，舞羽堕软玉。碧箭递舒卷，紫角联出缩。千枝孙峄阳，万本母淇澳。满门陶令株，弥岸韩侯蔌。尚复有野物，与公新听瞩。金钿拥芜菁，翠被敷苜蓿。虾蟆能作技，科斗似可读。棁轩俯北渚，花气时度谷。耘锄聊效颦，缔构行可续。荒乘傥不倦，一昼敢辞卜。虽无北海酒，乃有平津肉。翛翛仙李枝，城市久烦促。寄声与俱来，荫我台上谷。

同王浚贤良赋龟得升字

世传一尾龟百龄，此龟逮见隋唐兴。虽然天幸免焦灼，想屡缩颈愁严凝。前年赴海不量力，欲替鳌负三崚嶒。番禺使君邂逅见，知困簸荡因嗟矜。疾呼余且设网取，以组系首龟穿绳。北归与俱度大庾，两夫赑屃苦不胜。舣船秦淮担送我，云此一可当十朋。昔人宝龟谓神物，奉事槁骨尤兢兢。残民灭国递争夺，有此乃敢司黎蒸。于时睹甲别贵贱，太卜藏法传昆仍。岂如元君须见梦，初知欢喜得未曾。自从九江罢纳锡，众渔贱弃秋不登。卜人官废亦已久，果猎谁复知殊称。今君此宝世莫识，我亦坐视心瞢瞢。支床才堪比瓦砾，当粟孰肯捐斗升。糁头腥臊何足嗜，曳尾污秽适可憎。盛溲除聋岂必验，蹈背出险安敢凭。剔肠以占幸无事，卷壳而食病未能。如闻禽息可视效，乃往有堕崖千层。仰窥朝阳俯引气，亦得难老如冈陵。谅能学此真寿类，世论妄以虫疑冰。嗟余老矣倦呼吸，起晏光景难瞻承。但知故人所玩惜，每戒异物相侵陵。唯忧盗贼今好卜，夜半劫请无威惩。复恐馋夫负之走，并窃老木为薪蒸。浅樊荒圃不可保，守视且寄钟山僧。

示元度
营居半山园作。

今年钟山南，随分作园囿。凿池构吾庐，碧水寒可漱。沟西雇丁壮，担土为培塿。扶疏三百株，莳棟最高茂。不求鹓雏实，但取易成就。中空一丈地，斩木令结构。五楸东都来，劚以绕檐溜。老来厌世语，深卧塞门窦。赎鱼与之游,喂鸟见如旧。独当邀之子,商略终宇宙。更待春日长,黄鹂弄清昼。

仲明父至宿明日遂行

初登张公门,公子始冠帻。于今见公子,与我偕鬓白。山林坐语笑,宛我在公侧。岂唯貌如之,侃侃有公德。忆公营濑乡,许我归作客。我归公既逝,惆怅难再得。得子如得公,交怀我忻戚。漂摇将安往,税驾止一昔。寤言且勿寐,庶以永今夕。何时复能还,裹饭冶城宅。

杏花

石梁度空旷,茅屋临清泂。俯窥娇饶杏,未觉身胜影。嫣如景阳妃,含笑堕宫井。怊怅有微波,残妆坏难整。

奉酬约之见招

君家段干木,为义畏人侵。冯轼信厚礼,逾垣终褊心。川坻宁有此,园屋谅非今。雨过梅柳净,潮来蒲稗深。种芳弥近渚,伐翳取遥岑。清节亦难尚,旷怀差易寻。子猷怜水竹,逸少惬山林。况复能招我,亲题汉上襟。

寄吴氏女子

伯姬不见我,乃今始七龄。家书无虚月,岂异常归宁。汝夫缀卿官,汝儿亦撘绽。儿已受师学,出蓝而更青。女复知女功,婉嫕有典刑。自吾舍汝东,中父继在廷。小父数往来,吉音汝每聆。既嫁可愿怀,孰如汝所丁。而吾与汝母,汤熨幸小停。丘园禄一品,吏卒给使令。膏粱以晚食,安步而车轾。山泉皋壤间,适志多所经。汝何思而忧,书每说涕零。吾庐所封殖,岁久愈华菁。岂特茂松竹,梧楸亦冥冥。芰荷美花实,弥漫争沟泾。诸孙肯来游,谁谓川无舲。姑示汝我诗,知嘉此林坰。末有拟寒山,觉汝耳目荧。因之授汝季,季也亦淑灵。

赠约之

君胸寒而痞,我齿热以摇。无方可救药,相值久无憀。欲寻秦越人,魂逝莫能招。但当观此身,不实如芭蕉。

寄杨德逢

山樊老惮暑,独瘖无所适。湖阴宛在眼,旷若千里隔。遥闻青秧底,复作龟兆坼。占岁以知子,将勤而后食。穿沟取西港,此计当未获。翛翛两龙骨,岂得长挂壁。晤言久不嗣,作苦何时息。炎天不可触,怅望新春白。

再次前韵寄杨德逢

一雨洗炎蒸，旷然心志适。如输浮幢海，灭火十八隔。俯观风水涌，抑视电云圻。知公开霁后，过我言不食。翻然陂路长，泥淖困臧获。明明吾有怀，如日照东壁。莫逢田父归，倚杖问消息。渠来那得度，南荡今已白。

仲明父不至

张名轩民，仲明父其字也。

月出映沟坻，烟升隐墟落。寒鱼占窟聚，暝鸟投枝泊。亭皋闭晚市，陇首归新获。伫子终不来，青灯耿林壑。

与吕望之上东岭

靖节爱吾庐，猗玕乐吾耳。适野无心喧，吾今亦如此。纷纷旧可厌，俗子今扫轨。使君气相求，眷顾未云已。追随上东岭，俯仰多可喜。何以况清明，朝阳丽秋水。微云会消散，岂久污尘滓。所怀在分袂，藉草泪如洗。

与望之至八功德水

念方与子违，惝恍夜不眠。起视明星高，整驾出东阡。聊为山水游，以写我心悁。知子不哺糟，相与酌云泉。

要望之过我庐

念子且行矣，要子过我庐。汲我山下泉，煮我园中蔬。知子有仁心，不忍钩我鱼。我池在人境，不与猿獭居。亦复无虫蛆，出没争腐余。食罢往游观，鲅鲅藻与蒲。清波映白日，摆尾扬其须。岂鱼有此乐，而我与子无。击壤谣圣时，自得以为娱。

闻望之解舟

子来我乐只，子去悲如何。谓言且少留，大舸已凌波。暗黮虽莫测，皇明迈羲娥。修门归有时，京水非汨罗。

法云

法云但见脊，细路埋桑麻。扶舆度焰水，窈窕一川花。一川花好泉亦好，初晴涨绿深于草。汲泉养之花不老，花底幽人自衰槁。

弯埼

残暑安所逃，弯埼北窗北。伐翳作清旷，培芳卫岑寂。投衣挂青枝，敷簟取一息。凉风过碧水，俯见游鱼食。永怀少陵诗，菱叶净如拭。谁当共新甘，紫角方可摘。

月夜 二首

一

山泉堕清陂，陂月临静路。惜哉此佳境，独赏无与晤。埭口哆陂阴，要予水西去。呼僮拥草堠，复使东南注。

二

踏月看流水，水明摇荡月。草木已华滋，山川复清发。褰裳伏槛处，绿净数毛发。谁能挽姮娥，俯濯凌波袜。

两山间

自予营北渚，数至两山间。临路爱山好，出山愁路难。山花如水净，山鸟与云闲。我欲抛山去，山仍劝我还。只应身后冢，亦是眼中山。且复依山住，归鞍未可攀。

卷二　古诗二

题南康晏史君望云亭

南康父老传史君，疾呼急索初不闻。未尝遣汲谷帘水，三岁只望香炉云。云徐无心澹无滓，史君恬静亦如此。飘然一去扫遗阴，便觉歊烦怅千里。归田负戴子与妻，圃蔬园果西山西。出门亭皋百顷绿，望云才喜雨一犁。我知新亭望云好，欲劚比邻成二老。莫嫌鸡黍数往来，为报襄阳德公嫂。

浒亭

朝寻东郭来，西路历浒亭。众山若怨思，惨淡长眉青。迸水泣幽咽，复如语叮咛。岂予久忘之，而欲我小停。歇鞍松柏间，坐起俯轩楹。秋日幸未暮，奈何雨冥冥。

光宅寺

翛然光宅淮之阴,扶舆独来止中林。千秋钟梵已变响,十亩桑竹空成阴。昔人倨堂有妙理,高座翳绕天花深。红葵紫苋复满眼,往事无迹难追寻。

春日晚行

门前杨柳二三月,枝条绿烟花白雪。呼僮鞚我果下骝,欲寻南冈一散愁。缘冈初日沟港净,与我门前绿相映。隔淮仍见袅袅垂,伫立怊怅去年时。杏花园西光宅路,草暖沙晴正好渡。兴尽无人榄迎我,却随倦鸦归薄暮。

新花

老年少忻豫,况复病在床。汲水置新花,取慰此流芳。流芳只须臾,我亦岂久长。新花与故吾,已矣两可忘。

四皓 二首

一

四皓秦汉时，招招莫能致。紫芝可以饱，粱肉非所嗜。谷广水涣涣，山长云泄泄。与其贵而拘，不若贱而肆。

二

秦驱九州逃，知力起经纶。重利诱众策，颇知聚秦民。颓然此四老，上友千载魂。采芝商山中，一视汉与秦。灵珠在泥沙，光景不可昏。道德虽避世，余风回至尊。嫡孽一朝正，留侯果知言。出处但有礼，废兴岂所存。

真人

予常值真人，能藏毒而宁。能纳秽若净，能易膻使馨。能解身赫赫，能逆知冥冥。日唯汝心攫，而汝耳目荧。廓然而无营，其孰扰汝灵。神奇实主汝，厥通莫之令。嘻予岂不知，黄帝与焦螟。死心而废形，乃可少闻霆。顾今亲遘之，于吾独剽聆。刿心事斯语，自儆以书铭。

寄蔡氏女子 二首

一

建业东郭，望城西堧。千嶂承宇，百泉绕溜。青遥遥兮缅属，绿宛宛兮横逗。积李兮缟夜，崇桃兮炫昼。兰馥兮众植，竹娟兮常茂。柳蔫绵兮含姿，松偃蹇兮献秀。鸟跂兮下上，鱼跳兮左右。顾我兮适我，有班兮伏兽。感时物兮念汝，迟汝归兮携幼。

二

我营兮北渚，有怀兮归女。石梁兮以苫盖，绿阴阴兮承宇。仰有桂兮俯有兰，嗟汝归兮路岂难。望超然之白云，临清流而长叹。

梦黄吉甫

梦传失之妄一作悲，昼冀见而想。岂伊不可怀，而使我心往。山林老颠眴，数日占黄壤。舟舆来何迟，北望屡惝恍。西城荠花时，落魄随两桨。岁晚洲渚净，水消烟渺莽。踌躇壁上字，期我无乃迋。

游土山示蔡天启

定林瞰土山，近乃在眉睫。谁谓秦淮广，正可藏一艓。朝予欲独往，扶惫强登涉。蔡侯闻之喜，喜色见两颊。呼鞍追我马，亦以两黥挟。敛书付衣囊，裹饭随药笈。翛翛阿兰若，土木老山胁。鼓钟卧空旷，簨簴雕捷业。外堂廊无主，考击谁敢辄。坡陀谢公冢，藏椁久穿劫。百金买酒地，野老今行馌。缅怀起东山，胜践比稠叠。于时国累卵，楚夏血常喋。外实备艰梗，中仍费调燮。公能觉如梦，自喻一蝴蝶。桓温适自毙，苻坚方天厌。且可缓九锡，宁当快一捷。彼哉斗筲人，得丧易矜怯。妄言屐齿折，吾欲刊史牒。伤心新城埭，归意终难惬。漂摇五城舟，尚想浮河楫。千秋陇东月，长照西州堞。岂无华屋处，亦捉蒲葵箑。碎金谅可惜，零落随秋叶。好事所传玩，空残法书帖。清谈眇不嗣，陈迹恍如接。东阳故侯孙，少小同鼓箧。一官初岭海，仰视飞鸢跕。穷归放款段，高卧停远蹀。牵襟肘即见，着帽耳才擪。数椽危败屋，为我炊陈浥。虽无膏污鼎，尚有羹濡箑。纵言及平生，相视开笑靥。邯郸枕上事，且饮且田猎。或昏眠委翳，或妄走超躐。或叫号而寤，或哭泣而魇。幸哉同圣时，田里老安帖。易牛以宝剑，击壤胜弹铗。追怜衰晋末，此土方岌业。强偷须臾乐，抚事终愁惵。予虽天戮民，有械无按摺。翁今贫而静，内热非复叶。予衰极今岁，侥与鸡梦协。委蜕亦何恨，吾儿已长鬣。翁虽齿长我，未见白可镊。祝翁尚难老，生理归善摄。久留畏年少，讥我两咕嗫。束火扶路还，宵明狐兔慑。蔡侯雄俊士，心憀形亦谍。异时能飞鞚，快若五陵侠。胡为阡陌间，跛足仅相蹑。谅欲交辔语，怯予不能嗋。

再用前韵寄蔡天启

蔡侯东方来，取友无所挟。翛翛一囊衣，偶以一书笈。定林朝自炊，有匕或无筴。时时羹藜藿，镬大苦难燮。骄顽遂敢侮，有甚观骈胁。淡然山谷中，变色未尝辄。始见类欺魄，寒暄粗训接。从容与之语，烂漫无不涉。奇经可治疾，秘祝可解魇。巫医之所知，瞽史之所业。载车必百两，独以方寸摄。微言归易悟，疾若髭赴镊。天机信卓越，学等何足躐。纵谈及既往，每与唐许协。扬雄尚汉儒，韩愈真秦侠。好大人谓狂，知微乃如谍。惟知造文字，人惑鬼愁慑。秦愚既改罪，新眊仍易叠。六书遂失指，隶草矜敏捷。谁珍檀山刻，共赏兰亭帖。东京一祭酒，收拾偶予惬。少尝妄思索，老懒因退怯。侯方习篆籀，寸管静尝擪。深原道德意，助我耕且猎。昔功恐唐捐，异味今得馌。京口媚学子，追师尝劫劫。陆赢淮汴粮，水傲湖海艓。远求而近遗，如目不见睫。伪凤易悦楚，真龙反惊叶。闻予再三叹，往往心不厌。或自逸而走，或咭而不嚾。或嗤元郎漫，或讥白翁嗫。铄金徒欲消，韫玉岂愁浥。贤愚有定分，呫汝无喋喋。跨鞍随我游，曳屟联我跕。照泉挹清泚，跂石缘鬼巢。东陂数鲦鱼，西崦追蛱蝶。翳林窥抟黍，藉草听批颊。黄寻远莲须，红阅邻杏靥。荏苒光景流，杨园忽无叶。扶痾归未久，吾见喜宁帖。褰裳告我去，禄仕当随牒。萧晨秣款段，归骑得追蹑。谓言循东路，复出西城堞。行矣忍羁旅，无鱼勿弹铗。天闲久索骥，骏足方腾蹀。长驱勿骄矜，小踠亦勿慑。鹏飞九万里，勿借风一箑。溟波浩难穷，勉自养鳞鬣。爵禄实天械，功名为接摺。宁能复与我，摇漾秦淮楫。附书勿辞频，隔岁期满箧。

用前韵戏赠叶致远直讲

叶侯越著姓，胄出实楚叶。缙云虽穷远，冠盖传累叶。心大有所潜，肩高未尝胁。飘飘凌云意，强御莫能慑。辟雍海环流，用汝作舟楫。开胸

出妙义，可发矇起魘。词如太阿锋，谁敢触其铗。听之心凛然，难者口因
嚅。抟飞欲峨峨，锻堕今跕跕。忘情塞上马，适志梦中蝶。若金静无求，
在冶惟所挟。载醯但彼惑，馈浆非我谍。经纶安所施，有寓聊自愜。棋经
看在手，棋诀传满箧。坐寻棋势打，侧写棋图贴。携持山林屐，刺摘沟港
艓。一枰尝自副，当热宁忘箑。反嗤襁褓子，但守一经笈。亡羊等残生，
朽筴何足摺。欢然值手敌，便与对匕筴。纵横子堕局，膕脾声出堞。樵父
弛远担，牧奴停晏馌。旁观各技痒，窃议儿女喋。所矜在得丧，闻此更心
慑。熟视笼两手，徐思撚长鬣。微吟静悑悑，坚坐高帖帖。未快岩谷叟，
斧柯尝烂浥。趋边耻局缩，穿腹愁危枼。或撞关以攻，或觑眼而靥。或赢
行伺击，或猛出追蹑。垂成忽破坏，中断俄连接。或外示闲暇，伐事先和
燮。或冒突超越，鼓行令震叠。或粗见形势，驱除令远蹀。或开拓疆境，
欲并包总摄。或仅残尺寸，如黑子着靥。或横溃解散，如尸僵血喋。或惭
如告亡，或喜如献捷。陷敌未甘肤，报仇方借侠。讳输宁断头，悔误乃批
颊。终朝已罢精，既夜未交睫。翻然悟且叹，此何宜劫劫。孟轲恶妨行，
陶侃惩废业。扬雄有前言，韦曜存往牒。晋臣抑帝手，梭侯何喑涉。冶城
子争道，拒父乃如辄。争也实逆德，岂如私斗怯。艺成况穷苦，此殆天所
厌。如今刘与李，伦等安可蹑。试令取一毫，亦乏寸金锓。以此待君子，
未与回参协。操具投诸江，道耕而德猎。

白鹤吟示觉海元公

白鹤声可怜，红鹤声可恶。白鹤静无匹，红鹤喧无数。白鹤招不来，
红鹤挥不去。长松受秽死，乃以红鹤故。北山道人曰，美者自美，吾何为

而喜；恶者自恶，吾何为而怒。去自去耳，吾何阙而追；来自来耳，吾何妨而拒。吾岂厌喧而求静，吾岂好丹而非素。汝谓松死吾无依耶，吾方舍阴而坐露。

示安大师

道人深北山为家，宴坐白露眠苍霞。手扶桄杖虽老矣，走险尚可追麋麚。踞堂俯视何所有，窈窕樛木垂榠楂。深寻石路仍有栗，持以馈我因烹茶。

示宝觉

宿雨转歊烦，朝云拥清回。萧萧碧柳软，脉脉红蕖靓。默卧如有怀，荒乘岂无兴。幽人适过我，共取墙阴径。

定林示道原

昨登定林山，俯视东南陇。但见一方白，莫知所从来。湿银注寒晶，奁以青培堆。迢迢晻霭中，疑有白玉台。是夕清风兴，烦云豁然开。常娥攀桂枝，顾景久徘徊。杖藜忽高秋，陈迹与子陪。壮观非复昔，平芜夜莓苔。

我所思寄黄吉甫

我所思兮在彭蠡,一夜寒晶径千里。天低绀滑风静止,月淡星渟尤可喜。亦复可怜波浪起,琉璃崩嵌涌颠粲。万斛之舟簸一苇,超邑越都如历指。岸沙雪积山云委,云半飞泉挂龙尾。跳空散作平地水,牛乳芳甘那得比。萝茑冥冥荫演迤,稍上寻源出奇诡。像图释迦祠老子,台殿崦霭相重累。石槽环除逗清泚,松竹靓深无虎兕。其徒翛然弃尘滓,虽未应真终适己。黄侯可与谈妙理,视弃荣宦犹弊屣。每采紫芝求石髓,我欲从之倦游徙。谷城公孙能若此,五老闻之当启齿。寄声五老吾念尔,相见无时老将死。

寄朱昌叔

西安春风花几树,花边饮酒今何处。一杯塞上看黄云,万里寄声无雁去。世事纷纷洗更新,老来空得满衣尘。青山欲买江南宅,归去相招有此身。

与僧道升 二首

一

升也初见我,肤腴仍洁白。今何苦而老,手脚皴以黑。闻有道人者,于今号禅伯。嚫汝以一句,西归瘦如腊。汝观青青枝,岁寒好颜色。此松亦有心,岂问庭前柏。

二

跋陀罗师能幻物，幻秽为净持幻佛。佛幻诸天以戏之，幢幡香果助设施。茫然悔欲除所幻，还为幻佛力所持。佛天与汝本无间，汝今何恭昔何慢。十方三世本来空，受记岂非遭佛幻。

赠彭器资

鄱水滔天竟东注，气泽所钟贤可慕。文章浩渺足波澜，行义迢迢有归处。中江秋浸两崖间，溯洄与我相往还。我挹其清久未竭，复得纵观于波澜。放言深入妙云海，示我仙圣本所寰。楞枷我亦见仿佛，岁晚所悲行路难。

赠王居士

武林王居士，与子俱学佛。以财供佛事，不自费一物。

赠李士云

李子山水人，而常寓城郭。毫端出窈窕，心手初不着。我闻大梵天，擎跨鸡孔雀。执铃扬赤幡，浩劫净无作。佳哉子能图，可以慰寂寞。相与验其真，他年在寥廓。

卷三　古诗三

题半山寺壁 二首

一

我行天即雨，我止雨还住。雨岂为我行，邂逅与相遇。

二

寒时暖处坐，热时凉处行。众生不异佛，佛即是众生。

定林寺

众木凛交覆，孤泉静横分。楚老一枝筇，于此傲人群。城市少美蔬，想今困馎饦。且凭东北风，持寄岭头云。

题定林壁

定林自有主，我为林下客。客主各有心，还能共岑寂。

移桃花示俞秀老

舍南舍北皆种桃，东风一吹数尺高。枝柯蔫绵花烂漫，美锦千两敷亭皋。晴沟涨春绿周遭，俯视红影移渔舠。山前邂逅武陵客，水际仿佛秦人逃。攀条弄芳畏晼晚，已见黍雪盘中毛。仙人爱杏令虎守，百年终属樵苏手。我衰此果复易朽，虫来食根那得久。瑶池绀绝谁见有，更值花时且追酒，君能酩酊相随否。

对棋与道源至草堂寺

北风吹人不可出，清坐且可与君棋。明朝投局日未晚，从此亦复不吟诗。

书八功德水庵

幽独若可厌，真实为可喜。见山不碍目，闻水不逆耳。翛然无所为，自得而已矣。

放鱼

捉鱼浅水中，投置最深处。当暑脱煎熬，翛然泳而去。岂无良庖者，可使供七箸。物我皆畏苦，舍之宁啖茹。

霾风

霾风摧万物，暴雨膏九州。卉花何其多，天阙亦已稠。白日不照见，乾坤莽悲愁。时也独奈何，我歌无有求。

偶书

惠施说万物，盘特忘一句。寄语读书人，呶呶非胜处。

即事 二首

一

云从钟山起，却入钟山去。借问山中人，云今在何处。

二

云从无心来，还向无心去。无心无处寻，莫觅无心处。

拟寒山拾得 二十首

一

牛若不穿鼻，岂肯推人磨。马若不络头，随宜而起卧。干地终不浣，平地终不堕。扰扰受轮回，只缘疑这个。

二

我曾为牛马，见草豆欢喜。又曾为女人，欢喜见男子。我若真是我，只合长如此。若好恶不定，应知为物使。堂堂大丈夫，莫认物为己。

三

凡夫当梦时，眼见种种色。此非作故有，亦非求故获。不知今是梦，道我能畜积。贪求复守护，尝怕水火贼。既觉方自悟，本空无所得。死生如觉梦，此理甚明白。

四

风吹瓦堕屋，正打破我头。瓦亦自破碎，岂但我血流。我终不嗔渠，此瓦不自由。众生造众恶，亦有一机抽。渠不知此机，故自认慈尤。此但可哀怜，劝令真正修。岂可自迷闷，与渠作冤仇。

五

若言梦是空，觉后应无记。若言梦非空，应有真实事。燔烧阳自招，沉溺阴自致。令汝尝惊魇，岂知安稳睡。

六

人人有这个，这个没量大。坐也坐不定，走也跳不过。锯也解不断，锤也打不破。作马便搭鞍，作牛便推磨。若问无眼人，这个是甚么？便遭伊缠绕，鬼窟里忍饿。

七

我读万卷书，识尽天下理。智者渠自知，愚者谁信尔。奇哉闲道人，跳出三句里。独悟自根本，不从他处起。

八

幸身无事时，种种妄思量。张三裤口窄，李四帽檐长。失脚落地狱，将身投镬汤。谁知受热恼，却不解思凉。

九

有一即有二，有三即有四。一二三四五，有亦何妨事。如火能烧手，要须方便智。若未解传薪，何须学钻燧。

十

昨日见张三，嫌他不守己。归来自悔责，分别亦非理。今日见张三，分别心复起。若除此恶习，佛法无多子。

十一

傀儡只一机，种种没根栽。被我入棚中，昨日亲看来。方知棚外人，扰扰一场呆。终日受伊谩，更被索钱财。

十二

季生坦荡荡,所见实奇哉。问渠前世事,答我烧炭来。炭成能然火,火过却成灰。灰成即是土,随意立根栽。

十三

众生若有我,我何能度脱。众生若无我,已死应不活。众生不了此,便听佛与夺。我无我不二,四天王献钵。

十四

莫嫌张三恶,莫爱李四好。既往念即晚,未来思又早。见之亦何有,欻然如电扫。恶既是磨灭,好亦难长保。若令好与恶,可积如财宝。自始而至今,有几许烦恼。

十五

失志难作福,得势易造罪。苦即念快乐,乐即生贪爱。无苦亦无乐,无明亦无昧。不属三界中,亦非三界外。

十六

打贼贼恐怖,看客客喜欢。亦有客是贼,切莫受伊谩。乐哉贫儿家,无事役心肝。既无贼可打,岂有客须看。

十七

有一种贫儿,不能自营生。若不作客走,即须随贼行。复有一种贫,常时腹彭亨。若有亦不畜,若无亦不营。

十八

汝无名高者，以见利贪叨。汝无行实者，以取著名高。行实尚非实，利名岂坚牢。一朝投土窟，魂魄散逃逃。

十九

勇有孟施舍，能无惧而已。若人学佛法，勇亦当如此。休来讲下坐，莫入禅门里。但能一切舍，管取佛欢喜。

二十

利瞋汝刀山，浊爱汝灰河。汝痴分别心，即汝澹魔罗。圆成但一性，一切法依他。遍了一切法，不如且头陀。

自遣

闭户欲推愁，愁终不肯去。底事春风来，留愁愁不住。

自喻

岸凉竹娟娟，水净菱帖帖。虾摇浮游须，鱼鼓嬉戏鬣。释杖聊一偈，褰裳如可涉。自喻适志欤，翩然梦中蝶。

古意

采芝天门山，寒露净毛骨。帝青九万里，空洞无一物。倾河略西南，昌射河鼓没。蓬莱眼中见，人世叹超忽。当时弃桃核，闻已撑月窟。且当呼阿环，乘兴弄溟渤。

吾心

吾心童稚时，不见一物好。意言有妙理，独恨知不早。初闻守善死，颇复吝肝脑。中稍历艰危，悟身非所保。犹然谓俗学，有指当穷讨。晚知童稚心，自足可忘老。

无营

无营固无尤，多与亦多悔。物随扰扰集，道与翛然会。墨翟真自苦，庄周吾所爱。万物莫足归，此言犹有在。

病起

稚金敷新凉，老火弛残浊。桃枝暖渿涊，散发曦晓捉。烦痾脱然愈，静若遗身觉。移榻欹独眠，欣佳恐难数。

独归

钟山独归雨微冥,稻畦夹冈半黄青。疲农心知水未足,看云倚木车不停。悲哉作劳亦已久,暮歌如哭难为听。而我官闲幸无事,北窗枕簟风泠泠。于时荷花拥翠盖,细浪翻雪千娉婷。谁能欹眠共此乐,秋港虽浅可扬舲。

独卧有怀

午鸠鸣春阴,独卧林壑静。微云过一雨,淅沥生晚听。红绿纷在眼,流芳与时竞。有怀无与言,伫立钟山暝。

无动

无动行善行,无明流有流。种种生住灭,念念闻思修。终不与法缚,亦不着僧裘。

梦

知世如梦无所求,无所求心普空寂。还似梦中随梦境,成就河沙梦功德。

车载板 二首

一

荒哉我中园,珍果所不产。朝暮惟有鸟,自呼车载板。楚人闻此声,莫有笑而莞。而我更歌呼,与之相往返。视遇若抟黍,好音而睍睆。壤壤生死梦,久知无可拣。物弊则归土,吾归其不晚。归欤汝随我,可相蒿里挽。

二

鸟有车载板,朝暮尝一至。世传鹏似鸮,而此与鸮似。唯能预人死,以此有名字。疑即贾长沙,当时所遭值。洛阳多少年,扰扰经世意。粗闻方外语,便释形骸累。吾衰久捐书,放浪无复事。尚自不见我,安知汝为异。怜汝好毛羽,言音亦清丽。胡为太多知,不默而见忌。楚人既憎汝,弹射将汝利。且长随我游,吾不汝羹哉。

跋黄鲁直画

江南黄鹤飞满野,徐熙画此何为者。百年幅纸无所直,公每玩之常在把。

过杨德逢庄

携僧出西路,日晏昧所投。循河望积谷,一饱觉易谋。稚子举桉出,咄嗟见盘羞。饭新粳有香,煮菜旨且柔。暮从秀岩归,秣蹇得少留。捧腹笑相语,果然无所求。

秋热

火腾为虐不可摧,屋窄无所逃吾骸。织芦编竹继檐宇,架以松栎之条枚。岂惟宾至得清坐,因有余地苏陪台。愬阳陵秋更暴横,燋我欲作昆明灰。金流玉熠何足怪,鸟焚鱼烂为可哀。忆我少时亦值此,翛然但以书自埋。老衰奄奄气易夺,抚卷岂复能低徊。西风忽送中夜湿,六合一气窑新开。帘窗幕户便防冷,且恐霰雪相寻来。

秋早

暮寻蔡墩西,独觉秋尚早。山路葩卉繁,野田风日好。禅林乌未泊,经屋尘初扫。蛮藤五花簟,复足休吾老。

卷四　古诗四

同沈道源游八功德水

寒云静如痴，寒日惨如戚。解鞍寒山中，共坐寒水侧。新甘出短绠，一酌烦可涤。仰攀青青枝，木醴何所直。

望钟山

伫立望钟山，阳春更萧瑟。暮寻北郭归，故绕东冈出。

思北山

日日思北山，而今北山去。寄语白莲庵，迎我青松路。

上南冈

暮坞屋荒凉，寒陂水清浅。捐书息微倦，委辔随小蹇。偶攀黄黄柳，却望青青巚。幽寻复有兴，未觉西林晚。

谢公墩

走马白下门，投鞭谢公墩。昔人不可见，故物尚或存。问樵樵不知，问牧牧不言。摩挲苍苔石，点检屐齿痕。想此挂长檐，想此倚短辕。想此玩云月，狼籍盘与樽。井迳亦已没，漫然禾黍村。摧藏羊昙骨，放浪李白魂。亦已同山丘，缅怀蒔兰荪。小草戏陈迹，甘棠咏遗恩。万事付鬼箓，耻荣何足论。天机自开阖，人理孰畔援。公色无惧喜，傥知祸福根。涕泪对桓伊，暮年无乃昏。

秋夜泛舟

池堑秋水净，扁舟溯凉飙。的皪荷上珠，俯映疏星摇。深寻畏鱼澹，中路且回桡。冥冥菰蒲中，乃复有惊跳。

和耿天骘同游定林

道人深闭门,二客来不速。摄衣负朝暄,一笑皆捧腹。逍遥烟中策,放浪尘外躅。晤言或世闻,谁谓非绝俗。

次韵约之谢惠诗

鱼跳桑柳阴,鸟落蒲苇侧。已无溪姑祠,何有江令宅。故人耽田里,老脱尚方舄。开亭捐百金,于此扫尘迹。地偏人罕至,心远境常寂。我行西州旋,税驾候颜色。相随望南山,水际因一息。公时指岸木,谒此可寻尺。伐之营中沚,持用自怡怿。欢言俟其成,邀我堂上食。百忧每多违,一诺还自惕。春风栏楯新,坐久膝前席。翛然忘故约,北郭疑有适。长谣舒永怀,伫想对以臆。摛辞甚有理,窃比书石鹢。知公不欺我,把玩果心恻。嘉肴既夙设,丽藻仍虚掷。左车公自迎,右券吾敢责。闻说芼羹膗,芬香出邻壁。妇休机杼事,儿失刀槊职。何胶胶扰扰,而纷纷籍籍。携持欲一往,继此方如织。元龙但高眠,司马勿亲涤。几能孩童旧,握手皆鬓白。有兴即联络,东阡与南陌。

次韵舍弟江上

岸红归欲稠,渚绿合犹晚。晴沙上屐轻,暖水随帆远。吹波戏鱼动,掠叶飞禽返。着意觅幽蹊,桃花误刘阮。

酬王浚贤良松泉二诗

松

世传寿可三松倒，此语难为常人道。人能百岁自古稀，松得千年未为老。我移两松苦不早，岂望见渠身合抱。但怜众木总漂摇，颜色青青终自保。兔丝茯苓会当有，邂逅食之能寿考。不知篝火定何人，且看森垂覆荒草。君诗爱我亦古意，秀眉昔比南山栲。复谓留侯不及我，人或笑君无白皂。求仙辟谷彼诚误，未见赤松饥已槁。岂如强饭适志游，封殖苍官荫华皓。赤松复自无特操，上下随烟何慅慅。苍官受命与舜同，真可从之忘发缟。诗虽祝我以再黑，积雪已多安可扫。试问苍官值岁寒，戴白孰与苍然好。

泉

宋兴古刹今长干，灵跃台殿荒檀栾。二泉相望弃不渫，西泉尚累三石盘。其流散漫为沮洳，稍集小砾生微澜。东泉土梗久蔽塞，穿治乃见甓甃完。道人慈哀波及远，沟荡两取合土山。山前灌输各自足，辘轳罢转井口闲。取遥比甘觉近美，与旧争洌知新寒。燺燺夏秋百源干，抱瓮复道愁蹒跚。疾倾横逗势未足，嗟此善利何时殚。虑长易脆有大檀，伐坚羌庐窟屠颜。金多匠手肯出巧，风水千里安知难。没羽之虎行林间，篝龙失职因藏蜷。循除静投悲瑟瑟，映瓦微见清潺潺。三年营之一日就，有口共以成为欢。论功信可侈后观，何似当时万竹蟠。

答俞秀老

诸偶缘安有,实相非相偶。虽神如季咸,终亦失而走。

清凉寺送王彦鲁

空怀谁与论,梦境偶相值。莫将漱流齿,欲挂功名事。

送惠思上人

黄鹤抚四海,翻然落中州。一听笙与镛,低徊如有求。飞鸣阿阁上,好与凤凰游。顾怜鲁东门,无事反悲愁。岁晏忽惊矫,问胡不少留。因知网罗外,犹有稻粱谋。

景老
衰古人名。

老景春可惜,无花可留得。绕屋褚先生,萧萧何所直。每嫌柳浑青,追怅李太白。多谢安石榴,向人红蕊拆。

杂咏 八首

一

万物余一体，九州余一家。秋毫不为小，徼外不为遐。不识寿与夭，不知贫与赊。忘心乃得道，道不去纷华。近迹以观之，尧舜亦泥沙。庄周谓如此，而世以为夸。

二

神龙豢可致，猛虎扰亦留。变生父子间，上圣不能谋。常情在欲得，义养或成仇。他人恩更轻，患祸信难周。

三

古风致逊悌，班白见尊优。薄俗谬为恭，独在势权尤。伏波迷俯仰，爱礼坐成仇。龂龂洙泗间，岂是老者羞。

四

羔豚窘虎豹，鸠雀穷鹰鹯。巧者具机弋，鸷猛还拘挛。论功莫如神，论大莫如天。悲哉区区人，乃欲逃其间。

五

黄雀死弹丸，厥罪在啄粟。翠鹄不近人，何为亦穷辱。材为世所利，高下同僵仆。能逃天地间，蠛蠓无不足。

六

关雎后之淑，棫朴王之明。兔罝尚好德，况乃公与卿。所以彼行苇，敦然遂其生。谁能弦且歌，为我发古声。

七

召公方伯尊，材亦圣人亚。农时惮烦民，听讼甘棠下。嗟今千室长，已耻问耕稼。弹琴高堂上，欲以世为化。

八

任公蹲海滨，一钓饱千里。用力已云多，钩缗亦难理。巨鱼暖更逃，壮士饥欲死。游鯈不可数，空满沧浪水。

张良

留侯美好如妇人，五世相韩韩入秦。倾家为主合壮士，博浪沙中击秦帝。脱身下邳世不知，举国大索何能为。素书一卷天与之，谷城黄石非吾师。固陵解鞍聊出口，捕取项羽如婴儿。从来四皓招不得，为我立弃商山芝。洛阳贾谊才能薄，扰扰空令绛灌疑。

司马迁

孔鸾负文章，不忍留枳棘。嗟子刀锯间，悠然止而食。成书与后世，愤悱聊自释。领略非一家，高辞殆天得。虽微樊父明，不失孟子直。彼欺以自私，岂啻相十百。

诸葛武侯

汉日落西南，中原一星黄。群盗伺昏黑，联翩各飞扬。武侯当此时，龙卧独摧藏。掉头梁甫吟，羞与众争光。邂逅得所从，幅巾起南阳。崎岖巴汉间，屡以弱攻强。晖晖若长庚，孤出照一方。势欲起六龙，东回出扶桑。惜哉沦中路，怨者为悲伤。竖子祖余策，犹能走强梁。

读墨

谁为尧舜徒，孔子而已矣。人皆是尧舜，未必知孔子。伯夷不辱身，柳下援而止。孔子尚有言，我则异于是。兼爱为无父，排斥固其理。孔墨必相用，自古宁有此。退之嘲鲁连，顾未知之耳。如何蔽于斯，独有见于彼。凡人工自私，翟也信奇伟。惜乎不见正，遂与中庸诡。退之醇孟轲，而驳荀杨氏。至其趣舍间，亦又蔽于己。化而不自知，此语孰云俚。咏言以自警，吾诗非好诋。

读秦汉间事

秦征天下材,入作阿房宫。宫成非一木,山谷为穷空。子羽一炬火,骊山三月红。能令扫地尽,岂但焚人功。

幽谷引

云翳翳兮谷之幽,天将雨我兮田者之稠。有绳于防兮有畚于沟,我公不出兮谁省吾忧。日晖晖兮山之下,岁则熟兮收者舞。吾收满车兮弃者满筥,谁吾与乐兮我公燕语。山有木兮谷有泉,公与客兮醉其间。芳可搴兮甘可漱,无壮无稚兮环公以笑。公归而醉兮人则喜,公好我州兮殆其肯止。公归不醉兮我之忧,岂其不怿兮将舍吾州。公一朝兮去我,我岁岁兮来游。完公亭兮使勿毁,以慰吾兮岁岁之愁。

明妃曲 二首

一

明妃初出汉宫时,泪湿春风鬓脚垂。低徊顾影无颜色,尚得君王不自持。归来却怪丹青手,入眼平生几曾有。意态由来画不成,当时枉杀毛延寿。一去心知更不归,可怜着尽汉宫衣。寄声欲问塞南事,只有年年鸿雁飞。家人万里传消息,好在毡城莫相忆。君不见咫尺长门闭阿娇,人生失意无南北。

二

明妃初嫁与胡儿，毡车百两皆胡姬。含情欲说独无处，传与琵琶心自知。黄金捍拨春风手，弹看飞鸿劝胡酒。汉宫侍女暗垂泪，沙上行人却回首。汉恩自浅胡自深，人生乐在相知心。可怜青冢已芜没，尚有哀弦留至今。

桃源行

望夷宫中鹿为马，秦人半死长城下。避时不独商山翁，亦有桃源种桃者。此来种桃经几春，采花食实枝为薪。儿孙生长与世隔，虽有父子无君臣。渔郎漾舟迷远近，花间相见因相问。世上那知古有秦，山中岂料今为晋。闻道长安吹战尘，春风回首一沾巾。重华一去宁复得，天下纷纷经几秦。

食黍行

周公兄弟相杀戮，李斯父子夷三族。富贵常多患祸婴，贫贱亦复难为情。身随衣食南与北，至亲安能常在侧。谓言黍熟同一炊，欻见陇上黄离离。游人中道忽不返，从此食黍还心悲。

叹息行

官驱群囚入市门，妻子恸哭白日昏。市人相与说囚事，破家劫钱何处村。朝廷法令亦宽大，汝罪当死谁云冤。路傍年少叹息汝，正观元元之子孙。

送春

武陵山下朝买船，风吹宿雾山花鲜。万家笑语横青天，绮窗罗暮舞婵娟。小鬟折花叩船舷，玉盏写酒酬金钱。朱甍飞动浮云巇，天外笙箫来宛转。断桥人行夕阳路，楼观琉璃影中见。酡颜未分骅骝催，烛入坐客犹徘徊。岂知闾阖门边住，春尽不见芳菲开。日月纷纷车走坂，少年意气何由挽。洞庭浪与天地白，尘昏万里东浮眼。黑貂裘敝归几时，相见绿树啼黄鹂。荣华俯仰忧患随，命驾吾与高人期。

兼并

三代子百姓，公私无异财。人主擅操柄，如天持斗魁。赋予皆自我，兼并乃奸回。奸回法有诛，势亦无自来。后世始倒持，黔首遂难裁。秦王不知此，更筑怀清台。礼义日已偷，圣经久埋埃。法尚有存者，欲言时所咍。俗吏不知方，掊克乃为材。俗儒不知变，兼并可无摧。利孔至百出，小人私阖开。有司与之争，民愈可怜哉。

卷五 古诗五

和吴御史汴渠

郑国欲弊秦,渠成秦富强。本始意已陋,末流功更长。维汴亦如此,浚源在淫荒。归作万世利,谁能弛其防。夷门筑天都,横带国之阳。漕引天下半,岂云独荆扬。货入空外府,租输陈太仓。东南一百年,寡老无残粮。自宜富京师,乃亦窘盖藏。征求过凤昔,机巧到莛芒。御史闵其然,志欲穷舟航。此言信有激,此水存何伤。救世讵无术,习传自先王。念非老经纶,岂易识其方。我懒不足数,君材仍自强。他日听施设,无乃弃篇章。

酬王詹叔奉使江南访茶利害

余闻古之人,措法贻厥后。命官惟贤材,职事又习狃。止能权轻重,王府则多有。岂尝摧其子，而为民父母。当时所经营，今十已毁九。其一虽幸在，漂摇亦将朽。公卿患才难，州县固多苟。诏令虽数下，纷纷谁与守。官居甚传舍，位以声势受。既不责施为，安能辨贤不。区区欲救弊，万谤不容口。天下大安危，谁当执其咎。劳心适有罪，养誉终天丑。岂惟祖子孙，教戒及朋友。贵者大其领，诗人歌四牡。至尊空独忧，不敢乐饮酒。哿矣富阡陌，哀哉此无糗。乡间人所怀，今或弃而走。岂无济时术，使尔安畎亩。故今二三公，戮力思矫揉。永惟东南害，茶法盖其首。私藏与窃贩，犴狱常纷纠。输将一不足，往往死鞭杻。贩陈彼杂恶，强卖曾非诱。已云困关市，且复搔林薮。将更百年弊，谓民知可否。出节付群材，询谋欲经久。朝廷每若此，自可跻仁寿。因知从今始，渐欲人财阜。吾宗恢奇士，选使自朝右。聪明谅多得，为上归析剖。王程虽薄遽，邦法难卤莽。愿君博谘诹，无择壮与耇。余知茶山民，不必生皆厚。独当征求任，尚恐难措手。孔称均无贫，此语今可取。譬欲轻万钧，当令众人负。强言岂宜当，聊用报琼玖。

酬王伯虎

吾闻人之初，好恶尚无朕。帝与凿耳目，贤愚遂殊品。尔来百千年，转化薄愈甚。父翁相贩卖，浮诈谁能审。睢盱猴缨冠，狼籍鼠穴寝。沧海恐值到，谁论鱼鳖沴。鹖声虽云恶，革去在食葚。嗟谁职教化，独使此风稔。恬观不知救，坐费太官廪。予生少而戆，好古乃天禀。念此俗衰坏，何尝敢安枕。有时不能平，悲吒失食饮。唯子同我病，亦或涕沾衽。谓子可告语，密以诗来谂。烂然辞满纸，秋水濯新锦。穷观何拳拳，静念复凛凛。贱贫欲救世，无宁犹拾沤。说穷且版筑，尹屈唯烹饪。逢时岂遽废，避俗聊须噤。徂年幸未暮，此意可勤恁。

答虞醇翁

辍学以从仕，仕非吾本谋。欲归谅不能，非敢忘林丘。临餐耻苟得，冀以尽心酬。万事等画墁，虽勤亦何收。扬扬古之人，彼职乃无忧。感子抚我厚，欲言只惭羞。

送潮州吕使君

韩君揭阳居，戚嗟与死邻。吕使揭阳去，笑谈面生春。当复进赵子，诗书相讨论。不必移鳄鱼，诡怪以疑民。有若大颠者，高材能动人。亦勿与为礼，听之汩彝伦。同朝叙朋友，异姓接婚姻。恩义乃独厚，怀哉余所陈。

寄曾子固 二首

一

严严中天阁，蔼蔼层云树。为子望江南，蔽亏无行路。平生湖海士，心迹非无素。老矣不自知，低徊如有慕。伤怀西风起，心与河汉注。哀鸿相随飞，去我终不顾。

二

崔嵬天门山，江水绕其下。寒渠已胶舟，欲往岂无马。时恩缪拘缀，私养难乞假。低徊适为此，含忧何时写。吾能好谅直，世或非诡诈。安得有一廛，相随问耕者。

虎图

壮哉非罴亦非貙，目光夹镜当坐隅。横行妥尾不畏逐，顾盼欲去仍踌躇。卒然我见心为动，熟视稍稍摩其须。固知画者巧为此，此物安肯来庭除。想当盘礴欲画时，睥睨众史如庸奴。神闲意定始一扫，功与造化论锱铢。悲风飒飒吹黄芦，上有寒雀惊相呼。槎牙死树鸣老乌，向之俛啄如哺雏。山墙野壁黄昏后，冯妇遥看亦下车。

次韵信都公石枕蕲簟

端溪琢枕绿玉色，蕲水织簟黄金纹。翰林所宝此两物，笑视金玉如浮云。都城六月招客语，地上赤日流黄尘。烛龙中天进无力，客主歊然各疲剧。形骸直欲坐弃忘，冠带安能强修饰。恃公宽贷更不疑，箕倨岂复论官职。笛材平莹家故藏，砚璞拗清此新得。扫除堂屋就阴翳，公不自眠分与客。知公用意每如此，真能与物同其适。岂比法曹空自私，却愿天日长炎赫。公才卓荦人所惊，久矣四海流声名。天方选取欲扶世，岂特使以文章鸣。深探力取常不寐，思以正议排纵横。奈何甘心一榻上，欲卧颍尾为洁清。贤愚劳佚非一轨，顾我病昏惟未死。心于万事久翛然，身寄一官真偶尔。便当买宅归偃休，白发溪山如愿始。看公戮力就太平，却上青天跨箕尾。

和吴冲卿雪

阳回力犹遒，阴合势方巩。填空忽汗漫，造物谁丛恿。轻于擘絮纷，细若吹毛氄。云连昼已瞀，风助宵仍汹。凭陵虽一时，变态亦千种。帘深卷或避，户隘关犹拥。滔天有冻浪，匝地无荒陇。飞扬类挟富，委翳等辞宠。穿幽偶相重，值险辄孤耸。积惨会将舒，群轻那久重。纷华始满眼，消释不旋踵。槁树散飞花，空檐落县溜。还当困炎热，以此涤烦壅。共约市南人，收藏不为冗。

和冲卿雪诗并示持国

地卷江海浮，天吹河汉涌。北风散作花，巧丽世无种。霾昏得照曜，尘滓归掩拥。荒林无空枝，幽瓦有高陇。分才一毛细，聚或千钧重。飞扬窥已眩，摧压听还凶。渔舟平系舷，樵屩没归踵。空令物象莹，岂免川涂雍。争光姮娥妒，失色羲和恐。赖逢阳气烝，转作水波溶。舞庭称贺严，扫路传呼宠。冲游谢壮少，避卧甘闲冗。吴侯绝俗唱，韩子当敌勇。胜负观两豪，吾衰但阴拱。

送石赓归宁

虚名误长者，邂逅肯经过。所操十余篇，浩荡决江河。侧身朝市间，乐少悲惨多。文章旧所好，久已废吟哦。开编喜有得，一读瘳沉痾。裹饭北城阴，永怀从晤歌。又欲及岁晚，空堂扫丝窠。稍出平生言，道艺相琢磨。忽随雁南飞，当此叶辞柯。去去梨岭高，想见青坡陀。黄花一杯酒，为寿乐如何。微诗等瓦砾，持用报隋和。

送张拱微出都

归卧不自得，出门无所投。独寻城隅水，送子因远游。荒林缠悲风，惨惨吹驼裘。捉手共笑语，顾瞻中河舟。嗟人皆行乐，而我方坐愁。肠胃绕钟山，形骸空此留。念始读诗书，岂非亦有求。一来裹青衫，触事自悔尤。误为世所容，荣禄今白头。塞责以区区，一毛施万牛。不足助时治，但为故人羞。宽恩许自劾，终欲东南流。子今涉冬江，船必泊蔡洲。寄声冶城人，为我问一丘。

寄题睡轩

刘侯少慷慨，天马脱辔羁。一官不得意，州县老委蛇。新居当中条，墙屋稍补治。疏轩以睡名，从我远求诗。朝廷法令具，百吏但循持。又况佐小邑，有才安所施。赋租如簿领，狱讼了鞭笞。翛然即高枕，于此乐可知。王官有空谷，隐者常栖迟。拂榻梦其人，亦足慰所思。嗟予久留连，窃食坐无为。浩歌临西风，更欲往从之。

冲卿席上得作字

咨予乏时才，始愿乃丘壑。强走十五年，朱颜已非昨。低徊大梁下，屡叹风沙恶。所欣同舍郎，诱我文义博。古声无慆淫，真味有淡泊。追攀风月久，貌简非心略。君恩忽推徙，所望颇乖错。尚怜得经过，未比参辰各。留连惜余景，从子至日落。明灯照亲友，环坐倾杯杓。别离宽后悲，笑语尽今乐。论诗知不如，兴至亦同作。

塞翁行

塞翁少小垄上锄，塞翁老来能捕鱼。鱼长如人水满眼，桑柘死尽生芙蕖。汉家新堤广能筑，胡儿壮马休南牧。北风卷却波浪声，只放田车行辘辘。

白沟行

白沟河边蕃塞地，送迎蕃使年年事。蕃使常来射狐兔，汉兵不道传烽燧。万里钽耰接塞垣，幽燕桑叶暗川原。棘门灞上徒儿戏，李牧廉颇莫更论。

河间

北行出河间，千岁想贤王。胡麻生蓬中，诘曲终自伤。好德尚如此，恃材宜见戕。乃知阴自修，彼不为倾商。区区三世家，庙册富文章。教子以空言，得祚果不良。

陈桥

走马黄昏渡河水，夜争归路春风里。指点韦城太白高，投鞭日午陈桥市。杨柳初回陌上尘，烟脂洗出杏花匀。纷纷塞路堪追惜，失却新年一半春。

澶州

去都二百四十里，河流中间两城峙。南城草草不受兵，北城楼橹如边城。城中老人为予语，契丹此地经钞虏。黄屋亲乘矢石间，胡马欲踏河冰渡。天发一矢胡无酋，河冰亦破沙水流。欢盟从此至今日，丞相莱公功第一。

卷六 古诗六

北客置酒

紫衣操鼎置客前,巾鞲稻饭随粱飱。引刀取肉割啖客,银盘擘臑羹与鲜。殷勤劝侑邀一饱,卷牲归馆觞更传。山蔬野果杂饴蜜,獾脯豕腊加炰煎。酒酣众史稍欲起,小胡捽耳争留连。为胡止饮且少安,一杯相属非偶然。

奉使道中寄育王山长老常坦

道人少贾海上游,海舶破散身沉浮。抱金满箧人所寄,吹箎偶得还中州。赢身归金不受报,只取斗酒相献酬。欢娱慈母终一世,脱弃妻子藏岩幽。苍烟寥寥池水漫,白玉菡萏吹高秋。夜燃柏子煮山药,忆此东望无时休。塞垣春枯积雪溜,沙砾盛怒黄云愁。五更匹马随雁起,想见鄮郭花今稠。百年夸夺终一丘，世上满眼真悠悠。寄声万里心绸缪，莫道异趣无相求。

送李屯田守桂阳 二首

一

泊船香炉峰，始与子相识。寄书邗江上，诒我峰下石。缘以湘水竹，携持与南北。永怀故人欢，不愿百金易。竹枯归樵苏，石烂弃沙砾。夷门得邂逅，绿发皆半白。追思少时事，俯仰如一夕。老矣无所为，空知念畴昔。常思一杯酒，要子相解释。出门事纷纷，归卧意还飫。闻当上溢水，持诏守岭厄。方为万里别，执手先惨戚。兹游信浩荡，山水多所得。为我谢香炉，风尘每相忆。

二

苍黄离家问南北，中路思归归不得。风涛何处不惊人，雨雪前村更欺客。旧交旌旆此盘桓，见我即令儿解鞍。荒山乐官歌舞拙，提壶沽酒聊一欢。行藏欲语眉不展，互叹别离心缱绻。行年半百劳如此，南亩催耕未宜晚。

送吴仲庶出守潭州

吴公治河南，名出汉廷右。高才有公孙，相望千岁后。平明省门开，吏接堂上肘。指抓谈笑间,静若在林薮。连墙画山水,隐几诗千首。浩然江湖思,果得东南守。传鼓上清湘,旌旗蔽牛斗。方今河南治,复在荆人口。自古楚有材,酃渌多美酒。不知樽前客,更得贾生否。

杂咏 三首

一

怀王自堕马,贾傅至死悲。古人事一职,岂敢苟然为。哭死非为生,吾心良不欺。滔滔声利间,绛灌亦何知。

二

先生善鼓瑟,齐国好吹竽。操竽入齐人,雅郑亦复殊。岂不得禄赐,归卧自郗歔。寥寥朱丝弦,老矣谁与娱。

三

商阳杀三人,每辄不忍视。亦云食君食,报礼当如此。波澜吹九州,金石安得止。永怀南山阿,慷慨中夜起。

即事 三首

一

我起影亦起,我留影逡巡。我意不在影,影长随我身。交游义相好,骨肉情相亲。如何有乖睽，不得同苦辛。

二

昏昏白日卧，皎皎中夜愁。明月入枕席，凉风动衾帱。蚕蝉相鸣悲，上下无时休。徒能感我耳，顾尔安知秋。

三

日月随天旋，疾迟与天谋。寒暑自有常，不顾万物求。蜉蝣蔽朝夕，蟪蛄疑春秋。眇眇上古历，回环今几周。

送郑叔熊归闽

郑子喜论兵，魁然万人敌。尝持一尺棰，跨马河南北。方今边利害，口手能讲画。疑师谷城翁，方略已自得。天兵卷甲老，壮士不肉食。低徊向诗书，文字锐镌刻。科名又龃龉，弃置非人力。黄尘雕鬖裘，逆旅同偪仄。秋风吹残汴，霰雪已惊客。浩歌随东舟，别我无惨恻。闽生今好游，往往老妻息。南陔子所慕，天命岂终塞。

寄二弟时往临川

萧条冬风高，吹我冠上霜。我行岁已寒，悲汝道路长。持以一作此犬马心，千里不得将。使汝身百忧，辛苦冒川梁。青灯照诗书，仰屋涕数行。不有亲戚思，讵知远游伤。

李氏沅江书堂

沅江水有梁与罾，沅田树桑可蚕耕。君于其间耻射利，独岸清泚留朱甍。诗书当前日开阖，冠带满坐相逢迎。勉求高论出施设，无以私智为公卿。

休假大佛寺

罢刍得休假，衣冠倦趋翔。挟书聊自娱，解带寺东廊。六龙高徘徊，光景在我裳。冬屋稍暄暖，病身更强梁。从我有不思，舍我有不忘。问谁可与言，携手此徜徉。婉婉吾所爱，新居乃邻墙。寄声能来游，维用写愁肠。

别谢师宰

阊阖城西地如水，鸡鸣黄尘波浪起。穷年一马望扶桑，东得省门身辄止。簿书期会老纷纷，邂逅论心喜有君。数日未多还舍我，相看愁思乱于云。

解使事泊棠阴时三弟皆在京师 二首

一

始吾泊棠阴，三子不在舟。今当舍之去，三子还远游。茫然千里水，今见荻花洲。俯仰换春冬，纷纷空百忧。怀哉山川异，往矣霰雪稠。登高一涕泗，寄此寒江流。

二

泊船棠阴下，滩水清且浅。回首望孤城，浮云一何缅。久留非吾意，欲去犹缱绻。驰心故人侧，一望三四反。萧萧东堂竹，异日留息偃。无恩被南国，疑此行当蹇。

骅骝

龙德不可系，变化谁能谋。一本无此二句。骅骝亦骏物，卓荦地上游。怒行追疾风，忽忽跨九州。辙迹古所到，山川略能周。鸿蒙无人梯，沆瀣绕天浮。巉岩拔青冥，仙圣所止留。欲往辄不能，视龙乃知羞。

寄朱氏妹

昔来高邮居，我始得朱子。从容谈笑间，已足见奇伟。行寻城阴田，坐钓渠下沚。归来同食眠，左右皆图史。入视尔诸幼，欢言亦多祉。当时独张倩，远在庐山趾。沈君未言昏，名已习吾耳。安知十年来，乖隔非愿始。相逢辄念远，悲吒多于喜。今兹岂人力，所念皆聚此。诸甥昔未有，满眼秀而美。低徊吾亲侧，亦足慰劳止。嗟予迫时恩，一传日千里。尔舟亦已戒，五两翩然起。萧萧东南县，望尔何时已。空知梦为鱼，逆上西安水。

赠陈君景初

吾尝奇华佗，肠胃真割剖。神膏既傅之，顷刻活残朽。昔闻今则信，绝伎世尝有。堂堂颍川士，察脉极渊薮。珍丸起病瘠，鲐虫随泄呕。挛足四五年，下针使之走。一言傥不合，万金莫可诱。又复能赋诗，往往吹琼玖。卷纸夸速成，语怪若神授。名声动京洛，踪迹晦莨莠。相逢但长啸，遇饮辄掩口。独醒竟何如，无乃寡俗偶。顾非避世翁，疑是壁中叟。安得斯人术，付之经国手。

赠张康

昔在历阳时，得子初江津。手中紫团参，一饮宽吾亲。舍舟城南居，杖屦日相因。百口代起伏，呻呼聒比邻。叩门或夜半，屡费药物珍。欲报恨不得，肠胃盘车轮。今逢又坎坷，令子驰风尘。颠倒车马间，起先冰雪晨。嗟我十五年，得禄尚辞贫。所读漫累车，岂能苏一人。无求愧子义，有施惭子仁。逝将收桑榆，邀子寂寞滨。

送程公辟守洪州

画船插帜摇秋光,鸣铙传鼓水洋洋。豫章太守吴郡郎,行指斗牛先过乡。乡人出郭航酒浆,黿鳖鲙鱼炊稻粱。芡头肥大菱腰长,醽醁喧呼坐满床。怪君三年寓瞿塘,又驱传马登太行。缨緌脱尽归大梁,翻然出走天南疆。九江左投贡与章,扬澜吹漂浩无旁。老蛟戏水风助狂,盘涡忽坼千丈强。君闻此语悲慨慷,迎吏乃前持一觞:鄱州历选多俊良,镇抚时有诸侯王。拂天高阁朱鸟翔,西山蟠绕鳞鬣苍。下视城堑真金汤,雄楼杰屋郁相望。中户尚有千金藏,漂田种粳出穰穰。沉檀珠犀杂万商,大舟如山起牙樯。一本无此一句。输泻交广流荆扬,轻裙利屣列名倡。春风踏谣能断肠,平湖湾坞烟渺茫。树石珍怪花草香,幽处往往闻笙簧。地灵人秀古所臧,胜兵可使酒可尝。十州将吏随低昂,谈笑指麾回雨阳,非君才高力方刚。岂得跨有此一方,无为听客欲沾裳。使君谢吏趣治装,我行乐矣未渠央。

凤凰山

驱马信所适,落日望九州。青山满天地,何往为吾丘。贫贱身只辱,富贵道足羞。涉世谅如此,惜哉去无由。

梦中作

青门道北云为屋,大垆贮酒千万斛。独龙注雨如车轴,不畏不售畏不续。

彭蠡

茫茫彭蠡春无地，白浪春风湿天际。东西捩柂万舟回，千岁老蛟时出戏。少年轻事镇南来，水怒如山帆正开。中流蜿蜒见脊尾，观者胆堕予方哈。衣冠今日龙山路，庙下沽酒山前住。老矣安能学欼飞，买田欲弃江湖去。

牛渚

历阳之南有牛渚，一风微吹万舟阻。华戎蛮蜀支百川，合为大江神所躔。山盘水怒不得泄，到此乃有无穷渊。朱衣乘车作官府，操制生杀非无权。阴灵秘怪不欲露，毁犀得祸岂偶然。

东门

东门白下亭，摧甓蔓寒葩。浅沙杙素舸，一水宛秋蛇。渔商数十室，门巷隐桑麻。翰林谪仙人，往岁酒姥家。调笑此水上，能歌杨白花。杨花飞白雪，枝袅绿烟斜。舞袖卷烟雪，绮裘明紫霞。风流翳蓬颗，故地使人嗟。迢迢陌头青，空复可藏鸦。

和王微之登高斋 三首

一

寒云沉屯白日埋，河汉荡圻天如筵。衡门兼旬限泥潦，卧听槭木鸣相挨。萧辰忽扫纤翳尽，北岭初出青巍巍。微之新诗动我目，烂若火齐金盘堆。想携诸彦眺平野，高论历诋秦以来。觚船淋浪始快意，忽忆归云胡为哉。念君少壮辍游衍，发挥春秋名玉杯。书成不得断国论，但此空语传八垓。登临兴罢因感触，更欲远引追宗雷。君知富贵亦何有，诡誉未足偿讥排。风豪雨横费调燮，坐使发背为黄台。留宾往往夜参半，虽有樽俎无由开。江南佳丽非一日，况乃故园名池台。能招过客饮文字，山水又足供欢咍。剩留官屋贮酒母，取醉不竭当如淮。

二

六朝人物随烟埃，金舆玉几安在哉。钟山石城已寂寞，只见江水云端来。百年故老有存者，尚忆世宗初伐淮。魏王兵马接踵出，旗纛千里相搪挨。当时谋臣非不众，上国拔取多陪台。龙腾九天跨四海，一水欲阻为可咍。降王北归楼殿圻，弃屋尚锁残金堆。神灵变化自真主，将帅何力求公台。山川清明草木静，天地不复屯云雷。使君登高访古昔，伤此陈迹聊持杯。因留嘉客坐披写，酃渌笑语倾如筵。酒酣重惜功业晚，老矣万卷徒兼该。攒峰列壑动归兴，忧端落笔何崔嵬。余年无欢易感激，亦愧庄叟能安排。青灯明灭照不寐，但把君诗阖且开。

三

干戈六代战血埋，双阙尚指山崔嵬。当时君臣但儿戏，把酒空劝长星杯。临春美女闭黄壤，玉枝自一作白蕊繁如堆。后庭新声散樵牧，兴废倏忽何其哀。咸阳龙移九州坼，遗种变化呼风雷。萧条中原砀无水，崛强又此凭江淮。广陵衣冠扫地去，穿筑陇亩为池台。吴侬倾家助经始，尺土不借秦人箃。珠犀磊落万艘入，金璧照耀千门开。建隆天飞跨两海，南发交广东温台。中间業業地无几，欲久割据诚难哉。灵旗指麾尽貔虎，谈笑力可南山排。楼船蔽川莫敢动，扶伏但有谋臣来。百年沧洲自潮汐，事往不与波争回。黄云荒城失苑路，白草废畤空坛垓。使君新篇韵险绝，登眺感悼随嘲咍。嗟予愁惫气已竭，对垒每欲相劚挨。挥毫更想能一战，数窘乃见诗人才。

卷七　古诗七

董伯懿示裴晋公平淮右题名碑诗用其韵和酬

　　元和伐蔡何危哉，朝廷百口无一谐。盗伤中丞偶不死，利剑白日投天街。裹疮入相议军旅，国火一再更檀槐。上前慷慨语发涕，誓出按抚除睽乖。指挖光颜战洄曲，阚如怒虎搏虺豺。恝能捕虏取肝鬲，护送密乞完形骸。笞兵夜半投死地，雪湿不敢燃薪点。空城竖子已可缚，中使尚作唬儿哇。退之道此尤俊伟，当镂玉牒东燔柴。欲编诗书播后嗣，笔墨虽巧终类俳。唐从天宝运中圮，廊庙往往非忠佳。诸侯纵横代割据，疆土岂得无离呱。德宗末年惩战祸，一矢不试尘蒙靫。宪皇初起众未信，意欲立扫除昏霾。追还清明救薄蚀，屡敕主府拘穷蛙。王师伤夷征赋窘，千里亦忌毫厘差。小夫偷安自非计，长者远虑或可怀。桓桓晋公忠且壮，时命适与功名偕。是非末世主成败，烜赫今古谁讥排。贤哉韦纯议北赦，仓卒两伐尤难皆。重华声明弥万国，服苗干羽舞两阶。宣王侧身内修政，常德立武能平淮。昔人经纶初若缓，欲弃此道非吾侪。千秋事往踪迹在，岳石款记如湘崖。文严字丽皆可喜，黄埃蔽没苍藓埋。当时将佐尽豪杰，想此兵祷陪祠斋。君曾西迁为拓本，濡麝割蜜亲劚揩。新篇波澜特浩荡，把卷熟读迷津涯。褒贤乐善自为美，当挂庙壁为诗牌。

用王微之韵和酬即事书怀

秦惜逝者耋，晋嘉良士休。古人皆好乐，哀此岁月遒。嗟我抱愁毒，残年自羁囚。但为兔得蹄，非复天上鸥。虽知林塘美，欲往辄回辀。名园一散策，笑语随觥筹。探题绕梅花，高咏接应刘。宿雨洗荒堑，寒蛟沉老湫。沿洄信画舸，归路子城幽。冬风不改绿，忽见新阳浮。欢事去如梦，嘉时念难留。明发得君句，谓将续前游。语我饮倡乐，不如诗献酬。淮洲奏钟磬，雅刺德不犹。文墨有真趣，荒淫何足收。来篇信时女，窈窕众所求。兹理傥可谐，华簪为君抽。

和仲求即席分题得庶字

刀笔漫无营，图书纷不御。平生携手人，邂逅赏心处。名卿邵朱邑，肤使超严助。都官富篇章，博士熟经据。岂特好微言，又多知大虑。从容故天幸，倜傥尽人誉。千艘来交荆，万舸去扬豫。良无此嘉客，式饮吾所庶。

出巩县

昭陵落月烟雾昏,篝火度谷行山根。投鞭委辔涉数村,寤出巩县城东门。向来宫阙不可见,但有洛水流浑浑。

书任村马铺

儿童系马黄河曲,近岸河流如可掬。任村炊米朝食鱼,日暮荥阳驿中宿。投老经过身独在,当时洲渚今平陆。秋黍冥冥十数家,仰视荒蹊但乔木。冰盘鲙美客自知,起看白水还东驰。尔来百口皆年少,归与何人共此悲。

葛蕴作巫山高爱其飘逸因亦作两篇

一

巫山高,十二峰。上有往来飘忽之猨猱,下有出没瀺灂之蛟龙。中有倚薄缥缈之神宫,神人处子冰雪容。吸风饮露虚无中,千岁寂寞无人逢。邂逅乃与襄王通,丹崖碧嶂深重重。白月如日明房栊,象床玉几来自从。锦屏翠幔金芙蓉,阳台美人多楚语。只有纤腰能楚舞,争吹凤管鸣鼍鼓。那知襄王梦时事,但见朝朝暮暮长云雨。

二

巫山高，偃薄江水之滔滔。水于天下实至险，山亦起伏为波涛。其巅冥冥不可见，崖岸斗绝悲猿猱。赤枫青栎生满谷，山鬼白日樵人遭。窈窕阳台彼神女，朝朝暮暮能云雨。以云为衣月为褚，乘光服暗无留阻。昆仑曾城道可取，方丈蓬莱多伴侣。块独守此嗟何求，况乃低徊梦中语。

西风

少年不知秋，喜闻西风生。老大多感伤，畏此蟋蟀鸣。况乃舍亲友，抱病独远行。中夜卧不周，恻恻感我情。起视天正黑，弱云乱纵横。似有霰雪飘，不复星斗明。时节忽如此，重令壮心惊。谅无同忧人，樽酒安可倾。

久雨

煤炱着天无寸空，白沫上岸吹鱼龙。羲和推车出不得，河伯欲取山为宫。城门昼开眠百贾，饥孙得糟夜哺翁。老人惯事少所怪，看屋箕踞歌南风。

和王胜之雪霁借马入省

泥水填马不受辙,瓦雪得火犹藏沟。宿雾纷纷度城阙,朔气凛凛吹衣裘。穷阎闭门无一客,剥啄惊我有前驺。强随传呼出屋去,鼻息冻合髭缪缪。投缰马骊任欹侧,欲出操棰手还抽。行思江南悲故事,溪谷冬暖花常流。前年腊归三见白,霁色岭上班班留。杖藜此时将邑子,登眺置酒身优游。岂如都城今日事,只恐一蹶为亲忧。因知田里驾款段,昔人岂即非良谋。君家洛阳名实大,谈笑枯槁回春柔。平生意气故应在,白发未敢相寻求。从容退食想佳节,岂无歌声相献酬。奈何亦作苦寒调,叹息朝夕无骅骝。超然遂有江湖意,满纸为我书穷愁。相如正应居客右,子路且莫乘桴浮。

和吴冲卿鸦鸣树石屏

寒林昏鸦相与还,下有跂石苍屡颜。曾于古图见仿佛,已怪刀笔非人间。君家石屏谁为写,古图所传无似者。鸦飞历乱止且鸣,林叶惨惨风烟生。高斋日午坐中见,意似落日空上行。君诗雄盛付君手,云此非人乃天巧。嗟哉浑沌死,乾坤至,造作万物丑妍巨细各有理。问此谁主何其精,恢奇谲诡多可喜。人于其间乃复雕镵刻画出智力,欲与造化追相倾。拙者婆娑尚欲奋,工者固已穷夸矜。吾观鬼神独与人意异,虽有至巧无所争。所以虢山间,埋没此宝千万岁,不为见者惊。吾又以此知妙伟之作不在百世后,造始乃与元气并。画工粉墨非不好,岁久剥烂空留名。能从太古到今日,独此不朽由天成。世人尚奇轻货力,山珍海怪采掇今欲索。此屏后

出为君得，胡贾欲价着不识。吾知金帛不足论，当与君诗两相直。

送李宣叔倅漳州

闽山到漳穷，地与南越错。山川郁雾毒，瘴疠春冬作。荒茅篁竹间，蔽亏有城郭。居人特鲜少，市井宜萧索。野花开无时，蛮酒持可酌。穷年不用客，谁与分杯杓。朝廷尚贤俊，磊砢充台阁。君能喜节行，文艺又该博。超然万里去，识者为不乐。予闻君子居，自可救民瘼。苟能御外物，得地无美恶。似闻最南方，北客今勿药。林麓换风气，兽蛇凋毒虫。如漳犹近州，气冷又销铄。珍足海物味，其厚不为薄。章举马甲柱，固已轻羊酪。蕉黄荔子丹，又胜楂梨酢。逢衣比多士，往往在丘壑。从容与笑语，岂不慰寂寞。太守好觞咏，嘉宾应在幕。想即有新诗，流传至京洛。

送裴如晦宰吴江

霜一作震泽与天杳，旁临无限情。他时散发处，最爱垂虹亭。飘然平生游，舍我戴吴星。欲往独不得，都门看扬舲。到县问疾苦，为子求所经。当知耕牧地，往往茭蒲青。三江断其二，浍水何由宁。微子好古者，此歌尚谁听。

韩持国从富并州辟

韩侯冰玉人，不可尘土杂。官虽众俊后，名字久訇磕。并州天下望，抚士威爱愜。千金弃不惜，宾客常满阁。遥闻余风高，为子置一榻。亲交西门饯，百马骄杂遝。子材宜用世，谈者为鸣唈。矧今名主人，气力足呵欱。推贤为时辅，势若朽易拉。会当荐还朝，立子在阊阖。惜哉秣骐骥，赋以升龠合。咨予栖栖者，气象已摧塌。他年佐方州，说将尚不纳。况于声势尊，岂易取酬答。有如持寸筳，未足撼鞿鞳。顾于山水间，意愿多所合。匡庐与韶石，少小已尝踏。风游会稽春，雪宿天柱腊。淮湖江海上，惯食虾蟹蛤。西南穷岷嶓，东北尽济漯。身虽未尝历，魂梦已稠沓。荆溪最所爱，映烛多庙塔。溪果点丹漆，溪花团绣罨。扁舟信所过，行不废樽榼。一从舍之去，霜雪行满颔。思之不能寐，蹙若虹蚋噆。方将筑其滨，毕景谢啴喥。安能孤此意，颠倒就衰飒。唯子余所向，嗜好此鸛鷧。何时归相过，游屐尚可蜡。

寄吴冲卿

物变极万殊，心通才一曲。读书谓已多，抚事知不足。与君语承华，念此非不夙。恨无数顷田，归耕使成熟。当官拙自计，易用忤流俗。穷年走区区，得谤大于屋。归来污省舍，又继故人躅。相逢只数步，吏案常填目。切嗟非无伤，阻阔嗟何速。孤危失所助，把卷常恨独。虚名终自误，谬恩何见蹙。清明有冲卿，奥美如晦叔。时谓当选升，屈指尚五六。揆才最不称，饕宠宁无恧。殷勤故人书，纸尾又见勖。君虽好德言，我自望忠告。易称动不括，传论大明服。进为非成材，罪恐不容贷。岁残东风生，陕树尘翳曲。何缘一杯酒，谈笑相追逐。

韩持国见访

余生非匏瓜，于世不无求。弱力惮耕稼，衣食当周流。起家始二十，南北今白头。愁伤意已败，罢病恐难瘳。江湖把一节，屡乞东南州。治民岂吾能，闲僻庶可偷。谬恩当徂冬，黾勉始今秋。岂敢事高搴，茫然乖本谋。抚心私自怜，仰屋窃叹愀。强骑黄饥马，欲语将谁投。赖此城下宅，数蒙故人留。揽衣坐中庭，仰视白云浮。白云御西风，一一向沧洲。安得两黄鹄，跨之与云游。

思王逢原

自吾失逢原，触事辄愁思。岂独为故人，抚心良自悲。我善孰相我，孰知我瑕疵。我思谁能谋，我语听者谁。朝出一马驱，暝归一马驰。驰驱不自得，谈笑强追随。仰屋卧太息，起行涕淋漓。念子冢上土，草茅已纷披。婉婉妇且少，茕茕一女媺。高义动闾里，尚闻致财赀。嗟我衣冠朝，略能具饘糜。葬祭无所助，哀颜亦何施。闻妇欲北返，跂予常望之。寒汴已闭口，此行又参差。又说当产子，产子知何时。贤者宜有后，固当梦熊罴。天方不可恃，我愿适在兹。我疲学更误，与世不相宜。宿昔心已许，同冈结茅茨。此事今已矣，已矣尚谁知。渺渺江与潭，茫茫山与陂。安能久窃食,终负故人期。

登景德塔

放身千仞高,北望太行山。巴屋如蚁冢,蔽亏尘雾间。念此屋中人,当复几人闲。鸡鸣起四散,暮夜相与还。物物各自我,谁为贤与顽。贱气即易凌,贵气即难攀。愧予心未齐,俯首一破颜。

和刘贡甫燕集之作

冯侯天马壮不羁,韩侯白鹭下清池。刘侯羽翰秋欲击,吴侯葩萼春争披。沈侯玉雪照人洁,萧洒已见江湖姿。唯予貌丑骇公等,自镜亦正如蒙倛。忘形论交喜有得,杯酒邂逅今良时。心亲不复异新旧,便脱巾屦相谐嬉。空堂无尘小雨定,浓绿翳水浮秋曦。高谈四坐扫炎热,木末更送凉风吹。此欢不尽忽分散,明月照屋空参差。平明余清在心耳,洗我重得刘侯诗。刘侯未见闻已熟,吾友称诵多文辞。才高意大方用世,自有豪俊相攀追。咨予后会恐不数,魂梦久向东南驰。何时扁舟却顾我,还欲迎子游山陂。

寄王逢原

北风吹云埋九垓,草木零落空池台。六龙避逃不敢出,地上独有寒崔嵬。披衣起行愁不惬,归坐把卷阖且开。永怀古人今已矣,感此近世何为哉。申韩百家爇火起,孔子大道寒于灰。儒衣纷纷欲满地,无复气焰空煤炱。力排异端谁助我,忆见夫子真奇材。梗枏豫章概白日,只要匠石聊穿裁。我方官拘不得往,子有闲暇宜能来。晤言相与入圣处,一取万古光芒回。

寄正之

少时已感韩子诗,东西南北俱欲往。新年尤觉此语悲,恨无羽翼超惚恍。肺肝欲绝形骸外,涕洟自落衣巾上。此忧难与世共知,忆子论心更惆怅。

思古

古之士方穷,材行已云贵。大臣公听采,左右不得蔽。或从蒿藜间,入据廊庙势。小夫不敢望,云我非其汇。朝游俊者羞,暮出逢者避。所以后世愚,人人愿高位。

惜日

白日照四方,当在中天留。春风地上行,当与时周游。和气所披拂,槁干却湿柔。爱欲传万物,势难停一州。栖栖孔子者,惜日此之由。不能使此邦,利泽施诸侯。岂若驾以行,使我遇者稠。当时三千人,齐宋楚陈周。小者传吾粗,大能传奥幽。道散学以圣,众源乃常流。吾初如匏瓜,彼亦孰知丘。唯士欲自达,穷通非外求。暨必相天子,乃能经九畴。行虽耻强勉,闭户非良谋。

送裴如晦即席分题 三首

以黯然消魂惟别而已为韵,拟而惟字韵作。

一

飘然五湖长,昨日国子师。绿发约略白,青衫欲成缁。牵舟推河水,去与山水期。春风垂虹亭,一杯湖上持。傲兀何宾客,两忘我与而。能复记此饮,诗成酒淋漓。

二

十月颖水冰,问君行何为。行不顾斗米,自与五湖期。平生湖上游,幽事略能知。此后君最乐,穷年得游嬉。彩鲸抗波涛,风作鳞之而。鸣鼓上洞庭,笑看红橘垂。漠漠大梁下,黄沙吹酒旗。应怜故人愁,回首一相思。

三

邂逅君子堂,一杯相与持。便应取酩酊,万事不足惟。平明蔡河风,回首成差池。独我漫浪者,尚得行相追。磨刀鲙严冬,宿昔少陵诗。还当捕鲈鱼,载酒与我期。甫里松菊盛,洞庭柑橘垂。文章为我唱,不数陆与皮。

卷八　古诗八

两马齿俱壮

两马齿俱壮，自骄千里材。生姿何轩轩，或是龙之媒。一马立长衢，顾影方徘徊。一马裂衔辔，奔嘶逸风雷。立岂饱刍豆，恋栈常思回。奔岂欲野龁，久羁羡驽骀。两马不同调，各为世所猜。问之不能言，使我心悠哉。

春从沙碛底

春从沙碛底，转上青天际。霭霭桑柘墟，浮云变姿媚。游人出暄暖，鸟语辞阴翳。心知归有日，我亦无愁思。所嗟独季子，尚客江湖澨。万里卜凤凰，飘飘何时至。

晨兴望南山

晨兴望南山，不见南山根。草树露颠顶，樛枝空复繁。铜瓶取井水，已至尚余温。天风一吹拂，的皪成玙璠。

结屋山涧曲

结屋山涧曲，挂瓢秋树颠。鸣不中律吕，时时惊我眠。吾儿亦恶聒，戮力事弃捐。止我为尔歌，不如恣其然。狂风动地至，万窍各啾喧。一瓢虽易除，岂在有无间。皪皪山下石，泠泠手中弦。临流写所爱，坐听以穷年。

朝日一暴背

朝日一暴背，欣然忘夜寒。樵松煮涧水，既食取琴弹。弹作南风歌，歌罢坐长叹。瘖彼栖栖者，遗世良独难。

黄菊有至性

团团城上日，秋至少光辉。积阴欲滔天，况乃草木微。黄菊有至性，孤芳犯群威。采采霜露间，亦足慰朝饥。

少狂喜文章

少狂喜文章，颇复好功名。稍知古人心，始欲老蚕耕。低徊但志食，邂逅亦专城。仰惭冥冥士，俯愧扰扰甿。良夜未遽央，青灯数寒更。拨书置左右，仰屋慨平生。

三战败不羞

三战败不羞，一官迁辄喜。古人思慰亲，愧辱宁在己。于陵避兄食，织屦仰妻子。恩义有相权，洁身非至理。

少年见青春

少年见青春，万物皆妩媚。身虽不饮酒，乐与宾客醉。一从鬓上白，百不见可喜。心肠非故时，更觉日月驶。闻欢已倦往，得饱还思睡。春归只如梦，不复悲憔悴。寄言少年子，努力作春事。亦勿怪衰翁，衰强自然异。

白日不照物

白日不照物，浮云在寥廓。风涛吹黄昏，屋瓦更纷泊。行观蔡河上，负土私力弱。隋堤散万家,乱若春蚕箔。仍闻决数道,且用宽城郭。妇子夜号呼,西南漫为壑。

草端无华滋

草端无华滋,阴气已盘固。暄妍却如春,岁晚曾不寤。一裘可以暖,贫士终难豫。忽忽远枝空,寒虫欲坏户。

一日不再饭

一日不再饭,饭已八九眠。忽忽返照闲,顿羸不可迁。筋骸徽缧束,肺腑鼎铛煎。长往理不惜,高堂思所牵。

秋枝如残人

秋枝如残人,颜色先憔悴。微寒吹已空,性命一何脆。宁当记畴昔,葩叶相妩媚。岁行谁使然,好杀岂天意。

青青西门槐

人情甘阿谀，我独倦请谒。尤于权门疏，万事亦已拙。平生江湖期，梦寐不可遏。青青西门槐，少解马上渴。

天下不用车

天下不用车，人人乘马驰。王良虽善御，揽辔欲从谁。汉武伐大宛，杀人若京垤。孝文却走马，独行先安之。万物命在天，取舍各有时。阴阳更用事，冬暖岂所宜。卞氏强献玉，两刖亦已痴。幸终遇良工，已剖得不疑。

山田久欲坼

山田久欲坼，秋至尚求雨。妇女喜秋凉，踏车多笑语。朔云卷众水，惨淡吹平楚。横陂与直堙，疑即没洲渚。霍霍反照中，散丝鱼几缕。鸿蒙不可问，且往知何许。欹眠露下舸，侧见星月吐。龙骨已呕哑，田家真作苦。

圣贤何常施

圣贤何常施,所遇有伸屈。曲士守一隅,欲以齐万物。丧非不欲富,言为南宫出。世无子有子,谁敢救其失。

散发一扁舟

散发一扁舟,夜长眠屡起。秋水泻明河,迢迢藕花底。爱此露的皪,复怜云绮靡。谅无与歌弦,幽独亦可喜。

道人北山来

道人北山来,问松我东冈。举手指屋脊,云今如此长。开田故岁收,种果今年尝。告叟去复来,耘锄尚康强。死狐正首丘,游子思故乡。嗟我行老矣,坟墓安可忘。

今日非昨日

今日非昨日,昨日已可思。明日异今日,如何能勿悲。当门五六树,上有蝉鸣枝。朝听尚壮急,暮闻已衰迟。仰看青青叶,亦复少华滋。万物同一气,固知当尔为。我友南山居,笑谈解人颐。分我秋柏实,问言归何时。衣冠污穷尘,苟得犹苦饥。低徊岁已晚,恐负平生期。

秋日不可见

秋日不可见,林端但余黄。杖藜思平野,俯仰畏无光。栗栗涧谷风,吹我衣与裳。娟娟空山月,照我冠上霜。

骐骥在霜野

骐骥在霜野,低徊向衰草。入枥闻秋风,悲鸣思长道。黄金作鞭辔,粲粲空外好。人生贵得意,不必恨枯槁。

悲哉孔子没

悲哉孔子没,千岁无麒麟。蚩蚩尽鉏商,此物谁能珍。汉武得一角,燔烹诬鬼神。更以铸黄金,传夸后世人。

秋庭午吏散

秋庭午吏散,予亦归息偃。岂无嘉宾客,欲往心独懒。北窗古人篇,一读三四反。悲哉不早计,失道行踠晚。

秋日在梧桐

秋日在梧桐,转阴如急毂。冥冥蔽中庭,下视今可暴。高蝉不复嘒,稍得寒鸦宿。百绕有衰翁,行歌待春绿。

我欲往沧海

我欲往沧海,客来自河源。手探囊中胶,救此千载浑。我语客徒尔,当还治昆仑。叹息谢不能,相看涕翻盆。客止我且往,濯发扶桑根。春风吹我舟,万里空目存。

前日石上松

前日石上松,劚移沙水际。青青折钗股,俯映幽人砌。蟠根今㟅茂,落子还苍翠。三年一楮叶,世事真期费。

日出堂上饮

日出堂上饮，日西未云休。主人笑而歌，客子叹以愀。指此堂上柱，始生在岩幽。雨露饱所滋，凌云亦千秋。所托愿求久，何言值君收。乃令卑湿地，百蚁上穷镂。丹青空外好，镇压已堪忧。为君重去之，不使一蚁留。蚁力虽云小，能生万蚍蜉。又能高其础，不尔继者稠。语客且勿然，百年等浮沤。为客当酌酒，何豫主人谋。

卷九　古诗九

孔子

圣人道大能亦博，学者所得皆秋毫。虽传古未有孔子，蠛蠓何足知天高。桓魋武叔不量力，欲挠一草摇蟠桃。颜回已自不可测，至死钻仰忘身劳。

扬雄 二首

一

子云游天禄，华藻锐初学。覃思晚有得，晦显无适莫。寥寥邹鲁后，于此归先觉。岂尝知符命，何苦自投阁。长安诸愚儒，操行自为薄。谤嘲出异己，传载因疏略。孟轲劝伐燕，伊尹干说亳。叩马触兵锋，食牛要爵禄。少知羞不为，况彼皆卓荦。史官蔽多闻，自古喜穿凿。

二

子云平生人莫知，知者乃独称其辞。今尊子云者皆是，得子云心亦无几。圣贤树立自有师，人知不知无以为。俗人贱今常贵古，子云今存谁女数。

汉文帝

轻刑死人众，丧短生者偷。仁孝自此薄，哀哉不能谋。露台惜百金，灞陵无高丘。浅恩施一时，长患被九州。

秦始皇

天方猎中原，狐兔在所憎。伤者六孱王，当此鸷鸟膺。搏取已扫地，翰飞尚凭凌。游将跨蓬莱，以海为丘陵。勒石颂功德，群臣助骄矜。举世不读易，但以刑名称。蚩蚩彼少子，何用辨坚冰。

韩信

韩信寄食常歉然，邂逅漂母能哀怜。当时侩等何由伍，但有淮阴恶少年。谁道萧曹刀笔吏，从容一语知人意。坛上平明大将旗，举军尽惊王不疑。捄兵半楚潍半沙一作搏兵击楚潍半涉，从初龙且闻信怯。鸿沟天下已横分,谈笑重来卷楚氛。但以怯名终得羽,谁为孔费两将军。

叔孙通

先生秦博士,秦礼颇能熟。量主欲有为,两生皆不欲。草具一王仪,群豪果知肃。黄金既遍赐,短衣亦已续。儒术自此凋,何为反初服。

东方朔

平原狂先生,隐翳世上尘。材多不可数,射覆亦绝伦。谈辞最诙怪,发口如有神。以此得亲幸,赐予颇不贫。金玉本光莹,泥沙岂能堙。时时一悟主,惊动汉庭臣。不肯下儿童,敢言诋平津。何知夷与惠,空复咋时人。

杨刘

人各有是非,犯时为患害。唯诗以谲谏,言者得无悔。汾王昔监谤,变雅今尚载。末俗忌讳繁,此理宁复在。南山咏种豆,议法过四罪。玄都献桃花,母子受颠沛。疑似已如此,况欲谆谆诲。事变故不同,杨刘可为戒。

臧仓

位在万乘师，孟轲犹不遇。岂云贫与贱，世道非吾趣。意行天下福，事忤由然去。命也固有在，臧仓汝何与。

田单

湣王万乘齐，走死区区燕。田单一即墨，扫敌如风旋。舞鸟怪不测，腾牛怒无前。飘飘乐毅去，磊砢功名传。掘葬与劓降，论乃愧儒先。深诚可奋士，王蠋岂非贤。

戴不胜

昔在宋王所，皆非薛居州。区区一不胜，辛苦亦何求。怀禄讵有耻，知命乃无忧。此士自可怜，能复识此不。

陆忠州

虞人以士招，御者与射比。当时尚羞为，况乃天下士。英英陆忠州，学问辅明智。低徊得坎坷，勋业终不遂。

开元行

　　君不闻开元盛天子，纠合俊杰披奸猖。几年辛苦补四海，始得完好无疽疮。一朝寄托谁家子，威福颠倒那复理。那知赤子偏愁毒，只见狂胡仓卒起。茫茫孤行西万里，偪仄归来竟忧死。子孙险不失故物，社稷陵夷从此始。由来犬羊着冠坐庙堂，安得四鄙无豺狼。

相送行效张籍

　　一车南，一车北，身世匆匆俱有役。忆昔论心两绸缪，那知相送不得留。但闻马嘶觉已远，欲望应须上前坂。秋风忽起吹泥尘，双目空回不见人。

阴漫漫行

　　愁云怒风相追逐，青山灭没沧江覆。少留灯火就空床，更听波涛围野屋。忆昨踏雪度长安，夜宿木瘤还苦寒。谁云当春便妍暖，十日九八阴漫漫。

一日归行

贱贫奔走食与衣，百日奔走一日归。平生欢意苦不尽，正欲老大相因依。空房萧瑟施穗帷，青灯半夜哭声稀。音容想象今何处，地下相逢果是非。

汴水

汴水无情日夜流，不肯为我少淹留。相逢故人昨夜去，不知今日到何州。州州人物不相似，处处蝉鸣令客愁。可怜南北意不就，二十起家今白头。

阴山画虎图

阴山健儿鞭鞘急，走势能追北风及。逶迤一虎出马前，白羽横穿更人立。回旗倒戟四边动，抽矢当前放蹄入。爪牙蹭蹬不得施，碛上流丹看来湿。胡天朔漠杀气高，烟云万里埋弓刀。穹庐无工可貌此，汉使自解丹青包。堂上绢素开欲裂，一见犹能动毛发。低徊使我思古人，此地搏兵走戎羯。禽逃兽遁亦萧然，岂若封疆今晏眠。契丹弋猎汉耕作，飞将自老南山边，还能射虎随少年。

杜甫画像

吾观少陵诗，为与元气侔。力能排天斡九地，壮颜毅色不可求。浩荡八极中，生物岂不稠。丑妍巨细千万殊，竟莫见以何雕锼。惜哉命之穷，颠倒不见收。青衫老更斥，饿走半九州。瘦妻僵前子仆后，攘攘盗贼森戈矛。吟哦当此时，不废朝廷忧。常愿天子圣，大臣各伊周。宁令吾庐独破受冻死，不忍四海寒飕飕。伤屯悼屈止一身，嗟时之人死所羞。所以见公像，再拜涕泗流。惟公之心古亦少，愿起公死从之游。

吴长文新得颜公坏碑

鲁公之书既绝伦，岁久更为时所珍。荒坛坏冢朽崖屋，剥落风雨埋煨尘。断碑数尺谁所得，点画入纸完如新。延陵公子好事者，拓取持寄情相亲。六书篆籀数变改，训诂后世多失真。谁初妄凿妍与丑，坐使学士劳骸筋。堂堂鲁公勇且仁，出遇世难亲经纶。挥毫卓荦又惊俗，岂亦以此夸常民。但疑技巧有天得，不必勉强方通神。诗歌甘棠美召伯，爱惜蔽芾由思人。时危忠谊常恨少，宝此勿复令埋堙。

答扬州刘原甫
因君古人风，更欲投吾簪。

少食苦不足，一官聊自谋。为生晚更拙，怀禄尚迟留。黾勉讵有补，强颜包众羞。谓我古人风，知君以相优。君实高世才，主恩正绸缪。哿矣哀此民，华簪宁易投。

寄岳州张使君

昔人宁饮建业水，共道不食武昌鱼。公来建业每自如，亦复不厌武昌居。武昌山川今可想，绿水逶迤烟莽苍。白鸥晴飞随两桨，岸荠茸茸映鱼网。投老留连陌上尘，思公一语何由往。

送元厚之待制知福州

海隅山谷间，人物最多处。平旦息相吹，连城默如雾。闽王旧宫室，丹漆美无度。今为大帅府，千里来赴诉。元侯文章翁，更以吏能著。峨峨中天阁，鸣玉新改步。衔诏出梨岭，方为远人慕。旌旗满流水，冠盖东门驻。四坐共咨嗟，疑侯不当去。张仲称孝友，樊侯正求助。名城虽云乐，行矣未宜遽。

悼四明杜醇

杜生四五十，孝友称乡里。隐约不外求，耕桑有妻子。藜杖牧鸡豚，筠筒钓鲂鲤。岁时沽酒归，亦不乏甘旨。天涯一杯饭，夙昔相逢喜。谈辞足诗书，篇咏又清泚。都城问越客，安否常在耳。日月未渠央，如何弃予死。古风久凋零，好学少为己。悲哉四明山，此士今已矣。

哭梅圣俞

诗行于世先春秋，国风变衰始柏舟。文辞感激多所忧，律吕尚可谐鸣球。先王泽竭士已偷，纷纷作者始可羞，其声与节急以浮。真人当天施再流，笃生梅公应时求。颂歌文武功业优，经奇纬丽散九州。众皆少锐老则不，翁独辛苦不能休，惜无采者人名遒。贵人怜公青两眸，吹嘘可使高岑楼，坐令隐约不见收。空能乞钱助馈馏，疑此有物司诸幽。栖栖孔孟葬鲁邹，后始卓荦称轲丘。圣贤与命相楯矛，势欲强达诚无由。诗人况又多穷愁，李杜亦不为公侯。公窥穷厄以身投，坎轲坐老当谁尤。吁嗟岂即非善谋，虎豹虽死皮终留。飘然载丧下阴沟，粉书轴幅悬无旒。高堂万里哀白头，东望使我商声讴。

游章义寺

九日章义寺，倦游因解镳。拂榻寄午梦，起寻北山椒。岑蔚鸟绝迹，悲鸣唯一蜩。欢言与僧期，于此共箪瓢。斩松八九根，窗壁具一朝。伏槛何所见，苍苍围寂寥。岩谷寒更静，水泉清不摇。安得有车马，尚无渔与樵。神茂真观复，心明众尘消。阴岭有嘉客，傥来不须招。

饭祈泽寺

驾言东南游，午饭投僧馆。山白梅蕊长，林黄柳芽短。笭箵沙际来，略彴桑间断。春映一川明，雪消千壑漫。鱼随竹影浮，鸟误人声散。玩物岂能留，干时吾自懒。

答瑞新十远

远水悠然碧，远山天际苍。中有山水人，寄我十远章。我时在高楼，徙倚观八荒。亦复有远意，千载不相忘。

送文学士倅邛州

文翁出治蜀，蜀士始文章。司马唱成都，嗣音得王扬。荦荦汉守孙，千秋起相望。操笔赋上林，脱巾选为郎。拥书天禄阁，奇字校偏傍。忽乘驷马车，牛酒过故乡。时平无谕檄，不访碧鸡祥。问君行何为，关陇正繁霜。中和助宣布，循吏缀前芳。岂特为亲荣，区区夸一方。

送宋中道倅洺州

漳水不灌邺，不知几何时。后世有史起，乃能为可为。余尝怜洺民，舄卤半不治。颇觉漳可引，但为谈者嗤。高议不同俗，功成人始思。夫子到官日，勿忘吾此诗。

送张公仪宰安丰

楚客来时雁为伴，归期只待春冰泮。雁飞南北三两回，回首湖山空梦乱。秘书一官聊自慰，安丰百里谁复叹。扬鞭去去及芳时，寿酒千觞花烂漫。

送陈谔

有司昔者患不公，糊名誊书今故密。论才相若子独弃，外物有命真难必。乡间孝友莫如子，我愿卜邻非一日。朱门奕奕行多惭，归矣无为亚蓬荜。

送孙长倩归辉州

溪涧得雨潦，奔溢不可航。江海收百川，浩浩谁能量。溪涧之日短，江海之日长。愿生畜道德，江海以自方。

送乔执中秀才归高邮

薄饭午不羹,空炉夜无炭。寥寥日避席,烈烈风欺幔。谓予勿恶此,何为向子叹。长年客尘沙,无妇助亲爨。寒暄慰白首,我弟才将冠。遄回岁又晚,想见淮湖漫。古人一日养,不以三公换。田园在戮力,且欲归锄灌。行矣子诚然,光阴未宜玩。负米力有余,能无读书伴。

云山诗送正之

云山参差碧相围,溪水诘曲带城陴。溪穷壤断至者谁,予独与子相谐熙。山城之西鼓吹悲,水风萧萧不满旗。子今去此来无时,予有不可谁予规。

卷十　古诗十

和甫如京师微之置酒

季子将北征，貂裘解亭皋。使君拥鸣驺，出饯载酒醪。作诗宠行色，坐客多贤豪。信知大夫才，能赋在登高。陟岵忧未已，强歌反哀号。问言归何时，逮此冬风饕。川涂良阻修，棰辔慎所操。黄屋初启圣，万灵归一陶。询谋及疏贱，拔取皆时髦。往矣果有合，可辞州县劳。

别孙莘老

逢原未熟我，已与子相知。自吾得逢原，知子更不疑。把手湖上舟，望子欲归时。茫然乃分散，独背东南驰。寥寥西城居，邂逅与子期。鸡鸣入省门，朱墨来纷披。含意不自得，强颜聊尔为。会合常在夜，青灯照书诗。往往并衾语，至明不言疲。匆匆舍我去，使我当从谁。送子不出门，我身方羁縻。我心得自如，今与子相随。随子至湖上，逢原所尝嬉。想见荷叶尽，北风卷寒漪。已怀今日愁，更念昔日悲。相逢亦何有，但有镜中丝。

寄丁中允

人生九州间，泛泛水中木。漂浮随风波，邂逅得相触。始我与夫子，得官同一州。相逢皆偶然，情义乃绸缪。我于人事疏，而子久矣修。磨砻以成我，德大不可酬。乖离今六年，念子未尝休。岂不道相逢，但得顷刻留。欢喜不满颜，长年抱离忧。古人有所思，千里驾车牛。如何咫尺间，而不与予游。顾惜五斗米，无辜自拘囚。念彼磊落者，心颜两惭羞。剡山碧榛榛，剡水日夜流。山行苦无𫏋，水浅亦可舟。使君子所善，来檄自可求。何时子来意，待子南山头。

示平甫弟

汴渠西受昆仑水，五月奔湍射黄矢。高淮夜入忽倒流，碕岸相看欲生觜。万樯如山矻不动，嗟我仲子行亦止。自闻留连且一月，每得问讯犹千里。老工取河天上落，伏砾遭沙卷无底。土桥立马望城东，数日知有相逢喜。墙隅返照媚槐谷，池面过雨苏篁苇。欣然把手相与闲，所愿此时无一诡。岂无他忧能老我，付与天地从今始。闭门为谢载酒人，外慕纷纷吾已矣。

忆北山送胜上人

苍藤翠木江南山,激激流水两山间。山高水深鱼鸟乐,车马迹绝人长闲。云埋樵声隔葱茜,月弄钓影临潺湲。黄尘满眼衣可濯,梦寐惆怅何时还。

相国寺启同天节道场行香院观戏者

侏优戏场中,一贵复一贱。心知本自同,所以无欣怨。

马上转韵

三月杨花迷眼白,四月柳条空老碧。年光如水尽东流,风物看看又到秋。人世百年能几许,何须戚戚长辛苦。富贵功名自有时,箪瓢捽茹亦山雌。

乙巳九月登冶城作

欲望钟山岑,因知冶城路。跻攀隐木杪,稍记曾游处。红沉渚上日,苍起榛中雾。即事有哀伤,山川自如故。

过刘贡甫

去年约子游山陂，今者仍为大梁客。天旋日月不少留，称意人间宁易得。天明径欲相就语，云雪填城万家白。冬风吹鬣马更骄，一出何由问行迹。能言奇字世已少，终欲追攀岂辞剧。枕中鸿宝旧所传，饮我宁辞酒或索。吾愿与子同醉醒，颜状虽殊心不隔。故知今有可怜人，回首纷纷斗筲窄。

估玉

潼关西山古蓝田，有气郁郁高拄天。雄虹雌霓相结缠，昼夜不散非云烟。秦人挟斤上其巅，视气所出深镵镌。得物盈尺方且坚，以斤试叩声泠然。持归市上求百钱，人皆疑嗟莫爱怜。大梁老估闻不眠，操金喜取走蹁跹。深藏牢包三十年，光怪邻里惊相传，欲献天子无由缘。朝廷昨日钟鼓县，呼工琢圭置神筵。玉材细锁不中权，贾孙抱物诏使前。红罗复叠帕紫毡，发视绀碧光属联。诏问与价当几千，众工让口无敢先。嗟我岂识真一作虺与全。

信都公家白兔

水精为宫玉为田，姮娥缟衣洗朱铅。宫中老兔非日浴，天使洁白宜婵娟。扬须弭足桂树间，桂花如霜乱后前。赤鸦相望窥不得，空疑两瞳射日丹。东西跳梁自长久，天毕横施亦何有。凭光下视罝网繁，衣褐纷纷漫回首。去年惊堕滁山云，出入虚莽犹无群。奇毛难藏果亦得，千里今以穷归君。空衢险幽不可返，食君庭除嗟亦窘。令予得为此兔谋，丰草长林且游衍。

车螯 二首

一

车螯肉甚美，由美得烹燔。壳以无味弃，弃之能久存。予尝怜其肉，柔弱甘咀吞。又尝怪其壳，有功不见论。醉客快一啖，散投墙壁根。宁能为收拾，持用讯医门。

二

车螯肉之弱，恃壳保厥身。自非身有求，不敢微启唇。尚恐擭者得，泥沙常埋堙。往往汤火间，身尽壳空存。维海错万物，口牙且咀吞。尔无如彼何，可畏宁独人。无为久自苦，含匿不暴陈。豁然从所如，游荡四海漘。清波濯其污，白日晒其昏。死生或有在，岂遽得烹燔。

与平甫同赋槐

冰雪泊楚岸，万株同飘零。春风都城居，初见叶青青。岁行如车轮，荫翳忽满庭。秋子今在眼，何时动江舲。

甘棠梨

甘棠诗所歌，自足夸众果。爱其凌秋霜，万玉悬磊砢。园夫盛采摘，市贾争包裹。车输动盈箱，舟载辄连柁。朝分不知数，暮在知几颗。但使甘有余，何伤小而椭。主人捐千金，钉饾留四坐。柑椑与橙栗，在口亦云可。都城纷华地，内热易生火。问客当此时，蠲烦孰如我。

独山梅花

独山梅花何所似，半开半谢荆棘中。美人零落依草木，志士憔悴守蒿蓬。亭亭孤艳带寒日，漠漠远香随野风。移栽不得根欲老，回首上林颜色空。

同昌叔赋雁奴

雁雁无定栖，随阳以南北。嗟哉此为奴，至性能恳恻。人将伺其殆，奴辄告之亟。举群瘖而飞，机巧无所得。夜或以火取，奴鸣火因匿。频惊莫我捕，顾谓奴不直。嗷嗷身百忧，泯泯众一息。相随入矰缴，岂不听者惑。偷安与受绐，自古有亡国。君看雁奴篇，祸福甚明白。

老树

去年北风吹瓦裂,墙头老树冻欲折。苍叶蔽屈忽扶疏,野禽从此相与居。禽鸣无时不可数,雌雄各自应律吕。我床拨书当午眠,能惊我眠聒我语。古诗鸟鸣山更幽,我念不若鸣声收。但忧此物一朝去,狂风还来欺老树。

赋枣

种桃昔所传,种枣予所欲。在实为美果,论材又良木。余甘入邻家,尚得馋妇逐。况余秋盘中,快哝取餍足。风包堕朱缯,日颗皱红玉。赘享古已然,豳诗自宜录。缅怀青齐间,万树荫平陆。谁云食之昏,讵知乃成俗。广庭觞圣寿,以此参肴蔌。愿比赤心投,皇明倪予烛。

飞雁

雁飞冥冥时下泊,稻粱虽少江湖乐。人生何必慕轻肥,辛苦将身到沙漠。汉时苏武与张骞,万里生还值偶然。丈夫许国当如此,男子辞亲亦可怜。

寓言 九首

一

诜诜古之士，出必见礼乐。群游与群饮，仁义待扬摧。心疲歌舞荒，耳聒米盐浊。所以后世贤，绝俗乃为学。

二

不得君子居，而与小人游。疵瑕不相摩，况乃裯衅稠。高语不敢出，鄙辞强颜酬。始云避世患，自觉日已偷。如傅一齐人，以万楚人咻。云复学齐言，定复不可求。仁义多在野，欲从苦淹留。不悲道难行，所悲累身修。

三

周公歌七月，耕稼乃王术。宣王追祖宗，考牧与宫室。甘棠能听讼，召伯圣人匹。后生论常高，于世复何实。

四

婚丧孰不供，贷钱免尔萦。耕收孰不给，倾粟助之生。物赢我收之，物窘出使营。后世不务此，区区挫兼并。

五

正观业万世，经营岂非艰。其子一摇之，宗庙灵几殚。开元始聪明，一眚奔岷山。功高后毁易，德薄人存难。

六

言失于须臾，百世不可除。行失几席间，恶名满八区。百年养不足，一日毁有余。谅彼耻不仁，戒哉惟厥初。

七

钟鼓非乐本，本末犹相因。仁声入人深，孟子言之醇。如何贞观君，从古同隋陈。风俗不粹美，惜哉世无臣。

八

游鲸厌海浊，出戏清江湄。风涛助翻腾，网罟不敢窥。失身洲渚间，蝼蚁乘其机。物大苦易穷，一穷无所归。

九

猛虎卧草间，群鸟从噪之。万物忌强梁，宁独以其私。虎终机械得，鸟亦弹丸随。山鸡不忤物，默与凤凰期。

舟中读书

冉冉木叶下，萧萧山水秋。浮云带田野，落日抱汀洲。归卧无与语，出门何所求。未能忘感慨，聊以古人谋。

和王乐道读进士试卷

文章始隋唐，进取归一律。安知鸿都事，竟用程人物。变今嗟未能，于己空自咄。流波亦已漫，高论常见屈。故令俶傥士，往往弃堙郁。皋陶叙九德，固有知人术。圣世欲尔为，徐观异人出。

自讼

孔子见南子，子路为不怡。欲从公山氏，勃郁见色辞。道如天之苍，万物不能缁。弟子尚不信，况余乏才资。明知古人仁，语默各有时。苟出不自慎，果为听者疑。白圭尚有磨，驷马犹能追。一言成不智，虽悔欲何为。

彼狂

上古杳默无人声，日月不忒山川平。人与鸟兽相随行，祖孙一死十百生。万物不给乃相兵，伏羲画法作后程。渔虫猎兽宽群争，势不得已当经营。非以示世为聪明，方分类别物有名。夸贤尚功列耻荣，蛊伪日巧雕元精。至言一出众辄惊，上智闭匿不敢成。因时就俗救刖黥，惜哉彼狂以文鸣。强取色乐要聋盲，震荡沉浊终无清。诙诡徒乱圣人氓，岂若泯默死蚕耕。

众人

众人纷纷何足竞,是非吾喜非吾病。颂声交作莽岂贤,四国流言旦犹圣。唯圣人能轻重人,不能铢两为千钧。乃知轻重不在彼,要之美恶由吾身。

卷十一　古诗十一

寄题郓州白雪楼

折杨黄华笑者多，阳春白雪和者少。知音四海无几人，况乃区区郓中小。千载相传始欲慕，一时独唱谁能晓。古心以此分冥冥，俚耳至今徒扰扰。朱楼碧瓦何年有，榱桷连空欲惊矫。郓人烂漫醉浮云，郓女参差蹙飞鸟。丘墟余响难再得，栏槛兹名复谁表。我来欲歌声更吞，石城寒江暮云绕。

圣俞为狄梁公孙作诗要予同作

虎豹不食子，鸱枭不乘雄。人恶甚鸟兽，吾能与成功。爰有以计留，去有势不容。吾谋适合意，几亦齿奸锋。时恩沦九泉，褒取异代忠。堂堂社稷臣，近世孰如公。空使苗裔孙，称扬得诗翁。一读亦使我，慨然想余风。

蒙亭

隐者委所逢,在物无不足。山林与城市,语道归一彀。诗人论巨细,此指尚局束。颇知区区者,自屏忍所欲。孰识古之人,超然遗耳目。岂于喧与静,趣舍有偏独。命亭今何为,似乃畏惊俗。至意不标揭,小名聊自属。夏风檐楹寒,冬雪窗户燠。春樊乱梅柳,秋径深松菊。壶觞日笑傲,裙屐相追逐。此乐已难言,持琴作新曲。

和王乐道烘虱

秋暑汗流如炙䐗,敝衣湿蒸尘垢渳。施施众虱当此时,择肉甘于虎狼饿。咀啮侵肤未云已,爬搔次骨终无那。时时对客辄自扪,千百所除才几个。皮毛得气强复活,爪甲流丹真暂破。未能汤沐取一空,且以火攻令少挫。踞炉炽炭已不暇,对灶张衣诚未过。飘零乍若蛾赴灯,惊扰端如蚁旋磨。欲殴百恶死焦灼,肯贷一凶生弃播。已观细黠无所容,未放老奸终不堕。然脐郿坞患溢世,焚宝鹿台身易货。冢中燎入化秦尸,池上燬随迁莽坐。彼皆势极就烟埃,况汝命轻俟涕唾。逃藏坏絮尚欲索,埋没死灰谁复课。一本无此八句。熏心得祸尔莫悔,烂额收功吾可贺。犹残众虮恨未除,自计宁能久安卧。

和圣俞农具诗 十五首

田庐
田父结田庐，聊容一身息。呼儿取茅竹，不借乡人力。起行庐旁朝，归卧庐下夕。悠悠各有愿，勿笑田庐窄。

樵斧
百金聚一冶，所赋以所遭。此岂异莫耶，奈何独当樵。朝出在人手，暮归在人腰。用舍各有时，此日两无邀。

耕牛
朝耕草茫茫，暮耕水潏潏。朝耕及露下，暮耕连月出。自无一毛利，主有千箱实。睆彼天上星，空名岂余匹。

水车
取车当要津，膏润及远野。与天常斡旋，如雨自潨泻。置心亦何有，在物偶相假。此理乃可言，安得圆机者。

牧笛
绿草无端倪，牛羊在平地。芊绵杳霭间，落日一横吹。超遥送逸响，澶漫写真意。岂比卖饧人，吹箫贩童稚。

飏扇
精良止如留，疏恶去如摈。如摈非尔憎，如留岂吾吝。无心以择物，谁喜亦谁愠。翁乎勤簸飏，可使糠粃尽。

田漏
占星昏晚中，寒暑已不疑。田家更置漏，寸晷亦欲知。汗与水俱滴，身随阴屡移。谁当哀此劳，往往夺其时。

牛衣
百兽冬自暖，独牛非氄毛。无衣与卒岁，坐恐得空牢。主人覆护恩，岂啻一绨袍。问尔何以报，离离满东皋。

耧种
富家种论石，贫家种论斗。富贫同一时，倾泻应心手。行看万垄空，坐使千箱有。利物博如此，何惭在牛后。

耒耜
耒耜见于易，圣人取风雷。不有仁智兼，利端谁与开。神农后稷死，般尔相寻来。山林尽百巧，揉斫无良材。

钱镈
于易见耒耜，于诗闻钱镈。百工圣人为，此最功不薄。欲收禾黍善，先去蒿莱恶。愿同欹器悟，更使臣工作。

耰锄
锻金以为曲，揉木以为直。直曲相后先，心手始两得。秦人望屋食，以此当金革。君勿易櫌锄，櫌锄胜锋镝。

袯襫

采采霜露下，披披烟雨中。蒲茅以为友，短褐相与同。勿妒市门人，绮纨被奴僮。当惭边城戍，擐甲徂春冬。

台笠

《史记·索隐》谓蓬累，立也。

耕有春雨濡，耘有秋阳暴。二物应时须，九州同我服。欲为生少慕，得此自云足。君思周伯阳，所愿岂华毂。

耘鼓

逢逢戏场声，壤壤战时伍。日落未云休，田家亦良苦。问儿今垄上，听此何莽卤。昨日应官繇，州前看歌舞。

次韵酬微之赠池纸并诗

微之出守秋浦时，椎冰看捣万谷皮。波工龟手咤今样，鱼网肯数荆州池。霜纨夺色贾不售，虹玉丧气山无辉。方船稳载献天子，善价徐取供吾私。十年零落尚百一，持以赠我随清诗。君宁久寄金谷地，方执赐笔磨坳螭。当莫此物朝上国，日侍帝侧书新仪。不然名山副史本，褒拔元凯诛穷奇。咨予文章非世用，画镂空尔縻冰脂。挥毫才足记姓字，窃学又耻从师宜。匆匆点污亦何忍，嘉贶但觉难为辞。篇终有意责赵璧，穷国恐误连城归。倾囊倒箧聊一报，安敢坐以秦为雌。

酬冲卿月晦夜有感

夜云不见天，况乃星与月。萧萧暗尘走，坎坎寒更发。楼歌客尚饮，酩酊不畏雪。巷哭复有人，邻风送幽咽。纷然各所遇，悲喜孰优劣。君方感庄周，浩荡摆羁绁。归来亦置酒，玉指调弦拨。独我坐无为，青灯对明灭。

送子思兄参惠州军

沄沄曲江水，天借九秋色。楼台飞半空，秀气盘韶石。载酒填里闾，吹花换朝夕。笙箫震河汉，锦绣烂冠帻。地灵瘴疠绝，人物倾南极。先朝有名臣，卧理讼随息。稍稍延诸生，谈笑与宾客。子来适妙年，谒入交履舄。寂寥九龄后，此独望一国。虞翻礼丁览，韩愈俟赵德。孤岸镇颓波，俗流未易识。我方文葆中，旋逐旌旗迹。去思今岂忘，耳目熟遗迹。吏含殷勤言，俯仰问乖隔。当时府中儿，侵寻鬓边白。下帷虽著书，不捄寒饥迫。谓宜门阑士，宦路久烜赫。奈何犹差池，更捧丞掾檄。骥摧千里蹄，鹏堕九霄翮。人生无巧愚，天运有通塞。试观驰骋人，意气宇宙窄。荣华去路尘，谤辱与山积。优游禄仕间，较计谁失得。送君强成歌，陟岵翻感激。

送董伯懿归吉州

我来以丧归,君至因谪徙。苍黄忧患中,邂逅遇于此。去年服初除,听赦相助喜。看君数归月,但屈两三指。茫然冬更秋,一笑非愿始。篮舆杨柳下,明月芙蕖水。僮饥屡窥门,客罢方隐几。是非评众诗,成败断前史。时时对弈石,漫浪争生死。送迎皆幅巾,设食但陈米。亦曾戏篇章,挥翰疾蒿矢。君豪才有余,我老惫先止。东城景阳陌,南望长干紫。欲刚三亩蔬,于焉寄残齿。经过许后日,唱和犹在耳。新恩忽舍我,欣怅生彼己。江湖北风帆,捩柂即千里。相逢知何时,莫惜缣与纸。

八月十九日试院梦冲卿

空庭得秋长漫漫,寒露入幕愁衣单。喧喧人语已成市,白日未到扶桑间。永怀所好却成梦,玉色仿佛开心颜。逆知后应不复隔,谈笑明月相与闲。

平甫归饮

无田士相吊,亦以废燕乐。我官虽在朝,得饮乃不数。诗书向墙户,宾至无杯杓。空取上古言,酬之等糟粕。有如扬子云,岁晚天禄阁。但无载酒人,识字真未博。叔兮归自东,一笑堂上酌。绪馀不及客,儿女聊相酢。高谈非世欢,自慰亦不恶。寄言繁华子,此趣由来各。

答陈正叔

天马志万里，驾盐不如闲。壮士困局束，不如弃之完。利行有厄辙，势涉无恬澜。明明千年羞，促促一日欢。孰肯避此世，引身取平宽。超然子有意，为我歌考盘。予方慕孔氏，委吏久盘桓。得失未云殊，聊各趋所安。

过食新城藕

他年过食新城藕，枕藉船中载亲友。今年却到经行处，独坐昏烟对舞柳。甘酸向口无所适，牢落盘餐与樽酒。冰房玉节漫自好，欲御还休涕垂手。曾参宦学居常近，阳城离别初不久。人间此愿两未能，西风落日空回首。

明州钱君倚众乐亭

使君幕府开东部，名高海曲人知慕。舣船谈笑政即成，洗涤山川作嘉趣。平泉浩荡银河注，想见明星弄机杼。载沙筑成天上路，投虹为桥取孤屿。扫除荆棘水中央，碧瓦朱甍随指顾。春风满城金版舫，来看置酒新亭上。百女吹笙彩凤悲，一夫伐鼓灵鼍壮。安期羡门相与游，方丈蓬莱不更求。酒酣忽跨鲸鱼去，陈迹空令此地留。

爱日

雁生阴沙春，冬息阳海澨。冥冥取南北，岂以食为累。咨予愁病躯，朴鄙人所戏。无才治时难，量力当自弃。岂知塞上霜，飘然亦何事。高堂已白发，爱日负明义。悲风吹平原，秣马聊一愒。含怀孰与语，仰屋思叹喟。孟母知身从，莱妻耻人制。一肉偾易谋，万钟非得计。

答裴煜道中见寄

君游苦数归苦晚，一驿险有千里远。知君陟降旦暮间，马力不劲厌长坂。雨脚坠地花枝低，风头入溪蒲叶偃。此处登临不奈愁，琼树森森遮叠巘。

余寒

余寒驾春风，入我征衣裳。扪鬓只得冻，蔽面尚疑创。士耳恐犹坠，马毛欲吹僵。牢持有失箸，疾饮无留汤。瞳瞳扶桑日，出有万里光。可怜当此时，不湿地上霜。冥冥鸿雁飞，北望去成行。谁言有百鸟，此鸟知阴阳。岂时有必至，前识圣所臧。把酒谢高翰，我知思故乡。

孤城

孤城回望一作首距几何，记得好处常经过。最思东山烟树色，更忆南湖秋水波。百年颠倒一作三年飘忽如梦寐，万事乖隔一作万事感激徒悲歌。应须饮酒不复道，今夜江头明月多。

和微之药名劝酒

赤车使者锦帐郎，从客珂马留闲坊。紫芝眉宇倾一坐，笑语但闻鸡舌香。药名劝酒诗实好，陟厘为我书数行。真珠的皪鸣槽床，金罂琥珀正可尝。史君子细看流光，莫惜觅醉衣淋浪。独醒至死诚可伤，欢华易尽悲酸早，人问没药能医老。寄言歌管众少年，趁取乌头未白前。

客至当饮酒 二首

一

结屋在墙阴，闭门读诗书。怀我平生友，山水异秦吴。杖藜出柴荆，岂无马与车。穷通适异趣，谈笑不相愉。岂复求古人，浩荡与之俱。客至当饮酒，日月无根株。

二

天提两轮光，环我屋角走。自从红颜时，照我至白首。累累地上土，往往平生友。少年所种树，磥砢行复朽。古人有真意，独在无好丑。冥冥谁与论，客至当饮酒。

乙未冬妇子病至春不已

天旋无穷走日月，青发能禁几回首。儿呻妇叹冬复春，强欲笑歌难发口。黄卷幽寻非贵嗜，藜床稳卧虽贫有。二物长乖亦可怜，一生所得犹多苟。

强起

寒堂耿不寐，辘辘闻车声。不知谁家儿，先我霜上行。叹息夜未央，遽呼置前楹。推枕欲强起，问知星正明。昧旦圣所勉，齐诗有鸡鸣。嗟予以窃食，更觉负平生。

饮裴侯家

裴侯饮我日向中，四坐宾客颜皆红。扫除高馆邀我入，自出粟麦怜民穷。天边眼力破万里，桑麻冥冥山四起。野心探寻殊未已，更欲湔衣北城水。忽见碧树樱桃悬，下马恣食不论钱。赤星磊落入我眼，恐是半醉游青天。裴侯方坐尘沙里，役身救物当如此。我曹偶脱簿领间，何忍爱惜一日闲。且归拂席饱眠睡，明日更看滁南山。

送谢师宰赴任楚州

一

珠玉不自贵，故为人所怜。贤愚亦如此，好恶有自然。闻子欲东南，使我抱幽悄。炎风沙土中，甘与子留连。大梁非无客，跪起废食眠。相看独不厌，以此知子贤。衰气已难强，壮心方少年。才高岂易得，勖子在雕镌。

二

昆仑一支流向东，七月八日船如风。爱君少壮此行乐，恨我留连成老翁。神头两岸水无穷，伏槛荷花满地红。当时不得君携手，今日山川在眼中。

次韵游山门寺望文脊山

宣城百山间，文脊尤奇峰。拔出飞鸟上，图画难为容。闻昔有幽人，扪萝追赤松。遗形此古室，孤坐鹿裘重。人去邈不反，洞壑空藏龙。侧行苍崖烟，俯仰求灵踪。游者如可得，甘弃万户封。安能久尘土，倾倒相迎逢。

车螯

海于天地间，万物无不容。车螯亦其一，埋没沙水中。独取常苦易，卫生乏明聪。机缄谁使然，含蓄略相同。坐欲肠胃得，要令汤火攻。置之先生盘，啖客为一空。蛮夏怪四坐，不论壳之功。狼籍堆左右，弃置任儿童。何当强收拾，持问大医工。

疥

浮阳燥欲出，阴湿与之战。燥湿相留连，虫出乃投间。搔肤血至股，解衣燎炉炭。方其惬心时，更自无可患。呼医急治之，莫惜千金散。有乐即有苦，惬心非所愿。

卷十二 古诗十二

和平甫舟中望九华山 二首

一

楚越千万里，雄奇此山兼。盘根虽巨壮，其末乃修纤。去县尚百里，侧身勇前瞻。萧条烟岚上，缥缈浮青尖。徐行稍复逼，所瞩亦已添。精神去亹亹，气象来渐渐。卸席取近岸，移船傍苍蒹。窥观坐穷晡，未觉晷刻淹。江空万物息，四面波澜恬。峨然九女鬟，争出一镜奁。卧送秋月没，起看朝阳暹。游氛荡无余，琐细得尽觇。陵空翠矗直，照影寒铦铦。冢木立绀发，崖林张紫髯。变态生倏忽，虽神讵能占。当留老吾身，少驻谁云餍。惜哉秦汉君，黄屋上衡灊。等之事嬉游，舍此何其廉。我疑二后荒，神物久已厌。埋藏在云雾，不欲登昏憸。又疑避褒封，蔽匿以为谦。或是古史书，脱落简与签。当时备巡游，今不在缃缣。终南秦之望，泰山鲁所詹。天王与秩祭，俎豆罗醯盐。苟能泽下民，维此远亦沾。方今东南旱，土脉燥不黏。尚无肤寸功，岂免窃食嫌。神莽吾难知，士病吾能砭。文章巧傅会，智术工飞箝。荐宝互珪璧，论材自楩柟。苟以饰妇妾，谬云活苍黔。岂如幽人乐，兹山谢间阎。穴石作户牖，垂泉当门帘。寻奇出后径，览胜倚前檐。超然往不返，举世徒呫呫。高兴寄日月，千秋伴乌蟾。遐追商洛翁，秦火不能炎。近慕楚穆生，竟脱楚人钳。吾意窃所尚，人谋谅难佥。

二

谁谓九华远，吾身未尝詹。唱篇每起予，予口安能箝。忆在秋浦北，空江上新蟾。光洁写一镜，回环两堤奁。露坐引衣襡，风行敧帽檐。维舟当此时，巨细得尽瞻。试尝论大略，次乃述微纤。此山广以深，包畜万物兼。嘘云吐雾雨，生育靡不渐。巍然如九皇，德泽四海沾。此山相后先，各出群峰尖。毅然如九官，罗列在堂廉。挺身百辟上，附丽无奸憸。此山高且寒，五月不觉炎。草树萋已绿，冰霜尚涵淹。颓然如九老，白发连苍髯。此山当无云，秀色郁以添。姹然如九女，靓饰出重帘。珮环与巾裙，绀玉青纨缣。远之妍西施，近或丑无盐。变态不可穷，诗者徒呫呫。我初勇一往，役世难安恬。浪荒不走职，民瘼当谁砭。乖离今数旬，梦想欲窥觇。自期得所知，何啻释囚钳。念昔太白巅，下视海日暹。曷来天柱游，屐齿尚苔黏。犹之健饮食，屡飨亦云餍。胡为慕攀踏，已惫且不嫌。岂其仁智心，山水固所潜。男儿有所学，进退不在占。功名苟不谐，廊庙等闾阎。况乃抡橡杙，其谁辨楩柟。归欤岩崖居，料理带与签。得石坐兀兀，逢泉饮厌厌。取舍断在独，岂必询谋佥。子语实慰我，宁殊邑中黔。玉枝将在山，当倚以葭蒹。诗力我已屈，锋铓子犹铦。扶伤更一战，语汝其无谦。

和中甫兄春日有感

雪释沙轻马蹄疾，北城可游今暇日。溅溅溪谷水乱流，漠漠郊原草争出。娇梅过雨吹烂熳，幽鸟迎阳语啾唧。分香欲满锦树园，剪彩休开宝刀室。胡为我辈坐自苦，不念兹时去如失。饱闻高适动车轮，甘卧空堂守经帙。淮蝗蔽天农久饿，越卒围城盗少逸。至尊深拱罢箫韶，元老相看进刀笔。春风生物尚有意，壮士忧民岂无术。不成欢醉但悲歌，回首功名古难必。

信陵坊有笼山乐官

万里山林姿，羽毛何璀璀。鸣声应律吕，唯有知者爱。都门市井儿，谁玩汝文采。应须锁樊龙，勿受丸矰害。

收盐

州家飞符来比栉，海中收盐今复密。穷囚破屋正嗟欷，吏兵操舟去复出。海中诸岛古不毛，岛夷为生今独劳。不煎海水饿死耳，谁肯坐守无亡逃。尔来贼盗往往有，劫杀贾客沉其艘。一民之生重天下，君子忍与争秋毫。

省兵

有客语省兵，兵省非所先。方今将不择，独以兵乘边。前攻已破散，后距方完坚。以众亢彼寡，虽危犹幸全。将既非其才，议又不得专。兵少败孰继，胡来饮秦川。万一虽不尔，省兵当何缘。骄惰习已久，去归岂能田。不田亦不桑，衣食犹兵然。省兵岂无时，施置有后前。王功所由起，古有七月篇。百官勤俭慈，劳者已息肩。游民慕草野，岁熟不在天。择将付以职，省兵果有年。

发廪

先王有经制，颁赉上所行。后世不复古，贫穷主兼并。非民独如此，为国赖以成。筑台尊寡妇，入粟至公卿。我尝不忍此，愿见井地平。大意苦未就，小官苟营营。三年佐荒州，市有弃饿婴。驾言发富藏，云以救鳏惸。崎岖山谷间，百室无一盈。乡豪已云然，罢弱安可生。兹地昔丰实，土沃人良耕。他州或皆窳，贫富不难评。豳诗出周公，根本诋宜轻。愿书七月篇，一寤上聪明。

感事

贱子昔在野，心哀此黔首。丰年不饱食，水旱尚何有。虽无剽盗起，万一且不久。特愁吏之为，十室灾八九。原田败粟麦，欲诉嗟无赇。间关幸见省，笞扑随其后。况是交冬春，老弱就僵仆。州家闭仓庾，县吏鞭租负。乡邻铢两征，坐逮空南亩。取赍官一毫，奸桀已云富。彼昏方怡然，自谓民父母。羯来佐荒郡，懔懔常渐疚，昔之心所哀。今也执其咎，乘田圣所勉。况乃余之陋，内讼敢不勤，同忧在僚友。

美玉

美玉小瑕疵，国工犹珍之。大贤小玷缺，良交岂其绝。小缺可以补，小瑕可以磨。不补亦不磨，人为奈尔何。

寄曾子固

吾少莫与合，爱我君为最。君名高山岳，竭孽嵩与泰。低心收惷友，似不让尘壒。又如沧江水，不逆沟畎浍。君身揭日月，遇辄破氛霭。我材特穷空，无用补仓廥。谓宜从君久，垢污得洮汰。人生不可必，所愿每颠沛。乖离五年余，牢落千里外。投身落俗阱，薄宦自钳钛。平居每自守，高论从谁丐。摇摇西南心，梦想与君会。思君挟奇璞，愿售无良侩。穷阎抱幽忧，凶祸费禳禬。州穷吉士少，谁可婿诸妹。仍闻病连月，医药谁可赖。家贫奉养狭，谁与通货贝。诗人刺曹公，贤者荷戈袯。奈何遭平时，德泽盛汪秽。鸾凤鸣且下，万羽来翙翙。呦呦林间鹿，争出噬苹藾。乃令高世士，动辄遭狼狈。人事既难了，天理尤茫昧。圣贤多如此，自古云无奈。周人贵妇女，扁鹊名医滞。今世无常势，趋舍唯利害。而君信斯道，不闵身穷泰。弃捐人间乐,濯耳受天籁。谅知安肥甘,未肯顾糠糩。龙螭虽蟠屈,不慕蛇蝉蜕。令人重感奋,意勇忘身蕞。何由日亲炙,病体同砭艾。功名未云合,岁月尤须愒。怀思切劂效,中夜泪雰霈。君尝许过我,早晚治车轪。山溪虽峻恶,高眺发蒙肺。峰峦碧参差,木树青晻蔼。桐江路尤驶,飞桨下鸣濑。鱼村指暮火,酒舍瞻晨旆。清醪足消忧,玉鲫行可脍。行行愿无留,日夕伫倾盖。会将见颜色,不复谋蓍蔡。延陵古君子,议乐耻言郐。细事岂足论,故欲论其大。披披发鞬鞲,懔懔见戈锐。探深犯严壁,破惑翻强讋。离行步荃兰,偶坐阴松桧。宵床连衾帱,昼食共粗粝。兹欢何时合,清瘦见衣带。作诗寄微诚,诚语无彩绘。

同杜史君饮城南

山公游何处,白马鸣翩翩。檀栾十亩碧,五月浮寒烟。留客醉其间,风吹江海县。出樽不见日,竹外空青天。焚蜡助月出,酒光发金船。狂客惜不去,醉翁舞回旋。何必吹箫人,玉枝自婵娟。归路借红烛,雨星低马前。

有感

忆昔与胡子,戏娱西城幽。放斥仆与马,独身步田畴。牛竖歌我旁,听之为久留。一接田父语,叹之胜王侯。追逐恨不恣,暮归辄怀愁。顾常轻千乘,只愿足一丘。子时怪我少,好此寂寞游。笙簧不入耳,又不甘醪羞。那知抱孤伤，罢顿不能遒。世味已鲜少，但馀野心稠。乖离今十年，斑发满我头。昔兴亦略尽，食眠常百忧。每逢佳山水，欲往辄复休。方壮遂如此，况乃高春秋。

送孙叔康赴御史府

古人喜经纶，万事惭强聒。时来上青冥，俯仰但一节。危言回丘山，声利尽毫末。由来治乱体，宿昔心已达。肯随俗好恶，议论轻自决。遗风何寥寥，梦寐待豪杰。天书下东南，趣召赴严阙。长材晦朝伦，高行隐家闼。新除酬问望，宿蕴行施设。念吾非忘形，此理未易说。

别马秘丞

伯夷恶一世，季也皆乡人。吾尝论夫子，有似季之伦。人情路万殊，近世颇荆榛。唯君游其间，坦坦得所循。意君诚恺悌，慕向从宿昔。奈何初相欢，鹢首已云北。苺苺郊原青，漠漠风雨黑。冠盖满津亭，君今去何适。

到郡与同官饮

泻碧沄沄横带郭，浮苍霭霭遥连阁。草木犹疑夏郁葱，风云已见秋萧索。荒歌野舞同醉醒，水果山肴互酬酢。自嫌多病少欢颜，独负嘉宾此时乐。

自舒州追送朱氏女弟憩独山馆宿木瘤僧舍明日度长安岭至皖口

晨霜践河梁,落日憩亭皋。念彼千里行,恻恻我心劳。揽辔上层冈,下临百仞濠。寒流咽欲绝,鱼鳖久已逃。暮行苦遭回,细路隐蓬蒿。惊麏出马前,鸟骇亡其曹。投僧避夜雨,古檠昏无膏。山木鸣四壁,疑身在波涛。平明长安岭,飞雪忽满袍。天低浮云深,更觉所向高。

招同官游东园

青青石上蘗,霜至亦已凋。冉冉水中蒲,尔生信无聊。感此岁云晚,欲欢念谁邀。嘉我二三子,为回东城镳。幽菊尚可泛,取鱼系榆条。毋为百年忧,一日以逍遥。

九日随家人游东山遂游东园

暑往讵几时,凉归亦云暂。相随东山乐,及此身无憾。聊回清池柂,更伏荒城槛。采采黄金花,持杯为君泛。

秋怀

城南平野寒多露,窗壁含风秋气度。邻桑槭槭已欲空,悲虫啾啾促机杼。柴门半掩扫鸟迹,独抱残编与神遇。韩公既去岂能追,孟子有来还不拒。

既别羊、王二君与同官会饮于城南因成寄

赤车使者白头翁,当归入见天门冬。与山久别悲匆匆,泽泻半天河汉空。羊王不留行薄晚,酒肉从容追路远。临流黄昏席未卷,玉壶倒尽黄金盏。罗列当辞更缱绻,预知子不空青眼。严徐长卿误推挽,老年挥翰天子苑。送车陆续随子返,坐听城鸡肠宛转。

试茗泉

此泉地何偏,陆羽曾未阅。坻沙光散射,窦乳甘潜泄。灵山不可见,嘉草何由啜。但有梦中人,相随掬明月。

跃马泉

古水缩蛟螭,憎山欲隳突。山只来伐之,半岭跳啮膝。玉珂鸣塞空,组练光照日。崩腾赴不测，一陷常万匹。神战异人间，千秋为倏忽。泉旁往来客，夜寄幽人室。但听鸣萧萧，何由见神物。

白纻山

白纻众山顶，江湖所萦带。浮云卷晴明，可见九州外。肩舆上寒空，置酒故人会。峰峦张锦绣，草木吹竽籁。登临信地险，俯仰知天大。留欢薄日晚，起视飞鸟背。残年苦局束，往事嗟摧坏。歌舞不可求，桓公井空在。

七星砚

余闻星堕地，往往化为石。石上有七星，此理余莫测。持来当白日，光彩不为匿。恍如起鸿蒙，俯仰帝垣侧。当由偶然似，见取参笔墨。豪心荡珍异，乐以万金得。南工始为伪，传合巧无隙。亦时疑世人，故自有能识。

九鼎

禹行掘山走百谷，蛟龙窜藏魑魅伏。心志幽妖尚觊觎，以金铸鼎空九牧。冶云赤天涨为黑，辅风余吹山拔木。鼎成聚观变怪索，夜人行歌鬼昼哭。功施元元后无极，三姓卫守相传属。弱周无人有宜出，沉之九幽拆地轴。始皇区区求不得，坐令神奸窥邑屋。

九井

沿崖涉涧三十里，高下荦确无人耕。扪萝挽茑到山趾，仰见吹泻何峥嵘。余声投林欲风雨，末势卷土犹溪坑。飞虫凌兢走兽栗，霜雪夏落雷冬鸣。野人往往见神物，鳞甲漠漠云随行。我来立久无所得，空数石上菖蒲生。中官系龙沉玉册，小吏磔狗浇银觥。地形偶尔藏险怪，天意未必司阴晴。山川在理有崩竭，丘壑自古相虚盈。谁能保此千世后，天柱不折泉常倾。

寄题众乐亭

陵阳游观吾所好，恨不即过众乐亭。尝闻仿佛入梦寐，吟笔自欲图丹青。千峰秀出百里外，忽于其上峥檐楹。朝云嘘岩日暧暧，夜水落涧风泠泠。春花窈窕鸟争舞，夏木荫郁猿哀鸣。潦收叶落天地爽，海月影到山川明。篮舆晨出谁与适，坐与万物观虚盈。令思民事不忍后，田间笑语催蚕耕。吏休归舍狱讼少，墟落饮酒欲秋成。唯愁一日夺令去，出来老稚交逢迎。彼民安知方禄仕，徒喜使我宽逋征。令知道义士林服，遗爱岂用吾诗评。

书会别亭

西城路，居人送客西归处。年年借问去何时，今日扁舟从此去。春风吹花落高枝，飞来飞去不自知。路上行人亦如此，应有重来此处时。

题舒州山谷寺石牛洞泉穴

皇佑三年九月十六日，自州之太湖过怀宁县山谷乾元寺宿，与道人文锐、弟安国拥火游石牛洞，见李翱习之书，听泉久之，明日复游，乃刻习之后。

水泠泠而北出，山靡靡而旁围。欲穷源而不得，竟怅望以空归。

卷十三　古诗十三

泊舟姑苏

朝游盘门东，暮出阊门西。四顾茫无人，但见白日低。荒林带昏烟，上有归鸟啼。物皆得所托，而我无安栖。

昆山慧聚寺次孟郊韵

僧蹊蟠青苍，莓苔上秋床。露翰饥更清，风花远亦香。扫石出古色，洗松纳空光。久游不忍还，迢迓冠盖场。

如归亭顺风

春江窈窈来无地,飞帆浩浩穷天际。朝出吴川夕雪溪,回首乔林吹岸荠。柁师高卧自啸歌,戏彼挽舟行复止。人生万事反衍多,道路后先能几何。

垂虹亭

三江五湖口,地与天不隔。日月所蔽亏,东西渺然白。漫漫浸北斗,浩浩浮南极。谁投此虹霓,欲济两间厄。中流杂蜃气,栏楯相承翼。初疑神所为,灭没在顷刻。晨兴坐其上,傲兀至中昃。犹怜变化功,不谓因人役。今君持酒浆,谈笑顾宾客。颇夸九州物,壮丽此无敌。荧煌丹沙柱,璀璨黄金壁。中家不虑始,助我皆豪殖。喟予独感此,剥烂有终极。改作不可无,还当采民力。

张氏静居院

动者利进为,静者乐止居。物性有偏得,惟贤时卷舒。张侯始出仕,所至多名誉。老矣归偃休,买地剧荒芜。屋成为令名,名实与时俱。南堂栖幽真,晨起瞻像图。北堂画五禽,游戏养形躯。燕有诸宾庭,学有诸子庐。问侯年几何,矫矫八十余。问侯何能尔,心不藏忧愉。问侯客何为,弦歌饮投壶。问侯儿何读,夏商及唐虞。嵩山填门户,洛水绕阶除。疾于山水间，结驷有通衢。我念老退者，古多贤大夫。留侯亦养生，乃欲凌空虚。闭门不饮酒，岂异山中臞。疏傅稍喜客，挥金能自娱。不闻喜教子，满屋青紫朱。张侯能兼取，胜事古所无。褒称有乐石，丞相为之书。而我不自量，闻风亦歌呼。

丙戌五日京师作 二首

一

北风阁雨去不下，惊沙苍茫乱昏晓。传闻城外八九里，雹大如拳死飞鸟。

二

浮云离披久不合，太阳独行乾万物。谁令昨夜雨滂沱，北风萧萧寒到骨。

答客

士常疑西伯，何至羑里辱。瞽鳏亲父子，尚脱井廪酷。昏主虽圣臣，飞祸安可卜。致命遂其志，虽穷不为戮。

次韵唐彦猷华亭十咏

顾林亭
野王所居也。

寥寥湖上亭，不见野王居。平林岂旧物，岁晚空扶疏。自古圣贤人，邑国皆丘墟。不朽在名德，千秋想其馀。

寒穴
神泉洌冰霜，高穴与云平。空山渟千秋，不出鸣咽声。山风吹更寒，山月相与清。北客不到此，如何洗烦醒。

吴王猎场
吴王好射虎，但射不操戈。匹马掠广场，万兵助遮罗。时平事非昔，此地桑麻多。猛兽亦已尽，牛羊在田坡。

始皇驰道
穆王得八骏，万事得期修。茫茫万载间，复此好远游。车轮与马迹，此地亦尝留。想当治道时，劳者尸如丘。

柘湖
湖中有山生柘，故名柘湖。记云：秦有女入湖为神，今有庙。

柘林着湖山，菱叶蔓湖滨。秦女亦何事，能为此湖神。年年赛鸡豚，渔子自知津。幽妖窟险阻，祸福易欺人。

陆瑁养鱼池

野人非昔人，亦复水上居。纷纷水中游，岂是昔时鱼。吹波浮还没，竞食糟糠馀。吞舟不可见，守此岁月除。

华亭谷

水行三百里入松江。

巨川非一源，源亦在众流。此谷乃清浅，松江能覆舟。虫鱼何所知，上下相沉浮。徒嗟大盈北，浩浩无春愁。华亭水自大盈入松江而北入海。

陆机宅

故物一已尽，嗟此岁年深。野桃自着花，荒棘自生针。芊芊谷水阳，郁郁昆山阴。俯仰但如昨，游者不可寻。

昆山

世传陆氏家生机、云，故名昆山，言生玉也。

玉人生此山，山亦传此名。崖风与穴水，清越有馀声。悲哉世所珍，一出受欹倾。不如鹤与猿，栖息尚全生。

三女岗

吴王葬三女于此。

自古世上雄，慷慨擅功名。当时岂有力，能使死者生。三女共一丘，此憾亦难平。音容若有作，无力倾人城。

太白岭

太白巃嵷东南驰，众岭环合青纷披。烟云厚薄皆可爱，树石疏密自相宜。阳春已归鸟语乐，溪水不动鱼行迟。生民何由得处所，与兹鱼鸟相谐熙。

秃山

吏役沧海上，瞻山一停舟。怪此秃谁使，乡人语其由。一狙山上鸣，一狙从之游。相匹乃生子，子众孙还稠。山中草木盛，根实始易求。攀挽上极高，屈曲亦穷幽。众狙各丰肥，山乃尽侵牟。攘争取一饱，岂暇议藏收。大狙尚自苦，小狙亦已愁。稍稍受咋啮，一毛不得留。狙虽巧过人，不善操锄耰。所嗜在果谷，得之常似偷。嗟此海山中，四顾无所投。生生未云已，岁晚将安谋。

赠曾子固

曾子文章众无有，水之江汉星之斗。挟才乘气不媚柔，群儿谤伤均一口。吾语群儿勿谤伤，岂有曾子终皇皇。借令不幸贱且死，后日犹为班与扬。

鲍公水

村南鲍公山，山北鲍公水。高穴逗远源，泠泠落山嘴。玉色与饴味，不可他味比。竹树四蒙密，翠藤相披靡。漫郎昔少年，幽居得之此。临窥若有遇，爱叹无时已。浮名未污染，永矢终焉尔。奈何中弃入长安，十载风尘化旧颜。欢嚣满耳不可洗，此水泠泠空在山。

寄李士宁先生

楼台高耸间晴霞，松桧阴森夹柳斜。渴愁如箭去年华，陶情满满倾榴花。自嗟不及门前水，流到先生云外家。

僧德殊家水帘求予咏

淙淙万音落石颠，皎皎一派当檐前。清风高吹鸾鹤泪，白日下照蛟龙涎。浮云妆额自能卷，缺月琢钩相与县。朱门试问幽人价，翡翠鲛绡不直钱。

杭州修广师法喜堂

浮屠之法与世殊，洗涤万事求空虚。师心以此不挂物，一堂收身自有余。堂阴置石双嵼嵝，石脚立竹青扶疏。一来已觉肝胆豁，况乃宴坐穷朝晡。忆初救时勇自许，壮大看俗尤崎岖。丰车肥马载豪杰，少得志愿多忧虞。始知进退各有理，造次未有分贤愚。会将筑室返耕钓，相与此处吟山湖。

复至曹娥堰寄剡县丁元珍

溪水浑浑来自北，千山抱水清相射。山深水急无艇子，欲从故人安可得。故人昔日此水上，樽酒扁舟慰行役。津亭把手坐一笑，我喜满怀君动色。论新讲旧惜未足，落日低徊已催客。离心自醉不复饮，秋果寒花空满席。今年却坐相逢处，怊怅难求别时迹。可怜溪水自南流，安得溪船问消息。

答曾子固南丰道中所寄

吾子命世豪，术学穷无间。直意慕圣人，不问闵与颜。彼昏何为者，诬构来嚣嚣。应逮犯秋阳，动为人所叹。不恤我躬瘁，乃嗟天泽悭。令人念公卿，烨烨趋王班。泊无悯世意，狙猿而佩环。爱子所守卓，忧予不能攀。永矢从子游，合如扉上镮。愿言借余力，迎浦疏潺潺。亦有衣上尘，可攀祎泰山。大江秋正清，岛溆相萦弯。四盼浩无主，日暮烟霞斑。水竹密以劲，霜枫衰更殷。赏托亦云健，行矣非间关。相期东北游，致馆淮之湾。无为袭宁赢，悠然及温远。

寄赠胡先生 并序

孔孟去世远矣，信其圣且贤者，质诸书焉耳。翼之先生与予并世，非若孔孟之远也，闻荐绅先生所称述，又详于书，不待见而后知其人也。叹慕之不足，故作是诗。

先生天下豪杰魁，胸臆广博天所开。文章事业望孔孟，不复睥睨蔡与崔。十年留滞东南州，饱足藜藿安蒿莱。独鸣道德惊此民，民之闻者源源来。高冠大带满门下，奋如百蛰乘春雷。恶人沮服善者起，昔时跷跖今骞回。先生不试乃能尔，诚令得志如何哉。吾愿圣帝营太平，补葺廊庙枝倾颓。披旒发纩广耳目，照彻山谷多遗材。先收先生作梁柱，以次构架榱与橑。群臣面向帝深拱，仰戴堂陛方崔嵬。

得曾子固书因寄

始吾居扬日，重问每见及。云将自亲侧，万里同讲习。子行何舒舒，吾望已汲汲。穷年梦东南，颜色不可挹。仁贤岂欺我，正恐事维絷。严亲抱忧衰，生理赖以给。不然航江外，天寒北风急。无乃山路恶，仆弱马行涩。孤怀未肯开，岁物忽如蛰。竭来高邮住，巷屋颇卑湿。蓬蒿稍芟除，茅竹随补葺。苟云御风气，尚恐忧雨汁。故人莫在眼，屡独开巾笈。忠信盖未见，吾敢诬兹邑。出关谁与语，念子百忧集。眺听聊自放，日暮城头立。徐归坐当户，使者操书入。时开识子意，如渴得美潗。骊驹日就道，玉手行可执。旧学待镌磨，新文得删拾。重登城头望，喜气满原隰。

寄虔州江阴二妹

贡水日夜下,下与章水期。我行二水间,无日不尔思。飘若越鸟北,心常在南枝。又如岐首蛇,南北两欲驰。逝者日已远,百忧讵能追。生存苦乖隔,邂逅亦何时。女子归有道,善怀见于诗。庶云留汝车,慰我堂上慈。

登越州城楼

越山长青水长白,越人长家山水国。可怜客子无定宅,一梦三年今复北。浮云缥缈抱城楼,东望不见空回头。人间未有归耕处,早晚重来此地游。

忆昨诗示诸外弟

忆昨此地相逢时,春入穷谷多芳菲。短垣困困冠翠岭,踯躅万树红相围。幽花媚草错杂出,黄蜂白蝶参差飞。此时少壮自负恃,意气与日争光辉。乘闲弄笔戏春色,脱略不省旁人讥。坐欲持此博轩冕,肯言孔孟犹寒饥。丙子从亲走京国,浮尘坌并缁人衣。明年亲作建昌吏,四月挽船江上矶。端居感慨忽自瘼,青天闪烁无停晖。男儿少壮不树立,挟此穷老将安归。吟哦图书谢庆吊,坐室寂寞生伊威。材疏命贱不自揣,欲与稷契遐相希。旻天一朝畀以祸,先子泯没予谁依。精神流离肝肺绝,眦血被面无时晞。母兄呱呱泣相守，三载厌食钟山薇。属闻降诏起群彦，遂自下国趋王畿。刻章琢句献天子，钓取薄禄欢庭闱。身着青衫手持版，奔走卒岁官淮沂。淮沂无山四封痹，独有庙塔尤峨巍。时时凭高一怅望，想见江南多翠微。归心动荡不可抑，霍若猛吹翻旌旗。腾书漕府私自列，仁者恻隐从其祈。暮春三月乱江水，劲橹健帆如转机。还家上堂拜祖母，奉手出涕纵横挥。出门信马向何许，城郭宛然相识稀。永怀前事不自适，却指舅馆接山扉。当时髫儿戏我侧，于今冠佩何顾顾。况复丘樊满秋色，蜂蝶摧藏花草腓。令人感嗟千万绪，不忍苍卒回骖骓。留当开樽强自慰，邀子剧饮毋予违。

卷十四　律诗一

欣会亭

数家邻水竹，一坞共云林。晚食静适己，独谣欣会心。移床随漫兴，操策取幽寻。未爱神锥汝，犹怜妙斫琴。

东皋

起伏晴云径，纵横暖水陂。草长流翠碧，花远没黄鹂。楚制从人笑，吴吟得自怡。东皋兴不浅，游走及芳时。

岁晚

月映林塘澹,风含笑语凉。俯窥怜绿净,小立伫幽香。携幼寻新的,扶衰坐野航。延缘久未已,岁晚惜流光。

半山春晚即事

春风取花去,酬我以清阴。翳翳陂路静,交交园屋深。床敷每小息,杖屦或幽寻。惟有北山鸟,经过遗好音。

欹眠

翠幕卷东冈,欹眠月半床。松声悲永夜,荷气馥初凉。清话非无寄,幽期故不忘。扁舟亦在眼,终自懒衣裳。

露坐

露坐看沟月,飘然风度荷。珠跳散作点,金涌合成波。老失芳岁易,静知良夜多。陵秋久不寐,吾乐岂弦歌。

山行

出写清浅景，归穿苍翠阴。平头均楚制，长耳嗣吴吟。暮岭已佳色，寒泉仍好音。谁同此真意，倦鸟亦幽寻。

题雱祠堂
在宝公塔院。

斯文实有寄，天岂偶生才。一日凤鸟去，千秋梁木摧。烟留衰草恨，风造暮林哀。岂谓登临处，飘然独往来。

定林

漱甘凉病齿，坐旷息烦襟。因脱水边屦，就敷岩上衾。但留云对宿，仍值月相寻。真乐非无寄，悲虫亦好音。

送张甥赴青州幕

人情每期费，之子适予心。老饯城东陌，悲分岁暮襟。少留班露草，遂往隔云林。未觉青丘远，因风嗣好音。

送张宣义之官越幕 二首

一

会稽游宦乡，海物错句章。土润箭萌美，水甘茶串香。今君诚暂屈，他日恐难忘。唯有西兴渡，灵胥或怒张。

二

谁谓贵公子，乃如寒士家。真宜举敦朴，已自胜浮华。洲荻藏迷子，溪篁拥若耶。相望只在眼，音问莫言赊。

送赞善张轩民西归

柴荆雀有罗，公子数经过。邂逅相知晚，从容所得多。百忧生暮齿，一笑隔沧波。早晚西州路，遥听下坂坷。

送邓监簿南归

不见骊塘路，茫然四十春。长为异乡客，每忆故时人。水阅公三世，云浮我一身。濠梁送归处，握手但悲辛。

秋夜 二首

一

客卧书颠倒,虫鸣坐寂寥。残灯生暗晕,重露集寒条。真乐闲尤见,深禅静更超。此怀无与晤,拥鼻一长谣。

二

幔逗长风细,窗留半月斜。浮烟暝绿草,泫露冷黄花。独曳缘云策,仍寻度水槎。归时参夜半,邻犬静中哗。

即事

径暖草如积,山晴花更繁。纵横一川水,高下数家村。静憩鸡鸣午,荒寻犬吠昏。归来向人说,疑是武陵源。

昼寝

井迳从芜漫,青藜亦倦扶。百年唯有且,万事总无如。弃置蕉中鹿,驱除屋上乌。独眠窗日午,往往梦华胥。

过故居

泝筏开新屋,扶舆绕故园。事遗心独寄,路翳目空存。野果寒林寂,蛮花午簟温。难忘旧时处,欲宿愧桑门。

雁

北去还为客,南来岂是归。倦投空渚泊,饥帖冷云飞。垣栅鸡长暖,沟池鹜自肥。怜渠不知此,更堕野人机。

与道原过西庄遂游宝乘 二首

一

桑杨一作麻已零落,藻荇亦一作复消沉。园宅在人境,岁时伤我心。强穿西一作南埭路,共望北山岑。欲觅一作与道人语,跨鞍聊一寻。

二

亲朋会合少,时序感伤多。胜践聊为乐,清谈可当歌。微风淡水竹,净日暖烟萝。兴极犹难尽,当如薄暮何。

送陶氏妇兼寄纯甫

云结川原暗,风连草木萎。遥瞻季行役,正对女伤悲。梦事中千变,生涯老百罹。更惭无道力,临路涕交颐。

自府中归寄西庵行详

意衰难自力,扶路便思还。强逐萧骚水,遥看惨淡山。行寻香草遍,归漾晚云间。西崦分明见,幽人不可攀。

赠上元宰梁之仪承议

梁多留诗,在江宁僧舍。

白下有贤宰,能歌如紫芝。民欺自不忍,县治本无为。风月谁同赏,江山我亦思。粉墙侵醉墨,怊怅绿苔滋。

赠殊胜院简道人

早悟耆山善,今为洛社豪。有生常寂寞,所得是风骚。露夕吟逾苦,云秋思共高。此怀差自适,千社一牛毛。

怀吴显道

南郭红亭冷，西山白道曛。江光凌翠气，洲色乱黄云。岁暮谁邀客，情亲故忆君。天涯独惆怅，归鸟黑纷纷。

静照堂

任公蹲会稽，海上得招提。净观堂新构，幽寻客屡携。飞檐出风雨，洒翰落虹霓。投老黄尘陌，东看路恐迷。

重游草堂次韵 三首

一

垣屋荒葛蘦，野殿冷檀沉。鹤有思颙意，鹰无恋遁心。禅房闭深竹，斋钵度遥岑。寂寞黄尘里，金身倚一寻。

二

僧残尚食少，佛古但泥多。寒守三衣法，饥传一钵歌。宽闲每进竹，危朽漫牵萝。怊怅庭前柏，西来意若何。

三

野寺真兰若，山僧老病多。疏钟挟谷响，悲梵入樵歌。水映茅篁竹，云埋茑女萝。拂尘书所见,因得拟阴何。

题齐安寺山亭

此山无蹢躅,故国有杨梅。怅望心常折,殷勤手自栽。暮年逢火改,晴日对花开。万里乌塘路,春风自往来。

自白门归望定林有寄

蹇驴愁石路,余亦倦跻攀。不见道人久,忽然芳岁残。朝随云暂出,暮与鸟争还。杳杳青松壑,知公在两间。

宿定林示无外

天女穿林至,姮娥度陇来。欲归今晼晚,相值且徘徊。谁谓我忘老,如闻虫造哀。邻衾亦不寐,共尽白云杯。

宿北山示行详上人

都城羁旅日,独许上人贤。谁为孤峰下,还来宴坐边。是身犹梦幻,何物可攀缘。坐对青灯落，松风咽夜泉。

独饭

窗明两不借，榻净一籧篨。栩栩幽人梦，夭夭老者居。安能问香积，谁可告华胥。独饭墙阴转，看云坐久如。

草堂

草堂今寂寞，往事翳山椒。蕙帐空留鹤，萝衣终换貂。生皆堕天帙，隐或寄公朝。叠颖何劳怒，东风汝自摇。

示耿天鹭

挟策能伤性，捐书可尽年。弦歌无旧习，香火有新缘。白土长冈路，朱湖小洞天。望公时顾我，于此畅幽悁。

光宅

今知光宅寺，牛首正当门。台殿金碧毁，丘墟桑竹繁。萧萧新犊卧，冉冉暮鸦翻。回首千岁梦,雨花何足言。

示无外

支颐横口语,椎髻曲肱眠。莫问谁宾主,安知汝辈年。邻鸡生午寂,幽草弄秋妍。却忆东窗簟,蛮藤故宛然。

北山暮归示道人

千山复万山,行路有无间。花发蜂递绕,果垂猿对攀。独寻寒水度,欲趁夕阳还。天黑月未上,儿童初掩关。

怀古 二首

一

日密畏前境,渊明欣故园。那知饭不赐,所喜菊犹存。亦有床座好,但无车马喧。谁为吾侍者,稚子候柴门。

二

长者一床室,先生三径园。非无饭满钵,亦有酒盈樽。不起华边坐,常开柳际门。漫知谈实相,欲辩已忘言。

与宝觉宿精舍

扰扰复翩翩，秋床烛屡昏。真为说万物，岂止挟三言。问义曹溪室，捐书阙里门。若知同二妄，目击道逾存。

中书偶成

忽忽余年往，茫茫不自知。殷勤照清浅，邂逅见衰迟。辅世无贤业，容身有圣时。归欤今可矣，何以长人为。

华藏寺会故人

百忧成阻阔，一笑得留连。城郭西风里，园林落照前。共知官似梦，莫负酒如泉。兴罢重携手，江湖即渺然。

求全

求全伤德义，欲速累功名。玉要藏而待，苗非揠故生。未妨徐出昼，何苦急堕成。此道今亡矣，嗟谁可与明。

秋风

挚敛一何饕,天机亦自劳。墙隈小翻动,屋角盛呼号。漠漠惊沙密,纷纷断柳高。江湖岂在眼,昨夜梦波涛。

次韵昌叔岁暮

城云漏日晚,树冻裹春深。椮密鱼虽暖,巢危鹤更阴。横风高弝弩,残溜细鸣琴。岁换儿童喜,还伤老大心。

次韵酬昌叔羁旅之作

君方困旅食,予亦误朝簪。自索东方米,谁多季子金,高门万马散,穷巷一灯深。客主竟何事,萧条梁父吟。

卷十五 律诗二

次韵唐公 三首

东阳道中

山蔽吴天密,江蟠楚地深。浮云堆白玉,落日写黄金。渺渺随行旅,纷纷换岁阴。强将诗咏物,收拾济时心。

江行

材非当世用,毂有故人推。使节春冬换,征帆日夜开。南游取于越,东望得州来。试尽风波恶,生涯亦可哀。

旅思

此身南北老,愁见问征途。地大蟠三楚,天低入五湖。看云心共远,步月影同孤。慷慨秋风起,悲歌不为鲈。

乌塘

地僻居人少,山稠伏兽多。怒狸朝搏雁,馋虎夜窥骡。篱落生孙竹,门庭上女萝。未应悲寂寞,六载一经过。

欲归

水漾青天暖,沙吹白日阴。塞垣春错莫,行路老侵寻。绿稍还幽草,红应动故林。留连一杯酒,满眼欲归心。

发馆陶

促辔数残更,似闻鸡一鸣。春风马上梦,沙路月中行。笳鼓远多思,衣裘寒始轻。稍知田父隐,灯火闭柴荆。

王村

晻霭王村路,春风北使旗。尘催轻骑走,寒咽短箫吹。揽辔联貂帽,投鞭各酒卮。纷纷小儿女,何事倚墙窥。

长垣北

揽辔长垣北，貂寒不自持。霜风急鼓吹，烟月暗旌旗。骑火流星点，墙桑亚戟枝。柴荆掩春梦，谁见我行时。

冬日

扰扰今非昔，漫漫夜复晨。风沙不贷客，云日欲迷人。散发愁边老，开颜醉后春。转思江海上，一洗白纶巾。

壬辰寒食

客思似杨柳，春风千万条。更倾寒食泪，欲涨冶城潮。巾发雪争出，镜颜朱早雕。未知轩冕乐，但欲老渔樵。

雨中

尚疑樱欲吐，已怪菊成漂。紫苋凌风怯，青苔挟雨骄。长闲故有味，多难自无聊。牢落柴荆晚，生涯付一瓢。

宿雨

绿搅寒芜出,红争暖树归。鱼吹塘水动,雁拂塞垣飞。宿雨惊沙尽,晴云昼漏稀。却愁春梦短,灯火着征衣。

乘日

乘日塞垣入,御风塘路归。胡皆跃马去,雁却背人飞。烟水吾乡似,家书驿使稀。匆匆照颜色,恨不洗征衣。

秋露

日月凋何急,荒庭露送秋。初疑宿雨泫,稍怪晓霜稠。旷野将驰猎,华堂已御裘。空令半夜鹤,抱此一端愁。

还自河北应客

愧客问谣俗,旧传今自如。材难知骥马,味美赛河鱼。塞水移民久,川防动众初。北人虽异论,时议或非疏。

将次洺州憩漳上

漠漠春风里，茸茸绿未齐。平田鸦散啄，深树马迎嘶。地入河流曲，天随日去低。高城已在眼，聊复解轻赍。

和仲庶夜过新开湖忆冲之仲涂共泛

水远浮秋色，河空洗夜氛。行随一明月，坐失两孤云。露发此时湿，风颜何处醺。淹留各有趣，不比汉三君。白乐天有"二处成孤云"之句。

送契丹使还次韵答净因老

老欲求吾志，时方摭我华。强将愁出塞，空得病还家。日转山河暖，风含草木葩。胜游思一往，不敢问三车。

送吴叔开南征

掺袂不胜情，犀舟击汰行。倦游无万里，惜别有千名。春草凄凄绿，江枫湛湛清。金陵多丽景，此去属兰成。

游栖霞庵约平甫至因寄

渺渺林间路，萧萧物外僧。高阴凉易入，闲貌老难增。官事真伤锦，君恩更饮冰。求田此山下，终欲忤陈登。

和栖霞寂照庵僧云渺

萧然一世外，所乐有谁同。宴坐能忘老，斋蔬不过中。无心为佛事，有客问家风。笑谓西来意，虽空亦不空。

宜春苑

宜春旧台沼，日暮一登临。解带行苍藓，移身一作鞍坐绿阴。树疏啼鸟远，水静落花深。无复增修事，君王惜费金。

春日

冉冉春行暮，菲菲物竞华。莺犹求旧友，燕不背贫家。室有贤人酒，门无长者车。醉眠聊自适，归梦到天涯。

癸卯追感正月十五事

正月端门夜，金舆缥缈中。传觞三鼓罢，纵观万人同。警跸声如在，嬉游事已空。但令千载后，追咏太平功。

晚兴和冲卿学士

刻刻风生晚，娟娟月上初。白沙眠骤骥，清浪浴鲟鱼。竟欲从君饮，犹便读我书。斜阳不到处，墙角树扶疏。

秋兴和冲卿

云浮朝惨淡，风起夜飕飀。欲作冰霜地，先回草树秋。征人倚笛怨，思妇向砧愁。为问随阳雁，哀鸣岂有求。

次韵冲卿除日立春

犹残一日腊，并见两年春。物以终为始，人从故得新。迎阳朝翦彩，守岁夜倾银。恩赐随嘉节，无功祇自尘。

题友人郊居水轩

田中三亩宅，水上一轩开。为有渔樵乐，非无仕进媒。槎头收晚钓，荷叶卷新醅。坐说鱼腴美，功名挽不来。

游赏心亭寄虔州女弟

秀发千峰霁，清涵万里秋。沧江天上落，明月镜中流。眼与魂俱断，身依影独留。为怜幽兴极，不见尔来游。

江亭晚眺

日下崦嵫外，秋生沆砀间。清江无限好，白鸟不胜闲。雨过云收岭，天空月上湾。归鞍侵调角，回首六朝山。

金山寺

重经高处寺，一与白云亲。树木有春意，江山如故人。幽轩含气象，偏影落风尘。日暮临归去，徘徊欲损神。

揖仙阁

结阁揖仙子，疏塘临隐扉。水花红四出，山竹翠相围。云度疑軿下，凫惊恐舄飞。蜀缰宁可恃，投钓此忘归。

舟夜即事

火炬临遥岸，余光照客船。水明鱼中饵，沙暖鹭忘眠。感慨无穷事，迟回欲晓天。山泉如有意，枕上送潺湲。

何处难忘酒 二首
拟白乐天作。

一

何处难忘酒，英雄失志秋。庙堂生莽卓，岩谷死伊周。赋敛中原困，干戈四海愁。此时无一盏，难遣壮图休。

二

何处难忘酒，君臣会合时。深堂拱尧舜，密席坐皋夔。和气袭万物，欢声连四夷。此时无一盏，真负鹿鸣诗。

送孙子高

荡漾江南客，融怡席上珍。一樽相别酒，千里独归人。客路贫堪病，交情远更亲。自惭儿女意，失泪滴衣巾。

送董传

悠悠陇头水，日夜向西流。行路未云已，归人空复愁。文章合用世，颜发未惊秋。一听秦声罢，还来上国游。

寄深州晁同年

秀色归荒陇，新声换氉毛。日催花蕊急，云避雁行高。驻马旌旗暖，传觞鼓吹豪。班春不知负，短发为君搔。

白云然师

白首一山中，形骸槁木同。苔争庵径路，云补衲穿空。尘土随车辙，波涛信柂工。昏昏老南北，应谢此高风。

自白土村入北寺 二首

一

木杪田家出，城阴野迳分。溜渠行碧玉，畦稼卧黄云。薄槿烟脂染，深荷水麝焚。夕阳人不见，鸡鹜自成群。

二

雨过百泉出，秋声连众山。独寻飞鸟外，时渡乱流间。坐石偶成歇，看云相与还。会须营一亩，长此听潺湲。

题朱郎中白都庄

萧洒桐庐守，沧洲寄一廛。山光隔钓岸，江气杂炊烟。藜杖听鸣橹，篮舆看种田。明时须共理，此兴在他年。

史教授独善堂

湖海十年旧，林塘三亩余。静非谈者隐，贫胜富人居。列鼎亦何有，幅巾聊自如。犹应不独善，学子满阶除。

寄福公道人

帝力护禅林，沧洲侧布金。楼依水月观，门接海潮音。开士但软语，游人多苦吟。曾同方丈宿，灯火夜沉沉。

身闲

身闲宜晚食，岁晏忌晨兴。人自嘲便腹，吾方乐曲肱。睡蛇虽不去，梦鼬已无凭。寄语中林客，思禅病未能。

还家

还家岂不乐，生事未应闲。朝日已复出，征鞍方更攀。伤心百道水，阂目万重山。何以忘羁旅，翛然醉梦间。

题汤泉壁示诸子有欲闲之意

吟哦一水上，披写众峰间。偶运非彭泽，留名比岘山。君才今卤稷，家行古原颜。平世虽多士，安能易地闲。

和唐公舍人访净因

西城方外士，传法自南华。高蹈玩一世，旁通兼数家。来游仁者净，传咏正而葩。乘兴何时载，还能托后车。

沂溪怀正之

故人何处所，天角浪漫漫。寂寞断音驿，徘徊愁肺肝。世情纷可怪，旅况浩难安。愿化东南鹄，高飞托羽翰。

答许秀才

高阳有才子，负笈求晨馐。所趣少知者，其辞多慨然。樵妻竟谢绝，漂母尝哀怜。尚友古之人，于今犹壮年。

卷十六　律诗三

次韵景仁雪霁

新声生屋溜，残点着垣衣。委翳无多在，飘零不更飞。坳中馀宿润，暖处自朝晖。稍见青青色，还从柳上归。

次韵范景仁二月五日夜风雪

何知此邂逅，谈笑接清扬。对雪知春浅，回灯惜夜长。密云通炫晃，残月堕冥茫。故有临邛客，抽毫兴未忘。

次韵冲卿过睢阳

宫庙此神乡，留亲泊楚艎。天开今壮丽，地积古悲凉。不改山河旧，犹余草木荒。还闻足宾客，谁是汉邹阳。

答冲卿

风作九衢黄，南窗坐正凉。破瓜青玉美，浮舜白云香。诗懒犹能强，官闲肯便忘。贤愚各有用，尺寸果谁长。

得书知二弟附陈师道舟上汴

儿童闻太丘，邂逅两心投。与汝今为伴，知吾不复忧。园桃已解萼，沙水欲惊舟。一见南飞雁，江边肯更留。

初憩和州

衣足一囊弊，粟馀三釜陈。犹依食贫地，已愧省烦人。尘土病催老，风波愁过春。诗书今在眼，还欲讨经纶。

疟起舍弟尚未已示道原

侧足呻吟地,连薨瘴疟秋。穷乡医自绌,小市药难求。肝胆疑俱破,筋骸漫独瘳。惭君远从我,契阔每同忧。

送杜十八之广南

东南炎海外,寻访又输君。过岭猿啼暖,贪程马送曛。清谈消瘴疠,秀句起烟云。及早来乡荐,朝廷尚右文。

昆山慧聚寺张祜韵

峰岭互出没,江湖相吐吞。园林浮海角,台殿拥山根。百里见渔艇,万家藏水村。地偏来客少,幽兴只桑门。

吴江

莽莽昔登临,秋风一散襟。地留孤屿小,天入五湖深。柑橘无千里,鱼虾有万金。吾虽轻范蠡,终欲此幽寻。

江

灵源开辟有，赢缩但相随。逆折山能碍，奔流海与期。泥沙拆蚌蛤，云雨暗蛟螭。欲问深何许，冯夷只自知。

江南

江南春起柂，秋至尚波涛。问舍才能定，呼舟已复操。行歌付浩荡，归梦得萧骚。冉冉欲何补，纷纷为此劳。

贾生

汉有洛阳子，少年明是非。所论多感概，自信肯依违。死者若可作，今人谁与归。应须蹈东海，不但涕沾衣。

还自舅家书所感

行行过舅居，归路指亲庐。日苦树无赖，天空云自如。黄焦下泽稻，绿碎短樊蔬。沮溺非吾意，悯嗟聊驻车。

世事

世事一何稠，论心日已偷。尚蒙今士笑，宜见古人羞。老圃聊须问，良田亦欲求。非关畏豰冕，无责易身修。

寄纯甫

塞上无花草，飘风急我归。梢林听涧落，卷土看云飞。想子当红蕊，思家上翠微。江寒亦未已，好好着春衣。

招丁元珍

默默不自得，纷纷何所为。画墁聊取食，猎较且随时。秋入江湖暗，风生草树悲。黄花一杯酒，思与故人持。

游杭州圣果寺

登高见山水，身在水中央。下视楼台处，空多树木苍。浮云连海气，落日动湖光。偶坐吹横笛，残声入富阳。

京兆杜婴大醇能读书其言近庄其为人旷达而廉清自托于医无贵贱请之辄往卒也以诗二首伤之

一

萧瑟野衣巾,能忘至老贫。避嚣依市井,蒙垢出埃尘。接物工齐物,劳身耻为身。伤心宿昔地,不复见斯人。

二

叔度医家子,君平卜肆翁。萧条昨日事,仿佛古人风。旧宅雨生菌,新阡寒转蓬。存亡谁一问,嗟我亦穷空。

江上 二首

一

潮连风浩荡,沙引客淹留。落日更清坐,空江无近舟。共看蒹苇宅,聊即稻粱谋。未敢嗟艰食,凶年半九州。

二

书自江边使,乡邻病饿稠。何言万里客,更作百身忧。补败今谁恤,趋生我自羞。西南双病眼,落日倚扁舟。

夏夜舟中颇凉因有所感

扁舟畏朝热，望夜倚桅樯。日共火云退，风兼水气凉。未秋轻病骨，微曙浣愁肠。坚我江湖意，滔滔兴不忘。

孤桐

天质自森森，孤高几百寻。陵霄不屈己，得地本虚心。岁老根弥壮，阳骄叶更阴。明时思解愠，愿斫五弦琴。

迟明

欹枕浩无情，蘧蘧独迟明。霜繁红树老，云澹素蟾清。倦鹊犹三尤，寒鸡未一鸣。故山何处所，应有晓猿惊。

陪友人中秋夕赏月

海雾看如洗，秋阳望却昏。光明疑不夜，清莹欲无坤。扫掠风前坐，留连露下尊。苦吟应到晓，况有我思存。

慎县修路者

畚筑今三岁，康庄始一修。何言野人意，能助令君忧。戮力非无补，论心岂有求。十年空志食，因汝起予羞。

河势

河势浩难测，禹功传所闻。今观一川破，复以二渠分。国论终将塞，民嗟亦已勤。无灾等难必，从众在吾君。

送河间晁寺丞

公孙富文墨，名字世多知。谈笑取高第，弦歌当此时。临河薪石费，近塞茧丝移。缓急常愁此，看君有所为。

暮春

春期行晼晚，春意剩芳菲。曲水应修禊，披香未试衣。雨花红半堕，烟树碧相依。怅望梦中地，王孙底不归。

游北山

揽辔出东城，登临目暂明。烟云藏古意，猿鹤弄秋声。客坐苔纹滑，僧眠樾荫清。赏心殊未已，山下日西荣。

吴正仲谪官得故人寄蟹以诗谢之余次其韵

越客上荆舠，秋风忆把螯。故烦分巨跪，持用佐清糟。饮量宽沧海，诗锋捷孟劳。甘餐饱觞咏，余事付钧陶。

陈师道宰乌程县

尝闻太丘长，德不负公卿。墟墓今千载，昆云亦一城。本怀深闭蓄，馀论略施行。故自有仁政，能传家世声。

冬至

都城开博路，佳节一阳生。喜见儿童色，欢传市井声。幽闲亦聚集，珍丽各携擎。却忆他年事，关商闭不行。

汤泉

寒泉诗所咏，独此沸如烝。一气无冬夏，诸阳自废兴。人游不附火，虫出亦疑冰。更忆骊山下，歃然雪满塍。

读镇南邸报癸未四月作

赐诏宽言路，登贤壮陛廉。相期正在治，素定不烦占。众喜夔龙盛，予虞绛灌憸。太平讵可致，天意慎猜嫌。

拟和御制赏花钓鱼

云暖蓬莱日，风酣太液春。水光承步辇，花气入钩陈。伏槛留清跸，传觞属从臣。霏香连钓饵，落叶乱游鳞。镐饮恩知厚，衢樽赐愿均。更看追夏谚，先此咏逢辰。

和吴冲卿雪霁紫宸朝

虎士开阊阖，鸡人唱九霄。云移银阙角，日转玉廊腰。辔动川收潦，靴鸣海上潮。舞袍沾宿润，拜笏拥残飘。赐饮人何乐，归嘶马亦骄。低徊但忘食，吟咏得逍遥。

和吴冲卿集禧斋祠

缄封祝辞密,占写御名真。帝坐遥临物,星图俯映人。风含烟外节,月点雾中茵。沈藿升烟远,槐檀取燎新。羽衣归寂寞,金镂立逡巡。却想来时路,还疑隔一尘。

送周都官通判湖州

渌水乌程地,青山顾渚滨。酒醪犹美好,茶荈正芳新。聚泛樽前月,分班焙上春。仁风已入俗,乐事始关身。橘柚供南贡,枫槐望北宸。知君白羽扇,归日未生尘。

双庙

张巡、许远。

两公天下骏,无地与腾骧。就死得处所,至今犹耿光。中原擅兵革,昔日几侯王。此独身如在,谁令国不亡。北风吹树急,西日照窗凉。志士千年泪,泠然落奠觞。

和子瞻同王胜之游蒋山 并序

子瞻同王胜之游蒋山有诗，余爱其"峰多巧障日，江远欲浮天"之句，因次其韵。

金陵限南北，形势岂其然。楚役六千里，陈亡三百年。江山空幕府，风月自觥船。主送悲凉岸，妃埋想故莲。台倾凤久去，城踞虎争偏。司马坝庙域，独龙层塔颠。森疏五愿木，蹇浅一人泉。梲杖穷诸岭，篮舆罢半天。朱门园渌水，碧瓦第青烟。墨客真能赋，留诗野竹娟。

送郓州知府宋谏议

盛世千龄合，宗工四海瞻。天心初吁俊，云翼首离潜。德望完圭角，仪形壮陛廉。徐鸣苍玉佩，尽校碧牙签。纶掖清光注，銮坡茂渥沾。文明诚得主，政瘼尚烦砭。右府参机务，东涂赞景炎。庙谟资石画，兵略倚珠钤。坐镇均劳逸，斋居养智恬。讴谣喧井邑，惠化穆苍黔。进律朝章旧，疏恩物议佥。通班三殿邃，徙部十城兼。申甫周之翰，龟蒙鲁所詹。地灵奎宿照，野沃汶河渐。首路龙旗盛，提封虎节严。赐衣缠紫艾，卫甲缀朱绲。海谷移文省，溪堂燕豆添。班春回绀幰，问俗卷彤襜。舟檝商岩命，熊罴渭水占。治装行入觐，金鼎重调盐。

见远亭上王郎中

高亭豁可望,朝暮对溪山。野色轩楹外,霞光几席间。树侵苍霭没,鸟背夕阳还。草带平沙阔,烟笼别戍闲。圃畦荷气合,田径烧痕斑。樵笛吟晴坞,渔帆出暝湾。登临及芳节,宴喜发朱颜。夹砌陈旌旛,褰帘进佩环。观风南国最,应宿紫宸班。康乐诗名旧,芜音讵可攀。

卷十七　律诗四 七言八句

岁晚怀古

先生岁晚事田园，鲁叟遗书废讨论。问讯桑麻怜已长，按行松菊喜犹存。农人调笑追寻壑，稚子欢呼出候门。遥谢载醪祛惑者，吾今欲辩已忘言。

段约之园亭

爱公池馆得忘机，初日留连至落晖。菱暖紫鳞跳复没，柳阴黄鸟哢还飞。径无凡草唯生竹，盘有嘉蔬不采薇。胜事阆州虽或有，终非吾土岂如归。

又段氏园亭

欹眠随水转东垣，一点炊烟映水昏。漫漫芙渠难觅路，翛翛杨柳独知门。青山呈露新如染，白鸟嬉游静不烦。朱雀航边今有此，可能摇荡武陵源。

回桡

柴荆散策静凉飙，隐几扁舟白下潮。紫磨月轮升霭霭，帝青云幕卷寥寥。数家鸡犬如相识，一坞山林特见招。尚忆木瓜园最好，兴残中路且回桡。

酴醿金沙二花合发

相扶照水弄春柔，发似矜夸敛似羞。碧合晚云霞上起，红争朝日雪边流。我无丹白知如梦，人有朱铅见即愁。疑此冶容诗所忌，故将樛木比绸缪。

次韵公辟正议书公戏语申之以祝助发一笑

故人辞禄未忘情，语我犹能作捍城。身不自遭如贡薛，儿应堪教比韦平。老黑岂得长高卧，雏凤仍闻已间生。把盏祝公公莫拒，缁衣心为好贤倾。

次韵致远木人洲 二首

一

迷子山前涨一洲，木人图志失编收。年多但有柳生肘，地僻独无茅盖头。河侧鲍生干尚立，江边屈子槁将投。未妨他日称居士，能使君疑福可求。

二

杌尔何年客此洲，飘流谁弃止谁收。无心使口肝使目，有干作身根作头。暴露神灵难寄托，祷祠村落几依投。纷纷翦纸真虚负，立槁安知富可求。

次韵酬龚深甫 二首

一

恩容楚老护松楸，复得一龚从我游。讲肄剧谈兼祖谢，舞雩高蹈异求由。北寻五柞故未愁，东挽三杨仍有樛。陟巇降原从此始，但无瑶玉与君舟。

二

握手东冈雪满簪,后期惆怅老吴蚕。芳辰一笑真难值,暮齿相思岂久堪。他日杜诗传渭北,几时周宅对漳南。百年邂逅能多少,且可勤来共草庵。

次叶致远韵

生涯聊占水中洲,岂即乘桴逐圣丘。身与凫飞仍雁集,心能茅靡亦波流。由来杞梓常先伐,谁谓菰蒲可久留。乘兴吾庐知未厌,故移修竹拟延驺。一作:"知君聊占水中洲,去即东浮逐圣丘。忧国无时须问舍,得坻有兴即乘流。由来要路当先据,谁谓穷乡可久留。他日五湖寻范蠡,想能重此驻前驺。"

次韵酬朱昌叔 五首

一

点也自殊由与求,既成春服更何忧。拙于人合且天合,静与道谋非食谋。未爱京师传谷口,但知乡里胜壶头。嗟予老矣无一事,复得此君相与游。

二

去年音问隔淮州,百谪难知亦我忧。前日杯盘共江渚,一欢相属岂人谋。山蟠直渎输淮口,水抱长干转石头。乘兴舟舆无不可,春风从此与公游。

三

乌榜登临兴未休,共言何许更消忧。联裾萧寺寻真觉,方驾孙陵吊仲谋。语罢每开欢笑口,诗来仍掉苦吟头。已知轩冕真吾累,且可追随马少游。

四

白下门东春水流,相看一噱散千忧。穿梅入柳曾莫逆,度堑缘冈初不谋。世事但如吹剑首,官身难即问刀头。长临锻灶真自苦,有兴复来从我游。

五

乐世闲身岂易求,岩居川观更何忧。放怀自事如初服,买宅相招亦本谋。名誉子真矜谷口,事功新息困壶头。知君于此皆无累,长得追随圹埌游。

次韵送程给事知越州

千骑东方占上头,如何误到北山游。清明若睹兰亭月,暖热因忘蕙帐秋。投老始知欢可惜,通宵豫以别为忧。西归定有诗千首,想肯重来贲一丘。

次韵酬徐仲元

投老逍遥圯与堂,天刑真已脱桁杨。缘源静翳无鱼浛,度谷深追有鸟颜。每苦交游寻五柳,最嫌尸祝扰庚桑。相看不厌唯夫子,风味真如顾建康。

诗奉送觉之奉使东川

三秋不见每惓惓,握手山林复怅然。后会敢期黄考日,相看且度白鸡年。畏途石栈王尊驭,荣路金门祖逊鞭。一代官仪新藻拂,得瞻宸宇想留连。

次韵奉酬觉之

久知乘传入西州,鸡黍从容本不谋。户外惊尘尺书至,眼中飞浪片帆收。山林病骨烦三顾,湖海离肠欲万周。尚有光华贲岑寂,篋中佳句得长留。

送程公辟得谢归姑苏

东归行路叹贤哉,碧落新除宠上才。白傅林塘传画去,吴王花鸟入诗来。唱酬自有微之在,谈笑应容逸少陪。(少保元绛谢事居姑苏,又王中甫善歌词，与相唱酬燕集。）除此两翁相见外，不知三径为谁开。

送项判官

断芦洲渚落枫桥，渡口沙长过午潮。山鸟自呼泥滑滑，行人相对马萧萧。十年长自青衿识，千里来非白璧招。握手祝君能强饭，华簪常得从鸡翘。

次韵张德甫奉议

知君非我载醪人，终日相随免污茵。赏尽高山见流水，唱残白雪值阳春。中分香积如来钵，对现毗耶长者身。谁拂定林幽处壁，与君图写继吾真。

北山三咏

宝公塔
道林真骨葬青霄，窣堵千秋未寂寥。宝势旁连大江起，尊形独受众山朝。云泉别寺分三径，香火幽人止一瓢。我亦鹫峰同听法，岁时歌员岂辞遥。

觉海方丈

往来城府住山林，诸法翛然但一音。不与物违真道广，每随缘起自禅深。舌根已净谁能坏，足迹如空我得寻。岁晚北窗聊寄傲，蒲萄零落半床阴。

道光泉

篝龙将雨绕山行，注远投深静有声。云涌浴槽朝自暖，虹垂斋镬午还晴。铜瓶各满幽人意，玉盌因高正士名。神力可嗟妨智巧，桔槔零落便苔生。

登宝公塔

倦童疲马放松门，自把长筇倚石根。江月转空为白昼，岭云分暝与黄昏。鼠摇岑寂声随起，鸦矫荒寒影对翻。当此不知谁客主，道人忘我我忘言。

重登宝公塔复用前韵 二首

一

空见方坟涌半霄，难将生死问参寥。应身东返知何国，瑞像西归自本朝。遗寺有门非辇路，故池无钵但僧瓢。独龙下视皆陈迹，追数齐梁亦未遥。

二

　　碧玉旋螺恍隔霄，冠山仙冢亦寥寥。空馀华构延风月，无复灵纵落市朝。帐座追严多献宝，供盘随施有操瓢。他方出没还如此，与物何心作迩遥。

纸暖阁

　　联屏盖障一寻方，南设钩帘北置床。侧座对敷红絮暖，仰窗分启碧纱凉。毡庐易以梅烝坏，锦幄终于草野妨。楚谷越藤真自称，每糊因得减书囊。

雨花台

　　盘亘长干有绝陉，并包佳丽入江亭。新霜浦溆绵绵净，薄晚林峦往往青。南上欲穷牛渚怪，北寻难忘草堂灵。篯舆却走垂杨陌，已戴寒云一两星。

北窗

　　病与衰期每强扶，鸡壅桔梗亦时须。空花根蒂难寻摘，梦境烟尘费扫除。耆域药囊真妄有，轩辕经匦或元无。北窗枕上春风暖，漫读毗耶数卷书。

小姑

小姑未嫁与兰支，何恨流传乐府诗。初学水仙骑赤鲤，竟寻山鬼从文狸。缤纷云襡空棠栭，绰约烟鬟独桂旗。弄玉有祠终或往，飞琼无梦故难知。

荣上人遽欲归以诗留之

道人传业自天台，千里翛然赴感来。梵行毗沙为外护，法筵灵曜得重开。已能为我迂神足，便可随方长圣胎。肯顾北山如慧约，与公西崦剧莓苔。

呈陈和叔 并序

嘉祐末，和叔以集贤校理判登闻鼓院，同知太常礼院。皮场街有园数亩，中置二樟砖袤丈，北户临沟，略彴通街，旁作小屋，毁辎车为盖。某以直集贤院为三司度支判官，以知制诰纠察在京刑狱，同管句三班院，间度彴，饭车盖下，随所有无，坐卧砖上，笑语常至夜。如此三岁，而和叔遭太夫人忧，未几某亦丧亲以去，时永昭陵尚未复土也。后与和叔皆蒙今上拔用，数会议语，皆忧伤之余，责厚事丛，无复故情。元丰元年，某食观使禄，居钟山南，和叔经略广东，道旧怅然。某作诗以叙其事。

毁车为屋仅容身，三岁相要薄主人。昼寓椁砖常至夜，冬沿沟洫复寻春。南陔不洎公归里，苍墓垂成我丧亲。后会纵多无此乐，山林投老一伤神。

招吕望之使君

潮沟东路两牛鸣，十亩漪涟一草亭。委质山林如许国，寄怀鱼鸟欲忘形。纷纷易变浮云白，落落谁钟老柏青。尚有使君同好恶，想随秋水肯扬舲。

公辟枉道见过获闻新诗因叙叹仰

青丘神父能为政，碧落仙翁好作诗。旧事齐儿应共记，新篇楚老得先知。怀砖大岘如迎日，供帐阊门胜去时。若与鸥夷斗百草，锦囊佳丽敌西施。

全椒张公有诗在北山西庵僧者墁之怅然有感

十年惆怅蹑山阡，终欲持杯滴到泉。东路角巾非故约，西州华屋漫修椽。幽明永隔休炊黍，真俗相妨久绝弦。遗墨每看疑邂逅，复随人事散如烟。

岭云

岭云合处小盘桓，人得敷衾马解鞍。寒荚着天榆历历，净华浮海桂团团。交游涣散渊明喜，吏卒萧条叔夜宽。方丈老翁无一发，更知来不为皮冠。

蓼虫

蓼虫事业无馀习，刍狗文章不更陈。隐几自怜居丧我，倨堂谁觉似非人。难堪藏室称中士，只合箕山作外臣。尚有少缘灰未死，欲持新句恼比邻。

莫疑

莫疑禅伯未知禅，莫笑仙翁不学仙。灵骨肯传黄蘖烬，真心自放赤松烟。莲华世界何关汝，楮叶工夫浪费年。露鹤声中江月白，一灯岑寂拥书眠。

卷十八　律诗五 七言八句

示俞秀老

缭绕山如涌翠波，人家一半在烟萝。时丰笑语春声早，地僻追寻野兴多。窣堵朱甍开北向，招提素脊隐西阿。暮年要与君携手，处处相烦作好歌。

外厨遗火示公佐

刀匕初无欲清人，如何灶鬼尚嫌嗔。翛翛短褐方炀一作围火，冉冉青烟已被宸。邂逅焚巢连鸟雀，仓黄濡幕愧比邻。王阳幸有囊衣在，报赏焦头亦未贫。

读眉山集次韵雪诗 五首

一

若木昏昏末有鸦,冻雷深闭阿香车。抟云忽散筵为屑,蒻水如分缀作花。拥帚尚怜南北巷,持杯能喜两三家。戏挼弄掬输儿女,羔袖龙钟手独叉。

二

神女青腰宝髻鸦,独藏云气委飞车。夜光往往多联璧,白小纷纷每散花。珠网缅连拘翼座,瑶池森漫阿环家。银为宫阙寻常见,岂即诸天守夜叉。

三

惠施文字黑如鸦,于此机缄漫五车。皦若易缁终不染,纷然能幻本无花。观空白足宁知处,疑有青腰岂作家。慧可忍寒真觉晚,为谁将手少林叉。

四

寄声三足阿环鸦,问讯青腰小驻车。一一照肌宁有种,纷纷迷眼为谁花。争妍恐落江妃手,耐冷疑连月姊家。长恨玉颜春不久,画图时展为君叉。

五

戏摇微缟女鬟鸦,试咀流酥已颊车。历乱稍埋冰揉粟,消沉时点水圆花。岂能舴艋真寻我，且与蜗牛独卧家。欲挑青腰还不敢，直须诗胆付刘叉。

读眉山集爱其雪诗能用韵复次韵一首

靓妆严饰曜金鸦，比兴难工漫百车。水种所传清有骨，天机能识皦非花。婵娟一色明千里，绰约无心熟万家。长此赏怀甘独卧，袁安交戟岂须叉。

八功德水

雪山马口出琉璃，闻说诸天与护持。此水遥连八功德，供人真净四威仪。当时迦叶无尘染，何事阌乡有土思。道力起缘非一路，但知瓢饮是生疑。

寄题程公辟物华楼

吴楚东南最上游，江山多在物华楼。遥瞻旌节临尊俎，独卧柴荆阻献酬。想有新诗传素壁，怪无余墨到沧洲。渭浯南望重重绿，章水还能向此流。

酬俞秀老

洒扫东庵置一床，于君独觉故情长。有言未必输摩诘，无法何曾泥饮光。天壤此身知共弊，江湖他日要相忘。犹贪半偈归思索，却恐提桓妄揣量。

次韵吴冲卿召赴资政殿听读诗义感事

冲卿诗云："雪销鹅鹊御沟融，燕见殊恩缀上公。昼日乍惊三接宠，正风获听二南终。解颐共仰天颜喜，墙面裁容圣域通。午漏渐长知禹锡，侍臣何术补尧聪。"时修撰《经义》，所初进"二南"，有旨资政殿读云。

周南麟趾圣人风，未有驺虞系召公。雅颂兼陈为四始，笙歌合奏以三终。讨论诏使成书上，休浣恩容著藉通。墙面岂能知奥义，延陵听赏自为聪。

张侍郎示东府新居诗因而和酬 二首

一

得贤方慕北山莱，赤白中天二府开。功谢萧规惭汉第，恩从隗始诧燕台。曾留上主经过迹，更费高人赋咏才。自古落成须善颂，扫除东阁望公来。

二

　　荣观流传动草莱，中官赐设上尊开。鼓歌窈窕听疑梦，肴果联翩馈有台。斧藻故应宜旧德，栋梁非复称凡材。虚堂欲踵曹参事，试问齐人或肯来。

次韵冲卿上元从驾至集禧观偶成

　　昭陵持橐从游人，更见熙宁第四春。宝构中开移玉座，华灯错出映朱尘。辇前时看新歌舞，仗外还如旧徼巡。投老逢时追往事，却含愁思度天津。

次韵陪驾观灯

　　绣笿含风下玉除，宫商挟奏斐然殊。福祥周室流为火，恩泽尧樽散在衢。伏枕但能知广乐，挥毫何以报明珠。愿留巾箧归田日，追咏公欢每自娱。

和吴相公东府偶成

承华往岁幸踌躇,风月清谈接绪馀。并辔趁朝今已老,连墙得屋喜如初。诛茅我梦江皋地,浇薤公思洛水渠。敛退故应容拙者,先营环堵祭牢蔬。

和蔡枢密孟夏旦日西府书事

宫阙初晴气象饶,宝车攒毂会东朝。重轮庆自离明发,内壤阴随解泽消。赐筐外廷纷锦绣,燕庖中禁续薪樵。联翩人贺知君意,咫尺威颜不隔霄。

和蔡副枢贺平戎庆捷

城郭名王据两陲,军前一日送降旗。羌兵自此无传箭,汉甲如今不解累。幕府上功联旧代,朝廷称庆具新仪。周家道泰西戎喙,还见诗人咏串夷。

次韵奉和蔡枢密南京种山药法

蔡诗并序云:蒙见索南都种山药法,并以生头数十茎送上,辄成小诗："青青正是中分天，区种何妨试玉延。即见引须缘夏木，定知如蹑熏冬筵。（俗传种时以足按之，即如人足。）润还御水冰霜结，荫近尧云雨露偏。自裹自题还自愧，摇苗应笑宋人然。"

区种抛来六七年，春风条蔓想宛延。难追老圃莓苔径，空对珍盘玳瑁筵。嘉种忽传河右壤，灵苗更长阙西偏。故畦穿剧知何日，南望钟山一慨然。

次韵元厚之平戎庆捷
来诗"何人更得通天带，谋合君心只晋公"之句。

朝廷今日四夷功，先以招怀后殪戎。胡地马牛归陇底，汉人烟火起湟中。投戈更讲诸儒艺，免冑争趋上将风。文武佐时惭吉甫，宣王征伐自肤公。

谒曾鲁公
即赴会时。

翊戴三朝冕有蝉，归荣今作地行仙。且开京阙—作洛萧何第，未放江湖范蠡船。老景已邻周吕尚，庆门方似汉韦贤。一觞岂足为公寿，愿赋长虹吸百川。

驾自启圣还内

衣冠原庙汉家仪，羽卫亲来此一时。天子当怀霜露感，都人亦叹鼓箫悲。纷纷瑞气随云汉，漠漠荣光上日旗。尘土未惊闾阖闭，绿槐空覆影参差。

集禧观池上咏野鹅

池上野鹅无数好，晴天镜里雪氆氇。似怜暄暖鸣相逐，疑恋宽闲去却回。京洛尘沙工点污，江湖矰弋饱惊猜。羽毛的的人难近，嗟此谋身或有才。

次韵东厅韩侍郎斋居晚兴

斋禁虽严异太常，萧然高卧意何长。烟含欲暝宫庭紫，日映新秋省闼黄。壮节易摧行踽踽，华年相背去堂堂。追攀坐叹风尘隔，空听钧天梦帝乡。

酬和甫祥源观醮罢见寄

窃禄祠官久见容，每持金石荐宸衷。钧天忽忽清都梦，方丈寥寥弱水风。知结胜缘人意外，想寻陈迹马蹄中。新诗起我超然兴，更感钟山蕙帐空。

和御制赏花钓鱼 二首

一

荫幄晴云拂晓开，传呼仙仗九天来。披香殿上留朱辇，太液池边送玉杯。宿蕊暖含风浩荡，戏鳞清映日徘徊。宸章独与春争丽，恩许赓歌岂易陪。

二

霭霭祥云辇路晴，传呼万岁杂春声。蔽亏玉仗宫花密，映烛金沟御水清。珠蕊受风天下暖，锦鳞吹浪日边明。从容乐饮真荣遇，愿赋嘉鱼颂太平。

次杨乐道韵 六首

后殿朝次偶题

百年文物士优游，万国今方似缀旒。发策东堂招俊乂，回舆北苑罢倡优。忽随诸彦登龙尾，尚忆当年应鹄头。独望清光无补报，更惭虚食太官羞。

御沟

渺渺金河涨欲平，数支分绿报清明。常萦辇路漂花去，更引流杯送酒行。静见金舆穿树影，清含玉漏过墙声。衰颜一照自多感，回首江南春水生。

幕次忆汉上旧居

汉水泱泱绕凤林，岘山南路白云深。如何忧国忘家日，尚有求田问舍心。直以文章供润色，未应风月负登临。超然便欲遗荣去，却恐元龙会见侵。

后苑详定书怀

文墨由来妙禁中，家传岂独赋河东。平生听想风声早，数日追随笑语同。御水新如鸭头绿，宫花更有鹤翎红。看花弄水聊为乐，不晚朝廷相弱翁。

上巳闻苑中乐声书事

苑中谁得从春游，想见渐台瓦欲流。御水曲随花影转，宫云低绕乐声留。年华未破清明节，日暮初回祓禊舟。更觉至尊思虑远，不应全为拙倡优。

用乐道舍人韵书十日事呈乐道舍人圣从待制

东门人物乱如麻，想见新鞿照路华。午鼓已传三刻漏，从官初赐一杯茶。匆匆殿下催分首，扰扰宫前听卖花。归去莫言天上事，但知呼客饮流霞。

详定幕次呈圣从乐道

殿阁抡材覆等差,从臣今日擅文华。扬雄识字无人敌,何逊能诗有世家。旧德醉心如美酒,新篇清目胜真茶。一觞一咏相从乐,传说犹堪异日夸。

崇政殿详定幕次偶题

娇云漠漠护层轩,嫩水溅溅不见源。禁柳万条金细撚,宫花一段锦新翻。身闲始更知春乐,地广还同避世喧。不恨玉盘冰未赐,清谈终日自蠲烦。

详定试卷 二首

一

帘垂咫尺断经过,把卷空闻笑语多。论众势难专可否,法严人更谨谁何。文章直使看无颣,勋业安能保不磨。疑有高鸿在寥廓,未应回首顾张罗。

二

童子常夸作赋工,暮年羞悔有扬雄。当时赐帛倡优等,今日论才将相中。细甚客卿因笔墨,卑于尔雅注鱼虫。汉家故事真当改,新咏知君胜弱翁。

奉酬杨乐道

邂逅联裾殿阁春，却愁容易即离群。相知不必因相识，所得如今过所闻。近代声名出卢骆，前朝笔墨数渊云。与公家世由来事，愧我初无百一分。

奉酬圣从待制

班行想望岁空多，知有龙门未敢过。和近圣人师展季，勇为君子盗荆轲。三刀旧协庭闱梦，五袴今传里巷歌。复道谏书尝满箧，不唯诗句似阴何。

次韵吴仲庶省中画壁

画史虽非顾虎头，还能满壁写沧洲。九衢京洛风沙地，一片江湖草树秋。行数鲦鱼宾共乐，卧看鸥鸟吏方休。知君定有扁舟意，却为丹青肯少留。

夜读试卷呈君实待制景仁内翰

　　篝灯时见语惊人，更觉挥毫捷有神。学问比来多可喜，文章非特巧争新。蕉中得鹿初疑梦，牖下窥龙稍眩真。邂逅两贤时所服，坐令孤朽得相因。

答张奉议

　　五马渡江开国处，一牛吼地作庵人。结蟠茅竹才方丈，穿筑沟园未过旬。我久欲忘言语道，君今来见句文身。思量何物堪酬对，棒喝如今总不亲。

卷十九 律诗六 七言八句

次韵和吴仲庶池州齐山画图
知制诰时作。

省中何忽有崔嵬，六幅生绡坐上开。指点便知岩石处，登临新作使君来。雅怀重向丹青得，胜势兼随翰墨回。更想杜郎诗在眼，一江春雪下离堆。

次韵祖择之登紫微阁 二首

一

漠漠秋阴护掖垣，青云只在两楹间。宫楼唱罢鸡人远，门阙朝归虎士闲。华盖北瞻天帝座，蓬莱东想道家山。却惭久此随诸彦，文采初无豹一斑。

二

披门相对敞铜环,辚辚飞甍在两间。润色平生知地禁,登临此日愧身闲。浮云倒影移窗隙,落木回飙动屋山。忽忆初来秋尚早,紫微花点绿苔斑。

送沈兴宗察院出使湖南

谏书平日皂囊中,朝路争看一马骢。汉节饱曾冲海雾,楚帆聊复借湖风。皇华命使今为重,直道酬君远亦同。投老承明无补助,得为湘守即随公。

春风

一马春风北首燕,却疑身得旧山川。阳浮树外沧江水,尘涨原头野火烟。日借嫩黄初着柳,雨催新绿稍归田。回头不见辛夷发,始觉看花是去年。

永济道中寄诸舅弟

灯火匆匆出馆陶,回看永济日初高。似闻空舍乌乌乐,更觉荒陂人马劳。客路光阴真弃置,春风边塞只萧骚。辛夷树下乌塘尾,把手何时得汝曹。

道逢文通北使归

朱颜使者锦貂裘,笑语春风入贝州。欲报京都近消息,传声车马少淹留。行人尽道还家乐,骑士能吹出塞愁。回首此时空慕羡,惊尘一段向南流。

将次相州

青山如浪入漳州,铜雀台西八九丘。蝼蚁往还空垄亩,麒麟埋没几春秋。功名盖世知谁是,气力回天到此休。何必地中馀故物,魏公诸子分衣裘。

次韵平甫喜唐公自契丹归

予辞北使,而唐公代往。

留犁挠酒得戎心,绣袷通欢岁月深。奉使由来须陆贾,离亲何必强曾参。燕人候望空瓯脱,胡马追随出蹛林。万里春风归正好,亦逢佳客想挥金。

尹村道中

满眼霜吹宿草根,谩知新岁不逢春。却疑青嶂非人世,更觉黄云是塞尘。万里张侯能奉使,百年曾子肯辞亲。自怜许国终无用,何事纷纷客此身。

次韵王胜之咏雪

万户千门车马稀,行人却返鸟休飞。玲珑翦水空中堕,的皪装春树上归。素发联华惊老大,玉颜争好羡轻肥。朝来已贺丰年瑞,更问田家果是非。

次韵酬府推仲通学士雪中见寄

朝来看雪咏君诗,想见朱衣在赤墀。为问火城将策试,何如云屋听窗知。曲墙稍觉吹来密,穷巷终怜扫去迟。欲访故人非兴尽,自缘无路得传卮。

次韵宋次道忆太平早梅

大梁春费宝刀催,不似湖阴有早梅。今日盘中看翦彩,当时花下就传杯。纷纷自向江城落，杳杳难随驿使来。知忆旧游还想见，西南枝上月徘徊。

和曾子翊授舒掾之作

皖城终岁静如山，府掾应从到日闲。一水碧罗裁缭绕，万峰苍玉刻孱颜。旧游笔墨苔今老，浪走尘沙鬓已斑。揽辔羡君桥北路，春风枝上鸟关关。

送刘和父奉使江西

刘郎今日拥旌麾，传到江南喜可知。上冢还须击羊豕，下车应不问狐狸。无人敢效一作劝公荣酒，为我聊寻逸少池。亦见岭头花烂漫，更将春色寄相思。

次韵张子野竹林寺 二首

一

涧水横斜石路深，水源穷处有丛林。青鸳几世开兰若，黄鹤当年瑞卯金。败壁数峰连粉墨，凉烟一穗起檀沉。十年亲友半零落，徊首旧游成古今。

二

京岘城南隐映深，两牛鸣地得禅林。风泉隔屋撞哀玉，竹月缘阶贴碎金。藻井仰窥尘漠漠，青灯对宿夜沉沉。扁舟过客十年事，一梦此山愁至今。

送吴龙图知江宁

才高明主睠方深，属郡闻风自革心。闾里不须多按治，山川从此数登临。茅檐坐隔云千里，柏垄初抽翠一寻。东望泫然知有寄，但疑公岂久分襟。

送直讲吴殿丞宰巩县

青嵩碧洛曾游地，墨绶铜章忽在身。拥马尚多畿甸雪，随衣无复禁城尘。古来学问须行己，此去风流定慰人。更忆少陵诗上语，知君不负巩梅春。

送真州吴处厚使君

江上斋船驻彩桡，鸣笳应满绿杨桥。久为汉吏知文法，当使淮人服教条。拱木延陵瞻故国，丛祠瓜步认前朝。登临莫负山川好，终欲东归听楚谣。

送李质夫之陕府

平世求才漫至公,悠悠羁旅士多穷。十年见子尚短褐,千里随人今北风。户外屦贫虚自满,樽中酒贱亦常空。共嫌欲老无机械,心事还能与我同。

题仪真致政孙学士归来亭

彭泽陶潜归去来,素风千岁出尘埃。明时俊老心无累,故里高门子有才。更作园林负城郭,常留花月映池台。却寻五柳先生传,柴水区区但可哀。

次韵吴季野题岳上人澄心亭

高亭五月尚寒生,回首尘沙自郁蒸。砌水乱流穿石底,槛云高出蔽山层。跻攀欲绝人间世,缔构知从物外僧。肠胃坐来清似洗,神奇未怪佛图澄。

送彦珍

挟策穷乡满鬓丝,陂田荒尽岂尝窥。未应谷口终身隐,正合蔺川举国推。握手百忧空往事，还家一笑即芳时。柘冈定有辛夷发，亦见东风使我知。

寄张先郎中

留连山水住多时，年比冯唐未觉衰。篝火尚能书细字，邮筒还肯寄新诗。胡床月下知谁对，蛮榼花前想自随。投老主恩聊欲报，每瞻高躅恨归迟。

汜水寄和甫

虎牢关下水逶迤，想汝飘然过此时。洒血只添波浪起，脱身难借羽翰追。留连厚禄非朝隐，乖隔残年更土思。已卜冶城三亩地，寄声知我有归期。

寄黄吉甫

朱颜去似朔风惊，白发多于野草生。挟策读书空有得，求田问舍转无成。解鞍乌石冈边坐，携手辛夷树下行。今日追思真乐事，黄尘深处走鸡鸣。

次韵平甫村墅春日

昨日青青尚未齐，忽看春色满高低。陂梅弄影争先舞，叶鸟藏身自在啼。樵屐踏云归旧径，渔蓑背雨向前溪。似知我欲逃轩冕，谈笑相过各有携。

即席次韵微之泛舟

画舸幽寻北果园，应将陈迹问桑门。地随墙墅行多曲，天着冈峦望易昏。故国时平空有木，荒城人少半为村。悠悠兴废皆如此，赖付乾愁酒一樽。

示长安君

少年离别意非轻，老去相逢亦怆情。草草杯盘供笑语，昏昏灯火话平生。自怜湖海三年隔，又作尘沙万里行。欲问后期何日是，寄书应见雁南征。

和平甫招道光法师

练师投老演真乘，像劫空王爪与肱。于总持门通一路，以光明藏续千灯。从容发口酬摩诘，邂逅持心契慧能。新句得公还有赖，古人诗字耻无僧。

和祖仁晚过集禧观

妍暖聊随马首东，春衫犹未着方空。烟霞送色归瑶水，山木分香绕阆风。壮发已输尘外绿，衰颜漫到酒边红。日斜归去人间世，却记前游似梦中。

程公辟转运江西

江西一节铸黄金，最慰漳滨父老心。长孺向来真强予，次公今不异重临。余风尚有欢谣在，陈迹非无胜事寻。豫想新诗能寄我，十年华省故情深。

次韵微之即席

酿成吴米野油囊，却爱清谈气味长。闲日有僧来北阜，平时无盗出南塘。风亭对竹酬孤峭，雪迳寻梅认暗香。江水中濡应未变，一杯终欲就君尝。

和王微之秋浦望齐山感李太白杜牧之

齐山置酒菊花开,秋浦闻猿江上哀。此地流传空笔墨,昔人埋没已蒿莱。平生志业无高论,末世篇章有逸才。尚得使君驱五马,与寻陈迹久徘徊。

次韵王微之登高斋

台殿荒墟辱井堙,豪华不复见临春。北山漠漠云垂地,南埭悠悠水映人。驰道蔽亏松半死,射场埋没雉多驯。登高一曲悲亡国,想绕红梁落暗尘。

和微之重感南唐事

叔宝倾陈衍弊梁,可嗟曾不见兴亡。斋祠父子终身费,酣咏君臣举国荒。南狩皖山非故地,北师淮水失名王。天移四海归真主,谁诱昏童肯用良。

李君昆弟访别长芦至淮阴追寄

怒水凭风雪垄高,乱流追我只鱼舠。忽看淮月临寒食,想映江春听伯劳。道义当成麟一角，文章已秃兔千毫。后生可畏吾知子，南北何时见两髦。

贵州虞部使君访及道旧窃有感恻因成小诗

韶山秀拔江清写，气象还能出搢绅。当我垂髫初识字，看君挥翰独惊人。邮签忽报旌麾入，斋阁遥瞻祖绶新。握手更谁知往事，同时诸彦略成尘。

冲卿席上得行字

二年相值喜同声，并辔尘沙眼亦明。新诏各从天上得，残樽同向月边倾。已嗟后会欢难必，更想前官责尚轻。黾勉敢忘君所勖，古人忧乐有违行。

示董伯懿

穿桥度堑只闲行，咏石嘲花亦漫成。嚼蜡已能忘世味，画脂那更惜时名。长干里北寒山紫，白下门西野水明。此地一廛须卜筑，故人他日访柴荆。

卷二十 律诗七 七言八句

思王逢原 三首

一

布衣阡陌动成群,卓荦高才独见君。杞梓豫章蟠绝壑,骐麟腰袅跨浮云。行藏已许终身共,生死那知半路分。便恐世间无妙质,鼻端从此罢挥斤。

二

蓬蒿今日想纷披,冢上秋风又一吹。妙质不为平世得,微言唯有故人知。庐山南堕当书案,湓水东来入酒卮。陈迹可怜随手尽,欲欢无复似当时。

三

百年相望济时功,岁路何知向此穷。鹰隼奋飞凰羽短,骐麟埋没马群空。中郎旧业无儿付,康子高才有妇同。想见江南原上墓,树枝零落纸钱风。

和吴御史临淮感事

栅锁城扉晓一开,柂牙车轴转成雷。黄尘欲碍龟山出,白浪空分汴水来。澄观有材邀昧陋,霁云无力报奸回。骚人此日追前事,悲气随风动管灰。

和文叔溢浦见寄

多难漂零岁月赊,空馀文墨旧生涯。相看楚越常千里,不及朱陈似一家。发为感伤无翠葆,眼从瞻望有玄花。唯诗与我宽愁病,报尔何妨赋棣华。

次韵吴季野再见寄

衣裘南北弊风尘,志趣卑污已累亲。流俗尚疑身察察,交游方笑党频频。远同鱼乐思濠上,老使鸥惊耻海滨。邂逅得君还恨晚,能明吾意久无人。

次韵平甫赠三灵山人程惟象

家山松菊半荒芜,杖策穷年信所如。占见地灵非卜筮,算知人贵自陶渔。久谙郭璞言多验,老比颜含意更疏。只欲勒成方士传,借君名姓在新书。

次韵和甫咏雪

奔走风云四面来,坐看山垄玉崔嵬。平治险秽非无德,润泽焦枯是有才。势合便疑包地尽,功成终欲放春回。寒乡不念丰年瑞,只忆青天万里开。

次韵张氏女弟咏雪

天上空多地上稀,初寒风力故应微。那能镇压黄尘起,强欲侵凌白日飞。邑犬横来矜意气,窟蟾偷出助光辉。都城只有袁安恚,我亦年年幸赐衣。

次韵徐仲元咏梅 二首

一

溪杏山桃欲占新,亭梅放蕊尚娇春。额黄映日明飞燕,肌粉含风冷太真。玉笛悲凉吹易散,冰纨生涩画难亲。争妍喜有君诗在,老我一作我老翛然敢效颦。

二

旧挽青条冉冉新,花迟亦度柳前春。肌冰绰约如姑射,肤雪参差是太真。摇落会应伤岁晚,攀翻剩欲寄情亲。终无驿使传消息,寂寞知谁笑与颦。

诗呈节判陆君
彦回。

中郎笔墨妙他年,晚与君游喜象贤。款款故情初未愁,飘飘新句总堪传。英才但未遭文举,明主宁当弃浩然。投赠临分加组丽,小诗能不强雕镌。

留题曲亲盆山
和州曲叙。

巧与天成未觉殊,国工施手岂须臾。根连沧海蓬莱阔,势压黄河砥柱孤。坐上烟岚生紫翠,影中楼阁见青朱。为山观水皆良喻,谁向君家识所趋。

不到太初兄所居遂已十年以诗攀寄

一水衣巾翦翠绡,九峰环珮刻青瑶。生才故有山川气,卜筑兼无市井嚣。三叶素风门阀在,十年陈迹履綦销。归荣早晚重携手,莫负幽人久见招。

偶成 二首

一

渐老偏谙世上情,已知吾事独难行。脱身负米将求志,戮力求田岂为名。高论颇随衰俗废,壮怀难值故人倾。相逢始觉宽愁病,搔首还添白发生。

二

怀抱难开醉易醒,晓歌悲壮动秋城。年光断送朱颜去,世事栽培白发生。三亩未成幽处宅,一身还逐众人行。可怜蜗角能多少,独与区区触事争。

雨过偶书

需然甘泽洗尘寰,南亩东郊共慰颜。地望岁功还物外,天将生意与人间。雾分星斗风雷静,凉入轩窗枕簟间。谁似浮云知进退,才成霖雨便归山。

季春上旬苑中即事

辇路行看斗柄东,帘垂殿阁转春风。树林隐翳灯含雾,河汉欹斜月坠空。新蕊漫知红簌簌,旧山常梦直丛丛。赏心乐事须年少,老去应无日再中。

上西垣舍人

共说才高世所珍,诸贤谁敢望先尘。讨论润色今为美,学问文章老更醇。赋拟相如真复似,诗看子建的应亲。仍闻悟主言多直,许史家儿往往嗔。

退朝

门外鸣驺送响频,披衣强起赴鸡人。火城夜暗云藏阙,玉座朝寒雪被宸。邂逅欲成双白鬓,萧条难得两朱轮。犹怜退食亲朋在,相与吟哦未厌贫。

与微之同赋梅花得香字 三首

一

汉宫娇额半涂黄,粉色凌寒透薄妆。好借月魂来映烛,恐随春梦去飞扬。风亭把盏酬孤艳,雪径回舆认暗香。不为调羹应结子,直须留此占年芳。

二

结子非贪鼎鼐尝,偶先红杏占年芳。从教腊雪埋藏得,却怕春风漏泄香。不御铅华知国色,祇裁云缕想仙装。少陵为尔牵诗兴,可是无心赋海棠。

三

浅浅池塘短短墙,年年为尔惜流芳。向人自有无言意,倾国天教抵死香。须袅黄金危欲堕,蒂团红蜡巧能装。婵娟一种如冰雪,依倚春风笑野棠。

和晚菊

不得黄花九日吹,空看野叶翠葳蕤。渊明酩酊知何处,子美萧条向此时。委翳似甘终草莽,栽培空欲傍藩篱。可怜蜂蝶飘零后,始有闲人把一枝。

景福殿前柏

香叶由来耐岁寒,几经真赏驻鸣銮。根通御水龙应蛰,枝触宫云鹤更盘。怪石误蒙三品号,老松先得大夫官。知君劲节无荣慕,宠辱纷纷一等看。

四月果

一春强半勒花风,几日园林几树红。汲汲追攀常恨晚,纷纷吹洗忽成空。行看果下苍苔地,已作人间白发翁。岂惜解鞍留夜饮,此身醒醉与谁同。

墙西树

墙西高树结阴稠,岁屣穷年向此留。白日屡移催我老,清风一至使人愁。纷纷暝鸟惊还合，渺渺凉蝉咽欲休。回首旧林归未得，看看知复几春秋。

度麾岭寄莘老

区区随传换冬春，夜半悬崖托此身。岂慕王尊能许国，直缘毛义欲私亲。施为已坏生平学，梦想犹归寂寞滨。风月一歌劳者事，能明吾意可无人。

狄梁公陶渊明俱为彭泽令至今有庙在焉刁景纯作诗见示继以一篇

嘉佑中提点江东刑狱时作。

梁公壮节就夔魖，陶令清身托酒徒。政在房陵成底事，年称甲子亦何须。江山彭泽空遗像，岁月柴桑失故区。末俗此风犹不竞，诗翁叹息未应无。

寄沈鄱阳

时为江东提刑。

离家当日尚炎风，叱驭归时九月穷。朝渡藤溪霜落后，夜过麾岭月明中。山川道路良多阻,风俗谣言苦未通。唯有番君人共爱,流传名誉满江东。

送裴如晦宰吴江

青发朱颜各少年,幅巾谈笑两欢然。柴桑别后馀三径,天禄归来尽一廛。邂逅都门谁载酒,萧条江县去鸣弦。犹疑甫里英灵在,到日凭君为舣船。

次韵乐道送花

沁水名园好物华,露盘分送子云家。新妆欲应何人面,彩笔知书几叶花。曾和郢中歌白雪,亦陪天上饮流霞。春风已得同心赏,更拟携诗载酒夸。

筹思亭

在江东转运司南厅后园。

昔人何计亦何思,许国忧民适此时。寓兴中园为远趣,托名华榜有新诗。数株碧柳苍苔地,一丈红蕖渌水池。坐听楚谣知岁美,想衔杯酒问花期。

愁台

颓垣断堑有平沙,老木荒榛八九家。河势东南吹地坼,天形西北倚城斜。倾壶语罢还登眺,岸帻诗成却叹嗟。万事因循今白发,一年容易即黄花。

和正叔怀其兄草堂

茆堂竹树水之滨,耕稼逍遥似子真。小吏一身今倦宦,先生三亩独安贫。欲抛县印辞黄绶,来伴山冠戴白纶。只恐明时收士急,不容家有两闲人。

郑子宪西斋

漫构轩窗意亦深,滔滔浮俗倦登临。诗书千载经纶志,松竹四时潇洒心。晓枕不容春梦到,夜灯唯许月华侵。行看富贵酬勤苦,车马重来拾翠阴。

寄题思轩

名郎此地昔徘徊,天诱良孙接踵来。万屋尚歌馀泽在,一轩还向旧堂开。右军笔墨空残沼，内史文章只废台。邑子从今夸胜事，岂论王谢世称才。

陈君式大夫恭轩

恭轩静对北堂深，新劚檀栾一亩阴。膝下往来前日事，眼中封植去年心。每怀樽斝沾馀沥，独喜弦歌有嗣音。肯构会须门阀大，世资何用满籝金。

寄黄吉甫

学兼文武在吾曹，别后应看虎豹韬。欲问庙堂谁镇抚，尚传边塞敢惊骚。旌旗急引飞黄下时发骑士南征，烽火遥连太白高。闻说荆人亦憔悴，家家还愿献春醪。

高魏留

魏留十七助防边，埋没盐州十八年。衣屦穷空委胡妇，糇粮辛苦待山田。关河旧路频回首，腹背他时两受鞭。邂逅得归耶战死，母随人去亦萧然。

丁年

丁年结客盛游从,宛洛毡车处处逢。吟尽物华愁笔老,醉消春色爱醅浓。垆间寂寞相如病,锻处荒凉叔夜慵。早晚青云须自致,立谈平取彻侯封。

卷二十一　律诗八 七言八句

送王詹叔利州路运判

王孙旧读五车书，手把山阳太守符。未驾朱轓辞辇毂，却分金节佐均输。人才自古常难得，时论如君岂久孤。去去便看归奏事，莫嗟行路有崎岖。

送周仲章使君

看君东下雪溪船，回首纷纷已五年。簪笔少留吾所望，剖符轻去此何缘。高麾行路穿秦树，骏马归时着蜀鞭。子墨文章应满箧，承明宣室正详延。

送王蒙州

请郡东南促去程,拍堤江水照红旌。仁声已逐春风到,使节犹占夜斗行。箭落皂雕麑兔避,句传炎海鳄鱼惊。麒麟不是人间物,汉诏先应召贾生。

送庞签判

北都两去不辞勤,仕路论材况出群。一相开藩尝负弩,三年通籍更从军。清谈犹得当时事,遗爱应从此日闻。我忆荆溪山最乐,看君摩翮上青云。

送潘景纯

东都曾以一当千,场屋声名十五年。晚赐绿衣随宦牒,始操丹笔事戎旃。明时正欲精搜选,荣路何当力荐延。赖有史君能好士,方看一鹗在秋天。

送僧无惑归鄱阳

晚扶衰惫寄人间,应接纷纷只强颜。挂席每谙东汇水,采芝多梦旧游山。故人独往今为乐，何日相随我亦闲。归见江东诸父老，为言飞鸟会知还。

送逊师归舒州

山川相对一悲翁，往事纷纷梦寐中。邂逅故人恩意在，低徊今日笑言同。看吹陌上杨花满，忽忆岩前蕙帐空。亦见桐乡诸父老，为传衰飒病春风。

寄育王大觉禅师

单已安那示入禅，草堂难望故依然。山今岁暮终岑寂，人更天寒最静便。隐迹亦知甘自足，凭心岂吝慰相怜。所闻不到荆门耳，人老禾新又一年。

寄无为军张居士

南阳居士月城翁，曾习禅那问色空。卓荦想超文字外，低徊却寄语言中。真心妙道终无二，末学殊方自不同。此理世间多未悟，因君往往叹西风。

次韵酬邓子仪 二首

一

青溪相值各青春,老去临流辄损神。事事只随波浪去,年年空得鬓毛新。论心未忍遗横目,干世还忧近逆鳞。嘉句感君邀我厚,自嗟才不异常人。

二

金陵邂逅府东偏,手得新蒲每共编。采石偶耕垂百日,青溪并钓亦三年。君才有用方求禄,我志无成稍问田。一笑欲论心迹事,白头相就且欹眠。

送李璋

湖海声名二十年,尚随乡试已华颠。却归甫里无三径,拟旁胥山就一廛。朱毂风尘休怅望,青鞋云水且留连。故人亦见如相问,为道方寻木雁篇。

送章宏

道合由来不易谋,岂无和氏识荆璆。一川浊水浮文鹢,千里轻帆落武丘。身退岂嫌吾道进,学成方悟众人求。西风乞得东南守,杖策还能访我不。

别葛使君

邑屋为儒知善政，市门多粟见丰年。追攀更觉相逢晚，谈笑难忘欲别前。客幕雅游皆置榻，令堂清坐亦鸣弦。轻舟后夜沧江北，回首春城空黯然。

送王龙图守荆南

壮志高才偃一藩，更嗟贤路此时难。长幡欲动何妨屈，老骥能行岂易闲。沙市放船寒月白，渚宫留御古苔斑。知公未厌还随诏，归看功名重太山。

次韵酬宋中散 二首

一

初见彤庭赐履双，便参东阁寄南邦。时闻正论除疑网，每读高辞折慢幢。陈迹欲寻无复日，旧恩思报有如江。风流今见佳公子，投老心旌一片降。

二

超然京洛谅难双,处在家庭誉在邦。道义门中窥户牖,风骚坛上见麾幢。素书款款谁怜杜,彩笔迢迢独胜江。信美贤公有才子,笃诚真复类尨降。

和宋太博服除还朝简诸朋旧

呼门初起外廷臣,秀气棱棱动搢绅。谈论坐来能慰我,篇章传出亦惊人。生刍一束他年阙,伐木相求此地新。便欲与君同乐处,穷通馀事不关身。

次韵酬宋玘 六首

一

洗雨吹风一月春,山红漫漫绿纷纷。褰裳远野谁从我,散策空陂忽见君。青眼坐倾新岁酒,白头追诵少年文。因嗟涉世终无补,久使高材壅上闻。

二

东风渺渺客天涯,病眼先春已见花。远欲报君羞强聒,老知随俗厌雄夸。穷通往事真如梦,得失秋毫岂更嗟。邂逅故人唯有醉,醉中衣帻任欹斜。

三

城中灯火照青春，远引吾方避纠纷。游衍水边追野马，啸歌林下应山君。愁寻径草无求仲，喜对檐花有广文。邂逅一樽聊酩酊，声名身后岂须闻。

四

远迹荒郊谢俊豪，春风谁与驻干旄。故交重跰恩何厚，新句连篇韵更高。美似狂酲初啖蔗，快如衰病得观涛。久知坏冶成天巧，岂与人间共一陶。

五

无能私愿只求田，时物安能学计然。凿井未成歌击壤，射熊犹得梦钧天。遥思故国归来日，留滞新恩已去年。携手与君游最乐，春风陂上水溅溅。

六

山陂畴昔从吾亲，诸父先生各佩纷。零落长年谁语此，迟回故地却逢君。衣冠偶坐论经术，襁褓当时刺绣文。更怪高材终未遇，有司何日选方闻。

寄吴正仲却蒙马行之都官梅圣俞太博和寄依韵酬之

山水玄晖去后空，骚人还向此间穷。小诗聊与论孤愤，大句安知辱两雄。秦甲久愁荆剑利，赵兵今窘汉旗红。背城不敢收馀烬，马首翩翩只欲东。

寄平甫

少时为学岂身谋，欲老低徊各自羞。乘马从徒真扰扰，求田问舍转悠悠。弦歌旧国平生乐，鞍马新年几日留。坐想摇鞭杨柳路，春风先我入皇州。

次韵舍弟常州官舍应客

霜雪纷纷上鬓毛，忧时自悔目空蒿。桑麻只欲求三亩，势利谁能算一毫。此地旧传公子札，吾心真慕伯成高。飘然更有乘桴兴，万里寒江正复艚。

舟还江南阻风有怀伯兄

几时重接汝南评，两桨留连不计程。白浪黏天无限断，玄云垂野少晴明。平皋望望欲何向，薄宦嗟嗟空此行。会有开樽相劝日，鹡鸰随处共飞鸣。

同陈伯通钱材翁游山二君有诗因次元韵

秋来闲兴每登临，因叩精蓝望碧岑。强策羸骖寻水石，忽惊幽鸟下烟林。同时览物悲欢异，自古忘名趣向深。安得湖山归我手，静看云意学无心。

梦张剑州

万里怜君蜀道归，相逢似喜语还悲。江淮别业依前处，日月新阡卜几时。自说曲阿犹未稳，即寻溢水去犹疑。茫然却是陈桥梦，昨日春风马上思。

酬慕容员外
尝为王宫教授，以武举入官被谪。

初驾王门学者师，晚漂湖海众人悲。吹毛未识腰间剑，刺股犹藏袖里锥。卫霍功名还有命，苏张才气久非时。江尤亦见应须饮，莫放穷愁入两眉。

次韵张唐公马上

揭节初悲力不任,赐身终愧谬恩临。病来气弱归宜早,偷取官多责恐深。膏泽未施空谤怨,疮痍犹在岂讴吟。黄昏信马江城路,欲访何人话此心。

和王司封会同年

收科天陛顷同时,回首相欢事亦稀。追讲旧游犀麈脱,交酬新唱彩笺飞。直须倾倒樽中酒,休惜淋浪坐上衣。日暮主翁留客辖,会稽聊滞买臣归。

次韵酬子玉同年
子玉诗云:"过尽金汤知帝策,见求貂虎识军仪。男儿本有四方志,祇在蓬瀛恐不知。"

盛德无心漠北窥,蕃胡亦恐势方赢。塞垣高垒深沟地,幕府轻裘缓带时。赵将时皆思李牧,楚音身自感钟仪。惭君许我论边锁,俎豆平生却少知。

和舍弟舟上示沈道源

还装欲尽喜舟轻,更喜嘉宾伴此行。野饮不忘鱼可钓,旅羹何惜雁能鸣。西山壮马先归牧,南穴残枭欲就烹。忧国自多廊庙宰,与君诗酒尽交情。

过山即事

却过兹山已九年,江湖身世只飘然。曲城丘墓心空折,盐步庭闱眼欲穿。惨惨野云生陇底,萧萧饥马立风前。转多愁思催华发,早晚轻舟上秀川。

酬裴如晦

二年羁旅越人吟,乞得东南病更侵。伤子未安庄氏义,寿亲还慰鲁侯心。鲜鲜细菊霜前蕊,漠漠疏桐日下阴。浊酒一杯秋满眼,可怜同意不同斟。

酬郑闳中

萧条行路欲华颠,回首山林尚渺然。三釜只知为养急,五浆非敢在人先。文章满世吾谁慕,行义如君众所传。宜有至言来助我,可能空寄好诗篇。

寄余温卿

云散风流不自禁,天涯无路盍朋簪,空驰上国青泥信,谁和南山白石音。平日离愁宽带眼,讫春归思满琴心。终回一命翩翩驾,独过稽山锻树阴。

寄郎侍郎

两朝人物叹贤豪,凛凛清风晚见褒。江汉但归沧海阔,丘陵难学太山高。放怀诗酒机先息,回首功名世自劳。久愿作公樽俎客,恨无三亩斫蓬蒿。

送道光法师住持灵岩

灵岩开辟自何年,草木神奇鸟兽仙。一路紫苔通窅霭,千崖青霭落潺湲。山只啸聚荒禅室,象众低摧想法筵。雪足莫辞重跰往,东人香火有因缘。

卷二十二　律诗九 七言八句

奉酬永叔见赠

欲传道义心犹在一作虽壮，强学一作学作文章力已穷。他日若能窥孟子，终身何敢望韩公。抠衣最出诸生后，倒屣尝倾广座中。祗恐虚名因此得，嘉篇为贶岂宜蒙。

送陈舜俞制科东归

诸贤发策未央宫，独得菖川一老翁。曲学暮年终汉相，高谈平日漫周公。君今壮岁收科第，我欲它时看事功。闻说慨然真有意，赠行聊似古人风。

送何正臣主簿

何郎冰雪照青春，应敌皆言笔有神。鲁国儒人何独少，元君画史故应真。百年冠盖风云会，万里山川日月新。可但诸公能品藻，会须天子擢平津。

与舍弟华藏院此君亭咏竹

一迳森然四座凉，残阴馀韵去何长。人怜直节生来瘦，自许高材老更刚。曾与蒿藜同雨露，终随松柏到冰霜。烦君惜取根株在，欲乞伶伦学凤凰。

上元戏呈贡父

车马纷纷白昼同，万家灯火暖春风。别开阊阖壶天外，特起蓬莱陆海中。尽取繁华供侠少，祇分牢落与衰翁。不知太乙游何处，定把青藜独照公。

次韵杨乐道述怀之作

素心非不慕前修，自怪因循欲白头。猎较趣时终琐琐，画墁营职信悠悠。濠梁最忆知鱼乐，牢策翻惭为鼹谋。尚有故人能慰我，诗成珠玉每相投。

和杨乐道见寄

宅带园林五亩馀，萧条还似茂陵居。杀青满架书新缮，生白当窗室久虚。孤学自难窥奥密，重言犹得慰空疏。相思每欲投诗社，只待春蒲叶又书。

寄吴冲卿 二首

一

平生身事略相同，三岁连墙左厩中。更得谬恩分省舍，又将衰鬓作邻翁。联翩久傍官槐绿，契阔今看楚蓼红。不欲与君为远别，沙台吹帽约秋风。

二

时吴晋州方得罪。

塞垣花气欲飞浮，眼底纷纷绿渐抽。悠远山川嗟我老，急难兄弟想君愁。旧知白日诸曹满，试问红灯几客留。时节只应无意思，亦如行路判春休。

酬冲卿见别

同官同齿复同科,朋友婚姻分最多。两地尘沙今龃龉,二年风月共婆娑。朝伦孰与君材似,使指将如我病何。升黜会应从此异,愿偷闲暇数经过。

次御河寄城北会上诸友

客路花时只搅心,行逢御水半晴阴。背城野色云边尽,隔屋春声树外深。香草已堪回步履,午风聊复散衣襟。忆君载酒相追处,红萼青跗定满林。

寄友人 三首

一

万里书归说我愁,知君不忘北城幽。一篇封禅才难学,三亩蓬蒿势易求。欲与山僧论地券,愿为邻舍事田畴。应须急作南征计,漠北风沙不可留。

二

水边幽树忆同攀,曾约移居向此间。欲语林塘迷旧迳,却随车马入他山。飞花着地容难冶,鸣鸟窥人意转闲。物色可歌春不返,相思空复惨朱颜。

三

一别三年至一方,此身漂荡只殊乡。看沙更觉蓬莱浅,数日空惊霹雳忙。渺渺水波低赤岸,濛濛云气淡扶桑。登临旧兴无多在,但有浮槎意未忘。

寄张襄州

襄阳州望古来雄,耆旧相传有素风。四叶表闾唐尹氏,一门逃世汉庞公。故家遗俗应多在,美景良辰定不空。遥忆习池寒夜月,几人谈笑伴诗翁。

次韵昌叔怀灊楼读书之乐

志食长年不得休,一巢无地拙于鸠。聊为薄宦容身者,能免高人笑我不。道德文章吾事落,尘埃波浪此生浮。看君别后行藏意,回顾灊楼祗自羞。

酬净因长老楼上玩月见怀有疑君魂梦在清都之句

道人心与世无求，隐几萧然在此楼。坐对高梧倾晓月，看翻清露洗新秋。登临更欲邀元亮，披写还能拟惠休。顾我不知天上乐，虚疑昨夜梦仙游。

寄张谔招张安国金陵法曹

我老愿为臧丈人，君今少壮岂长贫。好须自致青冥上，可且相从寂寞滨。深谷黄鹂骄引子，曲磴翠碧巧藏身。寻幽触静还成兴，何必区区九陌尘。

欲往净因寄泾州韩持国

紫荆山下物华新，只与都城共一春。令节想君携绿酒，故情怜我踏黄尘。泔鱼已悔他年事，搏虎方收末路身。欲寄微言书不尽，试寻僧阁望西人。

送别韩虞部

客舍街南初着巾，与君兄弟即相亲。当年岂意两家子，今日更为同社人。京洛风尘嗟阻阔，江湖杯酒惜逡巡。归帆岭北茫茫水，把手何时寂寞滨。

怀舒州山水呈昌叔

山下飞鸣黄栗留，溪边饮啄白符鸠。不知此地从君处，亦有他人继我不。尘土生涯休荡涤，风波时事只飘浮。相看发秃无归计，一梦东南即自羞。

呈柳子玉同年

三年不上邺王台，鸿雁归时又北来。水底旧波吹岁换，柳梢新叶卷春回。尘沙漠漠凋双鬓，箫鼓匆匆把一杯。劳事欲歌无与和，衰颜思见故人开。

次韵陆定远以谪往来求诗

牢落何由共一樽，相望空复叹芝焚。济时尚负生平学，慰我应多别后文。可但风流追甫白，由来家世出机云。行吟强欲偷新格，自笑安能到万分。

李璋下第

浩荡宫门白日开，君王高拱试群材。学如吾子何忧失，命属天公不可猜。意气未宜轻感慨，文章尤忌数悲哀。男儿独患无名尔，将相谁云有种哉。

送杨骥秀才归鄱阳

客舍风尘弊彩衣，悲吟重见雁南飞。荆山和氏方三献，太学何生且一归。旷野已寒谙独宿，长年多难惜分违。巾箱所得皆幽懿，亦见乡人为发挥。

平山堂

城北横冈走翠虬，一堂高视两三州。淮岑日对朱栏出，江岫云齐碧瓦浮。墟落耕桑公恺悌，杯觞谈笑客风流。不知岘首登临处，壮观当时有此不。

示德逢

先生贫敝古人风，缅想柴桑在眼中。怜愍鸡豚非孟子，勤劳禾黍信周公。深藏组缃三千牍，静占宽闲五百弓。处世但令心自可，相知何藉一刘龚。

示四妹

孟光求婿得梁鸿，庑下相随不讳穷。卓荦才名今日事，萧条门巷古人风。五噫尚与时多忤，一笑兼忘我屡空。六月尘沙不相贷，泫然搔首又西东。

寄酬曹伯玉因以招之

寒鸦对立西风树，幽草环生白露庭。清坐苦无公事扰，高谈时有故人经。思君异日投朱绂，过我何时载渌醽。及此江湖气萧爽，最宜相值倒吾瓶。

次韵奉酬李质夫

逸少池边有旧山，几年征泪染衣斑。驽骀自饱方争路，腰袅长饥不在闲。雪涨江南归浩荡，烟埋河朔去间关。劳歌一听皆愁思，况我心非木石顽。

寄袁州曹伯玉使君

宜春城郭绕楼台，想见登临把一杯。湿湿岭云生竹箘，冥冥江雨熟杨梅。政成定入邦人咏，诗就还随驿使来。错莫风沙愁病眼，不知何日为君开。

邢太保有鹤折翼以诗伤之客有

记翎经冥三韵而忘其诗者，因作四韵。

不为摧伤改性灵，静中犹见好仪形。每怜今日长垂翅，却悔当时误剪翎。医得旧创犹有法，相知多难岂无经。稻粱且向人间觅，莫羡抟风起北冥。

寄致政吴虞部

白鸥生意在沧波，不为风尘有网罗。年抵冯唐初未半，才方疏广岂能多。孤清楚国知谁继，遗爱郴人想共歌。嗟我欲归真未晚，雪舟乘兴会相过。

再至京口寄漕使曹郎中

漂流曾落此江边，忆与诗翁赋浩然_{浩然，堂名}。乡国去身犹万里，驿亭分首已三年。北城红出高枝靓，南浦青回老树圆。还似昔时风露好，只疑谈笑在君前。

次韵平甫金山会宿寄亲友

天末海门横北固，烟中沙岸似西兴。已无船舫犹闻笛，远有楼台只见灯。山月入松金破碎，江风吹水雪崩腾。飘然欲作乘桴计，一到扶桑恨未能。

送何圣从龙图

射策曾称蜀郡雄，朝廷重得汉司空。应留赐席丹涂地，误责飞刍紫塞功。三径欲归无旧业，百城先至有清风。潞山直与天为党，回首孙高想见公。

送赵学士陕西提刑

遥知彼俗经兵后，应望名公走马来。陛下柬求今日始，胸中包畜此时开。山西豪杰归囊牍，渭北风光入酒杯。堪笑陋儒昏鄙甚，略无谋术赞行台。

丙申八月作

秋风摧剥利如刀，漠漠昏烟玩日高。眼看南山露崖嶷，心随东水转波涛。归期正自凭蓍蔡，生理应须问酒醪。还有诗书能慰我，不多霜雪上颠毛。

登西楼

楼影侵云百尺斜，行人楼上忆天涯。情多自悔登临数，目极因惊怅望赊。一曲平芜连古树，半分残日带明霞。潘郎何用悲秋色，只此伤春发已华。

即事

河流南苑岸西斜，风有晶光露有华。门柳故人陶令宅，井桐前日总持家。嘉招欲覆杯中渌，丽唱仍添锦上花。便作武陵樽俎客，川源应未少红霞。

卷二十三　律诗十 七言八句

酬吴仲庶小园之句

旧年台榭扫流尘，职闭朱门岁又新。花影隙中看袅袅，车音墙外去辚辚。相逢岂少佳公子，一醉何妨薄主人。只向东风邀载酒，定知无奈帝城春。

始与韩玉汝相近居遂相与游今居复相近而两家子唱和诗相属因有此作

羁旅儿童得近邻，相知邂逅即情亲。当时岂意两家子，此地更为同社人。勋业弹冠知白首，文章投笔让青春。万金虽愧君多产，比我渊明亦未贫。

春寒

春风满地月如霜,拂晓钟声到景阳。花底夹衣朝宿卫,柳边新火起严妆。冰残玉瓮泉初动,水涩铜壶漏更长。从此暄妍知几日,便应鹈鴂损年芳。

次韵再游城西李园

京师花木类多奇,常恨春归人未归。车马喧喧走尘土,园林处处锁芳菲。残红已落香犹在,羁客多伤涕自挥。我亦悠悠无事者,约君联骑访郊圻。

予求守江阴未得酬昌叔忆江阴见及之作

黄田港北水如天,万里风樯看贾船。海外珠犀常入市,人间鱼蟹不论钱。高亭笑语如昨日,末路尘沙非少年。强乞一官终未得,只君同病肯相怜。

送苏屯田广西转运

置将从来欲善师,百城蹉跌起毫厘。驱除久费兵符出,按抚纷烦使节移。恩泽易行穷苦后，功名常见急难时。孺文此日风流在，直笔他年岂愧辞。

酬淮南提刑邵不疑学士

来诗及予送沈常州之诗，而卒有"素壁镮诗尚未泯"之句。

曾咏常州送主人，岂知身得两朱轮。田畴泛滥川方壅，厨传萧条市亦贫。以我薄材思拊循，赖君馀教得因循。询求故有风谣在，不独镮诗尚未泯。

酬王太祝

一马常随世事驰，岂论江徽与河湄。已成白发潘常侍，更似青衫杜拾遗。勋业倪来知有命，文章聊欲见无期。喜君材俊能从我，力学何妨和子思。

出城访无党因宿斋馆

关外寻君信马蹄，漫成诗句任天倪。花枝到眼春相照一作映，山色侵衣晚自迷。今日笑谈还喜共，经年劳逸固难齐。生涯零落归心懒，多谢殷勤杜宇啼。

寄张氏女弟

十年江海别常轻—作经，岂料今随寡嫂行。心折向谁论宿昔，魂来空复梦平生。音容想象犹如昨，岁月萧条忽已更。知汝此悲还似我，欲为西望涕先横。

奉寄子思以代别

南北蹉跎成两翁，悲欢邂逅笑言同。全家欲出岭云外，匹马肯寻山雨中。趋府折腰嗟踽踽，听泉分手惜匆匆。寄声但有加餐饭，才业如君岂久穷。

次韵刘著作过茆山今平甫往游因寄

华阳仙伯有茆卿，官府今传在赤城。三鹤不归犹地胜，二君能到亦心清。诗中慷慨悲陈迹，篇末殷勤奖后生。遥想青云知可附，坐看闾巷得名声。

次韵十四叔赐诗留别

穷冬追路出西津,得侍茫然两见春。发册久嗟淹国士,起家初命慰乡人。行辞北阙楼台丽,归佐南州县邑新。班草数行衣上泪,何时杖屦却相亲。

次韵耿天骘大风

云埋月缺晕寒灰,飙发齐如巨象豗。纵勇万川冰柱立,纷披千障土囊开。鲁门未怪爰居至,郑圃何妨御寇来。终夜不眠谁与共,坐忘唯有一颜回。

法喜寺

门前白道自萦回,门下青莎间绿苔。杂树绕花莺引去,坏檐无幕燕归来。寂寥谁共樽前酒,牢落空留案上杯。我忆故乡诚不浅,可怜鶗鴂重相催。

长干寺

梵馆清闲侧布金,小塘回曲翠文深。柳条不动千丝直,荷叶相依万盖阴。漠漠岑云相上下，翩翩沙鸟自浮沉。羁人乐此忘归思，忍向西风学越吟。

落星寺在南康军江中

岌云台殿起崔嵬，万里长江一酒杯。坐见山川吞日月，杳无车马送尘埃。雁飞云路声低过，客近天门梦易回。胜概唯诗可收拾，不才羞作等闲来。

清风阁

飞甍孤起下州墙，胜势峥嵘压四方。远引江山来控带，平看鹰隼去飞翔。高蝉感耳何妨静，赤日焦心不废凉。况是使君无一事，日陪宾从此倾觞。

留题微之廨中清辉阁

故人名字在瀛洲，邂逅低徊向此留。鸥鸟一双随坐笑，荷花十丈对冥搜。水涵樽俎清如洗，山染衣巾翠欲流。宣室应疑鬼神事，知君能复几来游。

次韵和甫春日金陵登台

钟山漠漠水洄洄,西有陵云百尺台。万物已随和气动,一樽聊与故人来。天边幽鸟鸣相和,地上晴烟扫不开。悲眼看春长一作唯恐尽,直须去取六龙回。

庆老堂

板舆去国宦三年,华屋归来地一偏。种竹常疑出冬笋,开池故合涌寒泉。身闲楚老犹能戏,道胜邹人不更迁。嗟我强颜无所及,想君为乐更焦然。

寄陈宣叔

扁舟欲动更徘徊,一笑相看病眼开。事忤贵人今见节,政行豪县众称材。忽惊岁月侵双鬓,却喜山川共一杯。落日乱流江北去,离心犹与水东回。

寄张剑州并示女弟

时张以太夫人丧，自剑州归。

剑阁天梯万里寒，春风此日白衣冠。乌辞反哺颠毛黑，鸟引思归口血丹。行路想君今昔瘦，相逢添我老悲酸。浮云渺渺吹西去，每到原头勒马看。

元珍以诗送绿石砚所谓玉堂新样者

玉堂新样世争传，况以蛮溪绿石镌。嗟我长来无异物，愧君持赠有佳篇。久埋瘴雾看犹湿，一取春波洗更鲜。还与故人袍色似，论心于此亦同坚。

和微之林亭

为有檀栾占雒阳，忆归杖策此徜徉。观鱼得意还知乐，入鸟忘机肯乱行。未敢许君轻去国，不应如我漫为郎。中园日涉非无趣，保此千钟慰北堂。

酬微之梅暑新句

江梅落尽雨昏昏，去马来牛漫不分。当此沉阴无白日，岂知炎旱有彤云。琴弦欲缓何妨促，画蠹微生故可熏。回首凉秋知未远，会须重曝阮郎裈。

平甫与宝觉游金山思大觉并见寄及相见得诗次韵 二首

一

宠参时宰道人琳，气盖诸公弟季心。胜践肯论山在险，冥搜欲与海争深。摇摇北下随帆影，踽踽东来想足音。握手更知禅伯远，隔云灵鹫碧千寻。

二

漳南开士好丛林，慧剑何年出水心。独往便应诸漏尽，相逢未免故情深。槛窥山鸟有真意，窗听海潮非世音。一笑上方人事外，不知衰境两侵寻。

金陵怀古 四首

一

霸祖孤身取二江，子孙多以百城降。豪华尽出成功后，逸乐安知与祸双。东府旧基留佛刹,后庭馀唱落船窗。黍离麦秀从来事,且置兴亡近酒缸。

二

天兵南下此桥江,敌国当时指顾降。山水雄豪空复在,君王神武自难双。留连落日频回首,想象馀墟独倚窗。却怪夏阳才一苇,汉家何事费罂缸。

三

地势东回万里江,云间天阙古来双。兵缠四海英雄得,圣出中原次第降。山水寂寥埋王气,风烟萧飒满僧窗。废陵坏冢空冠剑,谁复沾缨酹一缸。

四

忆昨天兵下蜀江,将军谈笑士争降。黄旗已尽年三百,紫气空收剑一双。破堞自生新草木,废宫谁识旧轩窗。不须搔首寻遗事,且倒花前白玉缸。

次韵舍弟遇子固忆少述

时舍弟在临川。

归计何时就一廛,寒城回首意茫然。野林细错黄金日,溪岸宽围碧玉天。飞兔已闻追腰褭,太阿犹恨失龙泉。遥知更忆河滨友,从事能忘我独贤。

次韵昌叔咏尘

尘土轻飏不自持，纷纷生物更相吹。翻成地上高烟雾，散在人间要路岐。一世竞驰甘眯目，几家清坐得轩眉。超然只有江湖上，还见波濠恐我时。

石竹花

退公诗酒乐华年，欲取幽芳近绮筵。种玉乱抽青节瘦，刻缯轻染绛花圆。风霜不放飘零早，雨露应从爱惜偏。已向美人衣上绣，更留佳客赋婵娟。

古松

森森直干百馀寻，高入青冥不附林。万壑风生成夜响，千山月照挂秋阴。岂因粪壤栽培力，自得乾坤造化心。廊庙乏材应见取，世无良匠勿相侵。

玉晨大桧鹤庙古松最为佳树

坛庙千年草不生，幽真曾此荫馀清。月枝地上流云影，风叶天边过雨声。材大贤于人有用，节高仙与世无情。秦山陂下今迷处，苦里宫中漫得名。

次韵董伯懿松声

天机自动岂关情，能作人间物外声。暝聒一堂无客梦，晓悲千嶂有猿惊。庙中奏瑟沉三叹，堂下吹箫失九成。俚耳纷纷多郑卫，直须闻此始心清。

次韵答平甫

高蝉抱壳悲声切，新鸟争巢谇语忙。长树老阴欺夏日，晚花幽艳敌春阳。云归山去当檐静，风过溪来满坐凉。物物此时皆可赋，悔予千里不相将。

次韵质夫兄使君同年

楼堞相望一日程，春风吹急似摇旌。莫言乐国无愁梦，赖把新诗有故情。客舍五浆非所愿，私田三径会须成。青云自致归公等，如我何缘得此声。

卷二十四　律诗十一 七言八句

金明池

宜秋西望碧参差，忆看乡人禊饮时。斜倚水开花有思，缓随风转柳如痴。青天白日春常好，绿发朱颜老自悲。跋马未堪尘满眼，夕阳偷理钓鱼丝。

葛溪驿

缺月昏昏漏未央，一灯明灭照秋床。病身最觉风露早，归梦不知山水长。坐感岁时歌慷慨，起看天地色凄凉。鸣蝉更乱行人耳，正抱疏桐叶半黄。

泛舟青溪入水门登高斋奉呈康叔

簿领纷纷惜此时，起携佳客散沉迷。十围但见诸营柳，九曲难寻故国溪。牵埭欲随流水远，放船终碍画桥低。子猷清兴何曾尽，想忆高斋更一跻。

为裴使君赋拟岘台

君作新台拟岘山，羊公千载得追攀。歌钟殷地登临处，花木移春指顾间。城似大堤来宛宛，溪如清汉落潺潺。时平不比征吴日，缓带尤宜向此闲。

送李才元校理知邛州

朝廷孝治称今日，乡郡荣归及壮时。关吏相呼迎印绶，里儿争出望旌麾。北堂已足夸三釜，南亩尝令识两歧。独我尚留真有命，天于人欲本无私。

送张颉仲举知奉新

故人为邑士多称，籧赋宽赊狱讼平。老吏闭门无重糈，荒山开陇有新粳。方挥玉麈日边坐，又结铜章天外行。此去料君归不久，挟材如此即名卿。

张剑州至剑一日以亲忧罢

客舍飞尘尚满鞯，却寻东路想茫然。白头反哺秦乌侧，流血思归蜀鸟前。今日相逢知怅望，几时能到与留连。行看万里云西去，倚马春风不忍鞭。

次韵子履远寄之作

飘然逐客出都门，士论应悲玉石焚。高位纷纷谁得志，穷途往往始能文。柴桑今日思元亮，天禄何时召子云。直使声名传后世，穷通何必较功勋。

送李太保知仪州

北平上谷当时守，气略人推李广优。还见子孙持汉节，欲临关塞抚羌酋。云边鼓吹应先喜，日下旌旗更少留。五字亦君家世事，一吟何以称来求。

送西京签判王著作

儿曹曾上洛城头,尚记清波绕驿流。却想山川常在梦,可怜颜发已惊秋。辟书今日看君去,着籍长年叹我留。三十六峰应好在,寄声多谢欲来游。

送刘贡父赴秦州清水

刘郎高论坐嘘枯,幕府调珊用绪馀。笔下能当万人敌,腹中尝记五车书。闻多望士登天禄,知有名臣荐子虚。且复弦歌穷塞上,只应非晚召相如。

送纯甫如江南

青溪看汝始蹁跹,兄弟追随各少年。壮尔有行今纳妇,老吾无用亦求田。初来淮北心常折,却望江南眼更穿。此去还知苦相忆,归时快马亦须鞭。

送郊社朱兄除郎东归

手持官牒出神皋,迎客遥知贺酒醪。照映里门非白屋,欺凌春草有青袍。宦游虽晚何妨久，饿显从来不必高。孝友父兄家法在，想能清白遗儿曹。

送沈康知常州

作客兰陵迹已陈，为传谣俗记州民。沟塍半废田畴薄，厨传相仍市井贫。常恐劳人轻白屋，忽逢佳士得朱轮。殷勤话此还惆怅，最忆荆溪两岸春。

安丰张令修芍陂

桐乡振廪得周旋，芍水修陂道路传。目想僝功追往事，心知为政似当年。鲂鱼鮍鮍归城市，粳稻纷纷载酒船。楚相祠堂仍好在，胜游思为子留篇。

送复之屯田赴成都

盘礴西南江与岷，石犀金马世称神。桑麻接畛馀无地，锦绣连城别有春。结绶相随通籍久，推车此去辟书新。知君不为山川险，便忘吾家叱驭人。

送经臣富顺寺丞

故人为县楚江边,海角犹闻政事传。万井已安如赤子,一麾今去上青天。应开醉眼酴醾下,莫起归心杜宇前。报主代亲俱有地,几人忠孝似君全。

送张卿致仕

子房筹策汉时功,身退超然慕赤松。馀烈尚能开后世,高材今复继前踪。执鞭始负平生愿,操几何知此地逢。窃食一官惭未艾,绪言方赖赐从容。

送梅龙图

子真家世子云乡,风力才华岂易当。回首古人多隐约,致身今日独辉光。谟明久合分三府,治剧聊须试一方。从此政成何所报,百城无事只耕桑。

送李秘校南归

四十青衫更旅人,悠悠饥马傍沙尘。久留上国言空富,却走南州食转贫。自作诗书能见志,应知时命不关身。江湖胜事从今数,肯但悲歌寂寞滨。

送萧山钱著作

才高诸彦故无嫌,兄弟同时举孝廉。东观外除方墨绶,西州相见已苍髯。灵胥引水清穿市,神禹分山翠入帘。好去弦歌聊自慰,郡人谁敢慢陶潜。

送灵山裴太博

一官留隐太常中,生事萧然信所穷。有力尚期当世用,无求今见古人风。遭回旧学皆残稿,邂逅相看各老翁。他日卜居何处好,溪山还欲与君同。

送赵燮之蜀永康簿

蜀山万里一青袍,石栈天梯棰崒高。多学似君宁易得,小官于此亦徒劳。行追西路聊班草,坐忆南州欲梦刀。他日寄声能问我,应从锦水至江皋。

酬吴季野见寄
时被召，来诗以贾谊见方。

漫披陈蠹学经纶，捧檄生平只为亲。闻道不先从事早，课功无状取官频。岂堪置足青冥上，终欲回身寂寞滨。俯仰谬恩方自歉，惭君将比洛阳人。

和平甫寄陈正叔

强行南仕莫辞勤，闻说田园已旷耘。纵使一区犹有宅，可能三月尚无君。且同元亮倾樽酒，更与灵均续旧文。此道废兴吾命在，世间滕口任云云。

送王太卿致政归江陵

九卿初命亚三司，朝吏相瞻得老师。南阙便还新印绶，东舟只载旧书诗。汉庭饯客无佳句，越水归装有富赀。回首千年见疏范，共疑今事胜当时。

送叔康侍御

诏取名郎入宪台,此时方急济时才。圣聪应已虚心待,奸党宁无侧目猜。白笔岂知权可畏,皂囊还请上亲开。伫闻谠论能医国,飞报频随驿骑来。

寄朱昌叔

清江漫漫绕城流,尚忆城边系小舟。射虎未能随李广,割鸡空欲戏言游。云埋塞路惊尘合,霜入春风满鬓愁。此日君书苦难得,谩多鸿雁起南洲。

九日登东山寄昌叔

城上啼乌破寂寥,思君何处坐岩峣。应须绿酒酬黄菊,何必红裙弄紫箫。落木云连秋水渡,乱山烟入夕阳桥。渊明久负东篱醉,犹分低心事折腰。

到舒州次韵答平甫

夜别江船晓解骖,秋城气象亦潭潭。山从树外青争出,水向沙边绿半涵。行问啬夫多不记，坐论公瑾少能谈。只愁地僻无宾客，旧学从谁得指南。

舒州七月十一日雨

行看野气来方勇，卧听秋声落竟悭。淅沥未生罗豆水，苍茫空失皖公山。火耕又见无遗种，肉食何妨有厚颜。巫祝万端曾不救，只疑天赐雨工闲。

次韵答丁端州

莫嗟荒僻又离群，且喜风谣岭北闻。铜柱虽然蛮徼接，竹符还是汉家分。春书来逐衡阳雁，秋骑归看陇首云。相见会知南望苦，病骸今似沈休文。

答刘季孙

偶着儒冠敢陋今，自怜多负少时心。轻轩已任人前后，揭厉安知世浅深。挟策有思悲慷慨，负薪无力病侵淫。愧君绿绮虚投赠，更觉贫家报乏金。

次韵酬王太祝

尘土波澜不自期,飘然身与愿相违。衰根要路知难植,病羽长年欲退飞。高论已嗟能听少,力行还恨赋材微。惭君俊少今知我,一见心如客得归。

寄吴成之

绿发溪山笑语中,岂知翻手两成翁。辛夷屋角抟香雪,踯躅冈头挽醉红。想见旧山茅径在,追随今日板舆空。渭阳车马嗟何及,荣禄方当与子同。

寄曾子固

斗粟犹惭报礼轻,敢嗟吾道独难行。脱身负米将求志,戮力乘田岂为名。高论几为衰俗废,壮怀难值故人倾。荒城回首山川隔,更觉秋风白发生。

至开元僧舍上方次韵舍弟二月一日之作

溪谷溅溅嫩水通,野田高下绿蒙茸。和风满树笙簧杂,霁雪兼山粉黛重。万里有家归尚隔，一廛无地去何从。伤春故欲西南望，回首荒城已暮钟。

寄王回深甫

少年倏忽不再得，后日欢娱能几何。顾我面颜衰更早，怜君身世病还多。窗间暗淡月含雾，船底飘摇风送波。一寸古心俱未试，相思中夜起悲歌。

次韵答彦珍

手得封题手自开，一篇美玉缀玫瑰。众知圆媚难论报，自顾穷愁敢角才。君卧南阳惟畎亩，我行西路亦风埃。相逢不必嗟劳事，尚欲赓歌咏起哉。

寄阙下诸父兄兼示平甫兄弟

父兄为学众人知，小弟文章亦自奇。家势到今宜有后，士才如此岂无时。久闻阳羡溪山好，颇与渊明性分宜。但愿一门皆贵仕，时将车马过茆茨。

卷二十五　律诗十二 七言八句（附七言长篇）

钟山西庵白莲亭

山亭新破一方苔，白帝留花满四隈。野艳轻明非傅粉，秋光清浅不凭材。乡穷自作幽人伴，岁晚谁为静女媒。可笑远公池上客，却因松菊赋归来。

赠老宁僧首

秀骨庞眉倦往还，自然清誉落人间。闲中用意归诗笔，静外安身比太山。欲倩野云朝送客，更邀江月夜临关。嗟予踪迹飘尘土，一对孤峰几厚颜。

次韵舍弟赏心亭即事 二首

一

槛折檐倾野水傍，台城佳气已消亡。难披榛莽寻千古，独倚青冥望八荒。坐觉尘沙昏远眼，忽看风雨破骄阳。扁舟此日东南兴，欲尽江流万里长。

二

霸气消磨不复存，旧朝台殿只空村。孤城倚薄青天近，细雨侵凌白日昏。稍觉野云成晚霁，却疑山月是朝暾。此时江海无穷兴，醒客忘言醉客喧。

次韵陈学士小园即事

墙屋虽无好鸟鸣，池塘亦未有蛙声。树含宿雨红初入，草倚朝阳绿更生。万物天机何得丧，百年心事不将迎。与君杖策聊观化，搔首春风眼尚明。

寄友人

飘然羁旅尚无涯，一望西南百叹嗟。江拥涕洟流入海，风吹魂梦去还家。平生积惨应销骨，今日殊乡又见花。安得此身如草树，根株相守尽年华。

登大茅山

一峰高出众山颠，疑隔尘沙道里千。俯视烟云来不极，仰攀萝茑去无前。人间已换嘉平帝，地下谁通句曲天。陈迹是非今草莽，纷纷流俗尚师仙。

登中茅山

翛然杖屦出尘嚣，鸡犬无声到沉寥。欲见五芝茎叶老，尚攀三鹤羽翰遥。容溪路转迷横杓，仙几风来得堕樵。兴罢日斜归亦懒，更磨碑藓认前朝。

登小茅山

扪萝路到半天穷，下视淮州杳霭中。物外真游来几席，人间荣愿付苓通。白云坐处龙池杳，明月归时鹤驭空。回首三君谁更似，子房家世有高风。

送张仲容赴杭州孙公辟

万屋相夸漆与丹，笑歌长在绮纨间。彩船春戏城边水，画烛秋寻寺外山。忆我屡随游客入，喜君今赴辟书还。遥知曼倩威行久，赤笔应从到日闲。

赠李士宁道人

季主逡巡居卜肆，弥明邂逅作诗翁。曾令宋贾叹车上，更使刘侯惊坐中。杳杳人传多异事，冥冥谁识此高风。行歌过我非无谓，唯恨贫家酒盏空。

次韵春日即事

人间尚有薄寒侵，和气先熏草树心。丹白自分齐破蕾，青黄相向欲交阴。潺潺嫩水生幽谷，漠漠轻烟动远林。病得一官随太守，班春无助愧周任。

次韵答陈正叔 二首

一

青衫憔悴北归来，发有霜根面有埃。群吠我方憎猘子，一鸣谁更识龙媒。功名落落求难值，日月沄沄去不回。胜事与身何等近，酒樽诗卷数须开。

二

田宅荒凉去复来，诗书颜发两尘埃。忘机自许鸥相狎，得祸谁期鹤见媒。此道未行身有待，古人不见首空回。何当水石他年住，更把韦编静处开。

送崔左藏之广东

怪石巉巉上沇寥，昔人于此奏箫韶。水清但有嘉鱼出，风暖何曾毒草摇。今日淹留君按节，当时嬉戏我垂髫。因寻旧政询遗老，为作新诗变俚谣。

苦雨

灵场奔走尚无功，去马来车道不通。风助乱云阴更密，水争高岸气尤雄。平时沟洫今多废，下户京囷久已空。肉食自嗟何所报，古人忧国愿年丰。

江上

村落家家有浊醪，青旗招客解只裯。春风似补林塘破，野水遥连草树高。寄食舟车随处弊，行歌天地此身劳。迟回自负平生意，岂是明时惜一毛。

午枕

百年春梦去悠悠，不复吹箫向此留。野草自花还自落，鸣禽相乳亦相酬。旧蹊埋没开新径，朱户欹斜见画楼。欲把一杯无伴侣，眼看兴废使人愁。

寄石鼓寺陈伯庸

鲸海无风白日闲，天门当面险难攀。尘埃掉臂离长陌，琴酒和云入旧山。仁义未饶轩冕贵，功名莫信鬼神悭。郭东一点英雄气，时伴君心夜斗间。

送熊伯通

岁暮欣逢盖共倾，川涂南北岂忘情。事经官路心应折，地入家山眼更明。江上月华空自照，梅边春意恰相迎。关河不锁真消息，野客犹能听治声。

送王覃

分走人间十五年，尘沙吹鬓各苍然。山林渺渺长回首，儿女纷纷忽满前。知子有才思奋发，嗟余无地与回旋。相看一作秦吴别，身世何时两息肩。

送明州王大卿

大历才臣有此州，昆云今驾鹿辐游。从来所至邦人喜，真复能分圣主忧。千里封疆何足治，一时名迹故应留。属城旧吏虽疲懒，尚可挥毫敌李舟。

姑胥郭

误襯云巾别故山，抵吴由越两间关。千家渔火秋风市，一叶归舟暮雨湾。旅病惛惛如困酒，乡愁脉脉似连环。情知带眼从前缓，更恐颠毛自此斑。

严陵祠堂

汉庭来见一羊裘，默默俄归旧钓舟。迹似磻溪应有待，世无西伯可能留。崎岖冯衍才终废，索寞桓谭道不谋。勺水果非鱣鲔地，放身沧海亦何求。

藏春坞诗献刁十四丈学士

蒜山东渡得林丘，邂逅篮舆亦少留。今日更知莱氏隐，暮年长忆武陵游。欲营垣屋随穿剧，尚叹尘沙隔献酬。遥约勾吴亭下路，春风深驻五湖舟。

太湖恬亭

槛临溪上绿阴围，溪岸高低入翠微。日落断桥人独立，水涵幽树鸟相依。清游始觉心无累，静处谁知世有机。更待夜深同徙倚，秋风斜月钓船归。

蒙城清燕堂

清燕新碑得自蒙,行吟如到此堂中。吏无田甲当时气,民有庄周后世风。庭下早知闲木索,坐间遥想御丝桐。飘然一往何时得,俯仰尘沙欲作翁。

次韵酬吴彦珍见寄 二首
时彦珍为教授,学有右军墨池。

一

君作新诗故起予,一吟聊复报双鱼。杖藜高径谁来往,散帙空堂自卷舒。树外鸟啼催晚种,花间人语趁朝虚。春风处处堪携手,何事临池苦学书。

二

篁竹荒茅五亩馀,生涯山蕨与泉鱼。家贫殖货羞端木,乡里传书比仲舒。白日忆君聊远望,青林嗟我似逃虚。春风渺渺乌塘尾,漫得东来一纸书。

自金陵如丹阳道中有感

数百年来王气消,难将前事问渔樵。苑方秦地皆芜没,山借扬州更寂寥。荒埭暗鸡催月晓，空场老雉挟春骄。豪华只有诸陵在，往往黄金出市朝。

初去临川

东浮溪水渡长林，上坂回头一拊心。已觉省烦非仲叔，安能养志似曾参。忧伤遇事纷纷出，疾病乘虚亹亹侵。未有半分求自赎，恐填沟壑更沾襟。一作："马头西去百沾襟，一望亲庭更苦心。已觉省烦非仲叔，安能养志似曾参。忧伤遇事纷纷出，疾病乘虚亹亹侵。手把诗篇卧空屋，欲歌商颂不成音。"

读史

自古功名亦苦辛，行藏终欲付何人。当时黮暗犹承误，末俗纷纭更乱真。糟粕所传非粹美，丹青难写是精神。区区岂尽高贤意，独守千秋纸上尘。

读诏书
庆历七年。

去秋东出汴河梁，已见中州旱势强。日射地穿千里赤，风吹沙度满城黄。近闻急诏收群策，颇说新年又亢阳。贱术纵工难自献，心忧天下独君王。

每见王太丞邑事甚冗而剸剧之暇犹能过访山馆兼出佳篇为赠仰叹才力因成小诗

我看繁讼频搔首，君富才明见亦常。尚有闲襟寻水石，更留佳句似池塘。松苗地合分高下，凫鹤天教有短长。徐上青云犹未晚，可无音问及沧浪。

王浮梁太丞之听讼轩有水禽三巢于竹林之上恬而自得邑人作诗以美之因次元韵

水边舟动多惊散，何事林间近绝疑。野意肯从威令至，旧巢犹有主人知。见王太丞诗。不关饮啄春江暖，自在飞鸣夏日迟。览德岂无丹穴凤，到时应让向南枝。

寄虞氏兄弟

一身兼抱百忧虞，忽忽如狂久废书。畴昔心期俱丧勇，此来腰疾更乘虚。久闻阳羡安家好，自度渊明与世疏。亦有未归沟壑日，会应相近置田庐。

除夜寄舍弟

一尊聊有天涯忆，百感翻然醉里眠。酒醒灯前犹是客，梦回江北已经年。佳时流落真何得，胜事蹉跎只可怜。唯有到家寒食在，春风因泛灞溪船。

答熊本推官金陵寄酒

郁金香是兰陵酒，枉入诗人赋咏来。庭下北风吹急雪，坐间南客送寒醅。渊明未得归三径，金陵有旧庐。叔夜犹同把一杯。吟罢想君醒醉处，钟山相向自崔嵬。

和钱学士喜雪

手把诗翁忆雪诗，坐愁穷海瘴烟霏。谁令天上苍茫合，忽作空中散漫飞。阊阖与风生气势，姮娥交月借光辉。山鸦瑟缩相依立，邑犬跳梁未肯归。点缀丘园荣树木，埋藏沟堑乱封圻。高歌业已传都市，逸兴何当叩隐扉。颇欲携樽邀使骑，几忘温席荐亲闱。公今早晚班春去，强劝涝田补岁饥。

送江宁彭给事赴阙

西江望士众长兼，卓荦传家在一男。壮志异时开史牒，妙龄终日对书龛。桂堂发策收科选，樱苑颁诗豫宴酣。大邑援琴聊试可，小州怀绂果才堪。分台拜职荣先入，抗疏辞恩耻横覃。劲操比松寒不挠，忠言如药苦非甘。龙鳞直为当官触，虎穴宁关射利探。朱毂兽头终协梦，粉闱鸡舌更须含。均输北转荆门鹢，劝课西临蜀市蚕。期信有儿迎郭伋，食贫无地乞羊昙。橐垂铃栈驼鸣圂，节拥棠郊虎视眈。归见广墀瞻斧藻，对扬初服改朱蓝。进班华省财方阜，出按穷边虏稍戡。帝命贾琮当冀北，民歌姬奭次周南。投壶飨客鱼无乙，伐鼓搜兵马有驔。鲸鬣掀红旗沓沓，虬髯吒黑纛鬖鬖。威加诸部风霜肃，惠浸连营雨露涵。大斗时时能剧饮，轻裘往往只清谈。乾龙已应天飞五，晋马徐观昼接三。道在君臣方自合，德侔卿长亦谁惭。便蕃肯较平生宠，放旷皆知雅性妉。委佩去辞廷殖殖，扬舲来得府潭潭。一尊客语从容尽，千里人情委曲谙。岂但搢绅称召杜，故多扶杖祝彭聃。幕中俊乂闲刀笔，帐下骁雄冷剑镡。楚地怪须留汲黯，萧规疑欲付曹参。从来贵势公何慕，自是贤名上所贪。未信逸身今以老，且当忧国每如惔。论心邂逅胶投漆，搔首低徊雪满簪。镇抚未惊移岁月，追攀曾许赏烟岚。余欢遽隔新亭饯，宿惠难忘旧馆骖。卷曲尚谁知散栎，峥嵘空此咏枯楠。

卷二十六　律诗十三 五言绝句（附回文、六言诗）

聊行

聊行弄芳草，独坐隐团蒲。问客茅檐日，君家有此无。

染云

染云为柳叶，剪水作梨花。不是春风巧，何缘有岁华。

沟港

沟港重重柳，山坡处处梅。小舆穿麦过，狭径碍桑回。

霹雳沟

霹雳沟西路,柴荆四五家。忆曾骑款段,随意入桃花。

午睡

檐日阴阴转,床风细细吹。翛然残午梦,何许一黄鹂。

题齐安壁

日净山如染,风暄草欲熏。梅残数点雪,麦涨一溪云。

昭文斋
米黻题余定林所居,因作。

我自中山客,何缘有此名。当缘琴不鼓,人不见亏成。

台上示吴愿

细书妨老读,长簟惬昏眠。取簟且一息,抛书还少年。

示道原

久不在城市,少留心怅然。幽芳可揽结,伫子饮云泉。

传神自赞

此物非他物,今吾即故吾。今吾如可状,此物若为摹。

题何氏宅园亭

荷叶参差卷,榴花次第开。但令心有赏,岁月任渠催。

草堂一上人

一公持一钵,想复度遥岑。地瘦无黄犊,春来草更深。

题黄司理园

为忆去年梅,凌寒特地来。闾前空腊尽,浑未有花开。

北山浒亭

西崦水泠泠，沿冈有浒亭。自从春草长，遥见只青青。

题永昭陵

神阙澹朝晖，苍苍露未晞。龙车不可望，投老涕沾衣。

咏谷

可怜台上谷，转目已阴繁。不解诗人意，何为乐彼园。

池上看金沙花数枝过酴醾架盛开

故作酴醾架，金沙只谩栽。似矜颜色好，飞度雪前开。

五柳

五柳柴桑宅，三杨白下亭。往来无一事，长得见青青。

移松皆死

李白今何在,桃红已索然。君看赤松子,犹自不长年。

山中

随月出山去,寻云相伴归。春晨花上露,芳气着人衣。

送王补之行风忽作因题四句于舟中

淮口西风急,君行定几时。故应今夜月,未便照相思。

被召作

荣禄嗟何及,明恩愧未酬。欲寻西掖路,更上北山头。

再题南涧楼

北山云漠漠,南涧水悠悠。去此非吾愿,临分更上楼。

南浦

南浦随花去,回舟路已迷。暗香无觅处,日落画桥西。

题定林壁怀李叔时

云与渊明出,风随御寇还。燎炉无伏火,蕙帐冷空山。

离蒋山

出谷频回首,逢人更断肠。桐乡岂爱我,我自爱桐乡。

江上

江水漾西风,江花脱晚红。离情被横笛,吹过乱山东。

春雨

苦雾藏春色,愁霖病物华。幽奇无可奈,强醨一杯霞。

归燕

马上逢归燕,知从何处来。贪寻旧巢去,不带锦书回。

和惠思波上鸥

翩翩白凫鸥,泛泛水中游。西来久不见,梦想在沧洲。

秣陵道中口占 二首

一

经世才难就,田园路欲迷。殷勤将白发,下马照青溪。

二

岁熟田家乐,秋风客自悲。茫茫曲城路,归马日斜时。

次青阳

十载九华边,归期尚渺然。秋风一乘传,更觉负林泉。

代陈景元书于太一宫道院壁

官身有吏责,触事遇嫌猜。野性岂堪此,庐山归去来。

山鸡

山鸡照渌水,自爱一何愚。文采为世用,适足累形躯。

杂咏 四首

一
故畦抛汝水,新垄寄钟山。为问扬州月,何时照我还。

二
已作湖阴客,如何更远游。章江昨夜月,送我到扬州。

三
证圣南朝寺,三年到百回。不知墙下路,今日几荷开。

四
桃李石城坞,饷田三月时。柴荆常自闭,花发少人知。

卧闻

卧闻黄栗留，起见白符鸠。坐引鱼儿戏，行将鹿女游。

秋兴有感

宿雨清畿甸，朝阳丽帝城。丰年人乐业，陇上踏歌声。

题八功德水

欲寻阿练若，曳屐出东冈。涧谷芳菲少，春风着野桑。

口占

去岁别南岳，前年返泐潭。临机一句子，今日遇同参。

偶书

雄也营身足，聃兮悟汝多。捐书知圣已，绝学奈禽何。

送陈景初金陵持服举族贫病烦君药石之功

举族贫兼病，烦君药石功。长安何日到，一一问归鸿。

泊姚江

轧轧橹声急，苍苍江日低。吾行有定止，潮汐自东西。

楼上

荡漾舟中客，徘徊楼上人。沧波浩无主，两桨邈难亲。

春晴

新春十日雨，雨晴门始开。静看苍苔纹，莫上人衣来。

净相寺

净相前朝寺，荒凉二十秋。曾遭灭劫坏，今遇胜缘修。

将母

将母邗沟上,留家白纻阴。月明闻杜宇,南北总关心。

朱朝议移法云兰

幽兰有佳气,千载闷山阿。不出阿兰若,岂遭乾闼婆。

晚归

岸迥重重柳,川低渺渺河。不愁南浦暗,归伴有姮娥。

题舫子

爱此江边好,留连至日斜。眠分黄犊草,坐占白鸥沙。

惠崇画

断取沧州趣,移来六月天。道人三昧力,变化只和铅。

蒲叶

蒲叶清浅水,杏花和暖风。地偏缘底绿,人老为谁红。

芳草

芳草知谁种,缘阶已数丛。无心与时竞,何苦绿匆匆。

与徐仲元自读书台上定林

横绝潺湲度,深寻荦确行。百年同逆旅,一壑我平生。

病中睡起折杏花数枝 二首

一

独卧南窗榻,翛然五六旬。已闻邻杏好,故挽一枝春。

二

独卧无心起,春风闭寂寥。鸟声谁唤汝,屋角故相撩。

送望之赴临江

黄雀有头颅，长行万里馀。想因君出守，暂得免苞苴。

送丁廓秀才归汝阴

风駃柳条干，驼裘未胜寒。殷勤陌上日，为客暖征鞍。

送王彦鲁

北客怜同姓，南流感似人。相分岂相忘，临路更情亲。

送吕望之

池散田田碧，台敷灼灼红。年华岂有尽，心赏亦无穷。

别方劭秘校

迢迢建业水，中有武昌鱼。别后应相忆，能忘数寄书。

梅花

墙角数枝梅，凌寒独自开。遥知不是雪，为有暗香来。

红梅

春半花才发，多应不奈寒。北人初未识，浑作杏花看。

病起过宝觉

执手乍欣怅，霜毛应更新。依然旧童子，却想梦前身。

书定林院窗

问远大师，师云："夜来梦与说十波罗蜜。"

道人今辍讲，卷械寄松萝。梦说波罗蜜，当如习气何。

题徐浩书法华经

一切法无差，水牛生象牙。莫将无量义，欲觅妙莲华。

碧芜 回纹

碧芜平野旷，黄菊晚村深。客倦留甘饮，身闲累苦吟。

梦长

梦长随永漏，吟苦杂疏钟。动盖荷风劲，沾裳菊露浓。

迸月

迸月川鱼跃，开云岭鸟翻。径斜荒草恶，台废冶花繁。

泊雁

泊雁鸣深渚，收霞落晚川。桥随风敛阵，楼映月低弦。漠漠汀帆转，幽幽岸火然。錾危通细路，沟曲绕平田。

题西太一宫壁 二首

一

草色浮云漠漠，树阴落日潭潭。一作"柳叶鸣蜩绿暗，荷花落日红酣"。三十六陂流一作宫烟水，白头想见江南。

二

三十年前此路一作地，父兄持我东西。今日重来白首，欲寻陈迹都迷。

西太一宫楼

草际芙蕖零落，水边杨柳欹斜。日暮炊烟孤起，不知鱼网谁家。

卷二十七　律诗十四 七言绝句

歌元丰 五首

一

水满陂塘谷满篝,漫移蔬果亦多收。神林处处传箫鼓,共赛元丰第二秋。

二

露积成山百种收,渔梁亦自富鰕鲻。无羊说梦非真事,岂见元丰第二秋。

三

湖海元丰岁又登,秔生犹足暗沟塍。家家露积如山垅,黄发咨嗟见未曾。

四

放歌扶杖出前林,遥和丰年击壤音。曾侍玉阶知帝力,曲中时有誉尧心。

五

豚栅鸡埘晻霭间,暮林摇落献南山。丰年处处人家好,随意飘然得往还。

棋

莫将戏事扰真情,且可随缘道我赢。战罢两奁分—作收白黑,一枰何处有亏成。

题画扇

玉斧修成宝月团,月中仍有女乘鸾。青冥风露非人世,鬓乱钗斜特地寒。

梦

黄粱欲熟且留连,漫道春归莫怅然。蝴蝶岂能知梦事,蘧蘧飞堕晚花前。

清明

东城酒散夕阳迟，南陌秋千寂寞垂。人与长瓶卧芳草，风将急管度青枝。

东冈

东冈岁晚一登临，共望长河映远林。万窍怒号风丧我，千波竞涌水无心。

春郊

青秧漫漫出初齐，鸡犬遥闻路却迷。但见山花流出水，那知不是武陵溪。

元日

爆竹声中一岁除，东风送暖入屠苏。千门万户瞳瞳日，争插一作总把新桃换旧符。

九日

九日无欢可得追，飘然随意历山陂。蒋陵西曲一作面风烟惨一作澹，也有黄花一两枝。

初晴

幅巾慵整露苍华，度陇深寻一径斜。小雨初晴好天气，晚花残照野人家。

南荡

南荡东陂水渐多，陌头车马断经过。钟山未放朝云散，奈此黄梅细雨何。

芙蕖

芙蕖耐夏复宜秋，一种今年便满沟。南荡东陂无此物，但随深浅见游鲦。

沟西

沟西直下看芙蕖,叶底三三两两鱼。若比濠梁应更乐,近人浑不畏春鉏。

东皋

东皋揽结知新岁,西崦攀翻忆去年。肘上柳生浑不管,眼前花发即欣然。

一陂

一陂一作段焰水蒋陵西,含风却转与城齐。周遭碧铜磨作港,逼塞绿锦剪成畦。

园蔬

园蔬小摘嫩还抽,畦稻新春滑欲流。枕簟不移随处有,饱餐甘寝更无求。

翛然

翛然三月闭柴荆,绿叶阴阴忽满城。自是老年游兴少,春风何处不堪行。

杖藜

杖藜随水转东冈,兴罢还来赴一床。尧桀是非时入梦,固知馀习未全忘。

图书

图书老矣尚纷披,神劓天黥以有知。茅竹结蟠聊一愒,却寻三界外愚痴。

老嫌

老嫌智巧累形躯,欲就田翁学破除。百岁用痴能几许,救吾黥劓可无馀。

移柳

移柳当门何啻五,穿松作径适成三。临流遇兴还能赋,自比渊明或未惭。

谁将

谁将石黛染春潮,复撚黄金作柳条。西崦东沟从此好,笋舆追我莫辞遥。

雪干

雪干雪净见遥岑,南陌芳菲复可寻。换得千颦为一笑,春风吹柳万黄金。

南浦

南浦东冈二月时,物华撩我有新诗。含风鸭绿粼粼起,弄日鹅黄袅裊垂。

竹里

竹里编茅倚石根,竹茎疏处见前村。闲眠尽日无人到,自有春风为扫门。

随意

随意柴荆手自开,沿冈度堑复登台。小桥风露扁舟月,迷鸟羁雌竟往来。

秋云

秋云放雨静山林,万壑崩湍共一音。欲记荒寒无善画,赖传悲壮有能琴。

春风

春风过柳绿如缲,晴日烝红出小桃。池暖水香鱼出处,一环清浪涌亭皋。

陂麦

陂麦连云惨淡黄,绿阴门巷不多凉。更无一片桃花在,借问春归有底忙。

木末

木末北山烟冉冉,草根南涧水泠泠。缲成白雪桑重绿,割尽黄云稻正青。

进字说 二首

一

正名百物自轩辕,野老何知强讨论。但可与人漫酱瓿,岂能令鬼哭黄昏。

二

鼎湖龙去字书存,开辟神机有圣孙。湖海老臣无四目,谩将糟粕污修门。

窥园

杖策窥园日数巡,攀花弄草兴常新。董生只被公羊惑,肯信捐书一语真。

嘲白发

久应飘转作蓬飞,眷惜冠巾未忍违。种种春风吹不长,星星明月照还稀。

代白发答

从衰得白自天机,未怪长青与愿违。看取春条随日长,会须秋叶向人稀。

外厨遗火 二首

一

灶鬼何为便赫然,似嫌刀机苦无膻。图书得免同煨烬,却赖厨人清不眠。

二

青烟散入夜云流，赤焰侵寻上瓦沟。门户便疑能炙手，比邻何苦却焦头。

初夏即事

石梁茅屋有弯碕，流水溅溅度两陂。晴日暖风生麦气，绿阴幽草胜花时。

千蹊

千蹊百隧散林丘，图画风烟一色秋。但有兴来随处好，杨朱何苦涕横流。

和陈辅秀才金陵书事

南郭先生比鹔鹴，年年过我未愆期。休论王谢当时事，大抵乌衣只旧时。

和耿天骘以竹冠见赠 四首

一

竹根殊胜竹皮冠,欲着先须短发干。要使山林人共见,不持方帽御风寒。

二

无物堪持比此冠,竹皮柔脆谷皮干。故人恋恋绨袍意,岂为哀怜范叔寒。

三

玉润金明信好冠,错刀剡出薜纹干。不忘君惠常加首,要使欢盟未可寒。

四

冠工新意斫檀栾,雾卷云烝久未干。遗我山林真自称,何须貂暖配金寒。

和郭功甫

且欲相邀卧看山,扁舟自可送君还。留连城郭今如此,知复何时伴我闲。

叶致远置洲田以诗言志次其韵 二首

一

吟叹君诗久掉头,知君兴不负沧洲。土山欲为羊昙赌,且可专心学奕秋。

二

若将有限计无涯,自困真同算海沙。随顺世缘聊戏剧,莫言河渚是吾家。

又次叶致远韵 二首

一

庵成有兴亦寻春,风暖荒莱步始匀。若遇好花须一笑,岂妨迦叶杜多身。

二

明时君尚富春秋,岂比衰翁远自投。智略未应施畎亩,上前他日望吾丘。

次昌叔韵

寄公无国寄钟山，垣屋青松晻霭间。长以声音为佛事，野风萧飒水潺湲。

次张唐公韵

忆昨同追八马蹄，约公投老此山栖。公乘白凤今何处，我适新年值白鸡。

次俞秀老韵

解我葱珩脱孟劳，暮年甘与子同袍。新诗比旧增奇峭，若许追攀莫太高。

酬宋廷评请序经解

未曾相识已相怜，香火灵山亦有缘。训释虽工君尚少，不应忽务世人传。

送耿天骘至渡口

雪云江上语依依，不比寻常恨有违。四十馀年心莫逆，故人如我与君稀。

永庆院送道原还仪真作诗要之

岁暮青条已见梅，馀花次第相争开。淮南无此山林胜，作意春风更一来。

送方劭秘校

南浦柔条拂地垂，攀翻聊寄我西悲。武昌官柳年年好，他日春风忆此时。

芙蓉堂 二首

一

投老归来一幅巾，尚私荣禄备藩臣。芙蓉堂下疏秋水，且与龟鱼作主人。

二

乞得胶胶扰扰身,五湖烟水替风尘。只将凫雁同为侣,不与龟鱼作主人。

长干释普济坐化

投老唯公最故人,相寻长恨隔城闉。百年俯仰随薪尽,画手空传净戒身。

卷二十八　律诗十五 七言绝句

送黄吉甫入京题清凉寺壁

薰风洲渚荼花繁,看上征鞍立寺门。投老难堪与君别,倚江从此望还辕。

与道原自何氏宅步至景德寺
元丰七年三月十九日。

前时偶见花如梦,红紫纷披竞浅深。今日重来如梦觉,静无馀馥可追寻。

过法云

路过潮沟八九盘,招提雪脊隐云端。金钿一一花总老,翠被重重山更寒。

光宅寺

梁武帝宅也,其北齐安寺,隔淮,齐武帝宅也。宋兴又在其北。

齐安孤起宋兴前,光宅相仍一水边。蜂分蚁争今不见,故窠遗垤尚依然。

题勇老退居院

道人投老寄山林,偶坐翛然洗我心。梦境此身能且在,明年寒食更相寻。

与宝觉宿龙华院三绝句

旧有诗云:"京口瓜洲一水间,钟山只隔数重山。春风自绿江南岸,明月何时照我还。"

一

老于陈迹倦追攀,但见幽人数往还。忆我小诗成怅望,钟山只隔数重山。

二

世间投老断攀缘,忽忆东游已十年。但有当时京口月,与公随我故依然。

三

与公京口水云间,问月何时照我还。邂逅我还还问月,何时照我宿金山。

清凉寺白云庵

庵云作顶峭无邻,水月为衿静称身。木落冈峦因自献,水归洲渚得横陈。

自定林过西庵

午鸡声不到禅林,柏子烟中静拥衾。忽忆西岩道人语,杖藜乘兴得幽寻。

归庵

稻畦藏水绿秧齐，松鬣初干尚有泥。纵蹇寻冈归独卧，东庵残梦午时鸡。

雪中游北山呈广州使君和叔同年

南州岁晚亦花开，有底堪随驿使来。看取钟山如许雪，何须持寄岭头梅。

谢安墩 二首

一

我名公字偶相同，我屋公墩在眼中。公去我来墩属我，不应墩姓尚随公。

二

谢公陈迹自难追，山月淮云只往时。一去可怜终不返，暮年垂泪对桓伊。

东陂 二首

一

东陂风雨卧黄云，塍水翻沟隔垅分。舂玉取新知不晚，腰镰今日已纷纷。

二

荷叶初开笋渐抽，东陂南荡正堪游。无端垅上翛翛麦，横起寒风占作秋。

山陂

山陂院落今接种，城郭楼台已放灯。白发逢春唯有睡，睡间啼鸟亦生憎。

欲往北山以雨止

北山朝气澹高秋，欲往愁沾独少留。散策缘冈初见日，兴随云尽复中休。

耿天骘惠梨次韵奉酬 三首

一

故人家果独难忘,秋实初成便得尝。直使紫花形味胜,岂能终日望咸阳。

二

淮圃新阴百亩凉,分甘每得助秋尝。张公大谷虽云美,谁肯苞苴出晋阳。

三

甘滋南北共传夸,栽接还如老圃家。谁谓交梨非外奖,因君浇灌已萌芽。

北山有怀

香火因缘寄此山,主恩投老更人间。伤心踯躅冈头路,明日春风自往还。

定林

穷谷经春不识花,新松老柏自欹斜。殷勤更上山头望,白下城中有几家。

封舒国公 三首

一

陈迹难寻天柱源,疏封投老误明恩。国人欲识公归处,杨柳萧萧白下门。

二

桐乡山远复川长,紫翠连城碧满隍。今日桐乡谁爱我,当时我自爱桐乡。

三

开国桐乡已白头,国人谁复记前游。故情但有吴塘水,转入东江向我流。

北陂杏花

一陂春水绕花身,花影妖娆各占春。纵被春风吹作雪,绝胜南陌碾成尘。

五更

青灯隔幔映悠悠，小雨含烟凝不流。只听蛩声已无梦，五更桐叶强知秋。

与薛肇明弈棋赌梅花诗输一首

华发寻春喜见梅，一株临路雪培堆。凤城南陌他年忆，杳杳难随驿使来。

又代薛肇明一首

野水荒山寂寞滨，芳条弄色最关春。故将明艳凌霜雪，未怕青腰玉女嗔。

沟上梅花欲发

亭亭背暖临沟处，脉脉含芳映雪时。莫恨夜来无伴侣，月明还见影参差。

红梅

江南岁尽多风雪,也有红梅漏泄春。颜色凌寒终惨澹,不应摇落始愁人。

耿天骘许浪山千叶梅见寄

闻有名花即谩栽,殷勤准拟故人来。故人岁岁相逢晚一作能相见,知复同看几度开。

与天骘宿清凉广惠僧舍

故人不惜马虺隤,许我年年一度来。野馆萧条无准拟,与君封殖浪山梅。

池上看金沙花数枝过酴醾架盛开 二首

一

午阴宽占一方苔,映水前年坐看栽。红蕊似嫌尘染污,青条飞上别枝开。

二

酴醾一架最先来，夹水金沙次第栽。浓绿扶疏云对起，醉红撩乱雪争开。

北山

北山输绿涨横陂，直堑回塘滟滟时。细数落花因坐久，缓寻芳草得归迟。

咏菊 二首

一

补落迦山传得种，阎浮檀水染成花。光明一室真金色，复似毗耶长者家。

二

院落秋深数菊丛，缘花错莫两三蜂。蜜房岁晚能多少，酒盏重阳自不供。

杨柳

杨柳杏花何处好,石梁茅屋雨初干。绿垂静路要深驻,红写清陂得细看。

北山道人栽松

阳坡风暖雪初融,度谷遥看积翠重。磊砢拂天吾所爱,他生来此听楼钟。

山樱

山樱抱石映松枝,比并馀花发最迟。赖有春风嫌寂寞,吹香渡水报人知。

偿薛肇明秀才桤木

濯锦江边木有桤,小园封植伫华滋。地偏或免桓魋代,岁晚聊同庾信移。

马毙

恩宽一老寄松筠,晏卧东窗度几春。天厩赐驹龙化去,谩容小蹇载闲身。

出郊

川原一片绿交加,深树冥冥不见花。风日有情无处着,初回光景到桑麻。

怀府园

槐阴过雨尽新秋,盆底看云映水流。忽忆小金山下路,绿苹稀处看游鯈。

江宁夹口 二首

一

钟山咫尺被云埋,何况南楼与北斋。昨夜月明江上梦,逆随潮水到秦淮。

二

日西江口落征帆,却望城楼泪满衫。从此梦归无别路,破头山北北山南。

蒋山手种松

青青石上岁寒枝,一寸岩前手自移。闻道近来高数尺,此身蒲柳故应衰。

中年

中年许国邯郸梦,晚岁还家圹埌游。南望青山知不远,五湖春草入扁舟。

寄四侄旃 二首

一

数篇持往助欢咍,想见封题手自开。春草已生无好句,阿连空复梦中来。

二

一日东冈上几回,百重云水隔苏台。一作"一日东冈望百回,迢迢云水隔苏台"。遥知别后诗无数,黄犬归时总寄来。

寄吴氏女子

梦想平生在一丘,暮年方此得优游。江湖相忘真鱼乐,怪汝长谣特地愁。

寄蔡天启

杖藜缘堑得穿桥,谁与高秋共寂寥。伫立东冈一搔首,冷云衰草暮迢迢。

呈陈和叔 二首

一

数椽生草覆莓苔一作"数椽牢落长莓苔",一径墙阴副雪开。王吉囊衣新徙舍,杖藜从此为君来。

二

数椽庳屋茨生草，三亩荒园种晚蔬。永日终无一杯酒，可能留得故人车。

招叶致远

白下长干一水间，竹云新笋已斑斑。明朝若有扁舟兴，落日潮生尚可还。

招杨德逢

山林投老倦纷纷，独卧看云却忆君。云尚无心能出岫，不应君更懒于云。

和叔招不往

门前秋水可扬舲，有意西寻白下亭。只欲往来相邂逅，却嫌招唤苦丁宁。

和叔雪中见过

捐书去寄老山林，无复追缘一作寻往事心。忽值故人乘雪兴，玉堂前话得重寻。

俞秀老忽然不见

忽去飘然游冶盘，共疑枝策在云端。禅心暂起何妨寂，道骨虽清不畏寒。

与耿天骘会话

邯郸四十余年梦，相对黄粱欲熟时。万事只如空鸟迹，怪君强记尚能追。

卷二十九　律诗十六 七言绝句

与道原过西庄遂游宝乘

周颙宅作阿兰若，娄约身归窣堵坡。今日隐侯孙亦老，偶寻陈迹到烟萝。一作"蕙帐铜屏皆旧事，飘然陈迹在松萝。"

庚申正月游齐安

水南水北重重柳，山后山前处处梅。未即此身随物化，年年长趁此时来。

庚申正月游齐安有诗云水南水北重重柳壬戌正月再游

招提诗壁漫黄埃，忽忽笼纱两过梅。老值白鸡能不死，复随春色破寒来。

壬戌正月晦与仲元自淮上复至齐安

风暖柴荆处处开，雪干沙净水洄洄。意行却得前年路，看尽梅花看竹来。

壬戌五月与和叔同游齐安

缲成白雪桑重绿，割尽黄云稻正青。它日玉堂挥翰手，芳时同此赋林坰。

成字说后与曲江谭君丹阳蔡君同游齐安

据梧枝策事如毛，久苦诸君共此劳。遥望南山堪散释，故寻西路一登高。

元丰二年十月政公改路故作此诗

独龙东路得平冈，始免游人屐齿妨。更有主林身半现，与公随转作阴凉。

书定林院窗

与安太师同宿。既晓，问昨夜有何梦。师云："有数梦，皆忘记。"

竹鸡呼我出华胥，起灭篝灯拥燎炉。试问道人何所梦，但言浑忘不言无。

同熊伯通自定林过悟真 二首

一

与客东来欲试茶，倦投松石坐欹斜。暗香一阵连风起，知有蔷薇涧底花。

二

城郭纷纷老倦寻，幅巾来寄北山岑。长遭客子留连我，未快穿云涉水心。

悟真院

野水从横漱屋除,午窗残梦鸟相呼。春风日日吹香草,山北山南路欲无。

传神自赞

我与丹青两幻身,世间流转会成尘。但知此物非他物,莫问今人犹昔人。

定林院昭文斋

定林斋后鸣禽散,只有提壶守屋檐。苦劝道人沽美酒,不应无意引陶潜。

经局感言
罢相出守江宁,仍领经局。

自古能全已不才,岂论骐骥与驽骀。放归自食情虽适,络首犹存亦可哀。

钟山晚步

小雨轻风落楝花，细红如雪点平沙。槿篱竹屋江村路，时见宜城卖酒家。

散策

散策东冈亦已劳，横塘西转有亭皋。絮飞度屋何许柳，花落填沟无数桃。

书静照禅师塔

简老已归黄土陌，渊师今作白头翁。百忧三十馀年事，陈迹山林草野中。

记梦

辛酉九月二十二夜，梦高邮土山道人赴蒋山北集云峰为长老，已而坐化。复出山南兴国寺，与余同卧一榻。探怀出片竹数寸，上绕生丝，属余藏之。余弃弗取，作诗与之。

月入千江体不分,道人非复世间人。钟山南北安禅地,香火他时共一作供两身。

勘会贺兰溪主

贺兰溪,洛京地名。陈绎买地筑居,于邮中问之。

贺兰溪上几株松,南北东西有几峰。买得住来今几日,寻常谁与坐从容。

书湖阴先生壁 二首

一

茅檐长扫静无苔,花木成畦手自栽。一水护田将绿绕,两山排闼送青来。

二

桑条索漠楝花繁,风敛余香暗度垣。黄鸟数声残午梦,尚疑身属半山园。

过刘全美所居

西崦晴天得强扶,出林知有故人居。数能过我论奇字,当复令公见异书。

书何氏宅壁

有兴提鱼就公煮,此言虽在已三年。皖灂终负幽人约,空对湖山坐惘然。

题永庆壁有雱遗墨数行

永庆招提墨数行,岁时风露每凄伤。残骸岂久人间世,故有情钟未可忘。

江宁府园示元度

画船南北水遥通,日暮幅巾篁竹中。行到月台逢翠碧,背人飞过子城东。

金陵郡斋

谈经投老拚悠悠,为吏文书了即休。深炷炉烟—作香闭斋阁,卧听檐雨泻高秋。

戏示蒋颍叔

扶衰南陌望长楸,灯火如星满地流。但怪传呼杀风景,岂知禅客夜相投。

游城东示深之德逢

欲牵淮舸共寻源,且踏青青绕杏园。忆我旧时光宅路,依然桑柳映花繁。

丽泽门

丽泽门西日未俄,水明沙净卷纤罗。绿琼洲渚青瑶嶂,付与诗工敢琢磨。

示公佐

残生伤性老耽书,年少东来复起予。各据槁梧同不寐,偶然闻雨落阶除。

示俞秀老 二首

一

不见故人天际舟,小亭残日更回头。缫成白雪三千丈,细草孤云一片愁。

二

君诗何以解人愁,初日红蕖碧水流。未怕元刘妨独步,每思陶谢与同游。

示李时叔 二首

一

知子鸣弦意在山,一官聊复戏人间。能为白下东南尉,藜杖缁巾得往还。

二

千山访我几摧辀,清坐来看十日留。势利白头何足道,古人倾盖有绸缪。

示宝觉 二首

一

火暖窗明粥一盂,晨兴相对寂无鱼。超然圣寺山林外,别有禅天好净居。

二

重将坏色染衣裙,共卧钟山一坞云。客舍黄粱今始熟,鸟残红柿昔曾分。

仲元女孙

双鬟嬉戏我庭除,争挽新花比绣襦。亲结香缨知不久,汝翁那更镊髭须。

示永庆院秀老

禅房借枕得重欹，陈迹翛然尚有诗。嗟我与公皆老矣，拂天松柏见栽时。

示王铎主簿

君正忙时我正闲，如何同得到钟山。夷门二十年前事，回首黄尘一梦间。

戏城中故人

城郭山林路半分，君家尘土我家云。莫吹尘土来污我，我自有云持寄君。

戏赠段约之

竹柏相望数十楹，藕花多处复开亭。如何更欲通南埭，割我钟山一半青。

示俞处士

鲁山眉宇人不见,只有歌辞来向东。借问楼前踏于芳,何如云卧唱松风。

怀张唐公

直谅多为世所排,有怀长向我前开。暮年惆怅谁知此,南陌东阡独往来。

忆金陵 三首

一

覆舟山下龙光寺,玄武湖畔五龙堂。想见旧时游历处,烟云渺渺水茫茫。

二

烟云渺渺水茫茫,缭绕芜城一带长。蒿目黄尘忧世事,追思陈迹故难忘。

三

追思陈迹故难忘,翠木苍藤水一方。闻说精庐今更好,好随残汴理归艎。

离升州作

残菊冥冥风更吹,雨如梅子欲黄时。相看握手总无语,愁满眼前心自知。

望淮口

白烟弥漫接天涯,黯黯长空一道斜。有似钱塘江上望,晚潮初落见平沙。

入瓜步望扬州

落日平林一水边,芜城掩映只苍然。白头追想当时事,幕府青衫最少年。

泊船瓜洲

京口瓜洲一水间,钟山只隔数重山。春风自绿江南岸,明月何时照我还。

重过余婆冈市

忆我东游未有须,扶衰重此驻肩舆。市中年少今谁在,鲁叟当街六十馀。

秦淮泛舟

强扶衰病牵淮舸,尚怯春风溯午潮。花与新吾如有意,山于何处不相招。

中书即事

投老翻为世网婴,低徊终恐负平生。何时白上冈头路,渡水穿云取次行。

万事

万事黄粱欲熟时,世间谈笑漫追随。鸡虫得失何须算,鹏鷃逍遥各自知。

寄金陵传神者李士云

衰容一见便疑真，李子挥毫故有神。欲去钟山终不忍，谢渠分我死前身。

赠外孙

南山新长凤凰雏，眉目分明画不如。年小从他爱梨栗，长成须读五车书。

东流顿令罢官阻风示文有按风伯奏天阍之语答以四句

令尹犀舟失去期，怃然凭几占文移。劝君慎莫谗风伯，会有开帆破浪时。

杨德逢送米与法云二老作此诗

卢仝不出憎流俗，我卜郊居避俗憎。仝有邻僧来乞米，我今送米乞邻僧。

送黄吉父将赴南康官归金溪 三首

一

柘冈西路白云深,想子东归得重寻。亦见旧时红踯躅,为言春至每伤心。

二

还家一笑即芳辰,好与名山作主人。邂逅五湖乘兴往,相邀锦绣谷中春。

三

岁晚相逢喜且悲,莫占风日恨归迟。我如逆旅当去客,复会有无那得知。

卷三十　律诗十七 七言绝句

金陵即事 三首

一

水际柴门一半开，小桥分路入青苔。背人照影无穷柳，隔屋吹香并是梅。

二

结绮临春歌舞地，荒蹊狭巷两三家。东风漫漫吹桃李，非复当时仗外花。

三

昏黑投林晓更惊，背人相唤百般鸣。柴门长闭春风暖，事外还能见鸟情。

乌塘

乌塘渺渺绿平堤,堤上行人各有携。试问春风何处好,辛夷如雪柘冈西。

柘冈

万事纷纷只偶然,老来容易得新年。柘冈西路花如雪,回首春风最可怜。

城北

青青千里乱春袍,宿雨催红出小桃。回首北城无限思,日酣川净野云高。

金陵

金陵陈迹老莓苔,南北游人自往来。最忆春风石城坞,家家桃杏过墙开。

午枕

午枕花前簟欲流,日催红影上帘钩。窥人鸟唤悠扬梦,隔水山供宛转愁。

州桥

州桥踏月想山椒,回首哀湍未觉遥。今夜重闻旧呜咽,却看山月话州桥。

观明州图

明州城郭画中传,尚记西亭一舣船。投老心情非复昔,当时山水故依然。

九日赐宴琼林苑作

金明驰道柳参天,投老重来听管弦。饱食太官还惜日,夕阳临水意茫然。

壬子偶题

熙宁五年,东府庭下作盆池,故作。

黄尘投老倦匆匆,故绕盆池种水红。落日欹眠何所忆,江湖秋梦橹声中。

和张仲通忆钟陵 二首

一

一梦章江已十年,故人重见想皤然。只应两岸当时柳,能到春来尚可怜。

二

逸少池边有一丘,西山南浦惯曾游。残年归去终无乐,闻说章江即泪流。

送和甫至龙安暮归

隐隐西南月一钩,春风落日澹如秋。房栊半掩无人语,鼓角声中始欲愁。

钟山即事

涧水无声绕竹流,竹西花草弄春柔。茅檐相对坐终日,一鸟不鸣山更幽。

南涧楼
在江宁尉司。

扑扑烟岚绕四阿,物华终恨未能多。故应陡起三千丈,始奈重山复岭何。

京城

三年衣上禁城尘,抚事怊然愧古人。明月沧波秋万顷,扁舟长寄梦中身。

陇东西 二首

一

陇东流水向东流,不肯相随过陇头。只有月明西海上,伴人征戍替人愁。

二

陇西流水向西流,自古相传到此愁。添却征人无限泪,怪来呜咽已千秋。

斜径

斜径偶通南埭路,数家遥对北山岑。草头蛱蝶黄花晚,菱角蜻蜓翠蔓深。

暮春

北山吹雨送残春,南涧朝来绿映人。昨日杏花浑不见,故应随水到江滨。

雨晴

晴明山鸟百般催,不待桃花一半开。雨后绿阴空绕舍,总将春色付莓苔。

日西

日西阶影转梧桐，帘卷青山簟半空。金鸭火销沉水冷，悠悠残梦鸟声中。

禁直

翠木交阴覆两檐，夜天如水碧㴠㴠。帝城风月看常好，人世悲哀老自添。

御柳

御柳新黄已迸条，宫沟薄冻未全消。人间今日春多少，只看东方北斗杓一作"习习春风拂柳条，御沟春水已冰消。欲知四海春多少，先向天边问斗杓"。

祥云

冰入春风涨御沟，上林花气欲飞浮。未央屋瓦犹残雪，却为祥云映日流。

题中书壁

夜开金钥诏辞臣，对御抽毫草帝纶。须信朝家重儒术，一时同榜用三人。

禁中春寒

青一作浮烟漠漠雨纷纷，水殿西廊北苑门。已着单衣犹禁火，海棠花下怯黄昏。

试院中

少时操笔坐中庭，子墨文章颇自轻。圣世选材终用赋，白头来此试诸生。

学士院燕侍郎画图

六幅生绡四五峰，暮云楼阁有无中。去年今日长干里，遥望钟山与此同。

道旁大松人取以为明

龙甲虬髯不可攀,亭亭千丈荫南山。应嗟无地逃斤斧,岂愿争明爝火间。

见鹦鹉戏作四句

云木何时两翅翻,玉笼金锁只烦冤。真须强学人间语,举世无人解鸟言。

池雁

羽毛摧落向人愁,当食哀鸣似有求。万里衡阳冬欲暖,失身元为稻粱谋。

六年

六年湖海老侵寻,千里归来一寸心。回望国门搔短发,九天宫阙五云深。

世故

世故纷纷漫白头，欲寻归路更迟留。钟山北绕无穷水，散发何时一钓舟。

邵平

天下纷纷未一家，贩缯屠狗尚雄夸。东陵岂是无能者，独傍青门手种瓜。

中牟

颓城百雉拥高秋，驱马临风想圣丘。此道门人多未悟，尔来千载判悠悠。

王章

壮一作志士轩昂非自谋，近臣当为国深忧。区区女子无高意，追念牛衣暖即休。

神物

神物登天扰可骑，如何孔甲但能羁。当时若更无刘累，龙意茫然岂得知。

文成

文成五利老纷纷，方丈蓬莱但可闻。万里出师求宝马，飘然空有意凌云。

读汉书

京房刘向各称忠，诏狱当时迹自穷。毕竟论心异恭显，不妨迷国略相同。

赐也

赐也能言未识真，误将心许汉阴人。桔槔俯仰妨何事，抱瓮区区老此身。

重将

重将白发傍墙阴,陈迹茫然不可寻。花鸟总知春烂漫,人间独自有伤心。

载酒

载酒欲寻江上舟,出门无路水交流。黄昏独倚春风立,看却花开触地愁。

楚天

楚天如梦水悠悠,花底残红漫不收。独绕去年挥泪处,还将牢落对沧洲。

江上

江北秋阴一半开,晚云含雨却低徊。青山缭绕疑无路,忽见千帆隐映来。

春江

春江渺渺抱墙流,烟草茸茸一片愁。吹尽柳花人不见,青旗催日下城头。

春雨

城云如梦柳儳儳,野水横来强满池。九十日春浑得雨,故应留润作花时。

初到金陵

江湖归不及花时,空绕扶疏绿玉枝。夜直去年看蓓蕾,昼眠今日对纷披。

送和甫至龙安微雨因寄吴氏女子

荒烟凉雨助人悲,泪染衣巾不自知。除却春风沙际绿,一如看汝过江时。

与北山道人

莳果疏泉带浅山,柴门虽设要常关。别开小径连松路,只与邻僧约往还。

过外弟饮

一日君家把酒杯,六年波浪与尘埃。步知乌石冈边路,至老相寻得几回。

若耶溪归兴

若耶溪上踏莓苔,兴罢张帆载酒回。汀草岸花浑不见,青山无数逐人来。

乌石

乌石冈边缭绕山,柴荆细路—作径水云间。吹—作拈花嚼蕊长来往,只有春风似我闲。

定林

定林青一作修，又作乔木老参天，横贯东南一道泉。六月杖藜寻石路，午阴多处听潺湲。

定林所居

屋绕湾溪竹绕山，溪山却在白云间。临溪放艇依山坐，溪鸟山花共我闲。

台城寺侧独行

春山撩乱水纵横，篱落荒畦草自生。独往独来山下路，笋舆看得绿阴成。

游钟山

终日看山不厌山，买山终待老山间。山花落尽山长在，山水空流山自闲。

松间

被召将行作。

偶向松间觅旧题,野人休诵北山移。丈夫出处非无意,猿鹤从来不自知。

雨未止正臣欲行以诗留之

纷纷应接使人愁,与子从容喜问酬。他日故将泥自庇,今朝欲以雨相留。

卷三十一　律诗十八 七言绝句

题张司业诗

苏州司业诗名老，乐府皆言妙入神。看似寻常最奇崛，成如容易却艰辛。

同陈和叔游北山

春风荡屋雨填沟，东阁翛然拥鬫裘。邻壁黄粱炊未熟，唤回残梦有鸣驺。

次吴氏女子韵

吴氏诗云:"西风不入小窗纱,秋气应怜我忆家。极目江南千里恨,依前和泪看黄花。"南朝九日台,在孙陵曲街旁,去吾园只数百步。

孙陵西曲岸乌纱,知汝凄凉正忆家。人世岂能无聚散,亦逢佳节且吹花。

再次前韵

秋灯一点映笼纱,好读楞严莫念家。能了诸缘如梦事,世间唯有妙莲花。

即席

曲沼融融泮尽澌,暖烟笼瓦碧参差。人情共恨春犹浅,不问寒梅有几枝。

游城南即事 二首

一

神奸变化久难知，禹鼎由来更不疑。螭魅合谋非一日，太丘真复社亡迟。

二

泰坛东路绕重营，独背朝阳信马行。漫道城南天尺五，荒林时见一柴荆。

寄沈道原

城郭千家一弹丸，蜀冈拥肿作蛇蟠。眼前不道无苍翠，偷得钟山隔水看。

哭张唐公

堂一作棠邑山林久寂寥，属车前日驻鸡翘。冥冥独凤随云雾一作知何处，南陌空闻引葬箫。

生日次韵南郭子 二首

一

救黥医劓世无方，断简陈编付药房。祝我寿龄君好语，毗耶一夜满城香。

二

寒逼清枝故有梅，草堂先对白头开。残骸已若鸡年梦，犹见骚人几度来。

八公山

淮山但有八公名，鸿宝烧金竟不成。身与仙人守都厕，可能鸡犬得长生。

过徐城

七年五过徐城县，自笑皇皇此世间。安得身如仓庚氏，一官能到子孙闲。

送丁廓秀才归汝阴 二首

一

好去翩然丁令威,昔人且在不应非。淮云岂与辽天阔,想复留情故一归。

二

西州行路日萧条,执手伤怀不自聊。游子故乡终念返,岂能无意冶城潮。

和惠思韵 二首

醴泉观

邂逅相随一日闲,或缘香火共灵山。夕阳兴罢黄尘陌,直似蓬莱堕世间。

蝉

白下长干何可见,风尘愁杀庾兰成。去年今日青松路,亦自闻蝉第一声。

送王石甫学士知湖州

吴兴太守美如何，柳恽诗才未足多。遥想郡人迎下檐，白蘋洲渚正沧波。

怀钟山

投老归来供奉班，尘埃无复见钟山。何须更待黄粱熟，始觉人间是梦间。

江宁夹口 三首

一

茅屋沧洲一酒旗，午烟孤起隔林炊。江清日暖芦花转，只一作恰似春风柳絮时。

二

月堕浮云水卷空，沧洲夜泝五更风。北山草木何由见，梦尽青灯展转中。

三

落帆江口月黄昏，小店无灯欲闭门。侧出岸沙枫半死，系船犹有去年痕。

寄碧岩道光法师

去马来车扰扰尘,自难长寄水云身。碧岩后主今为客,何况开山说法人。

省中 二首

一

万事悠悠心自知,强颜于世转参差。移床独卧秋风里,静看蜘蛛结网丝。

二

大梁春雪满城泥,一马常瞻落日归。身世自知还自笑,悠悠三十九年非。

崇政殿后春晴即事

悠悠独梦水西轩,百舌枝头语更繁。山鸟不应知地禁,亦逢春暖即啾喧。

省中沈文通厅事

竹上秋风吹网丝，角门常闭吏人稀。萧萧一榻卷书坐，直到日斜骑马归。

吴任道说应举时事

县瓠城南陂水深，春泥满眼路岖嵚独。独骑瘦马冲残雨，前伴茫茫不可寻。

送河中通判朱郎中迎母东归

彩衣东笑上归船，莱氏欢娱在晚年。嗟我白头生意尽，看君今日更凄然。

寄题杭州明庆院修广师明碧轩

明碧轩南竹数丛，别来江外几秋风。道人无复人间世，嗟我今为白发翁。

夜直

金炉香尽漏声残,翦翦轻风阵阵寒。春色恼人眠不得,月移花影上栏干。

试院中 四首

一

白发无聊病更侵,移床卧竹向秋阴。朝来雁背西风急,吹折江湖万里心。

二

咫尺淹留可奈何,东西虚共一姮娥。阶前枣树应摇落,此夜清光得几多。

三

青灯照我梦城西,坐上传觞把菊枝。忽忽觉来头更白,隔墙闻语趁朝时。

四

萧萧疏雨吹檐角,嘈嘈暝蛩啼草根。闲却荒庭归未得,一灯明灭照黄昏。

人间

人间投老事纷纷,才薄何能强致君。一马黄尘南陌路,眼中唯见北山云。

后殿牡丹未开

红襆未开知婉娩,紫囊犹结想芳菲。此花似欲留人住,山鸟无端劝我归。

春日

柴门照水见青苔,春绕花枝漫漫开。路远游人行不到,日长啼鸟去还来。

寄韩持国

渌绕宫城漫漫流,鹅黄小蝶弄春柔。问知公子朝陵去,归得花时却自愁。

答韩持国

知公尚忆洛城中,醉里穿花满袖风。花亦有知还有恨,今为红药主人翁。

出城

惯作野人多野兴,欲为时用少时材。出城偶与沙尘背,转觉溪山入眼来。

涿州

涿州沙上望桑干,鞍马春风特地寒。万里如今持汉节,却寻此路使呼韩。

出塞

涿州沙上饮盘桓,看舞春风小契丹。塞雨巧催燕泪落,濛濛吹湿汉衣冠。

入塞

荒云凉雨水悠悠，鞍马东西鼓吹休。尚有燕人数行泪，回身却望塞南流。

书汜水关寺壁

汜水鸿沟楚汉间，跳兵走马百重山。如何咫尺商于地，便有园公绮季闲。

题北山隐居王闲叟壁

荒村日午未开门，雨后馀花满地存。举世但能旌隐逸，谁人知道是王孙。

和惠思岁二日二绝

一

懒读书来已数年，从人嘲我腹便便。为嫌归舍儿童聒，故就僧房借榻眠。

二

沙砾藏春未放来，荒庭终日守陈荄。遥怜草色裙腰绿，湖寺西南一径开。

赴召道中

海气冥冥涨楚氛，汀洲回薄水横分。青松十里钟山路，只隔西南一片云。

江东召归

昨日君恩悮赐环，归肠一夜绕钟山。虽然眷恋明时禄，羞见琅邪有郝丹。

平甫如通州寄之

北山摇落人峥嵘，想见扬帆出广陵。平世自无忧国事，求田应不忤陈登。

寄显道

舟约刀头止岁前,故人专使手书传。出门江口问消息,极目寒沙空渺然。

和平父寄道光法师

欲见道人非一朝,杖藜无路到青霄。千岩万壑排风雨,想对铜炉柏子烧。

三品石

草没苔侵弃道周,误恩三品竟何酬。国亡今日顽无耻,似为当年不与谋。

和崔公度家风琴 八首

一

屋山终日信飘飘,似与幽人破寂寥。为有机心须强聒,直教悬解始声消。

二

帘幕无风起沈寥，谁悲精铁任飘飘。随商应角知无意，不待歌成韵已消。

三

万物能鸣为不平，世间歌哭两营营。君知此物心何欲，自信天机自有声。

四

风铁相敲固可鸣，朔兵行夜响行营。如何清世容高卧，翻作幽窗枕上声。

五

南风屋角响萧萧，白日帘垂作寂寥。爱此宫商有真意，与君倾耳尽今朝。

六

风来风去岂尝要，随分铿锵与寂寥。不似人间古钟磬，从来文饰到今朝。

七

系身高处本无心，万窍鸣时有玉音。欲作镆耶为物使，知君能笑不祥金。

八

疏铁檐间挂作琴,清风才到遽成音。伊人欲问无真意,向道从来不博金。

送陈靖中舍归武陵

知君欲上武陵溪,水自东流人自西。到日桃花应已谢,想君应不为花迷。

北山

刳木为舟数丈馀,卧看风月映芙蕖。清香一阵浑无暑,时有惊榔跃出鱼。

适意

一灯相伴十余年,旧事陈言知几编。到了不如无累后,困来颠倒枕书眠。

辱井

结绮临春草一丘,尚残宫井戒千秋。奢淫自是前王耻,不到龙沈亦可羞。

题金沙

海棠开后数金沙,高架层层吐绛葩。咫尺西城无力到,不知谁赏魏家花。

夜闻流水

千丈崩奔落石碕,秋声散入夜云悲。州桥月下闻流水,不忘钟山独宿时。

咏月 三首

一

寒光乍洗山川莹,清影遥分草树纤。万里更无云物动,中天只有兔随蟾。

二

江海清明上下兼，碧天遥见一毫纤。此时只欲浮云尽，窟穴何妨有兔蟾。

三

一片清光万里兼，几回圆极又纤纤。君看出没非无意，岂为辛勤养玉蟾。

卷三十二　律诗十九 七言绝句

次韵杏花 三首

一

只愁风雨劫春回，怕见枝头烂漫开。野鸟不知人意绪，啄教零乱点苍苔。

二

心怜红蕊与移栽，不惜年年粪壤培。风雨无时谁会得，欲教零乱强催开。

三

看时高艳先惊眼，折处幽香易满怀。野女强簪看亦丑，少教憔悴逐荆钗。

杏园即事

蟠桃移种杏园初，红抹燕脂嫩脸苏。闻道飘零落人世，清香得似旧时无。

宋城道中

都城花木久知春，北路余寒尚中人。宿草连云青未得，东风无赖只惊尘。

对客

窗壁风回午枕凉，清谈相对一胡床。心知帝力同天地，能使人间白日长。

愍儒坑

智力区区不为身，欲将何物助强秦。只应埋没千秋后，更足诗书发冢人。

遇雪

定知花发是归期,不奈归心日日归。风雪岂知行客恨,向人更作落花飞。

殊胜渊师八十馀因见访问之近来如何答曰随缘而已至示寂作是诗

寄托荒山鬼与邻,一生黄卷不离身。百年薪尽随缘去,莫学缁郎更误人。

怀旧

吹破春冰水放光,山花涧草百般香。身闲处处堪行乐,何事低徊两鬓霜。

访隐者

童子穿云晚未归,谁收松下著残棋。先生醉卧落花里,春去人间总不知。

海棠花

绿娇隐约眉轻扫,红嫩妖娆脸薄妆。巧笔写传功未尽,清才吟咏兴何长。

证圣寺杏接梅花未开

红蕊曾游此地来,青青今见数枝梅。只应尚有娇春意,不肯凌寒取次开。

杂咏 五首

一

勋业无成照水羞,黄尘入眼见山愁。烟中漠漠江南岸,更与家人一少留。

二

白头重到太宁宫,玉珮琼琚在眼中。歌舞可怜人暗换,花开花落几春风。

三

朝阳映屋拥书眠,梦想钟山一慨然。投老安能长忍垢,会当归此濯寒泉。

四

乌石冈头踯躅红，东江柳色涨春风。物华人意曾相值，永日留连草莽中。

五

小雨萧萧润水亭，花风飑飑破浮萍。看花听竹心无事，风竹声中作醉醒。

书陈祈兄弟屋壁

千里归来倦宦身，欲寻田宅豫求邻。能将孝友传家世，乡邑如君更几人。

郊行

柔桑采尽绿阴稀，芦箔蚕成密茧肥。聊向村家问风俗，如何勤苦尚凶饥。

破冢 二首

一

埋没残碑草自春，旋风时出地中尘。墦间夜半分珠玉，犹是当时乞祭人。

二

残椁穿来欲几春，萧萧长草没骐骥。墦间或有樵苏客，未必他年醉饱人。

题景德寺试院壁
至和三年八月十日。

屋东瓜蔓已扶疏，小石蓝花破萼初。从此到寒能几日，风沙还见一年除。

金陵报恩大师西堂方丈 二首

一

檐花映日午风薰，时有黄鹂隔竹闻。香炷一炉春睡足，上方车马正纷纷。

二

萧萧山屋千竿玉，霭霭当窗一炷云。心力长年人事外，种花移石尚殷勤。

题正觉院箨龙轩 二首

一

北轩名字经平子，爱此吾能为赋诗。山雨江风一披拂，箨龙还自有吟时。

二

仙事茫茫不可知，箨龙空此见孙枝。壶中若有闲天地，何苦归来问葛陂。

相州古瓦砚

吹尽西陵歌舞尘，当时屋瓦始称珍。甄陶往往成今手，尚托声名动世人。

望夫石

云鬟烟鬓与谁期，一去天边更不归。还似九疑山下女，千秋长望舜裳衣。

山前

山前溪水涨潺潺，山后云埋不见山。不趁雨水耕水际，即穿云去卧山间。

江雨

冥冥江雨湿黄昏，天入沧洲漫不分。北涧欲能南涧水，南山正绕北山云。

扬子 二首

一

儒者陵夷此道穷，千秋止有一扬雄。当时荐口终虚语，赋拟相如却未工。

二

道真沉溺九流浑，独溯颓波讨得源。岁晚强颜天禄阁，只将奇字与人言。

独卧 二首

一

谁有锄耰不自操，可怜园地满蓬蒿。欲寻春物无蹊径，独卧南床白日高一作日自高。

二

茅檐午影转悠悠，门闭青苔水乱流。百啭黄鹂看不见，海棠无数出墙头。

孟子

沉魄浮魂不可招，遗编一读想风标。何妨举世嫌迂阔，故有斯人慰寂寥。

商鞅

自古驱民在信诚,一言为重百金轻。今人未可非商鞅,商鞅能令政必行。

苏秦

已分将身死势权,恶名磨灭几何年。想君魂魄千秋后,却悔初无二顷田。

范雎

范雎相秦倾九州,一言立断魏齐头。世间祸故不可忽,箦中死尸能报仇。

张良

汉业存亡俯仰中,留侯当一作于此每从容。固陵始议韩彭地,复道方图雍齿封。

曹参

束发河山百战功，白头富贵亦成空。华堂不箸新歌舞，却要区区一老翁。

韩信

贫贱侵凌富贵骄，功名无复在刍荛。将军北面师降虏，此事人间久寂寥。

伯牙

千载朱弦无此悲，欲弹孤绝鬼神疑。故人舍我闭黄壤，流水高山心自知。

范增 二首

一

中原秦鹿待新羁，力战纷纷此一时。有道吊民天即助，不知何用牧羊儿。

二

鄹人七十漫多奇，为汉驱民了不知。谁合军中称亚父，直须推让外黄儿。

贾生

一时谋议略施行，谁道君王薄贾生。爵位自高言尽废，古来何啻万公卿。

两生

两生才器亦超群，黑白何劳强自分。好与骑奴同一处，此时俱事卫将军。

谢安

谢公才业自超群，误长清谈助世纷。秦晋区区等亡国，可能王衍胜商君。

世上

范蠡五湖收远迹，管宁沧海寄余生。可怜世上风波恶，最有仁贤不敢行。

读后汉书

锢党纷纷果是非，当时高士见精微。可怜窦武陈蕃辈，欲与天争汉鼎归。

读蜀志

千载纷争共一毛，可怜身世两徒劳。无人语与刘玄德，问舍求田意最高。

读唐书

志士无时亦少成，中才随世就功名。并汾诸子何为者，坐与文皇立太平。

读开成事

奸罔纷纷不为明，有心天下共无成。空令执笔螭头者，日记君臣口舌争。

别和甫赴南徐

都城落日马萧萧，雨压春风暗柳条。天际归艎那可望，只将心寄海门潮。

寄茶与平甫

彩绛缝囊海上舟，月团苍润紫烟浮。集英殿里春风晚，分到并门想麦秋。

寄茶与平甫

碧月团团堕九天，封题寄与洛中仙。石楼试水宜频啜，金谷看花莫漫煎。

戏长安岭石

附巘凭崖岂易跻,无心应合与云齐。横身势欲填沧海,肯为行人惜马蹄。

代答

破车伤马亦天成,所托虽高岂自营。四海不无容足地,行人何事此中行。

促织

金屏翠幔与秋宜,得此年年醉不知。只向贫家促机杼,几家能有一绚丝。

腊享

明星惨澹月参差,万窍含风各自悲。人散庙门灯火尽,却寻残梦独多时。

卷三十三　律诗二十 七言绝句

杏花

垂杨一径紫苔封，人语萧萧院落中。独有杏花如唤客，倚墙斜日数枝红。

城东寺菊

黄花漠漠弄秋晖，无数蜜蜂花上飞。不忍独醒孤尔去，殷勤为折一枝归。

拒霜花

落尽群花独自芳，红英浑欲拒严霜。开元天子千秋节，戚里人家承露囊。

燕

处处定知秋后别，年年长向社前逢。行藏自欲追时节，岂是人间不见容。

吐绶鸡

樊笼寄食老低摧，组丽深藏肯自媒。天日清明聊一吐，儿童初见互惊猜。

黄鹂

野花吹尽竹娟娟，尚有黄鹂最可怜。娅姹不知缘底事，背人飞过北山前。

蝶

翅轻于粉薄于缯，长被花牵不自胜。若信庄周尚非我，岂能投死为韩凭。

暮春

无限残红着地飞，溪头烟树翠相围。杨花独得东风意，相逐晴空去不归。

真州东园作

十年历遍人间事，却绕新花认故丛。南北此身知几日，山川长在泪痕中。

过皖口

皖城西去百重山，陈迹今埋杳霭间。白发行藏空自感，春风江水照衰颜。

发粟至石陂寺

蓦水穿山近更赊,三更燃火饭僧家。乘田有秩难逃责,从事虽勤敢叹嗟。

别皖口

浮烟漠漠细沙平,飞雨溅溅嫩水生。异日不知来照影,更添华发几千茎。

别灊皖二山

乡垒新恩借旧朱,欲辞灊皖更踌躇。攒峰列岫应讥我,饱食穷年报礼虚。

舒州被召试不赴偶书

戴盆难与望天兼,自怪虚名亦自嫌。槁壤太牢俱有味,可能蚯蚓独清廉。

舟过长芦

木落草摇洲渚昏，泊船深闭雨中门。回灯只欲寻归梦，儿女纷纷强笑言。

金山 三首

一

北楫南樯泊四垂，共怜金碧烂参差。孤根万丈沧波底，除却蛟龙世不知。

二

波澜荡沃乾坤大，气象包藏水石间。只有此中宜旷望，谁令天作海门山。

三

天日苍茫海气深，一船西去此登临。丹楼碧阁皆时事，只有江山古到今。

泊姚江

山如碧浪翻江去，水似青天照眼明。唤取仙人来住此，莫教辛苦上层城。

游钟山

两山松栎暗朱藤,一水中间胜武陵。午梵隔云知有寺,夕阳归去不逢僧。

龙泉寺石井 二首

一

山腰石有千年润,海一作石眼泉无一日干。天下苍生待霖雨,不知龙向此中蟠。

二

人传湫水未尝枯,满底苍苔乱发粗。四海旱多霖雨少,此中端有卧龙无。

兴国楼上作

松篁不动翠相重,日射流尘四散红。地上行人愁喝死,那知高处有清风。

别灉阁

一溪清泻百山重,风物能留邵曼容。后夜肯思幽兴极,月明孤影伴寒松。

杭州望湖楼回马上作呈玉汝乐道

水光山气碧浮浮,落日将归又少留。从此只应长入梦,梦中还与故人游。

奉和景纯十四丈三绝

一

身先诸老斡枢机,再见王门阖左扉。但恨东归相值晚,岂知临别更心违。

二

几年相约在林丘,眼见京江更阻游。遗我珠玑何以报,恨无瑶玉与公舟。

三

藏春花木望中迷,水复山长道阻跻。怊怅老年尘世累,无因重到武陵溪。

临津

临津艳艳花千树，夹径斜斜柳数行。却忆金明池上路，红裙争看绿衣郎。

汀沙

汀沙雪漫水溶溶，睡鸭残芦晻霭中。归去北人多忆此，每家图画有屏风。

西山

西山映水碧潭潭，楚老长谣泪满衫。但道使君留不得，那知肯更忆江南。

和文淑

天梯云栈蜀山岑，下视嘉陵水万寻。我得一舟江上去，恐君东望亦伤心。

春入

春入园林百草香，池塘冰散水生光。身闲是处堪携手，何事低徊两鬓霜。

暮春

芙蕖的历抽新叶，苜蓿阑干放晚花。白下门东春已老，莫嗔杨柳可藏鸦。

乌江亭

百战疲劳壮士哀，中原一败势难回。江东子弟今虽在，肯与君王卷土来。

汉武

壮士悲歌出塞频，中原萧瑟半无人。君王不负长陵约，直欲功成赏汉臣。

诸葛武侯

恸哭杨颙为一言,余风今日更谁传。区区庸蜀支吴魏,不是虚心岂得贤。

望越亭

乱山千顷翠相围,衮衮沧江去复归。安得病身生羽翼,长随沙鸟自由飞。

春日席上

十年流落负归期,临水登山各有思。今日樽前千万恨,不堪频唱鹧鸪辞。

句容道中

荒烟寒雨暮山重,草木冥冥但有风。二十四年三往返,一身多在百忧中。

晏望驿释舟走信州

病起行山山更险，下穷溪谷上通天。乘高欲作东南望，青壁松杉满我前。

祈泽寺见许坚题诗

蔼蔼春风入水村，森森乔木映朱门。高人遗迹空佳句，谁识旌阳后世孙。

送陈景初
<small>陈善医。</small>

惨淡淮山水墨秋，行人不饮奈离愁。药囊直入长安市，谁识柴车载伯休。

巫峡

神女音容讵可求,青山回抱楚宫楼。朝朝暮暮空云雨,不尽襄王万古愁。

徐秀才园亭

茂松修竹翠纷纷,正得山阿与水濆。笑傲一生虽自乐,有司还欲选方闻。

中茅峰石上徐锴篆字题名

百年风雨草苔昏,尚有当年墨法存。只恐终随峄碑尽,西风吹烧满秋原。

欲雪

天上云骄未肯同,晚来雪意已填空。欲开新酒邀嘉客,更待天花落坐中。

上元夜戏作

马头乘兴尚谁先，曲巷横街一一穿。尽道满城无国艳，不知朱户锁婵娟。

石竹花

春归幽谷始成丛，地面芬敷浅浅红。车马不临谁见赏，可怜亦解度春风。

黄花

四月扬州芍药多，先时为别苦风波。还家忽忽惊秋色，独见黄花出短莎。

木芙蓉

水边无数木芙蓉，露染燕脂色未浓。正似美人初醉着，强抬青镜欲妆慵。

精卫

帝子衔冤久未平，区区微意欲何成。情知木石无云补，待见桑田几变更。

戏赠育王虚白长老

白云山顶病禅师，昔日公卿各赠诗。行尽四方年八十，却归荒寺有谁知。

黄河

派出昆仑五色流，一支黄浊贯中州。吹沙走浪几千里，转侧尾闾无处求。

东江

东江木落水分洪，伐尽黄芦洲渚空。南涧夕阳烟自起，西山漠漠有无中。

北望

欲望淮南更白头，杖藜萧飒倚沧洲。可怜新月为谁好，无数晚山相对愁。

骊山

六籍燔除士不磨，骊山如此盗兵何。五陵珠玉归人世，却为诗书发冢多。

县舍西亭 二首

一

山根移竹水边栽，已见新篁破嫩苔。可惜主人官便满，无因长向此徘徊。

二

主人将去菊初栽，落尽黄花去却回。到得明年官又满，不知谁见此花开。

铁幢浦

忆昨初为海上行,日斜来往看潮生。如今身是西归客,回首山川觉有情。

临吴亭作

补穿葺漏仅区区,志义殊嗟士大夫。欲致太平非一日,谩劳使者报新书。

苏州道中顺风

北风一夕阻东舟,清早飞帆落虎丘。运数本来无得丧,人生万事不须谋。

卷三十四　律诗二十一 七言绝句

送僧惠思归钱塘

渌净堂前湖水渌，归时正复有荷花。花前亦见余杭姥，为道仙人忆酒家。

松江

来时还似去时天，欲道来时已惘然。只有松江桥下水，无情长送去来船。

秋日

莫言草木未知秋，今日风云已自愁。独傍黄尘骑一马，行看萧索听飕飕。

中秋夕寄平甫诸弟

浮云吹尽数秋毫，爤爤金波满满醪。千里得君诗挑战，夜坛谁敢将风骚。

灵山

灵山宁与世为仇，斤斧侵凌自不休。水玉比来闻长价，市人无数起相仇。

荷花

亭亭风露拥川坻，天放娇娆岂自知。一舸超然他日事，故应将尔当西施。

残菊

黄昏风雨打园林,残菊飘零满地金。擷得一枝犹好在,可怜公子惜花心。

竹窗

竹窗红苋两三根,山色遥供水际门。只我近知墙下路,能将屐齿记苔痕。

出定力院作

江上悠悠不见人,十年尘垢梦中身。殷勤为解丁香结,放出枝间自在春。

寄育王大觉禅师

山木悲鸣水怒流,百虫专夜思高秋。道人方丈应无梦,想复长吟拟慧休。

送僧游天台

天台一万六千丈，岁晏老僧携锡归。前程好景解吟否，密雪乱云缄翠微。

次韵张仲通水轩

池雨含烟暝不收，草根长见水交流。爱君古锦囊中句，解道今秋似去秋。

送陈令

长溪流水碧潺潺，古木苍藤暗两山。把臂道人今在否，长官白首尚人间。

无锡寄正之

健席高樯送病身，乱山荒陇障归津。应须一曲千回首，西去论心更几人。

谩成

清时无路取封侯，病卧牛衣已数秋。日月不胶时易失，感今怀昔使人愁。

初晴

一抹明霞黯淡红，瓦沟已见雪花融。前山未放晓寒散，犹锁白雪三两峰。

钓者

钓国平生岂有心，解甘身与世浮沉。应知渭水车中老，自是君王着意深。

将次镇南

豫章江面朔风惊，浩荡帆船破浪行。目送家山无几许，千年空想蟪蛄声。

出金陵

白石冈头草木深，春风相与散衣襟。浮云映郭留佳气，飞鸟随人作好音。

酬王徽之

一雨回飙助蓐收，炎曦不复畏金流。君家咫尺堪乘兴，想岸乌纱对奕秋。

题玉光亭

传闻天玉此埋堙，千古谁分伪与真。每向小庭风月夜，却疑山水有精神。

赠僧

纷纷扰扰十年间，世事何尝不强颜。亦欲心如秋水静，应须身似岭云闲。

嘲叔孙通

马上功成不喜文,叔孙绵蕝共经纶。诸君可笑贪君赐,便许当时作圣人。

和净因有作

朝红一片堕窗尘,禅客翛然感此辰。更觉城中芳意少,不如山野早知春。

张工部庙

使节纷纷下禁中,几人曾到此城东。独君遗像今如在,庙食真须德与功。

次韵和张仲通见寄三绝句

一

高山流水意无穷,三尺空弦膝上桐。默默此时谁会得,坐凭江阁看飞鸿。

二

收拾乾坤付一壶,世间无物直锱铢。醉乡旧业抛来久,更欲因君稍问涂。

三

欹枕狂歌击唾壶,直将轩冕等锱铢。醉乡歧路君知否,不似人间足畏涂。

宣州府君丧过金陵

百年难尽此身悲,眼入春风只泪洟。花发鸟啼皆有思,忍寻棠棣鹡鸰诗。

观王氏雪图

崔嵬相映雪重重,茅屋柴门在半峰。想有幽人遗世事,独临青峭倚长松。

韩子

纷纷易尽百年身,举世何人识道真一本作"默默谁令识道真"。力去陈言夸末俗，可怜无补费精神。

宰嚭

谋臣本自系安危，贱妾何能作祸基。但愿君王诛宰嚭，不愁宫里有西施。

郭解

籍交唯有不赀恩，汉法归成弃市论。平日五陵多任侠，可能推刃报王孙。

古寺

寥寥萧寺半遗基，游客经年断履綦。犹有齐梁旧时殿，尘昏金像雨昏碑。

越人以幕养花因游其下 二首

一

幕天无日地无尘，百紫千红占得春。野草自花还自落，落时还有惜花人。

二

尚有残红已可悲,更忧回首只空枝。莫嗟身世浑无事,睡过春风作恶时。

鱼儿

绕岸车鸣水欲干,鱼儿相逐尚相欢。无人挈入沧江去,汝死那知世界宽。

离鄞至菁江东望

村落萧条夜气生,侧身东望一伤情。丹楼碧阁无处所,只有溪山相照明。

信州回车馆中作 二首

一

太白山根秋夜静,乱泉深水绕床鸣。病来空馆闻风雨,恰似当年枕上声。

二

山木漂摇卧弋阳，因思太白夜淋浪。西窗一榻芭蕉雨一作"芭蕉一枕西窗雨"，复似当时水绕床。

天童山溪上

溪水清涟树老苍，行穿溪树踏春阳。溪深树密无人处，唯有幽花度水香。

鄞县西亭

收功无路去无田，窃食穷城度两年。更作世间儿女态，乱栽花竹养风烟。

寄和甫

水村悲喜拆书看，闻道并州九月寒。忆得此时花更好，举家怜女不同盘。

寄伯兄

身留海上去何时，只看春鸿北向飞。安得先生同一饮，蕨芽香嫩鲥鱼肥。

别鄞女

行年三十已衰翁，满眼忧伤只自攻。今夜扁舟来诀汝，死生从此各西东。

真州马上作

身随饥马日中行，眼入风沙困欲盲。心气已劳形亦弊，自怜于世欲何营。

登飞来峰

飞来山上千寻塔，闻说鸡鸣见日升。不畏浮云遮望眼，自缘身在最高层。

读汉功臣表

汉家分土建忠良,铁券丹书信誓长。本待山河如带砺,何缘菹醢赐侯王。

咏月

追随落日尽还生,点缀浮云暗又明。江有蛟龙山虎豹,清光虽在不堪行。

金山

怪秘阴灵与护持,重丹复碧焕参差。沧江见底应无日,万丈孤根世不知。

叠翠亭

烟笼远浦迷芳草,日照澄湖浸碧峰。幸有清樽堪酩酊,忍陪良友不从容。

默默

默默长年有所思，世间谈笑强追随。苍髯欲茁朱颜谢，更觉求田问舍迟。

达本

未能达本且归根，真照无知岂待言。枯木岩前犹失路，那堪春入武陵源。

寓言 二首

一

太虚无实可追寻，叶落松枝漫古今。若见桃花生圣解，不疑还自有疑心。

二

本来无物使人疑，却为参禅买得痴。闻道无情能说法，面墙终日妄寻思。

偶书

穰侯老擅关中事，长恐诸侯客子来。我亦暮年专一壑，每逢车马便惊猜。

扬子

千古雄文造圣真，眇然幽思入无伦。他年未免投天禄，虚为新都着剧秦。

读维摩经有感

身如泡沫亦如风，刀割香涂共一空。宴坐世间观此理，维摩虽病有神通。

春日即事

池北池南春水生，桃花深处好闲行。细思扰扰梦中事，何用悠悠身后名。

赠安太师

独龙冈北第三峰，逋客归来老更慵。败屋数椽青缭绕，冷云深处不闻钟。

送李生白华岩修道

白华岩主是金仙，假作山僧学道禅。珍重此行吾不及，为传消息结因缘。

寄道光大师

秋雨漫漫夜复朝，可嗟蔀屋望重霄。遥知宴坐无余念，万事都从劫火烧。

示报宁长老

白下亭东鸣一牛，山林陂港净高秋。新营枣棫我檀越，曾悟布毛谁比丘。

红梨

红梨无叶庇花身,黄菊分香委路尘。岁晚苍官才自保,日高青女尚横陈。

鸱

依倚秋风气象豪,似欺黄雀在蓬蒿。不知羽翼青冥上,腐鼠相随势亦高。

驴 二首

一

力俦龙象或难堪,唇比仙人亦未惭。临路长鸣有真意,盘山弟子久同参。

二

虽得康庄亦好还,每逢沟堑便知难。由来此物非他物,莫道何曾似仰山。

卷三十五　挽辞

仁宗皇帝挽辞 四首

一

去序三朝圣，行崩万国天。忧勤无旷古，治洽最长年。仁育齐高厚，哀思罄幅员。欲知千载美，道德冠遗编。

二

冯几微言绝，群臣涕泗挥。哀号三级陛，缟素九重围。天上仙游远，宫中御座非。最悲帷幄侍，不复未明衣。

三

厌代人间世，收神天上游。遽然虚玉座，不复望珠旒。待旦移巾帻，饔人改膳羞。寻常飞白几，寂寞暗尘浮。

四

同轨群方至，因山十月催。永违天日表，空有肺肝摧。帐殿流苏卷，铃歌薤露哀。宫中垂晓仞，西去不更回。

英宗皇帝挽辞 二首

一

御气方尊极，乘云已沆寥。衣冠万国会，陵寝百神朝。夏鼎传归启，虞羹想见尧。谁当授椽笔，论德在琼瑶。

二

玉册上鸿名，犹残警跸声。忽辞千岁祝，虚卜五年征。羽卫悲哀送，山陵指顾成。讴歌归圣子，世孝在持盈。

神宗皇帝挽辞 二首

一

将圣由天纵，成能与鬼谋。聪明初四达，俊乂尽旁求。一变前无古，三登岁有秋。讴歌归子启，钦念禹功修。

二

城阙宫车转，山林隧路归。苍梧云未远，姑射露先晞。玉暗蛟龙蛰，金寒雁鹜飞。老臣他日泪,湖海想遗衣。

慈圣光献皇后挽辞 二首

一

国赖姜任盛,门归马邓高。关雎求窈窕,卷耳念勤劳。圣淑才难拟,休明运继遭。冈原今献卜,帷扆正攀号。

二

涂山女德茂,京室母才难。具美多前志,余光永后观。遗衣迁馆御,祖载出宫莍。终始神孙孝,长留万国欢。

正肃吴公挽辞 三首

公尝举贤良,终河南守,葬郑。予举士时公知举。

一

从容边塞议,慷慨庙堂争。曲突非无验,方穿有不行。搢绅终倚赖,赠襚极哀荣。岂慕公孙贵,平生学董生。

二

应世文章手,宜民政事才。朝多侧目忌,士有拊心哀。书蠹平生简,香寒后夜灰。悠悠国西路，空得葬车回。

三

昔继吴公治，今纵子产游。里门无旧客，乡国有新丘。谋让裨谌远，文归贾谊优。此时辜怨宠，西望涕空流。

文元贾公挽辞 二首

一

功名烜赫在三朝，经术从容辅汉条。儒服早纡丞相绂，戎冠再插侍中貂。开仓六塔流民复，出甲甘陵叛党销。东第只今空画像，当时于此识风标。

二

铭旌萧飒九秋风，薤露悲歌落月中。华屋几人思贾傅，佳城今日闭滕公。名垂竹帛书勋在，神寄丹青审象同。天上貂蝉曾梦赐，归魂应佩紫阳宫。

元献晏公挽辞 三首

一

文章晋康乐，经术汉公孙。旧秩疑丞贵，前功保傅尊。传呼犹在耳，会哭已填门。萧瑟城南路，鸣筇上九原。

二

终贾年方妙，萧曹地已亲。优游太平日，密勿老成人。抗论辞多秘，赓歌迹已陈。功名千载下，不负汉庭臣。

三

感会真奇遇，飞扬独妙龄。他年西钱日，此夜上骑星。宿惠留藩屏，余忠在禁庭。音容无处所，仿佛寄丹青。

忠献韩公挽辞 二首

一

心期自与众人殊，骨相知非浅丈夫。独斡斗杓环帝座，亲扶日毂上一作继天衢。锄耰万里山无盗，衮绣三朝国有儒。爽气忽随秋露尽，但留陈迹在龟趺。

二

两朝身与国安危，典策哀荣此一时。木稼尝闻达官怕，山颓果见哲人萎。英姿爽气归图画，茂德元勋在鼎彝。幕府少年今白发，伤心无路送灵輀。

正宪吴公挽辞

丙魏虽遭汉道昌,岂如公出值虞唐。秀钟旧国山川气,荣附中天日月光。更化事功参虎变,赞元时序得金穰。伤心鼓吹城南陌,回首新阡柏一行。

孙威敏公挽辞

功名一世事,兴废岂人谋。重为苍生起,终随逝水流。凄凉归部曲,零落掩山丘。许国言犹在,奸谀可使羞。

崇禧给事同年马兄挽辞 二首

一

庆历公偕起,元丰我独伤。两楹终昔梦,五鼎继前丧。薰歇曾攀桂,甘留所憩棠。素风知不坠,能世有诸郎。

二

藏室亡三箧,得之公最多。露晞当晚景,川逝作前波。惠寄舆人诵,悲传挽者歌。竹西携手处,清泪邈山河。

陈动之秘丞挽辞 二首

一

年高汉贾谊，官过楚荀卿。望古君无憾，论今我未平。有风吹画翣，无日照佳城。空复文章在，流传世上名。

二

人间三十六，追逐孔鸾飞。似欲来为瑞，如何去不归。琴樽已寂寞，笔墨尚光辉。空复平生友，西华岂易依。

赠工部侍郎郑公挽辞

地蟠江汉久知灵，通德门中见老成。南去伏波推将略，北来光禄擅诗名。密章赠襚连三组，画翣丧车载一旌。阴德故应多后福，可能生子但升卿。

致仕虞部曲江谭君挽辞

同时献赋久无人，握手悲欢迹已陈。它日白衣霄汉志，暮年朱绂水云身。虚容剑几今长夜，小隐山林只旧春。岂惜埋辞追往事，齿衰才尽独伤神。

马玠大夫挽辞

冠盖青门道，知君自少时。从容他日喜，奄忽暮年悲。江月明丹旐，湖风冷穗帷。音容虽可想，材力竟何施。

宋中道挽辞

文史传家学，声名动帝除。兰堂空作赋，金匮不雠书。胜事悲畴昔，清谈想绪余。吹箫索上去，归国有魂车。

王中甫学士挽辞

同学金陵最少年，奏书曾用牍三千。盛名非复居人后，壮岁如何弃我先。种橘园林无旧业，采苹洲渚有新篇。蒜山东路春风绿，埋没谁知太守阡。

王逢原挽辞

蒿里竟何在，死生从此分。谩传仙掌籍，谁见鬼修文。蔡琰能传业，侯芭为起坟。伤心北风路，吹泪湿江云。

葛兴祖挽辞

忆随诸彦附青云,场屋声名看出群。孙宝暮年犹主簿,卜商今日更修文。山川凛凛平生气,草木萧萧数尺坟。欲写此哀终不尽,但令千载少知君。

河中使君修撰陆公挽辞 三首

一

文采机云后,知名实妙年。银钩工壮丽,金薤富清妍。批凤多新贵,凭熊数外迁。空令猗氏监,遗爱有良田。

二

皖城初得故人诗,叹息龙媒踠壮时。太史滞留终不偶,中郎制作遂无施。二千石禄今何有,四十车书昔漫知。海曲泠云埋拱木,延州空挂暮年悲。

三

前旌一幅粉书名,行路知君亦涕零。遂失词人空甫里,谩留悲鹤老华亭。主张寿禄无三甲,收拾文章有六丁。归处仙凫终不远,新坟东见海山青。

王子直挽辞

多才自合至公卿，岂料青衫困一生。太史有书能叙事，子云终世不徽名。丘坟惨淡箕山绿，门巷萧条颍水清。握手笑言如昨日，白头东望一伤情。

孙君挽辞

丧车上新垄，哀挽转空山。名与碑长在，魂随帛暂还。无儿漫黄卷，有母亦朱颜。俯仰平生事，相看一梦间。

处士葛君挽辞

楚人黄歇地，晋代葛洪家。特擅山川秀，相承黻冕华。猗君有清尚，于世不雍夸。令子能传业，流光未可涯。

永寿县太君周氏挽辞 二首
邓忠臣母。

一

永寿开新邑，长沙返旧茔。金萐冷钿轴，粉字暗铭旌。薤久露难湿，兰余风尚清。庆钟知有在，令子合升卿。

二

子引金闺籍，身开石窌封。灵辂悲吉路，象服俨虚容。楚挽虽多相，莱衣不更缝。谁知逝川底，剑自喜相逢。

致仕邵少卿挽辞 二首

一

谢朓城中守，梁鸿基下归。素车驰吉路，丹旐卷寒辉。抚几虚容在，瞻图实貌非。无因置一酹，空此叹长违。

二

杯酒邗沟上，纷纷已十年。音容常想见，风迹每流传。老去元卿位，新开太守阡。庆门当更大，子弟固多贤。

葛郎中挽辞 二首

一

卷卷穗帷轻，空堂昼哭声。衣冠遗故物，杯案若平生。白马有悲送，赤车非古行。低徊九原日，光景在铭旌。

二

蛮荆长往地,湖海独归时。旅衬蛟龙护,铭旌雁鹜随。此生要有尽,何物告无期。一片幽堂石,公知我不欺。

悼王致处士

处士生涯水一瓢,行年七十更萧条。老妻稻下分遗秉,弱子松间拾堕樵。岂有声名高后世,遂无饘粥永今朝。穷魂散漫知何处,甬水东西不可招。

苏才翁挽辞 二首

一

空余一丹旐,无复两朱轓。寂寞蒜山渡,陂陀京口原。音容归绘画,才业付儿孙。尚有故人泪,沧江相与翻。

二

翰墨随谈啸,风流在弟兄。浮名同逆旅,壮志负平生。使节何年去,丧车故老迎。悠悠京口外,落日照铭旌。

悼慧休

休公遂不起,难料复难忘。玉骨随薪尽,空留一分香。

卷三十六　集句 古律诗

送吴显道 五首

一

五湖大浪如银山，问君西游何当还。以手抚膺坐长叹，空手无金行路难。丈夫意有在，吾徒且加餐。屏风九叠云锦张，千峰如连环。上有横河断海之浮云，可望不可攀。飞空结楼台，动影裊窕冲融间。沛然乘天游，下看尘世悲人寰。泊舟浔阳郭，去去翔寥廓。吾今幸未成老翁，衰老不复如今乐。

二

滕王高阁临江渚，东边日出西边雨。十五年前此会同，天际张帷列樽俎。公今此去何时归，我今停杯一问之。春风两岸水杨柳，昔日青青今在否。偶向东湖更向东，杏花两株能白红。落拓旧游应记得，插花走马月明中。流光荏苒瞻西海，明年花开复谁在。杏花杨柳年年好，南去北来人自老。少壮几时奈老何,与君把箸击盘歌。歌罢仰天叹,六龙忽蹉跎。眼中了了见乡国,自是不归归便得。欲往城南望城北,此心炯炯君应识。

三

临川楼上柣园中,罗帏绣幕围香风。觥船一棹百分空,看朱成碧颜始红。杏花杨柳年年好,南去北来人自老。旧事无人可共论,惟君与我同怀抱。

四

忽忆旧乡头已白,牙齿欲落真可惜。临江把臂难再得,江水江花岂终极。

五

百年多病独登台,知有归日眉放开。功名富贵何足道,且赋渊明归去来。

送吴显道南归

君不见,蔡泽栖迟世看丑,豪气英风亦何有。忽然变轩昂,盛事传不朽。君今幸未成老翁,二十八宿罗心胸。何不上书自荐达,封侯起第一日中。秋月春风等闲度,山中旧宅无人住。宅中青桑叶宛宛,涧水流过田中路。遥知杨柳是门处,万里苍苍烟水暮。我欲寻之不惮远,君又暂来还径去。红亭驿路挂城头,忆君只欲苦死留。天际张帷列樽俎,君歌声酸辞且苦。人生憔悴生理难，使人听此凋朱颜。劝君更尽一杯酒，明日路长山复山。

送刘贡甫谪官衡阳

刘郎刘郎莫先起，遇酒当歌且欢喜。船头朝转暮千里，眼中之人吾老矣。九疑联绵皆相似，负雪崔嵬插花里。万里衡阳雁，寻常到此回。行逢二三月，好与雁同来。雁来人不来，如何不饮令心哀。莫厌潇湘少人处，谪官樽俎定常开。

赠宝觉 并序

予始与宝觉相识于京师，因与俱东。后以翰林学士召，会宿金山一昔，今复见之。闻化城阁甚壮丽，可登眺，思往游焉，故赋是诗。

大师京国旧，兴趣江湖迥。往与惠询辈，一宿金山顶。怀哉若留恋，王事有朝请。别来能几时，浮念剧含梗。今朝忽相见，眸子清炯炯。夜阑接软语，令人发深省。化城出天半，远色有诸岭。白首对汀洲，犹思理烟艇。

金山寺

招提凭高冈，四面断行旅。胜地犹在险，浮梁袅相拄。大江当我前，飐滟翠绡舞。通流与厨会，甘美胜牛乳。扣栏出鼋鼍，幽姿可时睹。夜深殿突兀，太微凝帝宇。壁立两崖对，迢迢隔云雨。天流剩得月，月落闻津鼓。夜风一何喧，大舶夹双橹。颠沉在须臾，我自楫迎汝。始知像教力，但度无所苦。忆昨狼狈初，只见石与土。荣华一朝尽，土梗空俯偻。人事随转烛，苍茫竟谁主。咄嗟檀施开，绣楹盘万础。高阁切星辰，新秋照牛女。汤休起我病，转上青天去。摄身凌苍霞，同凭朱栏语。我歌尔其聆，幽愤得一吐。谁言张处士，雄笔映千古。

化城阁

曾宫凭风回，两岸闻钟声。百里见秋毫一作"凿翠开户牖"，构云有高营。化城若化出，仰攀日月行。俯视大江奔，众山遥相迎一作"茫茫与天平"。大江蟠嵌根，旋流一作回波自成浪。却略罗翠屏，秀色各异状。楞伽海中山，回一作眷出霄汉上。中有不死庭，天龙尽回向。惜哉不得往，侧坐渺难望。拥掩难恖宥一作"登兹翻百忧"，意欲铲叠嶂。登临独无语，一望一怊怅。一本无此二句。忽忆少年时，孤屿坐题诗。空怀焉能果，唯有故人知。

明妃曲

我本汉家子，早入深宫里。远嫁单于国，憔悴无复理。穹庐为室旃为墙，胡尘暗天道路长。去住彼此无消息，明明汉月空相识。死生难有却回身，不忍回看旧写真。玉颜不是黄金少，爱把丹青错画人。朝为汉宫妃，暮作胡地妾一作"今日汉宫妃，明朝胡地妾"。独留青冢向黄昏，颜色如花命如叶。

怀元度 四首

一

秋水才深四五尺，扁舟斗转疾于飞。可怜物色阻携手，正是归时君不归。

二

舍南舍北皆春水，恰似葡萄初酦醅。不见秘书心若失，百年多病独登台。

三

思君携手安能得，上尽重城更上楼。时独看云泪横臆，长安不见使人愁。

四

自君之出矣，何其挂怀抱。孤坐屡穷辰，山林迹如扫。数枝石榴发，岂无一时好。不可持寄君，思君令人老。

招元度

早知皆一作身是自拘囚，年少因何一作何因有旅愁。自是不归归便得，陆乘肩舆一作篮举水乘舟。

示黄吉甫

三山半落青天外，势比凌歊宋武台。尘世难逢开口笑，生前相遇且衔杯。

送张明甫

觚船一棹百分空，十五年前此会同。南去北来人自老，桃花依旧笑春风。

赠张轩民赞善

潮打空城寂寞回，百年多病独登台。谁人得似张公子，有底忙时不肯来。

望之将行

江涵秋景雁初飞，沙尾长樯发渐稀。惆怅无因见范蠡，夕阳长送钓船归。

招叶致远

山桃野杏两三栽，嫩叶一作蕊商量细细开。最是一年春好处，明朝有意抱琴来。

独行

朱颜日夜一作渐不如故，深感杏花相映红。尽日独行春色里，醉吟谁肯伴衰翁。

江口送道源

六朝文物草连空,今古无端入望中。江上晚来堪画处,参差烟树五湖东。

戏赠湛源

恰有三百青铜钱,凭君为算小行年。坐中亦有江南客,自断此生休问天。

与北山道人

可惜昂藏一丈夫,生来不读半行书。子云识字终投阁,幸是元无免破除。

梅花

白玉堂前一树梅,为谁零落为谁开。唯有春风最相惜,一年一度一归来。

即事 五首

一

渐老逢春能几回,蓬门今始为君开。莫嫌野外无供给,更向花前把一杯。

二

一树笼松玉刻成,游蜂多思正经营。攀枝弄雪时回顾,还绕樱桃树下行。

三

幽栖地僻经过少,钟梵声中掩竹门。唯有多情枝上雪,暗香浮动月黄昏。

四

遮莫邻鸡下五更,愿为闲客此闲行。欲知前面花多少,颠倒青苔落绛英。

五

春光冉冉归何处,细雨斜风作夜寒。犹有数葩红好处,老年花似雾中看。

春风

春风吹园杂花开,青天露坐始此回。一杯一杯复一杯,笑言溢口何欢哈。古人白骨生青苔,我独不饮何为哉。何时出得禁酒国,垒曲便筑糟丘台。

春雪

春雪堕如筵,浑家醉不知。泥留虎斗迹,愁杀路傍儿。

花下

花下一壶酒,定将谁举杯。雪英飞落近,疑是故人来。

春山

春山春水流,曲折方屡渡。荒乘不知疲,行到水穷处。依然旧童子,要予竹西去。归时始觉远,草蔓已多露。

金陵怀古

六代豪华空处所，金陵王气漠然收。烟浓草远望不尽，物换星移度几秋。至竟江山谁是主，却因歌舞破除休。我来不见当时事，上尽重城更上楼。

沈坦之将归溧阳值雨留吾庐久之 三首

一

天雨萧萧滞茅屋，冷猿秋雁不胜悲。床床屋漏无干处，独立苍茫自咏诗。

二

檐雨乱淋幔，风悲兰杜秋。相看更促膝，人老自多愁。

三

片云头上黑，淅淅野风秋。室妇叹鸣鹳，分为两地愁。

示蔡天启 三首

一

蔡子勇成癖，能骑生马驹。铦锋莹鹧鸪，价重百碎磲。脱身事幽讨，禅宠只晏如。划然变轩昂，慎勿学哥舒。

二

蔡子勇成癖，剑可万人敌。读书百纸过，颖锐物不隔。开口取将相，志气方自得。逼仄何逼仄，未见有一获。萧条两翅蓬蒿下，未能生彼升天翼。焉能学堂上燕，绚练新羽翮。

三

身着青衫骑恶马，日驰三百尚嫌迟。心源落落堪为将，却是君王未备知。

烝然来思 并序

烝然来思送程公也，公来以薁蘪馈我。我饮饯之，宿西水浒，故作是诗。

念我独兮，亦莫我顾。烝然来思，程伯休父。我有旨酒，尔殽伊脯。酌言酬之，式歌且舞。不留不处，适彼乐土。言秣其马，率西水浒。有客宿宿，于时语语。山有桥松江有渚，式遄其归不我与。作此好歌，唱予和女。

示杨德逢

我行其野，春日迟迟。有菀者柳，在水之湄。有鸣仓庚，岂曰不时。求其友声，颉之颃之。嗟我怀人，何日忘之。六日不詹，方何为期。期逝不至，我心西悲。跂予望之，其室则迩。一者之来，我心则喜。我之怀矣，升彼虚矣。爱而不见，云何吁矣。

示道光及安太师

春日载阳，陟彼高冈。乐彼之园，维水泱泱。维笋及蒲，既生既育。挤飞维鸟，集于灌木。嘤其鸣矣，乱我心曲。有怀二人，在彼空谷。既往既来，独寐寤宿。陟则在巘，或降于阿。瞻望弗及，伤如之何。

老人行

老人低心逐年少，年少还为老人调。两家挟诈自相欺，四海伤真谁复诮。翻手作云覆手雨，当面论心背面笑。古来人事已如此，今日何须论久要。

离升州作

相看不忍发,惨澹暮潮平。语罢更携手,月明洲渚生。

仓颉

仓颉造书,不诂自明。于乎多言,只误后生。

卷三十七 集句·词

胡笳十八拍

一

中郎有女能传业，颜色如花命如叶。命如叶薄将奈何，一生抱恨常咨嗟。良人持戟明光里，所慕灵妃媲箫史。空房寂寞施穗帷，弃我不待白头时。

二

天不仁兮降乱离，嗟余去此其从谁。自胡之反持干戈，翠蕤云旃相荡摩。流星白羽腰间插，叠鼓遥翻瀚海波。一门骨肉散百草，安得无泪如黄河。

三

身执略兮入西关，关山阻修兮行路难。水头宿兮草头坐，在野只教心胆破。更鞴雕鞍教走马,玉骨瘦来无一把。几回抛鞚抱鞍桥,往往惊堕马蹄下。

四

汉家公主出和亲,御厨络绎送八珍。明妃初嫁与胡时,一生衣服尽随身。眼长看地不称意,同是天涯沦落人。我今一食日还并,短衣数挽不掩胫。乃知贫贱别更苦,安得康强保天性。

五

十三学得琵琶成,绣幕重重卷画屏。一见郎来双眼明,劝我酤酒花前倾。齐言此夕乐未央,岂知此声能断肠。如今正南看北斗,言语传情不如手。低眉信手续续弹,弹看飞鸿劝胡酒。

六

青天漫漫覆长路,一纸短书无寄处。月下长吟久不归,当时还见雁南飞。弯弓射飞无远近,青冢路边南雁尽。两处音尘从此绝,唯向东西望明月。

七

明明汉月当相识,道路只今多拥隔。去住彼此无消息,时独看云泪横臆。豺狼喜怒难姑息,自倚红颜能骑射。千言万语无人会,漫倚文章真末策。

八

死生难有却回身,不忍重看旧写真。暮去朝来颜色改,四时天气总愁人。东风漫漫吹桃李,尽日独行春色里。自经丧乱少睡眠,莺飞燕语长悄然。

九

柳絮已将春去远,攀条弄芳畏晼晚。忧患众兮欢乐鲜,一去可怜终不返。日夕思归不得归,山川满目泪沾衣。芈圭苑里西风起,叹息人间万事非。

十

寒声一夜传刁斗,云雪埋山苍兕吼。诗成吟咏转凄凉,不如独坐空搔首。漫漫胡天叫不闻,胡人高鼻动成群。寒尽春生洛阳殿,回首何时复来见。

十一

晚来幽独恐伤神,唯见沙蓬水柳春。破除万事无过酒,庞酒千杯不醉人。含情欲说更无语,一生长恨奈何许。饥对酪肉兮不能餐,强来前帐临歌舞。

十二

归来展转到五更,起看北斗天未明。秦人一作家筑城备胡处,扰扰唯有牛羊声。万里飞蓬映天过,风吹汉地衣裳破。欲往城南望城北,三步回头五步坐。

十三

自断此生休问天，生得胡儿拟弃捐。一始扶床一初坐，抱携抚视皆可怜。宁一作谁知远使问名姓，引袖拭泪悲且庆。悲莫悲于一作兮生别离，悲在君家留二一作两儿。

十四

鞠之育之不羞耻，恩情亦各言其子。天寒日暮山谷里，肠断非关陇头水。儿呼母兮啼失声，依然离别难为情。洒血仰头兮诉苍苍，知我如此兮不如无生。

十五

当时悔来归又恨，洛阳宫殿焚烧尽。纷纷黎庶逐黄巾，心折此时无一寸。恸哭秋原何处村，千家今有百家存。争持酒食来相馈，旧事无人可共论。

十六

此身饮罢无归处，心怀百忧复千虑。天翻地覆谁得知，魏公垂泪嫁文姬。天涯憔悴身，托命于新人。念我出腹子，使我叹恨劳精神。新人新人听我语，我所思兮在何所。母子分离兮意难任，死生不相知兮何处寻。

十七

燕山雪花大如席，与儿洗面作光泽。恍然天地半夜白，闺中只是空相忆。点注桃花舒小红，与儿洗面作华容。欲问平安无使来，桃花依旧笑春风。

十八

春风似旧花仍笑,人生岂得长年少。我与儿兮各一方,憔悴看成两鬓霜。如今岂无腰袅与骅骝,安得送我置汝傍。胡尘暗天道路长,遂令再往之计堕眇芒。胡笳本出自胡中,此曲哀怨何时终。笳一会兮琴一拍,此心炯炯君应识。

虞美人

虞美人,态浓意远淑且真,同辇随君侍君侧,六宫粉黛无颜色。楚歌四面起,形势返苍黄。夜闻马嘶晓无迹,蛾眉萧飒如秋霜。汉家离宫三十六,缓歌慢舞凝丝竹。人间举眼尽堪悲,独在阴崖结茅屋。美人为黄土,草木皆含愁。红房紫荅处处有,听曲低昂如有求。青天漫漫覆长路,今人犁田昔人墓。虞兮虞兮奈若何,不见玉颜空死处。

甘露歌 三首

一

折得一枝香在手,人间应未有。疑是经春雪未消,今日是何朝。

二

尽日含毫难比兴,都无色可并。万里晴天何处来,真是屑琼瑰。

三

天寒日暮山谷里，的皪愁成水。地上渐多枝上稀，唯有故人知。

桂枝香

登临送目，正故国晚秋，天气初肃。千里澄江似练，翠峰如簇。归帆去棹残阳里，背西风酒旗斜矗。彩舟云淡，星河鹭起，画图难足。

念往昔繁华竞逐，叹门外楼头，悲恨相续。千古凭高，对此漫嗟荣辱。六朝旧事随流水，但寒烟芳草凝绿。至今商女，时时犹歌，后庭遗曲。

菩萨蛮

数家茅屋闲临水，单衫短帽垂杨里。今日是何朝，看予度石桥一作"花是去年红，吹开一夜风"。

梢梢新月偃，午醉醒来晚。何物最关情，黄鹂三两声。

渔家傲 二首

一

灯火已收正月半，山南山北花撩乱。闻说浐亭新水漫，骑款段，穿云入坞寻游伴。

却拂僧床褰素幔，千岩万壑春风暖。一弄松声悲急管，吹梦断，西看窗日犹嫌短。

二

平岸小桥千嶂抱，柔蓝一水萦花草。茅屋数间窗窈窕，尘不到，时时自有春风扫。

午枕觉来闻语鸟，欹眠似听朝鸡早。忽忆故人今总老，贪梦好，茫然忘却邯郸道。

清平乐

云垂平野，掩映竹篱茅舍。闲寂幽居实潇洒，是处绿娇红冶。
丈夫运用堂堂，且莫五角六张。若有一卮芳酒，逍遥自在无妨。

浣溪沙

百亩中庭半是苔，门前白道水萦回。爱闲能有几人来。
小院回廊春寂寂，山桃溪杏两三栽。为谁零落为谁开。

浪淘沙令

伊吕两衰翁，历遍穷通，一为钓叟一耕佣。若使当时身不遇，老了英雄。

汤武偶相逢，风虎云龙，兴王只在笑谈中。直至如今千载后，谁与争功。

南乡子 二首

一

嗟见世间人，但有纤毫即是尘。不住旧时无相貌，沉沦，只为从来认识神。

作么有疏亲，我自降魔转法轮。不是摄心除妄想，求真，幻化空身即法身。

二

自古帝王州，郁郁葱葱佳气浮。四百年来成一梦，堪愁，晋代衣冠成古丘。

绕水恣行游，上尽层城更上楼。往事悠悠君莫问，回头，槛外长江空自流。

诉衷情·和俞秀老鹤词 五首

一
常时黄色见眉间，松桂我同攀。每言天上辛苦，不肯饵金丹。怜水静，爱云闲，便忘还。高歌一曲，岩谷迤逦，宛似商山。

二
练巾藜杖白云间，有兴即跻攀。追思往昔如梦，华毂也曾丹。尘自扰，性长闲，更无还。达如周召，穷似丘轲，只个山山。

三
茫然不肯住林间，有处即追攀。将他死语图度，怎得离真丹。浆水价，匹如闲，也须还。何如直截，踢倒军持，赢取沩山。

四
营巢燕子逞翱翔，微志在雕梁。碧云举翮千里，其奈有鸾皇。临济处，德山行，果承当。自时降在，一切天魔，扫地焚香。

五
莫言普化只颠狂，真解作津梁。蓦然打个筋斗，直跳过羲皇。临济处，德山行，果承当。将他建立，认作心诚，也是寻香。

望江南·归依三宝赞

归依众，梵行四威仪。愿我遍游诸佛土，十方贤圣不相离。永灭世间痴。

归依法，法法不思议。愿我六根常寂静，心如宝月映琉璃。了法更无疑。

归依佛，弹指越三祇。愿我速登无上觉，还如佛坐道场时。能智又能悲。

三界里，有取总灾危。普愿众生同我愿，能于空有善思惟。三宝共住持。

卷三十八　四言诗·古赋·乐章·上梁文·铭赞

潭州新学诗 并序

治平元年，天章阁待制、兴国吴公治潭州之明年，正月，改筑庙学于城东南，越五月告成，孔子用币。潭人曰："公为善政以德我，又不勤我，而为此学以嘉我。士子谁能诗乎，以诵我公于无穷。"皆辞不敢，乃使来请。诗曰：

有嘉新学，潭守所作。守者谁欤，仲庶氏吴。振养矜寡，衣之褰襦。黔首鼓歌，吏静不求。乃相庙序，生师所庐。上漏旁穿，燥湿不除。曰嘻迁哉，迫厄卑污。当其坏时，适可以谋。营地虑工，伐梗楠楮。撤故就新，为此渠渠。潭人来止，相语而喜。我知视成，无豫经始。公升在堂，从者如水。公曰诲汝，潭之士子。古之读书，凡以为己。躬行孝悌，由义而仕。神听汝助，况于闾里。无实而荂，非圣自是。虽大得意，吾犹汝耻。士下其手，公言无尤。请诗我歌，以远公休。

新田诗 并序

唐治四县，田之入于草莽者十九，民如寄客，虽简其赋、缓其徭，而不可以必留。尚书比部郎中赵君尚宽之来，问敝于民，而知其故，乃委推官张君恂，以兵士兴大渠之废者一，大陂之废者四，诸小渠陂教民自为者数十。一年，流民作而相告以归。二年，而淮之南、湖之北操橐耜以率其妻子者，其来如雨。三年，而唐之土不可贱取。昔之菽粟者，多化而为稌，环唐皆水矣，唐独得岁焉。船漕车挽负担出于四境，一日之间，不可为数。唐之私廪固有余。循吏之无称于世久矣，予闻赵君如此，故为作诗。诗曰：

离离新田，其下流水。孰知其初，灌莽千里。其南背江，其北逾淮。父抱子扶，十百其来。其来仆仆，馒我新屋。赵侯勋之，作者不饥。岁仍大熟，饱及鸡鹜。傡船与车，四鄙出谷。今游者处，昔止者流。维昔牧我，不如今侯。侯来适野，不有观者。税于水滨，问我鳏寡。侯其归矣，三岁于兹。谁能止侯，我往求之。

猎较诗 并序

"猎较"刺时也。昔孔子仕于鲁，鲁人猎较，孔子亦猎较。或问乎孟轲曰："孔子之仕，非事道欤？"曰："事道也。""事道奚猎较也？"曰："孔子先簿正祭器。不以四方之食供簿正，不猎较，则若无以祭然。"盖孔子所以小同于俗，犹有义也。义固在于可为之域。而后之人习于随者，一不权义，以之可否，污身贬道，豫然以和众自得。甚者伤人伦、败风俗，至于无号，则诿曰"孔子亦尝猎较矣"。悲夫！作是诗以刺焉。

猎较猎较，谁禽我有。国人之怵，君子所丑。猎较猎较，祭占其祥。国人之序，君子何伤。

云之祁祁答董传

云之祁祁，或雨于渊。苗之翘翘，或槁于田。云之祁祁，或雨于野。有槁于田，岂不自我。嶒兮其阶，其在西郊。匪我为之，我歌且谣。蔚兮其复，南山之侧。我歌且谣，维以育德。

龙赋

龙之为物，能合能散，能潜能见，能弱能强，能微能章。惟不可见，所以莫知其乡；惟不可畜，所以异于牛羊。变而不可测，动而不可驯，则常出乎害人；而未始出乎害人，夫此所以为仁。为仁无止，则常至乎丧己；而未始至乎丧己，夫此所以为智。止则身安，曰惟知几；动则物利，曰惟知时。然则龙终不可见乎？曰：与为类者常见之。

历山赋 并序

余杭县人有与季父争田,于县、于州、于转运使,不直,提点刑狱令余来直之。将归,闵然望历山而赋之。历山在县西上虞县界中,或曰舜所耕云。

历山之峨峨兮,予汝耕之,孰汝强之?此匪予私云然兮谁汝使,子人之子兮。余师历山之峨峨兮,则维其常,人之子兮云曷而亡。云曷而亡兮我之思,今孰继兮我之悲,呜呼已矣兮来者为谁?

思归赋

塞吾南兮安之,莽吾北兮亲之。思朝吾舟兮水波,暮吾马兮山阿。亡济兮维夷,夫孰驱兮亡戏。风翛翛兮来去,日翳翳兮溟蒙之雨。万物纷披萧索兮,岁逶迤其今暮。吾感不知夫途兮,徘徊彷徨以反顾。盍归兮,盍去兮,独何为乎此旅?

释谋赋

云冥冥兮蔽日,风浩浩兮吹沙。出予驰兮不得,块独处兮咨嗟。嗟天地兮无穷,暑与寒兮相客。以短褐兮忧亲,孰知予兮孔棘。维抱关兮击柝,乃予仕兮所宜。禄可辞兮尚冒,养孰割兮方亏。岂吾事兮固拙,宁我辱兮独悖。信物默兮有制,尚可俸兮内外。

明堂乐章 二首

歆安之曲
穆穆在堂,肃肃在庭。于显辟公,来相思成。神既歆止,有闻惟馨。锡我休嘉,燕及群生。

皇帝还大次憩安之曲
有奕明堂,万方时会。宗予圣考,作帝之配。乐酌虞典,礼从周制。厘事既成,于皇来堲。

景灵宫修盖英宗皇帝神御殿上梁文

儿郎伟,天都左界,帝室中经,诞惟仙圣之祠,夙有神灵之宅。嗣开宏构,追奉晬容。方将广舜孝于无穷,岂特尚汉仪之有旧。先皇帝道该五泰,德贯二仪,文摛云汉之章,武布风霆之号。华夏归仁而砥属,蛮夷驰义以骏奔。清跸甫传,灵舆忽往。超然姑射,山无一物之疵;邈矣寿丘,台有万人之畏。已葬鼎湖之弓剑,将游高庙之衣冠。今皇帝孝奉神明,恩涵动植。纂禹之服,期成万世之功;见尧于羹,未改三年之政。乃眷熏修之吉壤,载营馆御之新宫。考协前彝,述追先志。孝严列峙,寝门可象于平居;广拓旁开,辇路故存于陈迹。官师肃给,斤筑隆施。揆吉日以庀徒，举修梁而考室。敢申善颂，以相欢谣。

儿郎伟，抛梁东，圣主迎阳坐禁中。明似九天升晓日，恩如万国转春风。

儿郎伟，抛梁西，瀚海兵销太白低。王母玉环方自献，大宛金马不须赍。

儿郎伟，抛梁南，丙地星高每岁占。千障灭烽开岭徼，万艘输赆引江潭。

儿郎伟，抛梁北，边城自此无鸣镝。即看呼韩渭上朝，休夸窦宪燕然勒。

儿郎伟，抛梁上，彷佛神游今可想。风马云车世世来，金舆玉辂年年享。

儿郎伟，抛梁下，万灵隤祉扶宗社。天垂嘉种已丰年，地产珍符方极化。

伏愿上梁之后，圣躬乐豫，宝命灵长。松茂献两宫之寿，椒繁占六寝之祥。宗室蕃维之彦，朝廷表干之良。家传庆誉，代袭龙光。启一心而显相，保馈祀之无疆。皇帝万岁。

蒋山钟铭

于皇正觉，训用音闻。肆作大钟，以警沉昏。

明州新刻漏铭

戊子王公，始治于明。丁亥孟冬，刻漏具成。追谓属人，嗟汝予铭。自古在昔，挈壶有职。匪器则弊，人亡政息。其政谓何？弗棘弗迟。君子小人，兴息维时。东方未明，自公召之。彼宁不勤，得罪于时。厥荒懈废，乃政之疵。呜呼有州，谨哉维兹。兹惟其中，俾我后思。

伍子胥庙铭

予观子胥出死亡逋窜之中，以客寄之一身，卒以说吴，折不测之楚，仇执耻雪，名震天下，岂不壮哉！及其危疑之际，能自慷慨不顾万死，毕谏于所事，此其志与夫自恕以偷一时之利者异也。孔子论古之士大夫，若管夷吾、臧武仲之属，苟志于善而有补于当世者，咸不废也。然则子胥之义又曷可少耶？康定二年，予过所谓胥山者，周行庙庭，叹吴亡千有余年，事之兴坏废革者不可胜数，独子胥之祠不徙不绝，何其盛也。岂独神之事，吴之所兴，盖亦子胥之节有以动后世，而爱尤在于吴也。后九年，乐安蒋公为杭使，其州人力而新之，余与为铭也。

烈烈子胥，发节穷逋。遂为册臣，奋不图躯。谏合谋行，隆隆之吴。厥废不遂，邑都俄墟。以智死昏，忠则有余。胥山之颜，殿屋渠渠。千载之祠，如祠之初。孰作新之，民劝而趋。维忠肆怀，维孝肆孚。我铭祠庭，示后不诬。

璨公信心铭

沔彼有流，载浮载沈。为可以济，一壶千金。法譬则水，穷之弥深。璨公所传，等观初心。

蒋山觉海元公真赞

贤哉人也，行厉而容寂，知言而能默，誉荣弗喜，辱毁弗戚，弗矜弗克，人自称德，有缁有白，自南自北，弗句弗逆，弗抗弗抑，弗观汝华，惟食己实。孰其嗣之，我有遗则。

梵天画赞

梵天尚实，厥乘孔雀。鸡知时语，铃戒沉浊。皓身黄衣，于净无着。乃持赤幡，归趣正觉。

维摩像赞

是身是像，无有二相。三世诸佛，亦如是像。若取真实，还成虚妄。应持香花，如是供养。

空觉义示周彦真

觉不遍空而迷,故曰觉迷。空不遍觉而顽,故曰空顽。空本无顽,以色故顽。觉本无迷,以见故迷。

卷三十九 书疏

上仁宗皇帝言事书

臣愚不肖，蒙恩备使一路，今又蒙恩召还阙廷，有所任属，而当以使事归报陛下。不自知其无以称职，而敢缘使事之所及，冒言天下之事，伏惟陛下详思而择其中，幸甚。臣窃观陛下有恭俭之德，有聪明睿智之才，夙兴夜寐，无一日之懈，声色狗马、观游玩好之事，无纤介之蔽，而仁民爱物之意，孚于天下；而又公选天下之所愿以为辅相者属之以事，而不贰于谗邪倾巧之臣。此虽二帝三王之用心，不过如此而已，宜其家给人足，天下大治。而效不至于此，顾内则不能无以社稷为忧，外则不能无惧于夷狄，天下之财力日以困穷，而风俗日以衰坏，四方有志之士，諰諰然常恐天下之久不安。此其故何也？患在不知法度故也。今朝廷法严令具，无所不有，而臣以谓无法度者，何哉？方今之法度，多不合乎先王之政故也。孟子曰："有仁心仁闻而泽不加于百姓者，为政不法于先王之道故也。"以孟子之说，观方今之失，正在于此而已。夫以今之世去先王之世远，所遭之变、所遇之势不一，而欲一二修先王之政，虽甚愚者犹知其难也。然臣以谓今之失患在不法先王之政者，以谓当法其意而已。夫二帝三王，相去盖千有余载，一治一乱，其盛衰之时具矣。其所遭之变、所遇之势，亦各不同，其施设之方亦皆殊。而其为天下国家之意，本末先后，未尝不同也。臣故曰当法其意而已。法其意，则吾所改易更革，不至乎倾骇天下之耳目，嚣天下之口，而固已合乎先王之政矣。虽然，以方今之势揆之，陛下虽欲改易更革天下之事，合于先王之意，其势必不能也。陛下有恭俭之德，有聪明睿智之才，有仁民爱物之意，诚加之意，则何为而不成，何欲而不得？然而臣顾以谓陛下虽欲改易更革天下之事，合于先王之意，其势必不能者，何也？以方今天下之人才不足故也。臣尝试窃观天下在位之人，未有乏于此时者也。夫人才乏于上，则有沉废伏匿在下，而不为当时所知者矣。臣又求之于闾巷草野之间，而亦未见其多焉。岂非陶冶而成之者非其道而然乎？臣以谓方今在位之人才不足者，以臣使事之所及则可知矣。今以一路数千里之间，能推行朝廷之法令，知其所缓急，而一切能使民以修其职事者甚少，而不才苟简贪鄙之人，至不可胜数。其能讲先王之意，以合当时之变者，盖阖郡之间往往而绝也。朝廷每一令下，其意虽善，在位者犹不能推行，使膏泽加于民，而吏辄缘之为奸，以扰百姓。臣故曰：在位之人才不足，而草野闾巷之间亦未见其多也。夫人才不足，则陛下虽欲改易更革天下之事以合先王之意，大臣虽有能当陛下之意而欲领此者，九州之大，四海之远，孰能称陛下之指，以一二推行此，而人人蒙其施者乎？臣故曰其势必未能也。孟子曰"徒法不能以自行"，非此之谓乎？然则方今之急，在于人才而已。诚能使天下之才众多，然后在位之才可以择其人而取足焉。在位者得其才矣，然后稍视时势之可否，而因人情之患苦，变更天下之弊法，以趋先王之意，甚易也。今之天下，亦先王之天下。先王之时，人才尝众矣，何至于今而独不足乎？故曰：陶冶而成之者，非其道故也。

商之时，天下尝大乱矣。在位贪毒祸败，皆非其人。及文王之起，而天下之才尝少矣。当是时，文王能陶冶天下之士，而使之皆有士君子之才，然后随其才之所有而官使之。《诗》曰："岂弟君子，遐不作人。"此之谓也。及其成也，微贱兔罝之人，犹莫不好德，《兔罝》之诗是也。又况于在位之人乎？夫文王惟能如此，故以征则服，以守则治。《诗》曰："奉璋峨峨，髦士攸宜。"又曰："周王于迈，六师及之。"言文王所用，文武各得其才，而无废事也。及至夷、厉之乱，天下之才又尝少矣。至宣王之起，所与图天下之事者，仲山甫而已。故诗人叹之曰："德輶如毛，维仲山甫举之，爱莫助之。"盖闵人士之少，而山甫之无助也。宣王能用仲山甫，推其类以新美天下之士，而后人才复众。于是内修政事，外讨不庭，而复有文、武之境土。故诗人美之曰："薄言采芑，于彼新田，于此菑亩。"言宣王能新美天下之士，使之有可用之才，如农夫新美其田而使之有可采之芑也。由此观之，人之才，未尝不自人主陶冶而成之者也。所谓陶冶而成之者，何也？亦教之、养之、取之、任之有其道而已。所谓教之之道，何也？古者天子诸侯，自国至于乡党皆有学，博置教导之官而严其选。朝廷礼乐刑政之事皆在于学，士所观而习者，皆先王之法言德行治天下之意，其材亦可以为天下国家之用。苟不可以为天下国家之用，则不教也，苟可以为天下国家之用者，则无不在于学。此教之之道也。所谓养之之道，何也？饶之以财，约之以礼，裁之以法也。何谓饶之以财？人之情，不足于财，则贪鄙苟得，无所不至。先王知其如此，故其制禄，自庶人之在官者，其禄已足以代其耕矣。由此等而上之，每有加焉，使其足以养廉耻而离于贪鄙之行。犹以为未也，又推其禄以及其子孙，谓之世禄。使其生也，既于父子、兄弟、妻子之养，婚姻、朋友之接，皆无憾矣；其死也，又于子孙无不足之忧焉。何谓约之以礼？人情足于财而无礼以节之，则又放僻邪侈，无所不至。先王知其如此，故为之制度。婚丧、祭养、燕享之事，服食、器用之物，皆以命数为之节，而齐之以律度量衡之法。其命可以为之而财不足以具，则弗具也；其财可以具而命不得为之者，不使有铢两分寸之加焉。何谓裁之以法？先王于天下之士，教之以道艺矣，不帅教则待之以屏弃远方、终身不齿之法。约之以礼矣，不循礼则待之以流、杀之法。《王制》曰："变衣服者，其君流"，《酒诰》曰："厥成诰曰：'群饮，汝勿佚。尽执拘以归于周，予其杀。'"夫群饮、变衣服，小罪也；流、杀，大刑也。加小罪以大刑，先王所以忍而不疑者，以为不如是不足以一天下之俗而成吾治。夫约之以礼，裁之以法，天下所以服从无抵冒者，又非独其禁严而治察之所能致也。盖亦以吾至诚恳恻之心，力行而为之倡。凡在左右通贵之人，皆顺上之欲而服行之，有一不帅者，法之加必自此始。夫上以至诚行之，而贵者知避上之所恶矣，则天下之不罚而止者众矣。故曰：此养之之道也。所谓取之之道者，何也？先王之取人也，必于乡党，必于庠序，使众人推其所谓贤能，书之以告于上而察之。诚贤能也，然后随其德之大小、才之高下而官使之。所谓察之者，非专用耳目之聪明而听私于一人之口也。欲审知其德问以行，欲审知其才问以言，得其言行，则试之以事。所谓察之者，试之以事是也。虽尧之用舜，亦不过如此而已，又况其下乎？若夫九州之大，四海之远，万官亿丑之贱，所须士大夫之才则众矣，有天下者，又不可以一二自察之也，又不可以偏属于一人，而使之于一日二日之间，考试其行能而进退之也。盖吾已能察其才行之大者以为大官矣，因使之取其类以持久试之，而考其能者以告于上，而后以爵命、禄秩予之而已。此取之之道也。所谓任之之道者，何也？人之才德高下厚薄不同，其所任有宜有不宜。先王知其如此，故知农者以为后稷，知工者以为共工。其德厚而才高者以为之长，德薄而才下者以为之佐属。又以久于其职，则上狃习而知其事，下服驯而安其教，贤者则其功可以至于成，不肖者则其罪可以至于著。故久其任而待之以考绩之法。夫如此，故智能才力之士，则得尽其智以赴功，而不患其事之不终、其功之不就也。偷惰苟且之人，虽欲取容于一时，而顾僇辱在其后，安敢不勉乎？若夫无能之人，固知辞避而去矣。居职任事之日久，不胜任之罪，不可以幸而免故也。彼且不敢冒而知辞避矣，尚何有比周、谗谄、争进之人乎？取之既已详，使之既已当，处之既已久，至其任之也又专焉，而不一二以法束缚之，而使之得行其意，尧、舜之所以理百官而熙众工者，以此而已。《书》曰："三载考绩，三考，黜陟幽明。"此之谓也。然尧、舜之时，其所黜者则闻之矣，盖四凶是也。其所陟者，则皋陶、稷、契，皆终身一官而不徙，盖其所谓陟者，特加之爵命禄赐而已耳。此任之之道也。夫教之、养之、取之、任之之道如此，而当时人君又能与其大臣，悉其耳目心力，至诚恻怛，思念而行之。此其人臣之所以无疑，而于天下国家之事，无所欲为而不得也。

  方今州县虽有学，取墙壁具而已，非有教导之官，长育人才之事也。唯太学有教导之官，而亦未尝严其选。朝廷礼乐刑政之事，未尝在于学。学者亦漠然自以礼乐刑政为有司之事，而非己所当知也。学者之所教，讲说章句而已。讲说章句，固非古者教人之道也。近岁乃始教之以课试之文章。夫课试之文章，非博诵强学、穷日之力则不能及。其能工也，大则不足以用天下国家，小则不足以为天下国家之用。故虽白首于庠序，穷日之力，以帅上之教，及使之从政，则茫然不知其方者，皆是也。盖今之教者，非特不能成人之才而已，又从而困苦毁坏之，使不得成才者，何也？

夫人之才，成于专而毁于杂。故先王之处民才，处工于官府，处农于畎亩，处商贾于肆，而处士于庠序，使各专其业，而不见异物，惧异物之足以害其业也。所谓士者，又非特使之不得见异物而已，一示之以先王之道，而百家诸子之异说，皆屏之而莫敢习者焉。今士之所宜学者，天下国家之用也。今悉使置之不教，而教之以课试之文章，使其耗精疲神、穷日之力以从事于此。及其任之以官也，则又悉使置之而责之以天下国家之事。夫古之人以朝夕专其业于天下国家之事，而犹才有能有不能，今乃移其精神，夺其日力，以朝夕从事于无补之学，及其任之以事，然后卒然责之以为天下国家之用，宜其才之足以有为者少矣。臣故曰：非特不能成人之才，又从而困苦毁坏之，使不得成才也。又有甚害者。先王之时，士之所学者，文武之道也。士之才，有可以为公卿大夫，有可以为士，其才之大小、宜不宜则有矣，至于武事，则随其才之大小，未有不学者也。故其大者，居则为六官之卿，出则为六军之将也，其次，则比闾、族党之师，亦皆卒两、师旅之帅也。故边疆宿卫，皆得士大夫为之，而小人不得奸其任。今之学者，以为文武异事，吾知治文事而已，至于边疆宿卫之任，则推而属之于卒伍，往往天下奸悍无赖之人。苟其才行足自托于乡里者，亦未有肯去亲戚而从召募者也。边疆宿卫，此乃天下之重任，而人主之所当慎重者也。故古者教士以射御为急，其他技能则视其人才之所宜而后教之，其才之所不能，则不强也。至于射，则为男子之事。人之生有疾则已，苟无疾，未有去射而不学者也。在庠序之间，固当从事于射也。有宾客之事则以射，有祭祀之事则以射，别士之行同能偶则以射，于礼乐之事，未尝不寓以射，而射亦未尝不在于礼乐祭祀之间也。《易》曰："弧矢之利，以威天下。"先王岂以射为可以习揖让之仪而已乎？固以为射者武事之尤大，而威天下、守国家之具也。居则以是习礼乐，出则以是从战伐，士既朝夕从事于此而能者众，则边疆宿卫之任皆可以择而取也。夫士尝学先王之道，其行义尝见推于乡党矣，然后因其才而托之以边疆宿卫之事，此古之人君所以推干戈以属之人，而无内外之虞也。今乃以夫天下之重任、人主所当至慎之选，推而属之奸悍无赖、才行不足以托于乡里之人，此方今所以谔谔然常抱边疆之忧，而虞宿卫之不足恃以为安也。今孰不知边疆宿卫之士不足恃以为安哉？顾以为天下学士以执兵为耻，而亦未有能骑射行阵之事者，则非召募之卒伍，孰能任其事者乎？夫不严其教、高其选，则士之以执兵为耻，而未尝有能骑射行阵之事，固其理也。凡此皆教之非其道故也。方今制禄，大抵皆薄。自非朝廷侍从之列，食口稍众，未有不兼农商之利而能充其养者也。其下州县之吏，一月所得，多者钱八九千，少者四五千，以守选、待除、守阙通之，盖六七年而后得三年之禄，计一月所得乃实不能四五千，少者乃实不能及三四千而已。虽厮养之给，亦窘于此矣，而其养生、丧死、婚姻、葬送之事，皆当于此。夫出中人之上者，虽穷而不失为君子，出中人之下者，虽泰而不失为小人。唯中人不然，穷则为小人，泰则为君子。计天下之士，出中人之上下者，千百而无十一，穷而为小人、泰而为君子者，则天下皆是也。先王以为众不可以力胜也，故制行不以己，而以中人为制，所以因其欲而利道之，以为中人之所能守，则其志可以行乎天下而推之后世。以今之制禄而欲士之无毁廉耻，盖中人之所不能也。故今官大者，往往交赂遗、营赀产，以负贪污之毁；官小者，贩鬻乞丐，无所不为。夫士已尝毁廉耻、以负累于世矣，则其偷惰取容之意起，而矜奋自强之心息，则职业安得而不弛，治道何从而兴乎？又况委法受赂、侵牟百姓者，往往而是也。此所谓不能饶之以财也。婚丧、奉养、服食、器用之物，皆无制度以为之节，而天下以奢为荣，以俭为耻。苟其财之可以具，则无所为而不得，有司既不禁，而人又以此为荣；苟其财不足而不能自称于流俗，则其婚丧之际，往往得罪于族人亲姻，而人以为耻矣。故富者贪而不知止，贫者则强勉其不足以追之，此士之所以重困，而廉耻之心毁也。凡此所谓不能约之以礼也。方今陛下躬行俭约以率天下，此左右通贵之臣所亲见。然而其闺门之内，奢靡无节，犯上之所恶，以伤天下之教者，有已甚者矣，未闻朝廷有所放绌，以示天下。昔周之人，拘群饮而被之以杀刑者，以为酒之末流生害，有至于死者众矣，故重禁其祸之所自生。重禁祸之所自生，故其施刑极省，而人之抵于祸败者少矣。今朝廷之法所尤重者，独贪吏耳，重禁贪吏而轻奢靡之法，此所谓禁其末而弛其本。然而世之识者，以为方今官冗，而县官财用已不足以供之，其亦蔽于理矣。今之入官诚冗矣，然而前世置员盖甚少，而赋禄又如此之薄，则财用之所不足，盖亦有说矣。吏禄岂足计哉？臣于财利固未尝学，然窃观前世治财之大略矣。盖因天下之力以生天下之财，取天下之财以供天下之费，自古治世未尝以不足为天下之公患也。患在治财无其道耳。今天下不见兵革之具，而元元安土乐业，人致己力，以生天下之财，然而公私常以困穷为患者，殆以理财未得其道，而有司不能度世之宜而通其变耳。诚能理财以其道而通其变，臣虽愚，固知增吏禄不足以伤经费也。方今法严令具，所以罗天下之士，可谓密矣，然而亦尝教之以道艺，而有不帅教之刑以待之乎？亦尝约之以制度，而有不循理之刑以待之乎？亦尝任之以职事，而有不任事之刑以待之乎？夫不先教之以道艺，诚不可以诛其不帅教；不先约之以制度，诚不可以诛其不循理；不先任之以职事，诚不可以诛其不任事。此三者，先王之法所尤急也，今皆不可得诛，而薄物细故、非害治之急者，为之法禁。月异而岁不同，为吏者至于不可胜记，又况能一二避之而无犯者乎？此法令所以玩而不行，小人有幸而免者，君子有不幸而及者焉。此所谓不能裁之以刑也。凡此皆治之非其道也。方今取士，强记博诵而略通于文辞，谓之茂才异等、贤良方正。茂才异等、贤良方正者，公卿之选也。记不必强，诵不必博，略通于文辞，而又尝学诗赋，则谓之进士。进士之高者，亦公卿之选也。夫此二科所得之技能不足以为公卿，不待论而后可知。而世之议者，乃以为吾常以此取天下之士，而才之可以为公卿者常出于此，不必法古之取人而后得士也。其亦蔽于理矣。先王之时，尽所以取人之道，犹惧贤者之难进，而不肖者之杂于其间也。今悉废先王所以取士之道，而驱天下之才士，悉使为贤良、进士，则士之才可以为公卿者，固宜为贤良、进士，而贤良、进士亦固宜有时而得才之可以为公卿者也。然而不肖者苟能雕虫篆刻之学，以此进至乎公卿，才之可以为公卿者，困于无补之学，而以此绌死于岩野，盖十八九矣。夫古之人有天下者，其所以慎择者，公卿而已。公卿既得其人，因使推其类以聚于朝廷，则百司庶物，无不得其人也。今使不肖之人幸而至乎公卿，因得推其类聚之朝廷，此朝廷所以多不肖之人，而虽有贤智，往往困于无助，不得行其意也。且公卿之不肖，既推其类以聚于朝廷；朝廷之不肖，又推其类以备四方之任使；四方之任使者，又各推其不肖以布于州郡，则虽有同罪举官之科，岂足恃哉？适足以为不肖者之资而已。其次九经、五经、学究、明法之科，朝廷固已尝患其无用于世，而稍责之以大义矣，然大义之所得，未有以贤于故也。今朝廷又开明经之选，以进经术之士，然明经之所取，亦记诵而略通于文辞者，则得之矣。彼通先王之意而可以施于天下国家之用者，顾未必得与于此选也。其次则恩泽子弟，庠序不教之以道艺，官司不考问其才能，父兄不保任其行义，而朝廷辄以官予之，而任之以事。武王数纣之罪，则曰"官人以世"。夫官人以世而不计其才行，此乃纣之所以乱亡之道，而治世之所无也。又其次曰流外。朝廷固已挤之于廉耻之外，而限其进取之路矣。顾属之以州县之事，使之临士民之上，岂所谓以贤治不肖者乎？以臣使事之所及，一路数千里之间，州县之吏，出于流外者往往而有，可属任以事者，殆无二三，而当防闲其奸者，皆是也。盖古者有贤不肖之分，而无流品之别，故孔子之圣而尝为季氏吏，盖虽为吏而亦不害其为公卿。及后世有流品之别，则凡在流外者，其所成立，固尝自置于廉耻之外，而无高人之意矣。夫以近世风俗之流靡，自虽士大夫之才，势足以进取，而朝廷尝奖之以礼义者，晚节末路，往往怵而为奸，况又其素所成立，无高人之意，而朝廷固已挤之于廉耻之外，限其进取者乎？其临人亲职，放僻邪侈，固其理也。至于边疆宿卫之选，则臣固已言其失矣。凡此皆取之非其道也。方今取之既不以其道，至于任之又不问其德之所宜，而问其出身之后先，不论其才之称否，而论其历任之多少。以文学进者，且使之治财，已使之治财矣，又转而使之典狱，已使之典狱矣，又转而使之治礼。是则一人之身而责之以百官之所能备，宜其人才之难为也。夫责人以其所难为，则人之能为者少矣。人之能为者少，则相率而不为。故使之典礼，未尝以不知礼为忧，以今之典礼者未尝学礼故也。使之典狱，未尝以不知狱为耻，以今之典狱者未尝学狱故也。天下之人，亦已渐渍于失教，被服于成俗，见朝廷有所任使，非其资序，则相议而讪之，至于任使之不当其才，未尝有非之者也。且在位者数徙，则不得久于其官，故上不能狃习而知其事，下不肯服驯而安其教，贤者则其功不可以及于成，不肖者则其罪不可以至于著。若夫迎新将故之劳，缘绝簿书之弊，固其害之小者，不足悉数也。设官大抵皆当久于其任，而至于所部者远，所任者重，则尤宜久于其官，而后可以责其有为。而方今尤不得久于其官，往往数日辄迁之矣。取之既已不详，使之既已不当，处之既已不久，至于任之则又不专，而又一二以法束缚之，不得行其意，臣故知当今在位多非其人，稍假借之权而不一二以法束缚之，则放恣而无不为。虽然，在位非其人而恃法以为治，自古及今，未有能治者也。即使在位皆得其人矣，而一二之以法束缚之，不使之得行其意，亦自古及今未有能治者也。夫取之既已不详，使之既已不当，处之既已不久，任之又不专，而一二之以法束缚之，故虽贤者在位，能者在职，与不肖而无能者殆无以异。夫如此，故朝廷明知其贤能足以任事，苟非其资序则不以任事而辄进之，虽进之，士犹不服也。明知其无能而不肖，苟非有罪，为在事者所劾，不敢以其不胜任而辄退之，虽退之，士犹不服也。彼诚不肖无能，然而士不服者何也？以所谓贤能者任其事，与不肖而无能者，亦无以异故也。臣前以谓不能任人以职事而无不任事之刑以待之者，盖谓此也。夫教之、养之、取之、任之，有一非其道，则足以败天下之人才，又况兼此四者而有之，则在位不才、苟简、贪鄙之人，至于不可胜数，而草野闾巷之间，亦少可任之才，固不足怪。《诗》曰："国虽靡止，或圣或否。民虽靡膴，或哲或谋，或肃或艾。如彼泉流，无沦胥以败。"此之谓也。夫在位之人才不足矣，而闾巷草野之间，亦少可用之才，则岂特行先王之政而不得也，社稷之托，封疆之守，陛下其能久以天幸为常而无一旦之忧乎？盖汉之张角，三十六方同日而起，所在郡国莫能发其谋；唐之黄巢，横行天下，而所至将吏无敢与之抗者。汉、唐之所以亡，祸自此始。唐既亡矣，陵夷以至五代，而武夫用事，贤者伏匿消沮而不见，在位无复有知君臣之义、上下之礼者也。当是之时，变置社稷，盖甚于弈棋之易，而元元肝脑涂地，幸而不转死于沟壑者无几耳。夫人才不足，其患盖如此。而方今公卿大夫，莫肯为陛下长虑后顾，为宗庙万世计，臣窃惑之。昔晋武帝趣过目前，而不为子孙长远之谋，当时在位亦皆偷合苟容，而风俗荡然，弃礼义，捐法制，上下同失，莫以为非。有识固知其将必乱矣，而其后果海内大扰，中国列于夷狄者二百余年。伏惟三庙祖宗神灵所以付属陛下，固将为万世血食，而大庇元元于无穷也。臣愿陛下鉴汉、唐、五代之所以乱亡，惩晋武苟且因循之祸，明诏大臣，思所以陶成天下之才，虑之以谋，计之以数，为之以渐，期为合于当世之变，而无负于先王之意，则天下之人才不胜用矣。人才不胜用，则陛下何求而不得，何欲而不成哉？夫虑之以谋，计之以数，为之以渐，则成天下之才甚易也。臣始读《孟子》，见孟子言王政之易行，心则以为诚然。及见与慎子论齐鲁之地，以为先王之制国，大抵不过百里者，以为今有王者起，则凡诸侯之地，或千里，或五百里，皆将损之至于数十百里而后止。于是疑孟子虽贤，其仁智足以一天下，亦安能毋劫之以兵革，而使数百千里之强国，一旦肯损其地之十八九，比于先王之诸侯？至其后观汉武帝用主父偃之策，令诸侯王地悉得推恩封其子弟，而汉亲临定其号名，辄别属汉。于是诸侯王之子弟，各有分土，而势强地大者，卒以分析弱小，然后知虑之以谋、计之以数、为之以渐，则大者固可使小，强者固可使弱，而不至乎倾骇变乱败伤之衅。孟子之言不为过，又况今欲改易更革，其势非若孟子所为之难也。臣故曰：虑之以谋，计之以数，为之以渐，则其为甚易也。然先王之为天下，不患人之不为，而患人之不能，不患人之不能，而患己之不勉。何谓不患人之不为而患人之不能？人之情所愿得者，善行、美名、尊爵、厚利也，而先王能操之以临天下之士。天下之士有能遵之以治者，则悉以其所愿得者以与之。士不能则已矣，苟能则孰肯舍其所愿得，而不自勉以为才？故曰不患人之不为，患人之不能。何谓不患人之不能而患己之不勉？先王之法，所以待人者尽矣，自非下愚不可移之才，未有不能赴者也。然而不谋之以至诚恻怛之心，力行而先之，未有能以至诚恻怛之心力行而应之者也。故曰不患人之不能而患己之不勉。陛下诚有意乎成天下之才，则臣愿陛下勉之而已。臣又观朝廷异时欲有所施为变革，其始计利害未尝熟也，顾有一流俗侥幸之人不悦而非之，则遂止而不敢为。夫法度立则人无独蒙其幸者，故先王之政虽足以利天下，而当其承弊坏之后，侥幸之时，其创法立制，未尝不艰难也。以其创法立制而天下侥幸之人亦顺说以趋之，无有龃龉，则先王之法至今存而不废矣。惟其创法立制之艰难，而侥幸之人不肯顺悦而趋之，故古之人欲有所为，未尝不先之以征诛而后得其意。《诗》曰："是伐是肆，是绝是忽，四方以无拂。"此言文王先征诛而后得意于天下也。夫先王欲立法度，以变衰坏之俗而成人之才，虽有征诛之难，犹忍而为之，以为不若是不可以有为也。及至孔子，以匹夫游诸侯，所至则使其君臣捐所习，逆所顺，强所劣，憧憧如也，卒困于排逐。然孔子亦终不为之变，以为不如是不可以有为，此其所守，盖与文王同意。夫在上之圣人莫如文王，在下之圣人莫如孔子，而欲有所施为变革，则其事盖如此矣。今有天下之势，居先王之位，创立法制，非有征诛之难也；虽有侥幸之人不悦而非之，固不胜天下顺悦之人众也。然而一有流俗侥幸不悦之言，则遂止而不敢为者，惑也。陛下诚有意乎成天下之才，则臣又愿断之而已。夫虑之以谋，计之以数，为之以渐，而又勉之以成，断之以果，然而犹不能成天下之才，则以臣所闻盖未有也。然臣之所称，流俗之所不讲，而今之议者，以谓迂阔而熟烂者也。窃观近世士大夫所欲悉心力耳目以补助朝廷者有矣。彼其意，非一切利害则以为当世所不能行者。士大夫既以此希世，而朝廷所取于天下之士，亦不过如此。至于大伦大法，礼义之际，先王之所力学而守者，盖不及也。一有及此，则群聚而笑之，以为迂阔。今朝廷悉心于一切之利害，有司法令于刀笔之间，非一日也，然其效可观矣。则夫所谓迂阔而熟烂者，惟陛下亦可以少留神而察之矣。昔唐太宗贞观之初，人人异论，如封德彝之徒，皆以为非杂用秦、汉之政，不足以为天下。能思先王之事、开太宗者，魏文正公一人尔。其所施设，虽未能尽当先王之意，抑其大略可谓合矣。故能以数年之间而天下几致刑措，中国安宁，蛮夷顺服，自三王以来，未有如此盛时也。唐太宗之初，天下之俗，犹今之世也，魏文正公之言，固当时所谓迂阔而熟烂者也，然其效如此。贾谊曰："今或言德教之不如法令，胡不引商、周、秦、汉以观之？"然则唐太宗之事，亦足以观矣。

臣幸以职事归报陛下，不自知其驽下无以称职，而敢及国家之大体者，以臣蒙陛下任使而当归报。窃谓在位之人才不足，而无以称朝廷任使之意，而朝廷所以任使天下之士者，或非其理，而士不得尽其才，此亦臣使事之所及，而陛下之所宜先闻者也。释此一言而毛举利害之一二，以污陛下之聪明，而终无补于世，则非臣所以事陛下惓惓之义也。伏惟陛下详思而择其中，天下幸甚。

上时政疏

年月日，具位臣某昧死再拜上疏尊号皇帝陛下：臣窃观自古人主，享国日久，无至诚恻怛忧天下之心，虽无暴政虐刑加于百姓，而天下未尝不乱。自秦已下，享国日久者，有晋之武帝、梁之武帝、唐之明皇。此三帝者，皆聪明智略有功之主也。享国日久，内外无患，因循苟且，无至诚恻怛忧天下之心，趋过目前，而不为久远之计，自以祸灾可以无及其身，往往身遇祸灾而悔无所及。虽或仅得身免，而宗庙固已毁辱，而妻子固已困穷，天下之民固已膏血涂草野，而生者不能自脱于困饿劫束之患矣。夫为人子孙，使其宗庙毁辱，为人父母，使其比屋死亡，此岂仁孝之主所宜忍者乎？然而晋、梁、唐之三帝以晏然致此者，自以为其祸灾可以不至于此，而不自知忽然已至也。盖夫天下至大器也，非大明法度不足以维持，非众建贤才不足以保守。苟无至诚恻怛忧天下之心，则不能询考贤才，讲求法度。贤才不用，法度不修，偷假岁月，则幸或可以无他，旷日持久，则未尝不终于大乱。伏惟皇帝陛下有恭俭之德，有聪明睿智之才，有仁民爱物之意，然享国日久矣，此诚当恻怛忧天下，而以晋、梁、唐三帝为戒之时。以臣所见，方今朝廷之位，未可谓能得贤才，政事所施，未可谓能合法度。官乱于上，民贫于下，风俗日以浇薄，才力日以困穷，而陛下高居深拱，未尝有询考讲求之意。此臣所以窃为陛下计而不能无慨然者也。夫因循苟且，逸豫而无为，可以徼幸一时，而不可以旷日持久。晋、梁、唐三帝者不知虑此，故灾稔祸变生于一时，则虽欲复询考讲求以自救，而已无所及矣。以古准今，则天下安危治乱，尚可以有为。有为之时，莫急于今日，过今日，则臣恐亦有无所及之悔矣。然则以至诚询考而众建贤才，以至诚讲求而大明法度，陛下今日其可以不汲汲乎？《书》曰："若药不瞑眩，厥疾弗瘳。"臣愿陛下以终身之狼疾为忧，而不以一日之瞑眩为苦。臣既蒙陛下采擢，使备从官，朝廷治乱安危，臣实预其荣辱，此臣所以不敢避进越之罪，而忘尽规之义。伏惟陛下深思臣言，以自警戒，则天下幸甚。

进戒疏

熙宁二年五月十一日，朝散大夫、右谏议大夫、参知政事、护军、赐紫金鱼袋臣某昧死再拜上疏皇帝陛下：臣窃以为陛下既终亮阴，考之于经，则群臣进戒之时，而臣待罪近司，职当先事有言者也。窃闻孔子论为邦，先放郑声，而后曰远佞人，仲虺称汤之德，先不迩声色，不殖货利，而后曰用人惟己。盖以谓不淫耳目于声色玩好之物，然后能精于用志；能精于用志，然后能明于见理；能明于见理，然后能知人；能知人，然后佞人可得而远，忠臣良士与有道之君子，类进于时有以自竭，则法度之行、风俗之成，甚易也。若夫人主虽有过人之材，而不能早自戒于耳目之欲，至于过差，以乱其心之所思，则用志不精；用志不精，则见理不明；见理不明，则邪说诐行必窥间乘殆而作，则其至于危乱也岂难哉。伏惟陛下即位以来，未有声色玩好之过闻于外，然孔子圣人之盛，尚自以为七十而后敢纵心所欲也。今陛下以鼎盛之春秋，而享天下之大奉，所以惑移耳目者为不少矣，则臣之所豫虑，而陛下之所深戒，宜在于此。天之生圣人之材甚吝，而人之值圣人之时甚难。天既以圣人之材付陛下，则人亦将望圣人之泽于此时。伏惟陛下自爱以成德，而自强以赴功，使后世不失圣人之名，而天下皆蒙陛下之泽，则岂非可愿之事哉？臣愚不胜惓惓，唯陛下恕其狂妄，而幸赐省察。

卷四十　奏状

乞免就试状

准中书札子，奉圣旨，依前降指挥发来赴阙就试者。伏念臣祖母年老，先臣未葬，弟妹当嫁，家贫口众，难住京师。比尝以此自陈，乞不就试，慢废朝命，尚宜有罪，幸蒙宽赦，即赐听许。不图逊事之臣，更以臣为恬退。令臣无葬嫁奉养之急，而逡巡辞避，不敢当清要之选，虽曰恬退可也。今特以营私家之急，择利害而行，谓之恬退，非臣本意。兼臣罢县守阙，及今二年有余，老幼未尝宁宇，方欲就任，即令赴阙，实于私计有妨。伏望圣慈察臣本意，止是营私，特寝召试指挥，且令终满外任，一面发赴本任去讫。

辞集贤校理状四

一

右臣今月二十二日准中书差人赍到敕牒一道，除臣集贤校理。闻命震怖，不知所以。伏念臣顷者再蒙圣恩召试，臣以先臣未葬，二妹当嫁，家贫口众，难住京师，乞且终满外任，比蒙矜允，获毕所图。而门衰祚薄，祖母、二兄、一嫂，相继丧亡，奉养婚嫁葬送之窘，比于向时为甚。所以今兹才至阙下，即乞除一在外差遣，不愿就试。以臣疵贱，谬蒙拔擢，至于馆阁之选，岂非素愿所荣。然而不愿就试，正以旧制入馆则当供职一年，臣方甚贫，势不可处。此臣所以不敢避干紊朝廷之罪，而苟欲就其营养之私。不图朝廷不加考试，有此除授。臣若避犯命之罚，受而不能自列，则是臣前所乞为以私养要君，而误陛下以无名加宠也。又闻朝廷特与推恩，不候一年，即与在外差遣，且一年供职，乃是朝廷旧制，臣以何名，敢当此恩，而累朝廷隳废久行公共之法？又见新制，近臣荐举官吏，非条诏指挥，不得用例施行。令出已来，未能十日。今臣有此除授，乃因近臣荐举，不加考试，又非条诏指挥，臣虽不肖，独何敢冒过分之宠，而以身为废法之首乎？伏望圣慈察臣本意，从臣私欲，追还所授，特与除一在外合入差遣，则使公义不亏于上，私行不失于下，臣不任激切祈恩待报之至。所有敕牒，臣不敢受，谨具状奏闻。

二

右臣三月二十二日准中书差人赍到敕牒一道，除臣集贤校理。臣以分不当得，已具状陈列，乞追还所授。今月五日，又准中书差人赍到敕牒，令臣受职，不得辞免。臣以微贱，误蒙采拔，非臣陨首，足以报称。然分有所不敢受，名有所不敢居，宁以恩上得罪，终不敢冒恩苟止。何则？臣以择利辞试，而朝廷因与免试推恩，是臣以辞试上要朝廷，而朝廷果以恩泽副之也。不独伤臣私义，固以上累国体，此臣所以惓惓至于再三，而终不敢止。且劝沮之方，失不在大。如臣心实择利，而迹有辞让之嫌，以故朝廷特有优假，臣恐进趋之士，有以窥度圣世，将或立小异以近名，托虚名以邀利，浸成弊俗，非复法令所能禁止。此亦朝廷所宜慎惜，不当遂已成之命而难于追改也。窃见近臣比有辞让官职，皆义所当得，而特以礼辞让，朝廷固宜必使受之而不听。如臣卑贱，今所陈列，直以分不当得，非敢以为让也。伏望圣慈听臣所守，特与追还所授。臣区区之诚，期于得请而后敢已。所有敕牒，臣不敢受。

三

右臣三月二十二日准中书差人赍到敕牒一道，除臣集贤校理。臣以分不当得，已再具状奏闻，乞追还所授。今月九日，又准中书差人赍到敕牒，令臣不得辞免。是臣区区之意，终未蒙朝廷省察。臣于他官苟可以得，则或悉力以求之，唯恐利之不多而势之不便，非能有所辞让也。至于私养之不给，则苟求冒取，亦无所不至。今朝廷特除以为校理，则再三干紊朝廷、终不敢受者，诚以要君罔上之罪大，故宁以他得罪，而于此不敢顺命苟止也。所谓要君者，臣前状已言之矣。所谓罔上者，朝廷除校理必先考试，今独推恩异于寻常，朝廷不以臣为小有异能，则必以臣为小有异行，臣无其实而敢冒此恩，此乃所谓罔上也。且臣蒙恩与试久矣，臣非敢终辞也，特以势未便尔。若朝廷且从臣，欲使臣他日之力足以供职京师，而无乏养之忧，则臣自当援恩求试，岂敢上烦朝廷敦迫！何必遽加特恩，使朝廷为苟举，而臣为苟得者乎？臣闻之古人曰"明主可以理夺"，又曰

"匹夫不可夺志"。臣敢守此语,以至于再三。伏乞圣慈特赐矜允。烦冒天威,臣无任祈恩待报惶恐迫切之至。

四

右臣蒙恩除集贤校理,以分不当得,已累曾具状奏闻,乞追还所授。今月二十四日,准中书札子,奉圣旨更不许辞让。臣以小官,非敢以礼为让也,直以分不当得,理当自言。盖闻当得而让,则上有所不得听;不当得而授,则下有所不敢承。不听不为迫下,不承不为慢上,以其义也。臣诚不肖,然区区之私,具状四奏者,窃以为匹夫之志,有近于义,是以仰迫恩威,至于再三,终不敢受。伏望圣慈俯察臣愚,特与追还所授。臣无任。

辞同修起居注状七

一

臣蒙恩差臣同修起居注者。圣恩深厚,非臣陨首所能报称。然臣去年始蒙恩特除直集贤院,当是时,臣黾勉不敢久违恩指,至今就职才及数月,又蒙恩有此除授。臣窃观朝廷用人,皆以资序。臣入馆最为日浅,而材何以异人,终不敢贪冒宠荣,以干朝廷公论。伏望圣慈察臣诚心,非敢饰让,特赐追还所授。

二

臣昨进状乞追还所授同修起居注,敕准中书札子奉圣旨不许辞让,便令受敕供职。伏念臣前奏所陈，实系朝廷用人之体，非特于臣私义有所不安。伏望圣慈检会臣前奏，特赐追还所授。

三

臣昨进状乞追还所授同修起居注，敕准中书札子奉圣旨不许辞让，便令受敕供职。疏远小臣，上烦朝廷敦奖如此，而区区所陈，终不敢止者，诚以谓进在臣先而才行当蒙选擢，则与之宜有先后。臣入馆资序最为在后，而独先被选，窃以为非朝廷用人之体，此臣所以不敢也。念臣异时得以叙进，臣虽不肖，岂敢复辞。且臣已缘辞避职事而不为朝廷所察，今若又迫于敦喻，黾勉供职，则是臣每饰辞让之虚文，以玩黩朝廷。人虽不以为言，臣亦何颜以立于世？盖以臣事君，苟心知其甚不可，则宁得罪而有不从。况臣幸在圣人至仁隆宽尽下之时，谨分守以辞其所不当得之宠荣，必无方命之罚，则朝廷之命，虽欲必行而不改，臣之愚心，亦将固守而不移。伏望圣慈察臣如此，早赐追还所授。

四

臣累进状乞免同修起居注，又准中书札子，奉圣旨不许辞让，便令受敕供职。卑贱之臣，屡烦圣思敦喻，诚惶诚恐，不知所措。然臣闻人无信不立，臣事君以忠。忠者不饰行以徼荣，信者不食言以从利。臣固尝曰，朝廷之命，虽欲必行而不改，臣之愚心，亦将固守而不移。若臣既有此言，而终于托不得已以饕宠授，则是臣饰行食言，而实无自守之义，非所以称朝廷奖遇之意，而明区区避让之本心。宁以违命受谴，终不敢身为浮伪之首，以伤圣时忠实之化。伏望圣慈早赐追还所授。

五

臣进状乞免同修起居注，准中书札子，奉圣旨依累降指挥，更不得辞让，便令受敕供职。圣恩所以加臣者如此，非臣陷胸陨首所能报称。然臣愚不肖，不知朝廷必欲度越众人而加臣以此者何也？为其贤于人也，固有廉让忠信之实也。度越众人而贪其所不当得，非所以为廉让；知其不当得而辞于上，以为朝廷之命虽欲必行而不改，臣之愚心亦将固守而不移，然终于托不得已以私其宠利，非所以为忠信。无廉让，无忠信，然而朝廷必欲度越众人，而加之以其所不当得之职事，臣恐执政大臣必受比周朋党之嫌，陛下必获不察蔽欺之谤，臣亦不得自托于忠廉之行。而居下奸利之人，窥朝廷之间，争饰伪让，以徼一时之幸，而有伤忠厚之俗。其事如此，在朝廷不可以不深思而听臣之辞，臣亦不可以不固守而违朝廷之命。诚愿陛下日月之明，察臣今日之请。辞穷理极，非如向时避让职事犹在可冒之地。虽由此得罪，必不敢以身为乱俗之首。伏乞断自圣心，无牵于左右大臣之过论，特赐追还所授。

六

臣累进状乞免同修起居注，奉圣旨不许进状辞让者。圣恩深厚，一至于此。臣诚惶诚恐，震怖不知所出。窃观朝廷近日辞让职事，未尝有蒙听许者，而臣又尝辞让职事而不为朝廷听许矣。今复守辞让之说，以请于朝廷，固宜圣恩不即听许。然臣已习见朝廷未尝许人辞让职事，而犹惓惓自陈所守，不避伪让之嫌，诚以蝼蚁微诚，自誓终不敢受，冀蒙天聪终初省察而已。今若迫于恩指，遂叨宠利，则人虽不以为言，臣实无颜以处。使臣负伪让之谤，则朝廷岂免滥恩之讥，臣虽不肖，义实不敢安此。且方今之所患而务绝者，方在于进取，而不在于辞让，方在于欺罔，而不在于忠信。臣若托不得已终叨宠利，不顾其已出之言，则是去辞让而引进取，毁忠信而为奸罔。朝廷本欲拔取人才，而所得者乃有去辞让毁忠信之嫌，恐非所以示天下而厉士大夫之操也。此臣所以不敢避方命之罚，而守其区区之说，诚不敢以身累国，非特欲全其私义而已也。伏望圣慈即赐听许，令朝廷不失所授之宜，臣亦不失所守之信。

七

臣昨进状乞免同修起居注，准中书札子，奉圣旨，朝廷已行擢用，依累降指挥不得违避者。孤贱之臣，行能浅薄，当朝廷清明收用贤俊之时，幸得著位外庭，岂非荣显。况又蒙拔擢，备任清要，丁宁奖励，使必就官。此虽陨首刳心，自知无以报称。然臣所以不敢受命，而犹守其区区之说者，诚以资在臣前尚有未蒙选者。臣若苟见宠利之可得，而忘避让之义，苟知避让而不能固其所守，非朝廷所以拔擢臣之意，又非臣所以报称朝廷之心。且诎已行之命，以伸自守之志者，朝廷之令名；食言丧志，以顺命为悦饕宠利者，臣之丑行。今朝廷重得令名，而使臣轻为丑行，此臣之所不谕也。臣幸蒙任使，备官三司，列职儒馆，若朝廷以为可任，异时以次升擢，于分不为进越，则臣虽不肖，其亦何说之敢辞。诚望圣慈哀臣恳迫，检会臣前后所奏，察其理有可言，特赐追还所授。

再辞同修起居注状五

一

右臣今月二十六日准敕差臣同修起居注。伏念臣行能无异众人，入馆最为日浅，向叨选擢，尝已固辞，幸蒙圣恩，方赐听许。今同馆之士，才能资序出臣右者尚多，而又蒙误恩，有此除授，在臣理分固不敢当。兼臣久住京师，亲老口众，而自春至今，疾病相仍，医药百端，未得平愈。近已进状乞一知州军差遣。伏望圣慈察臣诚恳，特赐追还所授，除一知州军差遣，使臣无进越冒荣之罪，而得纾私养之急。所有同修起居注敕牒，臣不敢受。谨具状奏闻，伏候敕旨。

二

右臣进状乞免同修起居注，准中书札子，奉圣旨不许辞让，便令受敕。臣愚不肖，幸当朝廷拔擢贤隽之时，独蒙不次之选，岂不荣哉。然臣入馆最为日浅，而行能无异众人，故不敢度越众人以饕宠利。向时守此说以辞朝廷之命，至于八九，而圣恩不以臣言为不信，幸赐听许。今才数月，同馆之士，资序在臣右而行能足充此选者尚多，遽蒙圣恩，有此除授，令臣今而可受，则向之辞命至于八九者，果何心也？昔郑以伯石为卿，则辞，太史退，则又使之命已，命已则又辞焉，三辞而后受策，于是子产始恶其为人。夫子产所以恶之者，不以其饰辞让而无忠实之志乎？臣之蒙恩，虽出于无求，然始则托辞让之名，以烦恩朝廷，终则徼一日之利，以忘前言之信，推事考情，亦何以异于伯石？臣诚固陋，终不敢奸子产之所恶，以上昭圣时任人之失。且朝廷必以臣粗习文艺而忠信可使，则臣固尝曰，异时循次选用，则臣不敢辞。伏望圣恩察臣诚恳，特赐追还所授，除臣一知州军差遣，使臣得遂前言之信，而又有以纾亲养之急。臣不任祈恩待报之至。

三

右臣近进状乞免同修起居注，准中书札子奉圣旨，令依前后指挥不许辞免，便令受敕者。圣恩加臣无穷，臣愚固守无已，臣诚惶恐震怖，不知所为。然臣义有所不敢为，故不敢冒恩而苟止。伏念臣以资序在臣右而行能宜蒙此选者尚多，故尝自列至于八九。幸圣恩听察，而所除始祖无择一人。若臣今遂冒居，则是谓在臣右者已无可选。臣以应举入仕，磨勘迁官，本图宦达，非敢苟为高抗。至于恩逾理分，度越众人，官谤所归，臣亦不敢苟得，以忘前言之信。兼臣自春至今，疾病相仍，加以气衰，旧学几废，亲老口众，久住京师。近尝进状，乞一闲慢州军差遣。伏见近例，见任修起居注以便亲求罢出补外官，尝蒙朝听许。盖当圣时务以仁恕优容臣下，则以便亲而求外补，朝廷之所宜从。伏望圣慈哀臣恳迫，特赐追还所授，除臣一知州军差遣，以便私养，且令臣无进越冒荣之罪。所有同修起居注敕牒，臣不敢受。臣不任祈恩待报激切之至。

四

右臣近进状乞免同修起居注，准中书札子，奉圣旨，令依累降指挥便受敕，更不得辞免者。臣之恳恳，已具前奏。蝼蚁微诚，未能上动圣听，臣诚惶怖，不知所为。然臣愚不肖，以谓朝廷革因循之弊，以不次官人，当得异能之士，然后允众人之望，而因循之弊，可以遂除。臣治身则行能不备，居官则职业无称。虽知好学，而所得未可以施于实用。故向蒙选擢，即自以行能无异众人，而不敢度越众人受职，幸蒙听许。才及数月，即欲度越众人，言行本末不相顾如此，岂称朝廷选擢之意。虽令言者不以是为臣罪，臣实无颜以处。伏望圣慈察臣累奏，情理备尽，特赐追还所授。臣不任祈恩待报激切之至。

五

右臣近进状乞免同修起居注，准中书札子，奉圣旨依前降指挥，便受敕供职。臣之区区，辞说已穷，然不敢避逋慢之罪而苟止者，非特欲守前言之信，亦不敢上累朝廷。盖臣有冒荣失守之罪，则朝廷亦有选授失人之谤，因启天下好利之士，伪让以要君，则甚伤圣时风俗，此臣之所大惧也。若圣恩幸听臣言，使臣得安理分，则臣为不失所守；臣能不失所守，则朝廷不失所选矣。朝廷不失所选，而又隆宽广裕以曲尽臣志，谓宜无伤，而适足以感厉天下之士。且朝廷以臣粗涉艺文，忠信可使，不复责其行能之备，必欲擢置从官，则臣固尝曰，臣已备官三司，列职儒馆，若终免于罪戾，则循次受选，自不为迟。当朝廷清明拔用贤隽有志之士，孰不幸愿宠荣。如臣之愚，岂独异于众人？诚以不敢度越众人，故尝自列至于八九。朝廷隆宽尽下，已尝幸听臣言。曾未数月，臣即不复自顾前言之信，若令言者谓臣要君以伪，臣诚无辞可以自明。伏望圣慈察臣所守如此，臣誓坚死节，上报圣知。臣不任祈恩待报之至。

辞赴阙状三
治平二年七月二十七日。

一

右臣准中书札子，伏奉圣恩，以臣丧服既除，特授故官，召令赴阙。罪逆余生，尚蒙齿录，非臣陨首所能报称，理当即日奔走就涂。而臣抱病日久，未任跋涉，见服药调理，乞候稍瘳，即时赴阙。谨具状奏闻。

二

右臣伏准中书札子，奉圣旨令体认朝廷累降指挥，疾速发来赴阙。臣愚无状，屡蒙圣恩逮及，自非抱疢不任职事，岂敢故为逋慢？臣近已奏陈，乞一分司官于江宁府居住。伏望圣慈特赐矜许，所冀便于将理，终获有瘳，则臣虽自知无补于圣时，犹当乞备官使，仰副朝廷眷录之意。

三

右臣伏准中书札子，奉圣旨令依累降指挥，发来赴阙。蝼蚁微诚，不能感动，至烦朝廷恩旨屡降，臣实惶怖，不知所为。伏念臣本以孤生，实无才用，误蒙仁宗拔擢，备数从官。当大行皇帝亮阴之际，始以亲丧解职，久尸荣禄，无补圣时。今陛下以仁孝之资，绍承圣绪，臣于私养既无所及，唯当追先帝之遇，致身于陛下之时。若自度力用，堪任职事，何敢逋慢朝廷诏令，至于经涉岁时？缘臣自春以来，抱疢有加，心力稍有所营，即所苦滋剧。所以昧冒奏陈，乞且分司，实冀稍可支持，即乞复备官使。天听高邈，未蒙矜允，虽欲扶伏奔走阙庭，而力与愿违，不能自强。伏望圣慈察臣恳迫，令检会臣累奏，特赐指挥。臣无任瞻天屏营激切之至。

辞知江宁府状

右臣今月十九日进奏院递到敕牒，蒙恩差知江宁军府事。犬马之疢，自隔清光；天地之恩，曲垂眷恤。以臣丘墓所在，就付兵民之权，非臣肝胆涂地所能报称万一。然臣所抱疾病，迄今无损，若辄冒恩，黾勉典领当路大藩，恐力用无以上副朝廷寄任，伏望陛下察臣如此。倘以臣逮侍先帝，未许分司，则乞除臣一留台宫观差遣，冀便将理，终获有瘳，誓当捐躯，少报圣德。所有敕牒，臣未敢祗受，已送江宁府收管。谨具状奏闻。

举陈枢充钱谷职司状

前件官明敏方直，有政事之材。臣奉使江东时，枢为旌德县令，听讼鞫狱，尤为精明，随所施设，皆有方略。

举钱公辅自代状

伏睹尚书兵部员外郎、知制诰钱公辅，忠信笃实，富于文学。职事所及，不为苟且。以臣鄙薄，实为不如。置之禁林，必有补助。今举自代。

举吕公著自代状

具某官吕公著，冲深而能谋，宽博而有制，其器可以大受，而退然似不能言，故众人知之有所不尽。如蒙选用，得试其才，必有绩效，不孤圣世。臣实不如，今举自代。

举谢卿材充升擢任使状

前件官公廉自守,晓达民事。尝知抚州临川县,县人至今称说,以为良吏。督率百姓,修复陂防,所溉顷亩甚多,水旱皆蒙其利。若朝廷兴修功利,或选人才,典领剧郡,皆可任使。

举屯田员外郎刘彝状

屯田员外郎、温州通判刘彝,聪明敏达,有济务之材,堪充升擢繁难任使。

敕举兵官未有人堪充状

具位臣某准今年六月二十三日宣,令臣同罪保举大使臣堪充主兵官二员,限一月内具姓名闻奏,即不得举见任两府亲戚并已系路分都监及知军州已上人数。右具如前。伏缘臣所职,不系路分都监及知州军大使,臣即不见有堪充主兵官者。谨具状奏闻,伏候敕旨。

举渭州兵马都监盖传等充边上任使状

具位臣某,准宣同罪保举不拘路分,有武勇谋略三班使臣二员,不得举见任两府亲戚者。右谨具如前。臣伏睹东头供奉官、权渭州兵马都监兼在城巡检盖传，有智略，能训治军旅。东头供奉官、江宁府龙安镇巡检王崇稷，有武勇，能擒捕盗贼。臣今保举堪充边上任使。如蒙朝廷擢用后，犯正入己赃，不如举状，臣甘当同罪。其人并不是臣亲戚，亦无亲戚见任两府。谨具状奏闻，伏候敕旨。

举古渭寨都监段充充兵官任使状

具位臣某准宣节文，同罪保举大使臣堪充主兵官二员姓名闻奏，即不得举见任两府亲戚并已系路分都监及知州军已上人数者。右谨具如前。臣伏睹内殿崇班、阁门祗候、秦州古渭寨都监段充，武勇才略可用，尝以战斗有功，堪充主兵官任使。如蒙朝廷擢用后，不如所奏，及犯正入己赃，臣甘当同罪。其人与臣不是亲戚，亦无亲戚见任两府，不系路分都监及知州军已上人资叙。所准宣命令举两人，今且保举到段充一员，尚阙一员，见访求别状举次。谨具状奏闻，伏候敕旨。

卷六十二　论议一

郊宗议

伏奉圣问，撰议缴进。

问：郊祀后稷以配天，宗祀文王于明堂以配上帝。二者皆配天也，或于郊之圜丘，或于国之明堂；或以冬之日至，或以季秋之月；或以祖，或以祢；或曰配天，或曰配上帝。其义何也？对曰：天道升降于四时。其降也，与人道交；其升也，与人道辨。冬日，上天与人道辨之时也，先王于是乎以天道事之；秋则犹未辨乎人也，先王于是乎以人道事之。以天道事之，则宜远人，宜以自然，故于郊、于圜丘；以人道事之，则宜近人，宜以人为，故于国、于明堂。始而生之者，天道也；成而终之者，人道也。冬之日至，始而生之之时也；季秋之月，成而终之之时也。故以天道事之，则以冬之日至；以人道事之，则以季秋之月。远而尊者，天道也；迩而亲者，人道也。祖远而尊，故以天道事之，则配以祖；祢迩而亲，故以人道事之，则配以祢。郊天，祀之大者也，遍于天之群神，故曰以配天；

明堂则弗遍也，故曰以配上帝而已。

夫天与人异道也，天神以人事之，何也？曰：所谓天者，果异于人邪？所谓人者，果异于天邪？故先王之于人鬼也，或以天道事之，"萧合稷黍，臭阳达于墙屋者"，以天道事之也。呜呼，天人之不相异，非知神之所为，其孰能与于此？此礼也，尚矣。孔子何以独称周公？曰：严父配天者，以得天为盛，天自民视听者也，所谓得天，得民而已矣。自生民以来，能继父之志，能述父之事而得四海之欢心，以事其父，未有盛于周公者也。

答圣问赓歌事

臣闻叙有典，秩有礼，命有德，讨有罪，皆天命也。人君能敕正则治，不能敕正则乱，所以敕之不可以无，其为一也。然为于可为之时，则治；为于不可为之时，则乱。故人君不可以不知时。时有难易，事有大细，为难当于其易，为大当于其细，几者事细而易为之时也，故人君不可以不知几。帝庸作歌曰："敕天之命，惟时惟几。"此之谓也。人君虽知此，然贤臣不心悦而服从，则不能兴事造业而熙百工，乃歌曰："股肱喜哉，元首起哉，百工熙哉。"此之谓也。夫欲股肱之喜，盖有其道矣。盖人君率其臣作而兴事，在明乎善而已。明乎善，在所为法以示人者当。所为法以示人者当，乃股肱之所以喜也。股肱喜而事功成，事功成而能屡省以不怠废。此又股肱之所以喜也。为是者，在钦而已矣。皋陶拜手稽首，扬言曰："念哉！率作兴事，慎乃宪。钦哉！屡省乃成。钦哉！"此之谓也。盖宪者，为法以示人之谓也。所为法以示人者，当率法慎为能，然钦慎而不明乎善，亦何能济？故人君者，以明乎善为难。苟明乎善矣，则人臣孰敢为不善？人臣无敢为不善，事其有不治者乎？乃赓载歌曰："元首明哉，股肱良哉，庶事康哉。"此之谓也。人君不务近其人论先王之道以自明，而苟欲以耳目所见闻，总天下万事而断之以私智，则人臣皆将归事于其君，而不任其责。淫辞邪说并至，而人君听断不知所出。此事之所堕也。又歌曰："元首丛脞哉，股肱惰哉，万事堕哉。"此之谓也。然则人君欲股肱良而庶事康，不在乎他，在明乎善而已。明乎善，不可以责诸人也。伏惟天锡陛下以尧、舜之材，自秦、汉以来欲治之主，固未有能仿佛者，然百工未熙、庶事未康者，殆所谓近其人论先王之道以自明者，尚有所缺，而非可以他求也。臣昨日蒙德音喻及《尚书》赓歌之事，而愚憧仓卒，言不及究，故敢复具所闻以献，伏惟圣心加察。幸甚。

看详杂议

臣今月二日至中书，曾公亮传圣旨以《杂议》一卷付臣看详，臣谨具条奏如后。

议曰：官有定员，则进趣虽多，不能为滥，宜定台、省、监、寺之员。须有缺然后用。

臣某曰：今之台、省、监、寺之官，虽名曰职事官，而实非前代之所谓职事官，而与前代刺史等所带检校官无以异。前代检校官之类，亦不能定员，待有缺然后拟。前代所谓职事官，即今所谓差遣是也。今之差遣，固已有定员，须有缺然后用人矣。若欲令今所谓职事官亦有定员，则今职事官以差遣员数校之，几至两倍，而有功有考当陟者，又未有以御之。欲有定员，所谓可言而不可行者也。

议曰：内外之官，正其名称，出则正刺史、县令之名，入则还台、省之名。

臣某曰：前代有勋官，有散官，有检校官，有职事官。勋官、散官，当其有罪，则皆得议请减，而应免官则又可以当官；而检校官与今行守之官无异，故朝廷与夺，皆足以为人荣辱利害。今散官、勋官、检校官，既不足以为人荣辱利害，为人荣辱利害者，唯有职事官与差遣而已。今若令内外官正其名称，出则正刺史、县令之名，入则还台、省之名，则是丞郎知州谓之刺史，京朝官知州亦谓之刺史，不知职事官之贵贱，何以别乎？又其禄秩位次，不知当复如何？若同之则理不可行，若不同则与未名之时又何以异？臣以为今州郡长吏谓之知州，非不正名，所领职事官，乃与前代刺史等带检校官无异，何伤于正名而欲改之乎？且汉以丞相史刺察州郡，谓之刺史，今欲名州郡长吏为刺史，则何得谓之正名？

议曰：罢官而止俸。

臣某曰：文王治岐，仕者世禄，武王克商，庶士倍禄。盖人主于士大夫，能饶之以财，然后可责之以廉耻。方今士大夫所以鲜廉寡耻，其原亦多出于禄赐不足，又以官多员少之故。大抵罢官数年而后复得一官。若罢官而止俸，恐士大夫愈困穷而无廉耻。士大夫无廉耻，最人主所当忧。且邦财费省之大原，乃不在此。议者但知引据唐事，乃不知唐时官人俸厚，故罢为前资，未至困乏。今官人俸薄，则与唐时事不得同。且不吝于与人以官，而欲吝于与官以禄，非计之得也。

议曰：以厘务实日并为三年，以叙磨勘之法，以符考绩之义。

臣某曰：今欲以厘务实日并为三年，以叙磨勘之法。窃以为不厘务者，非人情之所欲也，厘务者，非人情之所苦也。今等之无功，而厘务则计日得迁，等之无罪，而不厘务则不得计日而迁，恐未足以符考绩之义，而适足以致不均之怨也。且黜陟之法，务在沮劝罪功，不知立法如此，有何沮劝？

议曰：置兵部审官院。

臣某曰：崇班以上置兵部审官院，此恐可议而行。然崇班以上差遣，尽付之兵部则不可行，当约文字之法，相度所任轻重缓急，有付之审官者，有属之枢密者。至于磨勘，则官视卿、监以下，皆付之兵部审官可也。

议曰：置兵部流内铨，以代三班及置南曹。

臣某曰：三班院无以异于兵部流内铨，何必以代三班乎？今三班自无缺事，而又增置南曹，则非省官之意。

议曰：废江淮荆浙发运使。

臣某曰：江淮荆浙发运使尝废矣，未几复置者，以不可废故也。盖发运使废，则其本司职事，必令淮南转运使领之。淮南转运所总州军已多，地里已远，而发运司据六路之会，以应接转输及他制置，事亦不少。但以淮南转运使领发运，则发运一司事多壅废。此盖其所以废而复置也。臣比见许元为发运使时，诸路有岁歉米贵，则令输钱以当年额，而为之就米贱路分籴之，以足年额。诸路年额易办，而发运司所收钱米常以有余，或以其余借助诸路缺乏，其所制置利便，多如此类。要在拣择能吏以为发运而已，废之不为便也。

议曰：废都水监。

臣某曰：都水监亦恐不可废。今议者以谓此三司判官主领之时，事日烦，费日广，举天下之役，其半在于河渠堤埽，故欲废之，此臣之所未喻也。朝廷以为天下水利领于三司，则三司事丛，不得专意，而河渠堤埽之类，有当经治，而力不暇给，故别置都水监。此所谓修废官也。官修，则事举；事举，则虽烦何伤？财费，则利兴；利兴，则虽费何害？且所谓举天下之役半在于河渠堤埽者，以为不当役而役之乎？以为当役而役之乎？以为不当役而役之，则但当察官吏之不才，而不当废监；以为当役而役之，则役虽多，是乃因置监故吏得修其职而无废事也，何可以废监乎？且今水土之利，患在置官不多，而不患其冗也。

议曰：合三部句院。

臣某曰：三部勾院臣未知其详，然恐由近岁三司帐籍钩考之法大坏而不举，故三司勾院有事简处。若不然，则此三部勾院，理不可合。

议曰：提举百司不当用内制，但用如张师颜者。

臣某曰：提举百司多用内制，而今患其与三司并行指挥，库务异同难禀。臣以为唯权均体敌，乃可以相检制。事有异同，则理有枉直。近在阙门之外，则非理皆得上闻。库务官司，亦何嫌于难禀？今若只用如张师颜者一人，与三司表里纲纪细务，则恐与三司权不均，体不敌。虽足以纲纪细务，而三司措置，百司失理，莫能与之抗议。今使内制一人总其权以敌三司，又使如张师颜者一人躬亲点检细事，小既足以究察诸司奸弊，大又足以检制三司，如此处置，未为失也。若以为费而当省，则提举百司于内制，但为兼职，废之何所省乎？

议曰：废宫观使副都监。

臣某曰：宫观置使、提举、都监，诚为冗散。然今所置，但为兼职，其有特置，则朝廷礼当尊宠，而不以职事责之者也。废与置，其为利害亦不多。若议冗费，则宫观之类自有可议，非但置使、提举、都监为可省也。

议曰：外则并郡县。

臣某曰：中国受命至今百余年，无大兵革，生齿之众，盖自秦、汉以来莫及。臣所见东南州县，大抵患在户口众，而官少不足以治之。臣尝奉使河北，疑其所置州县太多，如雄、莫二州，相去才二十余里。闻如此者甚众。其民徭役固多，财力凋弊，恐亦因此。然臣不深知其利害，不敢有言。

议曰：诏执事之臣下逮有司，俾行审官铨选之职，稍稍宽假，使时有简拔。

臣某曰：今朝廷使监司守倅及知杂以上，各以所知同罪荐举人材，其尚患所举不如举状。今若令有司行审官铨选之职，时有简拔，臣恐以一二人之耳目不足以尽天下之材，而所简拔不足以塞士大夫之非议，又其所任或不免交私，则于时政徒有所损而已。

议曰：择判司簿尉三考四考有两纸三纸举状者引对，给笔札，条为治目，不拘文辞，咸以事对。命官考验，有理趣者，除县令。三考绩效有闻，委提刑、转运上其实状，除京官。再入两任知县，如政绩显白，与减一任通判，便除知州。

臣某曰：议者以为近世县令最卑，有出身三考，无出身四考，不问其人材如何，但非赃犯，则以次而授焉，甚非重民安本之谊。臣以为今有出身三考，无出身四考，皆有三人举主，乃得为县令，非不问其人材如何而特以次授也。盖近岁朝廷举令之法最善，故近岁县令亦稍胜于往时。但朝廷诱养之道未纯，督察之方未尽。大抵人才难得，非特县令乏人。今议者欲择判司簿尉三考四考有两纸三纸举状者引对，欲除以为令，则与举令之法无甚异也。若欲以笔札条对，求治民之材，臣恐不必得治材之实，但得能文辞谈说者尔。又以为绩效有闻，则提刑、转运上其实状，即除京官。若令提刑、转运举者至于五人，而后与转京官，则得转京官者少；若但要提刑、转运举状，不必五人而后转，则如此选擢之人，何以知其贤于举令，而遽优异之如此！又以为两任知县，政绩显白，与减一任通判，便除知州。不知政绩如何而可以谓之显白？若有殊尤可赏，则朝廷自当选擢及有升任指挥，若不足以致选擢及升任指挥，则其政绩不为甚异。政绩无甚异，而更不用关升之法，便减一任通判，与除知州，臣恐入知州者愈冗，而所除又未必贤。

右臣所闻浅陋，不足以知治体，谨具条奏，并元降《杂议》封上，取进止。

详定十二等议

起居舍人司马光起请："旧官九品之外，别分职任差遣为十二等，以进退群臣。十二等之制，宰相第一，两府第二，两制以上第三，三司副使、知杂御史第四，三司判官、转运使第五，提点刑狱第六，知州第七，通判第八，知县第九，幕职第十，令录第十一，判、司、簿、尉第十二，其余文武职任差遣，并以此比类为十二等。若上等有缺，则于次之中择才以补之。"奉圣旨，两制详定闻奏。王珪等详定司马光起请难尽施行外，"致治之要，在任官之久。欲乞知州，令满三年为一任；通判人缘审官院见今员多缺少，候将来差遣得行亦别取指挥；知县人今后初入者，并满六周年方入通判。仍乞下审官详定条约闻奏"者。臣愚以谓司马光十二等之说，王珪等既以为难行，而珪等所议知州三年为一任，知县六年方入通判，亦无补于官人失得之数。朝廷必欲大修法度，甄序人材，则以至诚、恻怛、求治之心，博延天下论议之士，而与之反复，必有至当之论，可施于当世。凡区区变更而终无补于事实者，臣愚窃恐皆不足为。

卷六十三　论议二

易泛论

柔巽隐伏、制得其道则易制者，鱼也，民之象也，小人女子之象也。贪暴而止乎高者，隼也。贪窃而动乎阴者，鼠也。狐，疑也，不果也。牛，顺而强也。羊，很也。羊，前其刚以触者也。鲋，物之在下污而微者也。鸟，飞而止则困者也。雉，文明见乎外者也。豹，文之蔚然者也。虎，文之炳然者也。虎豹刚健，君子大人之象也。虎之搏物，拟而后动，动而有获者也。鹤，洁白以远举，鸣之以时而远闻者也。鸿，进退以时而有序者也。禽，饮井之无择者也。豮豕之牙，能畜其刚而不可犯者也。豕，污秽也。豚，豕之微者也。龟有灵德，潜见以时而不志于养者也。龟，人之所恃以知吉凶者也。龙，天类也，能见，能跃，能飞，能云雨，而变化不测，人不可系而服者也。马，地类也，能行而系乎人，其为物有常者也。鬼，物之无形者也。几，尊物也，所冯以为安者也。床，安上以止者也。车，载其上以行者也。轮，有运动之材，而非车之全也，可以为车之一器者也。舆，有承载之材，而亦非车之全者也。辐，车舆所以行者也。缶，圆虚以容而应者也。矢，直而利平行者也。弧，攻远之器也。鼎，成物之器也。铉，所举鼎而行之者也。鼎耳，虚中以受铉者也。瓶，井之上水者也。瓮，井水之已出乎上而受之者也。筐，女所以承实者也。匕鬯，所以事宗庙社稷之器也。樽酒簋贰，祭之约也。贰簋，享之约也。幽而能正时者，斗也。暮夜者，阴盛之时也。日中者，丰之时也。日昃者，过中当退之时也。昼日者，明进已盛而未至乎中之时也。日中，则照天下矣；日以明进，至昼日，其极盛也。甲，仁属也。庚，义属也。月几望，阴盛而不亢也。云，阴上也。雨，阴阳应也。霜，阴刚之微也。坚冰，阴刚而疑阳也。膏，阳之泽也。血，阴之伤也。汗，出而不反也。肤，柔物之为间而易侵者也。趾，在下而行者也。拇，在下之微而无能为者也。腹，容物者也。颁，上体之见乎外而无能为者也。臀，下体之无能为者也。身，躬已也。顶，首之上者也。面，见乎外者也。心，体之主也。限，上下之所同也。夤，上体之接乎限者也。须，柔而附刚者也，阳物之饰也。背，体之不接乎物而上者也。尾，后也。首，先也，上也。足，下也。角，刚之上穷者也。肱，上体之随而附者也。股，下体之随而附者也。腓，趾之上、股之下而体之随而附者也。垂其翼，下也。耳，所听也。东北，止以近险也。西南，顺以远险也。西南，众也。南，明也。西南，坤之地也。东北，违坤之所也。西，阴所也。东，阳所也。左，下也。右，上也。载者，载上也。负，后也。负者，下道也；乘者，上道也。载鬼，以鬼为在上也。负涂，以涂为在后也。往，从之也；往，之外也；往，之上也。来，之已也；来，之内也。渝，变其德也。亿，安也。居，不行也。安，以静居也。逐，从求之也。血，去不来也。出，自穴出，不去也。复，反而得其所也。反，自外来而复也。见，见彼也。处，不行也。征，进也。盘桓，动未进也。枕，止而安之也。动，方征也。起，方往也。遇，逢而见之也。跻，升也。孕，女之得其配也，以有为而未功也。字，育女之功也。田，兴事之大者也；弋，兴事之小者也。飞，宜下不宜上者也。且，方然也。或，疑辞也，方也，后也。乃，徐也，方此爻之时未可以然也，要其终则然也。田，平夷著见之地也，非龙之所宜宅也。大川，险也。沙，近险而无难也；泥，则近险而有难也。沛，泽之困乎水者也。穴，阴之宅也。在穴，动物在阴之小者也。渊，龙之宅也。在天，则龙有为之地。陆，高平也。陵，陆之大也。涂，污也。井，泥浊也。谷，下也。井谷，旁出而下流也。甈甀，乘刚也。石，坚而不动者也。金，刚而趣变者也。玉，温润粹美、刚而不可变者也。干，鸿之在下而不失其宜者也，鸿所宜居者也。桷，木之在上者也。株，木不能庇荫其下者也。盘，进于干而不失其安者也。甘，物之所美也。苦，物之所恶也。黄，地色也。玄，天色也。黄，中之见乎色者也。白，成色之主也，白未受饰乎物者也。朱绂，天子饰下者也。赤绂，人臣饰下者也。泣血，阴之忧也。涕，忧之见乎容貌者也。号嗟，忧之见乎音声者也；号，甚乎嗟者也。藩，内外之隔也。庐，人所庇也。升虚邑，小而易之也。升阶，平易以有序，以渐升而得位也。伐邑者，小之也。伐国，大事也；伐邑，小事也。城，地道上承而外捍也。复于隍，则不上承、不外捍矣。墉，捍外以保内也，自下之高者也。二篙，阴象也。门，阴象也。户，阳象也。《易》曰："犹未离其类也，故称血焉。"《易》象之大概，见于乾坤之说，推而长之，则凡《易》之象可不疑矣。栋，室壁之所恃也。野，空旷也。同人于野，无适莫也。龙战于野，无君臣也。邑，有事之地也，趣时而为之者也。郊，远乎有事之地。次，师旅之安舍也。巷，出门庭之未易道也。自牖，自幽以即明也。婚媾，内外之合也。邻，比己者也。妻，配也。王母，幽以远也，以父为阳，以母为幽也；以母为近，则王母为远也。妣，以顺配祖者也。臣，以顺承君者也。考，父之有成德之称也。长子，一也；弟子，不一也。仆，卑以顺也。童，未有与也。妇，一乎顺者也。妾，配之不正者也。士，未成夫之辞也。女，未成妇之辞也。娣，女归而不得正配者也。衣，上饰也。袖，所以窒隙也。裳，下之饰也。鞶带，在下体之上而以柔为饰也。袂，体乎衣者也。囊，所以畜物也。茀，所以蔽车也。履，践下而承上也。履，上道也。载，下道也。不可，甚乎不利也。可，其为利仅也。有凶，不必凶而凶在其中也。有厉，不必厉而厉在其中也。有悔，不必悔而悔在其中也。

卦名解

刚柔始交而难生，动乎险中，故曰："云雷《屯》。"屯已大亨，则雷雨之动满盈，而为《解》，故曰"雷雨作，《解》"，"动而免乎险，《解》"。山下有险，非险在前也，可往而止焉，必蒙者也，故为《蒙》。《蹇》，则险在前者也，险在前则不可以往，故为《蹇》。《彖》曰："见险而能止，知矣哉。"知者，反乎蒙者也。《需》，亦险在前也，其不为《乾》健而进也，非若《艮》之止也，非《坎》之所能陷也，待时而进耳，故为《需》。柔得位而上下应之，小者之畜也。小者畜，则其畜亦小矣，故为《小畜》。以小而畜大，非柔之中也。柔得位而不中，不中而上下应之，《小畜》之道也。能止健，大者之畜也。大者畜，则其畜亦大矣，故为《大畜》。四阳过二阴，而阳得中，故为《大过》。《大过》者，大者过也。大者过，则亦事之大过越也。四阴过二阳，而阴得中，故为《小过》。《小过》者，小者过也。小者过，则亦事之小过越者耳。《大有》，能有大者也，大者应之也；柔得尊位，大有者也。《同人》，同乎人者也，柔得位、得中而应乎《乾》者也。巽而丽乎内，故为《家人》；止而丽乎外，故为《旅》。少男长女必惑，山下有风必挠。蛊者，挠惑之名也，为天下之蛊者事也，故为《蛊》。少女少男，男下女上，故为《咸》。咸者，交感之名也。长男长女，男上女下，故为《恒》。姤阴遇阳，故为《姤》。阳终决阴，故为《夬》。柔履刚，故为《履》。履，礼也。礼者，以柔履刚者也。刚应顺而以动，故为《豫》。上下交，故为《泰》；不交，故为《否》。以刚中为主而下顺从，故为《比》。顺而止，故为《谦》。动而说，故为《随》。大者在上，故为《观》。大者壮，故为《大壮》。刚浸长以临柔，故为《临》。临者，大临小之名，故曰"临者大也"。柔来文刚，分刚上而文柔，故为《贲》。柔变刚为《剥》。剥者，消烂之名也。剥穷上而刚反，故曰《复》。复者，反而得其所之名也。天下雷行，物应之，故为《无妄》。雷之感物，物之所以应，无妄者也。刚退，故为《遁》。明入地中，故为《明夷》。明者，伤于暗之名也，文王与纣当其象矣。以爻考之，自三以下，周象也；自四以上，殷象也。明出地上，《晋》，臣进之象卦也。明出地上，则方昼而未至乎中，中则照天下。昼则进之盛而不亢乎王者也。损上益下，主于自损者也，故为《益》；损下益上，主于自益者也，故为《损》。《乾》道成男，《坤》道成女。凡女卦皆受《损》者也，凡男卦皆受《益》者也。损上益下，损下益上，此之谓也。巽乎水而上水，故为《井》。以木巽火，故为《鼎》。明以动，故为《丰》。丰者，光明盛大之卦也。刚上下而实在其间，颐中有物之象也。颐中有物必噬，噬则合矣，故为《噬嗑》。嗑者，有间而通之之卦也。上险下说，说以行险，故为《节》。柔在内而刚得中，说而巽，故为《中孚》。柔亦在内，可谓对矣。《中孚》者，至诚之卦也；《无妄》，则不妄而已。一阳陷于二阴，故为《坎》。坎者，陷也；内明，水象也。一阴丽于二阳，故为《离》。离，丽也；外明，火象也。水之为物，陷者也；火之为物，丽者也。推此，则《震》《巽》《艮》《兑》可以类知之也。上火下泽，《睽》。睽者，不合之名也，二女之卦也。火在水上，《未济》。未济者，有济之道也，男女之卦也。水上火下，男女相逮之卦也，故为《既济》。泽上火下，二女不相得之卦也，故为《革》。不相得而相违，革之所以生也。以众行险，故为《师》。上刚而下险，险而健，故为《讼》。上动而下止，止而动，故为《颐》。止而动，颐之道也。上说而下顺，故为《萃》。上巽而下险，险而巽，故为《涣》。涣者，离散之名也。巽而免乎险，则不蹇不困，下虽险，上巽而不健，则不讼，故为涣而已。困则刚见掩者也，在难中者也，不可以不动矣。《蹇》，则难在前者也，不可以往而已，故《象》曰"利西南"也。顺而巽，其进也孰御焉？故为《升》。止而巽，有止之道，故为《渐》。《归妹》者，归女之卦也。妹，少女也；少女为主于内，故曰归妹。归妹，女归之以其时也，故曰"动而说，所以为归妹"也。阳在下，则动而进，故为《震》。进在阴上，已得其所则止，故为《艮》。内柔伏，故为《巽》；外柔见，故为《兑》。此其文皆在《系辞》，或《象》《系》所不言，以其所言反求其所不言，则知其所以然也。

河图洛书义

孔子曰:"河出图,洛出书,圣人则之。"图必出于河而洛不谓之图,书必出于洛而河不谓之书者,我知之矣,图以示天道,书以示人道故也。盖通于天者河,而图者以象言也。成象之谓天,故使龙负之,而其出在于河;龙善变,而尚变者天道也。中于地者洛,而书者以法言也。效法之谓人,故使龟负之,而其出在于洛;龟善占,而尚占者人道也。此天地自然之意,而圣人于《易》所以则之者也。

谏官论

以贤治不肖,以贵治贱,古之道也。所谓贵者,何也?公卿、大夫是也。所谓贱者,何也?士、庶人是也。同是人也,或为公卿,或为士,何也?为其不能公卿也,故使之为士;为其贤于士也,故使之为公卿。此所谓以贤治不肖,以贵治贱也。今之谏官者,天子之所谓士也,其贵,则天子之三公也。惟三公于安危治乱存亡之故,无所不任其责,至于一官之废,一事之不得,无所不当言。故其位在卿大夫之上,所以贵之也。其道德必称其位,所谓以贤也。至士则不然,修一官而百官之废不可以预也,守一事而百事之失可以毋言也。称其德,副其材,而命之以位也。循其名,俿其分,以事其上而不敢过也。此君臣之分也,上下之道也。今命之以士,而责之以三公,士之位而受三公之责,非古之道也。孔子曰:"必也正名乎!"正名也者,所以正分也。然且为之,非所谓正名也。身不能正名,而可以正天下之名者,未之有也。蚳蛙为士师,孟子曰:"似也,为其可以言也。"蛙谏于王而不用，致为臣而去。孟子曰："有言责者不得其言则去，有官守者不得其职则去。"然则有官守者莫不有言责，有言责者莫不有官守，士师之谏于王是也。其谏也，盖以其官而已矣，是古之道也。古者官师相规，工执艺事以谏。其或不能谏，谓之不恭，则有常刑。盖自公卿至于百工，各以其职谏，则君孰与为不善？自公卿至于百工，皆失其职，以阿上之所好，则谏官者，乃天子之所谓士耳，吾未见其能为也。待之以轻而要之以重，非所以使臣之道也。其待己也轻而取重任焉，非所以事君之道也。不得已，若唐之太宗，庶乎其或可也。虽然，有道而知命者，果以为可乎？未之能处也。唐太宗之时，所谓谏官者，与丞弼俱进于前，故一言之谬，一事之失，可救之于将然，不使其命已布于天下，然后从而争之也。君不失其所以为君，臣不失其所以为臣，其亦庶乎其近古也。今也上之所欲为，丞弼所以言于上，皆不得而知也。及其命之已出，然后从而争之。上听之而改，则是士制命而君听也；不听而遂行，则是臣不得其言而君耻过也。臣不得其言，士制命而君听。二者，上下所以相悖而否乱之势也。然且为之，其亦不知其道矣。及其谆谆而不用，然后知道之不行，其亦辨之晚矣。或曰："《周官》之师氏、保氏、司徒之属，而大夫之秩也。"曰：尝闻周公为师，而召公为保矣，《周官》则未之学也。

伯夷

事有出于千世之前，圣贤辩之甚详而明，然后世不深考之，因以偏见独识，遂以为说，既失其本，而学士大夫共守之不为变者，盖有之矣，伯夷是已。夫伯夷，古之论有孔子、孟子焉。以孔、孟之可信而又辩之反复不一，是愈益可信也。孔子曰："不念旧恶，求仁而得仁，饿于首阳之下，逸民也。"孟子曰："伯夷非其君不事，不立恶人之朝，避纣居北海之滨，目不视恶色，不事不肖，百世之师也。"故孔、孟皆以伯夷遭纣之恶，不念以怨，不忍事之，以求其仁，饿而避，不自降辱，以待天下之清，而号为圣人耳。然则司马迁以为武王伐纣，伯夷叩马而谏，天下宗周，而耻之，义不食周粟，而为《采薇》之歌。韩子因之，亦为之颂，以为微二子，乱臣贼子接迹于后世，是大不然也。夫商衰而纣以不仁残天下，天下孰不病纣？而尤者，伯夷也。尝与太公闻西伯善养老，则往归焉。当是之时，欲夷纣者，二人之心，岂有异邪？及武王一奋，太公相之，遂出元元于涂炭之中，伯夷乃不与，何哉？盖二老所谓天下之大老，行年八十余，而春秋固已高矣。自海滨而趋文王之都，计亦数千里之远，文王之兴，以至武王之世，岁亦不下十数，岂伯夷欲归西伯而志不遂，乃死于北海邪？抑来而死于道路邪？抑其至文王之都而不足以及武王之世而死邪？如是而言伯夷，其亦理有不存者也。且武王倡大义于天下，太公相而成之，而独以为非，岂伯夷乎？天下之道二，仁与不仁也。纣之为君，不仁也；武王之为君，仁也。伯夷固不事不仁之纣以待仁，而后出武王之仁焉，又不事之，则伯夷何处乎？余故曰：圣贤辩之甚明，而后世偏见独识者之失其本也。呜呼，使伯夷之不死，以及武王之时，其烈岂独太公哉！

卷六十四　论议三

三圣人

孟子曰："可欲之谓善，有诸己之谓信，充实之谓美，充实而有光辉之谓大，大而化之之谓圣。"圣之为名，道之极、德之至也。非礼勿动，非礼勿言，非礼勿视，非礼勿听，此大贤者之事也。贤者之事如此，则可谓备矣，而犹未足以钻圣人之坚，仰圣人之高。以圣人观之，犹太山之于冈陵，河海之于陂泽，然则圣人之事可知其大矣。《易》曰"与天地合其德，与日月合其明，与鬼神合其吉凶"，此盖圣人之事也。德苟不足以合于天地，明苟不足以合于日月，吉凶苟不足以合于鬼神，则非所谓圣人矣。孟子论伯夷、伊尹、柳下惠，皆曰"圣人也"，而又曰："伯夷隘，柳下惠不恭。隘与不恭，君子不由也。"夫动、言、视、听，苟有不合于礼者，则不足以为大贤人。而圣人之名，非大贤人之所得拟也，岂隘与不恭者所得僭哉！盖闻圣人之言行不苟而已，将以为天下法也。昔者，伊尹制其行于天下，曰："何事非君，何使非民。治亦进，乱亦进。"而后世之士多不能求伊尹之心者，由是多进而寡退，苟得而害义，此其流风末世之弊也。圣人患其弊，于是伯夷出而矫之，制其行于天下，曰："治则进，乱则退。非其君不事，非其民不使。"而后世之士多不能求伯夷之心者，由是多退而寡进，过廉而复刻，此其流风末世之弊也。圣人又患其弊，于是柳下惠出而矫之，制其行于天下，曰："不羞污君，不辞小官。遗逸而不怨，厄穷而不悯。"而后世之士多不能求柳下惠之心者，由是多污而寡洁，恶异而尚同，此其流风末世之弊也。此三人者，因时之偏而救之，非天下之中道也，故久必弊。至孔子之时，三圣人之弊，各极于天下矣，故孔子集其行而制成法于天下，曰："可以速则速，可以久则久，可以仕则仕，可以处则处。"然后圣人之道大具，而无一偏之弊矣。其所以大具而无弊者，岂孔子一人之力哉，四人者相为终始也。故伯夷不清，不足以救伊尹之弊，柳下惠不和，不足以救伯夷之弊。圣人之所以能大过人者，盖能以身救弊于天下耳，如皆欲为孔子之行，而忘天下之弊，则恶在其为圣人哉？是故使三人者当孔子之时，则皆足以为孔子也，然其所以为之清、为之任、为之和者，时耳。岂滞于此一端而已乎？苟在于一端而已，则不足以为贤人也，岂孟子所谓圣人哉？孟子之所谓"隘与不恭，君子不由"者，亦言其时尔。且夏之道，岂不美哉，而殷人以为野，殷之道，岂不美哉，而周人以为鬼。所谓隘与不恭者，何以异于是乎？当孟子之时，有教孟子枉尺直寻者，有教孟子权以援天下者，盖其俗有似于伊尹不弊时也。是以孟子论是三人者必先伯夷，亦所以矫天下之弊耳。故曰：圣人之言行，岂苟而已，将以为天下法也。

周公

甚哉，荀卿之好妄也。载周公之言曰："吾所执贽而见者十人，还贽而相见者三十人，貌执者百有余人，欲言而请毕事千有余人。"是诚周公之所为，则何周公之小也？夫圣人为政于天下也，初若无为于天下，而天下卒以无所不治者，其法诚修也。故三代之制，立庠于党，立序于遂，立学于国，而尽其道以为养贤教士之法，是士之贤虽未及用，而固无不见尊养者矣。此则周公待士之道也。诚若荀卿之言，则春申、孟尝之行，乱世之事也，岂足为周公乎？且圣世之士，各有其业，讲道习艺，患日之不足，岂暇游公卿之门哉？彼游公卿之门、求公卿之礼者，皆战国之奸民，而毛遂、侯嬴之徒也。荀卿生于乱世，不能考论先王之法著之天下，而惑于乱世之俗，遂以为圣世之士亦若是而已，亦已过也。且周公之所礼者大贤与，则周公岂唯执贽见之而已，固当荐之天子而共天位也。如其不贤，不足与共天位，则周公如何其与之为礼也？子产听郑国之政，以其乘舆济人于溱、洧，孟子曰："惠而不知为政。"盖君子之为政，立善法于天下则天下治，立善法于一国则一国治，如其不能立法，而欲人人悦之，则日亦不足矣。使周公知为政，则宜立学校之法于天下矣，不知立学校而徒能劳身以待天下之士，则不唯力有所不足，而势亦有所不得，周公亦可谓愚也。或曰："仰禄之士犹可骄，正身之士不可骄也。"夫君子之不骄，虽暗室不敢自慢，岂为其人之仰禄而可以骄乎？呜呼，所谓君子者，贵其能不易乎世也。荀卿生于乱世，而遂以乱世之事量圣人，后世之士，尊荀卿以为大儒而继孟子者，吾不信矣。

子贡

　　予读史所载子贡事，疑传之者妄，不然，子贡安得为儒哉？夫所谓儒者，用于君则忧君之忧，食于民则患民之患，在下而不用，则修身而已。当尧之时，天下之民患于洚水，尧以为忧，故禹于九年之间三过其门而不一省其子也。回之生，天下之民患有甚于洚水，天下之君忧有甚于尧，然回以禹之贤而独乐陋巷之间，曾不以天下忧患介其意也。夫二人者，岂不同道哉？所遇之时则异矣。盖生于禹之时，而由回之行，则是杨朱也；生于回之时，而由禹之行，则是墨翟也。故曰：贤者用于君则以君之忧为忧，食于民则以民之患为患，在下而不用于君，则修其身而已。何忧患之与哉？夫所谓忧君之忧、患民之患者，亦以义也。苟不义而能释君之忧、除民之患，贤者亦不为矣。《史记》曰：齐伐鲁，孔子闻之，曰："鲁，坟墓之国。国危如此，二三子何为莫出？"子贡因行，说齐以伐吴，说吴以救鲁，复说越，复说晋，五国由是交兵。或强，或破，或乱，或霸，卒以存鲁。观其言，迹其事，仪、秦轸代，无以异也。嗟乎，孔子曰："己所不欲，勿施于人。"己以坟墓之国而欲全之，则齐、吴之人，岂无是心哉，奈何使之乱欤？吾所以知传者之妄，一也。于史考之，当是时，孔子、子贡为匹夫，非有卿相之位、万钟之禄也，何以忧患为哉？然则异于颜回之道矣。吾所以知其传者之妄，二也。坟墓之国，虽君子之所重，然岂有忧患而谋为不义哉？借使有忧患为谋之义，则岂可以变诈之说亡人之国，而求自存哉？吾所以知其传者之妄，三也。子贡之行，虽不能尽当于道，然孔子之贤弟子也，固不宜至于此，矧曰孔子使之也。太史公曰："学者多称七十子之徒，誉者或过其实，毁者或损其真。"子贡虽好辩，讵至于此邪？亦所谓毁损其真者哉！

杨孟

贤之所以贤，不肖之所以不肖，莫非性也；贤而尊荣寿考，不肖而厄穷死丧，莫非命也。论者曰："人之性善，不肖之所以不肖者，岂性也哉？"此学乎孟子之言性，而不知孟子之指也。又曰："人为不为命也，不肖而厄穷死丧，岂命也哉？"此学乎杨子之言命，而不知杨子之指也。孟子之言性曰性善，杨子之言性曰善恶混；孟子之言命曰莫非命也，杨子之言命曰人为不为命。孟、杨之道，未尝不同，二子之说非有异也，其所有异，其所指者异耳。此孔子所谓言岂一端而已，各有所当者也。孟子之所谓性者，正性也，杨子之所谓性者，兼性之不正者言之也；杨子之所谓命者，正命也，孟子之所谓命者，兼命之不正者言之也。夫人之生，莫不有羞恶之性，且以羞恶之一端以明之。有人于此，羞善行之不修，恶善名之不立，尽力乎善以充其羞恶之性，则其为贤也孰御哉？此得乎性之正者，而孟子之所谓性也。有人于此，羞利之不厚，恶利之不多，尽力乎利以充羞恶之性，则其为不肖也孰御哉？此得乎性之不正，而杨子之兼所谓性者也。有人于此，才可以贱而贱，罪可以死而死，是人之所自为也。此得乎命之不正者，而孟子之所兼谓命者也。有人于此，才可以贵而贱，德可以生而死，是非人之所为也。此得乎命之正者，而杨子之所谓命也。今夫羞利之不厚，恶利之不多，尽力乎利而至乎不肖，则杨子岂以谓人之性而不以罪其人哉？亦必恶其失性之正也。才可以贱而贱，罪可以死而死，则孟子岂以谓人之命而不以罪其人哉？亦必恶其失命之正也。孟子曰："口之于味也，目之于色也，耳之于声也，鼻之于臭也，四支之于安逸也，性也，有命焉，君子不谓性也。仁之于父子也，义之于君臣也，礼之于宾主也，知之于贤者也，圣人之于天道也，命也，有性焉，君子不谓命也。"然则孟、杨之说，果何异乎？今学者是孟子则非杨子，是杨子则非孟子，盖知读其文而不之求其指耳，而曰我知性命之理，诬哉！

材论

天下之患，不患材之不众，患上之人不欲其众；不患士之不欲为，患上之人不使其为也。夫材之用，国之栋梁也，得之则安以荣，失之则亡以辱。然上之人不欲其众、不使其为者，何也？是有三蔽焉。其尤蔽者，以为吾之位可以去辱绝危，终身无天下之患，材之得失，无补于治乱之数，故偃然肆吾之志，而卒入于败乱危辱，此一蔽也。又或以谓吾之爵禄贵富，足以诱天下之士，荣辱忧戚在我，吾可以坐骄天下之士，将无不趋我者，则亦卒入于败乱危辱而已，此亦一蔽也。又或不求所以养育取用之道，而諰諰然以为天下实无材，则亦卒入于败乱危辱而已，此亦一蔽也。此三蔽者，其为患则同，然而用心非不善而犹可以论其失者，独以天下为无材者耳。盖其心非不欲用天下之材，特未知其故也。且人之有材能者，其形何以异于人哉？惟其遇事而事治，画策而利害得，治国而国安利，此其所以异于人也。上之人苟不能精察之、审用之，则虽抱皋、夔、稷、契之智，且不能自异于众，况其下者乎？世之蔽者方曰："人之有异能于其身，犹锥之在囊，其末立见，故未有有其实而不可见者也。"此徒有见于锥之在囊，而固未睹夫马之在厩也。驽骥杂处，饮水食刍，嘶鸣蹄啮，求其所以异者蔑矣。及其引重车，取夷路，不屡策，不烦御，一顿其辔而千里已至矣。当是之时，使驽马并驱，则虽倾轮绝勒，败筋伤骨，不舍昼夜而追之，辽乎其不可以及也，夫然后骐骥腰褭与驽骀别矣。古之人君，知其如此，故不以天下为无材，尽其道以求而试之，试之之道，在当其所能而已。夫南越之修箅，簇以百炼之精金，羽以秋鹗之劲翮，加强弩之上而矵之千步之外，虽有犀兕之捍，无不立穿而死者，此天下之利器，而决胜觌武之所宝也，然用以敲扑，则无以异于朽槁之梃。是知虽得天下之瑰材桀智，而用之不得其方，亦若此矣。古之人君，知其如此，于是铢量其能而审处之，使大者小者、长者短者、强者弱者无不适其任者焉。如是则士之愚蒙鄙陋者，皆能奋其所知以效小事，况其贤能智力卓荦者乎！呜呼，后之在位者，盖未尝求其说而试之以实也，而坐曰天下果无材，亦未之思而已矣。或曰：“古之人于材有以教育成就之，而子独言其求而用之者，何也？”曰：天下法度未立之先，必先索天下之材而用之。如能用天下之材，则能复先王之法度，能复先王之法度，则天下之小事无不如先王时矣，况教育成就人材之大者乎？此吾所以独言求而用之之道也。噫！今天下盖尝患无材。吾闻之，六国合从，而辩说之材出；刘、项并世，而筹划战斗之徒起；唐太宗欲治，而谟谋谏诤之佐来。此数辈者，方此数君未出之时，盖未尝有也，人君苟欲之，斯至矣，今亦患上之不用之耳。天下之广，人物之众，而曰果无材可用者，吾不信也。

命解

先王之俗坏，天下相率而为利，则强者得行无道，弱者不得行道；贵者得行无礼，贱者不得行礼。孔子修身洁行，言必由绳墨，陈、蔡大夫恶其议己，率众而围之，此乃所谓不得行道也。公行有子之丧，右师往吊，入门，有进而与右师言者，有出位而与右师言者。孟子不与右师言，右师不说。孟子曰:"我欲为礼也。"方是时,不独右师不说,凡与右师言者盖皆不说也。此乃所谓不得行礼也。然孔子不以弱而离道,孟子不以贱而失礼,故立乎千世之上而为学者师。右师、陈蔡之大夫卒亦不得伤焉,以其有命也。今不知命之人,刚则不以道御之,而曰:"有命焉,彼安能困我?"由此则死乎岩墙之下者,犹正命也。柔则不以礼节之,而曰:"不出,惧及祸焉。"由此则是贫贱可以智去也。夫柔而不以礼节之,刚而不以道御之,其难免一也,故《易·旅》之初六与上九同患。悲夫!离道以合世,去礼以从俗,苟命之穷矣,孰能恃此以免者乎?

对疑

己亥敕书:"自今内殿崇班以上,大丧致其事,供奉官以下则勿致,如其故。"于是有疑者,以为供奉官以下亦士大夫也,而朝廷独遇之如此,顾而问曰:"今子以谓如何?"尝窃原朝廷之意以对曰:先王之制丧礼,不饮酒,不食肉,不御于内,以致其哀戚者,所谓礼之实,而其行之在我者也。不论其人之贵贱,不视其世之可否,而使之同者也。然而有疾则虽贱者亦使之饮酒而食肉,此所谓以权制者也。或不言而事行,或言而后事行,或身执事而后行者,所谓礼之文,而其行之在物者也。论其人之贵贱,视其世之可否,而为之节者也。视其世之可否而为之节,故金革之事,则虽贵者亦有时乎而无辟,此所谓以权制者也。今欲使三班趋走给使之吏,大丧则皆无以身执事,而从古者卿士大夫之礼,此固盛世之所宜急,而先王以孝理天下之意。然而事又有先于此者。古之时,卿大夫之丧,所以听身不执事者,为其可以不身执事也。其可以不身执事者,何也？古之人君于其卿士大夫之丧，所以存问养恤者，盖不诎于其在事之时，其有大丧而得不以身执事者，以其臣属足使而禄赐足以事养故也。今三班趋走给使之吏，其素所以富养之，非备厚也。一日使去位而治丧者，则朝廷视遇与庶人之在野者无以异。庶人之在野者，所以葬祭其先人，畜养其妻子，有常产矣。三班趋走给使之吏，去位而治丧者，则其使令非有臣属，事养非有禄赐，一日无常产，则其穷乃有欲比于庶人而不得者。若用事者不为之忧此，而曰"汝必无以身执事"，则亦有饿而死者耳！然而世之议者方曰："今之小吏去位而治丧者众矣，吾未见有饿而死者。"夫今之去位而治丧者，自非多积余藏，有以活身，则孰能无以身执事者乎？今欲使之去位而治丧者，故欲使其致丧之实而无以身执事也。苟不能使之无以身执事，而徒使之去位，则岂盛世之所急，而先王以孝理天下之意也？愚故曰事又有先于此者，谓所以存问恤养士大夫如古之时者，今之所先也。夫明吾政以赡天下之财，而存问恤养士大夫如古之时，此吾之所易为也。仰无以葬祭其先人，俯无以畜养其妻子，然且去位而治丧，无以身执事，以致古者士大夫之礼，此人所难行也。舍吾之所易为而忽不谋，曰："是皆先王之事，非吾今日之所能为也。"操人之所难行而诛之不释，曰："古之士大夫皆然，尔奚事而不为？"朝廷或者以为此非先王以权制丧、内恕及人之道，故止而不为。虽然，愚亦有疑焉，欲内恕以及人而不为吾之所易为者，何也？

卷六十五　论议四

洪范传

五行，天所以命万物者也，故"初一曰五行"。五事，人所以继天道而成性者也，故"次二曰敬用五事"。五事，人君所以修其心、治其身者也，修其心，治其身，而后可以为政于天下，故"次三曰农用八政"。为政必协之岁、月、日、星辰历数之纪，故"次四曰协用五纪"。既协之岁、月、日、星辰历数之纪，当立之以天下之中，故"次五曰建用皇极"。中者，所以立本，而未足以趣时，趣时则中不中无常也，唯所施之宜而已矣，故"次六曰乂用三德"。有皇极以立本，有三德以趣时，而人君之能事具矣。虽然，天下之故犹不能无疑也。疑则如之何？谋之人以尽其智，谋之鬼神以尽其神，而不专用己也，故"次七曰明用稽疑"。虽不专用己而参之于人物、鬼神，然而反身不诚不善，则明不足以尽人物，幽不足以尽鬼神，则其在我者不可以不思。在我者，其得失微而难知，莫若质诸天物之显而易见，且可以为戒也，故"次八曰念用庶征"。自五事至于庶征各得其序，则五福之所集，自五事至于庶征各失其序，则六极之所集，故"次九曰向用五福，威用六极"。敬者何？君子所以直内也，言五事之本在人心而已。农者何？厚也，言君子之道施于有政，取诸此以厚彼而已。有本以保常而后可立也，故皇极曰建。有变以趣时，而后可治也，故三德曰乂，向者，慕而欲其至也；威者，畏而欲其亡也。"五行，一曰水，二曰火，三曰木，四曰金，五曰土"，何也？五行也者，成变化而行鬼神，往来乎天地之间而不穷者也，是故谓之行。天一生水，其于物为精，精者，一之所生也。地二生火，其于物为神，神者，有精而后从之者也。天三生木，其于物为魂，魂从神者也。地四生金，其于物为魄，魄者，有魂而后从之者也。天五生土，其于物为意，精神魂魄具而后有意。自天一至于天五，五行之生数也。以奇生者成而耦，以耦生者成而奇，其成之者皆五。五者，天数之中也，盖中者所以成物也。道立于两，成于三，变于五，而天地之数具。其为十也，耦之而已。盖五行之为物，其时、其位、其材、其气、其性、其形、其事、其情、其色、其声、其臭、其味，皆各有耦，推而散之，无所不通。一柔一刚，一晦一明，故有正有邪，有美有恶，有丑有好，有凶有吉，性命之理、道德之意皆在是矣。耦之中又有耦焉，而万物之变遂至于无穷。其相生也，所以相继也；其相克也，所以相治也。语器也以相治，故序六府以相克；语时也以相继，故序盛德所在以相生。《洪范》语道与命，故其序与语器与时者异也。道者，万物莫不由之者也。命者，万物莫不听之者也。器者，道之散；时者，命之运。由于道、听于命而不知者，百姓也；由于道、听于命而知之者，君子也。道万物而无所由，命万物而无所听，唯天下之至神为能与于此。夫火之于水，妻道也；其于土，母道也。故神从志，无志则从意。志致一之谓精，唯天下之至精，为能合天下之至神。精与神一而不离，则变化之所为在我而已。是故能道万物而无所由，命万物而无所听也。"水曰润下，火曰炎上，木曰曲直，金曰从革，土爰稼穑"，何也？北方阴极而生寒，寒生水，南方阳极而生热，热生火，故水润而火炎，水下而火上。东方阳动以散而生风，风生木。木者，阳中也，故能变；能变，故曲直。西方阴止以收而生燥，燥生金。金者，阴中也，故能化；能化，故从革。中央阴阳交而生湿，湿生土。土者，阴阳冲气之所生也，故发之而为稼，敛之而为穑。曰者，所以命其物。爰者，言于之稼穑而已。润者，性也。炎者，气也。上下者，位也。曲直者，形也。从革者，材也。稼穑者，人事也。冬，物之性复，复者，性之所，故于水言其性。夏，物之气交，交者，气之时，故于火言其气。阳极上，阴极下，而后各得其位，故于水火言其位。春，物之形著，故于木言其形。秋，物之材成，故于金言其材。中央，人之位也，故于土言人事。水言润，则火熯、土溽、木敷、金敛，皆可知也。火言炎，则水洌，土烝木温金清，皆可知也。水言下，火言上，则木左，金右，土中央，皆可知也。推类而反之，则曰后，曰前，曰西，曰东，曰北，曰南，皆可知也。木言曲直，则土圜，金方，火锐，水平，皆可知也。金言从革，则木变，土化，水因，火革，皆可知也。土言稼穑，则水之井洫，火之爨冶，木、金之为械器，皆可知也。所谓木变者何？灼之而为火，烂之而为土，此之谓变。所谓土化者何？能熯能润，能敷能敛，此之谓化。所谓水因者何？因甘而甘，因苦而苦，因苍而苍，因白而白，此之谓因。所谓火革者何？革生以为熟，革柔以为刚，革刚以为柔，此之谓革。金亦能化，而命之曰从革者何？可以圜，可以平，可以锐，可以曲直，然非火革之，则不能自化也，是故命之曰从革也。夫金，阴精之纯也，是其所以不能自化也。盖天地之用五行也，水施之，火化之，木生之，金成之，土和之。施生以柔，化成以刚，故木挠而水弱，金坚而火悍，悍坚而济以和，万物之所成也，奈何终于挠弱而欲以收成物之功哉？

"润下作咸，炎上作苦，曲直作酸，从革作辛，稼穑作甘"，何也？寒生水，水生咸，故润下作咸。热生火，火生苦，故炎上作苦。风生木，木生酸，故曲直作酸。燥生金，金生辛，故从革作辛。湿生土，土生甘，故稼穑作甘。生物者，气也；成之者，味也。以奇生则成而耦，以耦生则成而奇。寒之气坚，故其味可用以软；热之气软，故其味可用以坚。风之气散，故其味可用以收；燥之气收，故其味可用以散。土者，冲气之所生也，冲气则无所不和，故其味可用以缓而已。气坚则壮，故苦可以养气，脉软则和，故咸可以养脉；骨收则强，故酸可以养骨；筋散则不挛，故辛可以养筋；肉缓则不壅，故甘可以养肉。坚之而后可以软，收之而后可以散；欲缓则用甘，不欲则弗用也。古之养生治疾者，必先通乎此，不通乎此而能已人之疾者，盖寡矣。

"五事，一曰貌，二曰言，三曰视，四曰听，五曰思。貌曰恭，言曰从，视曰明，听曰聪，思曰睿。恭作肃，从作乂，明作哲，聪作谋，睿作圣"，何也？恭则貌钦，故作肃；从则言顺，故作乂；明则善视，故作哲；聪则善听，故作谋；睿则思无所不通，故作圣。五事以思为主，而貌最其所后也，而其次之如此，何也？此言修身之序也。恭其貌，顺其言，然后可以学而至于哲。既哲矣，然后能听而成其谋。能谋矣，然后可以思而至于圣。思者，事之所成终而所成始也，思所以作圣也。既圣矣，则虽无思也，无为也，寂然不动，感而遂通天下之故可也。"八政，一曰食，二曰货，三曰祀，四曰司空，五曰司徒，六曰司寇，七曰宾，八曰师"，何也？食货，人之所以相生养也，故一曰食，二曰货。有相生养之道，则不可不致孝于鬼神，而著不忘其所自，故三曰祀。有所以相生养之道，而知不忘其所自,然后能保其居,故四曰司空。司空所以居民,民保其居,然后可教,故五曰司徒。司徒以教民,教之不率,然后俟之以刑戮,故六曰司寇。自食货至于司寇,而治内者具矣,故七曰宾,八曰师。宾所以接外治,师所以接外乱也。自食货至于宾师,莫不有官以治之,而独曰司空、司徒、司寇者,言官则以知物之有官,言物则以知官之有物也。"五纪,一曰岁,二曰月,三曰日,四曰星辰,五曰历数",何也?王省惟岁,卿士惟月,师尹惟日,上考之星辰,下考之历数,然后岁月日时不失其政,故一曰岁,二曰月,三曰日,四曰星辰,五曰历数。历者,数也;数者,一二三四是也,五纪之所成终而所成始也,非特历而已。先王之举事也,莫不有时;其制物也,莫不有数。有时,故莫敢废;有数,故莫敢逾。盖尧舜所以同律度量衡,协时月正日,而天下治者,取诸此而已。

"皇极,皇建其有极,敛时五福,用敷锡厥庶民",何也?皇,君也;极,中也。言君建其有中,则万物得其所,故能集五福以敷锡其庶民也。"惟时厥庶民,于汝极,锡汝保极",何也?言庶民以君为中,君保中,则民与之也。"凡厥庶民,无有淫朋,人无有比德,惟皇作极",何也?言君中则民人中也。庶民无淫朋,人无比德者,惟君为中而已。盖君有过行偏政,则庶民有淫朋,人有比德矣。"凡厥庶民,有猷,有为,有守,汝则念之,不协于极,不罹于咎,皇则受之,而康而色,曰予攸好德,汝则锡之福,时人斯其惟皇之极",何也?言民之有猷、有为、有守,汝则念其所猷、所为、所守之当否。所猷、所为、所守不协于极,亦不罹于咎,君则容受之,而康汝颜色而诱之。不协于极,不罹于咎,虽未可以锡之福,然亦可教者也,故当受之而不当谴怒也。《诗》曰"载色载笑,匪怒伊教",康而色之谓也。其曰我所好者德,则是协于极,则非但康汝颜色以受之,又当锡之福以劝焉。如此,则人惟君之中矣。不言"攸好德，则锡之福"，而言"曰予攸好德，则锡之福"，何也？谓之皇极，则不为已甚也。攸好德，然后锡之福，则获福者寡矣，是为已甚，而非所以劝也。曰予攸好德，则锡之福，则是苟革面以从吾之攸好者，吾不深探其心，而皆锡之福也。此之谓皇极之道也。"无虐茕独，而畏高明"，何也？言苟曰好德，则虽茕独，必进宠之而不虐；苟曰不好德，则虽高明，必罪废之而不畏也。盖茕独也者，众之所违而虐之者也；高明也者，众之所比而畏之者也。人君蔽于众，而不知自用其福威，则不期虐茕独，而茕独实见虐矣，不期畏高明，而高明实见畏矣。茕独见虐而莫劝其作德，则为善者不长；高明见畏而莫惩其作伪，则为恶者不消。善不长，恶不消，人人离德作伪，则大乱之道也。然则虐茕独而宽朋党之多，畏高明而忽卑晦之贱，最人君之大戒也。"人之有能、有为，使羞其行，而邦其昌"，何也？言有能者，使在职而羞其材，有为者，使在位而羞其德，则邦昌也。人君孰不欲有能者羞其材，有为者羞其德，然旷千数百年而未有一人致此，盖聪不明而无以通天下之志，诚不至而无以同天下之德，则智以难知，而为愚者所诎，贤以寡助，而为不肖者所困，虽欲羞其行，不可得也。通天下之志在穷理，同天下之德在尽性。穷理矣，故知所谓咎而弗受，知所谓德而锡之福；尽性矣，故能不虐茕独以为仁，不畏高明以为义。如是，则愚者可诱而为智也，虽不可诱而为智，必不使之诎智者矣；不肖者可革而为贤也，虽不可革而为贤，必不使之困贤者矣。夫然后有能、有为者得羞其行，而邦赖之以昌也。"凡厥正人，既富方谷，汝弗能使有好于而家，时人斯其辜"，何也？言凡正人之道，既富之然后善。虽然，徒富之亦不能善也，必先治其家，使人有好于汝家，然后人从汝而善也。汝弗能使有好于汝家，则人无所视效，而放僻邪侈亦无不为也。盖人君能自治，然后可以治人；能治人，然后人为之用；人为之用，然后可以为政于天下。为政于天下者，在乎富之、善之，而善之，必自吾家人始。所谓自治者，"惟皇作极"是也；所谓治人者，"弗协于极，弗罹于咎，皇则受之，而康而色，曰予攸好德，汝则锡之福，无虐茕独，而畏高明"是也；所谓人为之用者，"有能、有为，使羞其行，而邦其昌"是也；所谓为政于天下者，"凡厥正人"是也。既曰能治人，则人固已善矣，又曰富之然后善，何也？所谓治人者，教化以善之也；所谓富之然后善者，政以善之也。徒教化不能使人善，故继之曰"凡厥正人，既富方谷"；徒政亦不能使人善，故卒之曰"汝弗能使有好于而家，时人斯其辜"也。"于其无好德，汝虽锡之福，其作汝用咎"，何也？既言治家不善不足以正人也，又言用人不善不足以正身，言崇长不好德之人而锡之福，亦用咎作汝而已矣。"无偏无陂，遵王之义；无有作好，遵王之道；无有作恶，遵王之路；无偏无党，王道荡荡；无党无偏，王道平平；无反无侧，王道正直；会其有极，归其有极。曰皇极之敷言，是彝是训，于帝其训"，何也？言君所以虚其心，平其意，唯义所在，以会归其有中者。其说以为人君以中道布言，是以为彝、是以为训者，于天其训而已。夫天之为物也，可谓无作好，无作恶，无偏无党，无反无侧，会其有极，归其有极矣。荡荡者，言乎其大；平平者，言乎其治。大而治，终于正直，而王道成矣。无偏者，言乎其所居；无党者，言乎其所与。以所居者无偏，故能所与者无党，故曰"无偏无党"；以所与者无党，故能所居者无偏，故曰"无党无偏"。偏不已，乃至于侧；陂不已，乃至于反。始曰"无偏无陂"者，率义以治心，不可以有偏陂也；卒曰"无反无侧"者，及其成德也，以中庸应物，则要之使无反侧而已。路，大道也；正直，中德也。始曰"义"，中曰"道"、曰"路"，卒曰"正直"，尊德性而道问学，致广大而尽精微，极高明而道中庸之谓也。孔子以为"示之以好恶，而民知禁",今曰"无有作好,无有作恶"者,何也?好恶者,性也,天命之谓性。作者,人为也,人为则与性反矣。《书》曰:"天命有德,五服五章哉;天讨有罪,五刑五用哉。"命有德,讨有罪,皆天也,则好恶者岂可以人为哉?所谓示之以好恶者性而已矣。"凡厥庶民,极之敷言,是训是行,以近天子之光。曰天子作民父母,以为天下王",何也?言凡厥庶民,以中道布言,"是训是行,以近天子之光"者,其说以为天子作民父母以为天下王,当顺而比之,以效其所为,而不可逆。盖君能顺天而效之,则民亦顺君而效之也。二帝、三王之诰命,未尝不称天者,所谓"于帝其训"也,此人之所以化其上也。及至后世,矫诬上天以布命于下,而欲人之弗叛也,不亦难乎?"三德,一曰正直,二曰刚克,三曰柔克",何也?直而不正者有矣,以正正直,乃所谓正也;曲而不直者有矣,以直正曲,乃所谓直也。正直也者,变通以趣时,而未离刚柔之中者也。刚克也者,刚胜柔者也;柔克也者,柔胜刚者也。"平康正直,强弗友刚克,燮友柔克",何也?燮者,和孰上之所为者也;友者,右助上之所为者也;强者,弗柔从上之所为者也;弗友者,弗右助上之所为者也。君君臣臣,适各当分,所谓正直也。若承之者,所谓柔克也;若威之者,所谓刚克也。盖先王用此三德,于一颦一笑,未尝或失,况以大施于庆赏刑威之际哉!故能为之其未有也,治之其未乱也。

"沉潜刚克,高明柔克",何也?言人君之用刚克也,沉潜之于内;其用柔克也,发见之于外。其用柔克也,抗之以高明;其用刚克也,养之以卑晦。沉潜之于内,所以制奸慝;发见之于外,所以昭忠善。抗之以高明,则虽柔过而不废;养之以卑晦,则虽刚过而不折。《易》曰:"道有变动,故曰爻;爻有等,故曰物;物相杂,故曰文;文不当,故吉凶生焉。"吉凶之生,岂在夫大哉?盖或一颦一笑之间而已。《洪范》之言三德,与《舜典》《皋陶谟》所序不同,何也?《舜典》所序以教胄子,而《皋陶谟》所序以知人臣,故皆先柔而后刚;《洪范》所序,则人君也,故独先刚而后柔。至于正直,则《舜典》《洪范》皆在刚柔之先,而《皋陶谟》乃独在刚柔之中者,教人、治人,宜皆以正直为先,至于序德之品,则正直者中德也,固宜在柔刚之中也。"惟辟作福、惟辟作威、惟辟玉食。臣无有作福、作威、玉食。臣之有作福、作威、玉食,其害于而家,凶于而国,人用侧颇僻,民用僭忒",何也?执常以事君者,臣道也;执权以御臣者,君道也。三德者,君道也。作福,柔克之事也;作威,刚克之事也。以其侔于神天也,是故谓之福。作福以怀之,作祸以威之,言作福则知威之为祸,言作威则知福之为怀也。皇极者,君与臣民共由之者也。三德者,君之所独任而臣民不得僭焉者也。有其权,必有礼以章其别,故惟辟玉食也。礼所以定其位,权所以固其政,下僭礼则上失位,下侵权则上失政,上失位则亦失政矣。上失位失政,人所以乱也。故臣之有作福、作威、玉食,其害于而家,凶于而国,人用侧颇僻,民用僭忒也。侧颇僻者,臣有作福、作威之效也;僭忒者,臣有玉食之效也。民侧颇僻也易,而其僭忒也难。民僭忒,则人可知也;人侧颇僻,则民可知也。其曰"庶民有淫朋,人有比德",亦若此而已矣。于淫朋曰庶民,于僭忒曰民而已,何也?僭忒者,民或有焉,而非众之所能也。天子、皇、王、辟,皆君也,或曰天子,或曰皇,或曰王,或曰辟,何也?皇极于帝其训者,所以继天而顺之,故称天子;建有极者道,故称皇;好恶者德,故称王;福威者政,故称辟。道所以成德,德所以立政,故言政于三德而称辟也。建有极者道,故称皇,则其曰"天子作民父母,以为天下王",何也?吾所建者道,而民所知者德而已矣。"七稽疑,择建立卜筮人,乃命卜筮,曰雨,曰霁,曰蒙,曰驿,曰克,曰贞,曰悔。凡七,卜五,占用二，衍忒"，何也？言有所择，有所建，则立卜筮人，卜筮凡七，而其为卜者五，则其为筮者二可知也。先卜而后筮，则筮之为正悔亦可知也。衍者，吉之谓也；忒者，凶之谓也。吉言衍，则凶之为耗可知也；凶言忒，则吉之为当亦可知也。此言之法也，盖自始造书，则固如此矣。福之所以为福者，于文从畐，畐则衍之谓也；祸所以为祸者，于文从呙，呙则忒之谓也。盖忒也、当也，言乎其位；衍也、耗也，言乎其数。夫物有吉凶，以其位与数而已。六五得位矣，其为九四所难者，数不足故也；九四得数矣，其为六五所制者，位不当故也。数衍而位当者吉，数耗而位忒者凶，此天地之道、阴阳之义，君子小人之所以相为消长，中国夷狄之所以相为强弱。《易》曰："人谋鬼谋，百姓与能。"盖圣人君子以察存亡，以御治乱，必先通乎此，不通乎此而为百姓之所与者，盖寡矣。"立时人作卜筮，三人占，则从二人之言"，何也？卜筮者，质诸鬼神，其从与违为难知，故其占也，从众而已也。"汝则有大疑，谋及乃心，谋及卿士，谋及庶民，谋及卜筮"，何也？言人君有大疑，则当谋之于己，己不足以决，然后谋之于卿士，又不足以决，然后谋之于庶民，又不足以决，然后谋之于鬼神。鬼神，尤人君之所钦也，然而谋之反在乎卿士、庶民之后者，吾之所疑而谋者，人事也，必先尽之人，然后及鬼神焉，固其理也。圣人以鬼神为难知，而卜筮如此其可信者，《易》曰："成天下之亹亹者，莫大乎蓍龟。"唯其诚之不至而已矣，用其至诚，则鬼神其有不应而龟筮其有不告乎？"汝则从，龟从，筮从，卿士从，庶民从，是之谓大同，身其康强，子孙其逢吉"，何也？将有作也，心从之，而人神之所弗异，则有余庆矣，故谓之大同，而子孙其逢吉也。"汝则从，龟从，筮从，卿士逆，庶民逆，吉。卿士从，龟从，筮从，汝则逆，庶民逆，吉。庶民从，龟从，筮从，汝则逆，卿士逆，吉"，何也？吾之所谋者疑也，可以作，可以无作，然后谓之疑。疑而从者众，则作而吉也。"汝则从，龟从，筮逆，卿士逆，庶民逆，作内吉，作外凶"，何也？尊者从，卑者逆，故逆者虽众，以作内，犹吉也。"龟筮共违于人，用静吉，用作凶"，何也？所以谋之心谋之人者尽矣，然犹不免于疑，则谋及于龟筮，故龟筮之所共违，不可以有作也。"庶征，曰雨，曰旸，曰燠，曰寒，曰风，曰时"者，何也？曰雨，曰旸、曰燠、曰寒、曰风者，自"肃时雨若"以下是也；曰时者，自"王省惟岁"以下是也。"五者来备，各以其叙，庶草蕃庑"，何也？阴阳和，则万物尽其性、极其材。言庶草者，以为物之尤微而莫养，又不知自养也，而犹蕃庑，则万物得其性，皆可知也。"一极备凶，一极无凶"，何也？雨极备则为常雨，旸极备则为常旸，风极备则为常风，燠极无则为常寒，寒极无则为常燠，此饥馑疾疠之所由作也，故曰凶。"曰休征：曰肃时雨若，曰乂时旸若，曰哲时燠若，曰谋时寒若，曰圣时风若。曰咎征：曰狂恒雨若，曰僭恒旸若，曰豫恒燠若，曰急恒寒若，曰蒙恒风若"，何也？言人君之有五事，犹天之有五物也。天之有五物，一极备凶，一极无凶，其施之小大缓急无常，其所以成物者，要之适而已。人之有五事，一极备凶，一极无亦凶，施之小大缓急亦无常，其所以成民者，亦要之适而已。故雨、旸、燠、寒、风者，五事之证也。降而万物悦者，肃也，故若时雨然；升而万物理者，乂也，故若时旸然；哲者，阳也，故若时燠然；谋者，阴也，故若时寒然；睿其思，心无所不通，以济四事之善者，圣也，故若时风然。狂则荡，故常雨若；僭则亢，故常旸若；豫则解缓，故常燠若；急则缩栗，故常寒若；冥其思，心无所不入，以济四事之恶者，蒙，故常风若也。

孔子曰："见贤思齐，见不贤而内自省也。"君子之于人也，固常思齐其贤，而以其不肖为戒，况天者固人君之所当法象也，则质诸彼以验此，固其宜也。然则世之言灾异者，非乎？曰：人君固辅相天地以理万物者也，天地万物不得其常，则恐惧修省，固亦其宜也。今或以为天有是变，必由我有是罪以致之；或以为灾异自天事耳，何豫于我，我知修人事而已。盖由前之说，则蔽而葸；由后之说，则固而怠。不蔽不葸，不固不怠者，亦以天变为已惧，不曰天之有某变，必以我为某事而至也，亦以天下之正理考吾之失而已矣，此亦"念用庶征"之意也。"王省惟岁，卿士惟月，师尹惟日"，何也？言自王至于师尹，犹岁、月、日三者相系属也。岁、月、日有常而不可变，所总大者亦不可以侵小，所治少者亦不可以僭多。自王至于师尹，三者亦相系属，有常而不可变，所总大者亦不可以侵小，所治少者亦不可以僭多。故岁、月、日者，王及卿士、师尹之证也。"岁、月、日时无易，百谷用成，乂用明，俊民用章，家用平康。日月岁时既易，百谷用不成，乂用昏不明，俊民用微，家用不宁"，何也？既以岁、月、日三者之时为王及卿士、师尹之征也，而王及卿士、师尹之职，亦皆协之岁、月、日时之纪焉，故岁有会，月有要，日有成。大者省其大而略，小者治其小而详，其小大、详略得其序，则功用兴，而分职治矣，故百谷用成，乂用明，俊民用章，家用平康。小大、详略失其序，则功用无所程，分职无所考，故百谷用不成，乂用昏不明，俊民用微，家用不宁也。"庶民惟星，星有好风，星有好雨"，何也？言星之好不一，犹庶民之欲不同。星之好不一，待月而后得其所好，而月不能违也，庶民之欲不同，待卿士而后得其所欲，而卿士亦不能违也，故星者，庶民之征也。"日月之行，则有冬有夏"，何也？言岁之所以为岁，以日月之有行，而岁无为也，犹王之所以为王，亦以卿士、师尹之有行，而王无为也。春秋者，阴阳之中；冬夏者，阴阳之正。阴阳各致其正，而后岁成。有冬、有夏者，言岁之成也。"月之从星，则以风雨"，何也？

言月之好恶不自用而从星，则风雨作而岁功成，犹卿士之好恶不自用而从民，则治教政令行而王事立矣。《书》曰："天听自我民听，天视自我民视。"夫民也，天之所不能违也，而况于王乎，况于卿士乎？"五福，一曰寿，二曰富，三曰康宁，四曰攸好德，五曰考终命"，何也？人之始生也，莫不有寿之道焉，得其常性则寿矣，故一曰寿。少长而有为也，莫不有富之道焉，得其常产则富矣，故二曰富。得其常性，又得其常产，而继之以毋扰，则康宁矣，故三曰康宁也。夫人君使人得其常性，又得其常产，而继之以毋扰，则人好德矣，故四曰攸好德。好德则能以令终，故五曰考终命。"六极，一曰凶短折，二曰疾，三曰忧，四曰贫，五曰恶，六曰弱"，何也？不考终命谓之凶，早死谓之短，中绝谓之折。祸莫大于凶、短、折，疾次之，忧次之，贫又次之，故一曰凶短折，二曰疾，三曰忧，四曰贫。凶者，考终命之反也；短折者，寿之反也；疾忧者，康宁之反也；贫者，富之反也。此四极者，使人畏而欲其亡，故先言人之所尤畏者，而以犹愈者次之。夫君人者，使人失其常性，又失其常产，而继之以扰，则人不好德矣，故五曰恶，六曰弱。恶者，小人之刚也；弱者，小人之柔也。九畴曰初，曰次，而五行、五事、八政、五纪、三德、五福、六极，特以一二数之，何也？九畴以五行为初，而水之于五行，貌之于五事，食之于八政，岁之于五纪，正直之于三德，寿、凶、短折之于五福、六极，不可以为初故也。或曰："箕子之所次，自五行至于庶征，而今独曰自五事至于庶征，各得其序，则五福之所集，自五事至于庶征，各爽其序，则六极之所集，何也？"曰：人君之于五行也，以五事修其性，以八政用其材，以五纪协其数，以皇极建其常，以三德治其变，以稽疑考其难知，以庶征征其失得，自五事至于庶征，各得其序，则五行固已得其序矣。或曰："世之不好德而能以令终，与好德而不得其死者众矣。今曰好德则能以令终，何也？"曰：孔子以为"人之生也直，罔之生也幸而免"。君子之于吉凶、祸福，道其常而已，幸而免与不幸而及焉，盖不道也。或曰："孔子以为富与贵人之所欲，贫与贱人之所恶，而福极不言贵贱，何也？"曰：五福者，自天子至于庶人，皆可使慕而欲其至；六极者，自天子至于庶人，皆可使畏而欲其亡；若夫贵贱，则有常分矣。使自公侯至于庶人，皆慕贵，欲其至，而不欲贱之在己，则陵犯篡夺之行日起，而上下莫安其命矣。《诗》曰："肃肃宵征，抱衾与裯，实命不犹。"盖王者之世，使贱者安其贱如此。夫岂使知贵之为可慕而欲其至，贱之为可畏而欲其亡乎？

易象论解

君子之道，始于自强不息，故于《乾》也，"君子以自强不息"。自强不息，然后厚德载物，故于《坤》也，"君子以厚德载物"。自强积德以有载也，乃能经纶，故于《屯》也，"君子以经纶"。经纶者，君子有事之时，故于《蒙》也，"君子以果行育德"。果行育德则无事矣，故于《需》也，"君子以饮食宴乐"。饮食宴乐，所以待人而与之从事者也，故于《讼》也，"君子以作事谋始"。作事谋始则能为物主，故于《师》也，"君子以容民畜众"。建万国，亲诸侯，容民畜众之大者，故于《比》也，"先王以建万国，亲诸侯"。诸侯亲，则无所用武，故于《小畜》也，"君子以懿文德"。德以礼为体，故于《履》也，"君子以辨上下，定民志"。礼也者，因时之会通，以财成辅相天地者也，故于《泰》也，"后以财成天地之道，辅相天地之宜，以左右民"。物不能终泰，故于《否》也，"君子以俭德避难，不可荣以禄"。泰则通，否则辨，故于《同人》也，"君子以类族辨物"。族各有其类，物各有其辨，则君子小人见矣，故于《大有》，"君子以遏恶扬善，顺天休命"。虽遏恶也不可以为偏亢，故于《谦》也，"君子以裒多益寡，称物平施"。顺天休命，而以谦平施，则人乐之，故于《豫》也，"先王以作乐崇德，殷荐之上帝，以配祖考"。乐成而息，故于《随》也，"君子以向晦入宴息"。物不可终息，故于《蛊》也，"君子以振民育德"。振民育德莫大乎教思无穷，容保民无疆，故于《临》也，"君子以教思无穷，容保民无疆"。教思无穷，容保民无疆，莫大乎省方观民设教，故于《观》也，"先王以省方观民设教"。教至矣，则明罚敕法继之，故于《噬嗑》也，"先王以明罚敕法"。明罚敕法者，所以待之而非敢于折狱，故于《贲》也，"君子以明庶政，无敢折狱"。无敢折狱者，将以厚下也，故于《剥》也，"上以厚下安宅"。厚下者，将使人无失其性命之情也，欲不失其性命之情，则亦不违其性命之理而已，故于《复》也，"先王以至日闭关，商旅不行，后不省方"者，所以应时。知应时，然后知对时育物，故于《无妄》也，"先王以茂对时育万物"。对时育物者，非稽古畜德之主则不能，故于《大畜》也，"君子以多识前言往行以畜其德"。畜德莫大乎养，故于《颐》也，"君子以慎言语，节饮食"。知自养，然后出处皆有以大过人，故于《大过》也，"君子以独立不惧，遁世无闷"。出则欲独立不惧，处则欲遁世无闷，则德不可无习，故于《坎》也，"君子以常德行，习教事"。德行不失其常，教事不废其习，然后可以继明照四方，故于《离》也，"大人以继明照于四方"。所谓明者，非恃其所明，则资诸人而已，故于《咸》也，"君子以虚受人"。惟以虚受人而有节于内，故于《恒》也，"君子以立不易方"。所以有时而远小人，故于《遁》也，"君子以远小人，不恶而严"。所谓严者，亦礼而已矣，故于《大壮》也，"君子以非礼勿履"。非礼勿履，德之所以昭也，故于《晋》也，"君子以自昭明德"。明者自明，非所以莅众，故于《明夷》也，"君子以莅众，用晦而明"。知自明又知所以莅众，则言有物而行有常，故于《家人》也，"君子以言有物而行有常"。言有物，行有常，则知所同，知所异，故于《睽》也，"君子以同而异"。同故能有容，异故能有辨，反身修德，言有辨也，故于《蹇》也，"君子以反身修德"。赦过宥罪，言有容也，故于《解》也，"君子以赦过宥罪"。能反身修德，赦过宥罪，则其欲也惩而窒矣，故于《损》也，"君子以惩忿窒欲"。能惩忿窒欲，然后见善迁，有过改，故于《益》也，"君子以见善则迁，有过则改"。以居则修德，以动则有功，功不可以擅，德不可以居也，故于《夬》也，"君子以施禄及下，居德则忌"。能施禄及下，居德则忌，则众之所听也，故于《姤》也，"后以施命诰四方"。众之所听，不可不戒，故于《萃》也，"君子以除戎器，戒不虞"。不虞知戒矣，德之所以积也，故于《升》也，"君子以顺德，积小以高大"。积小以至高大而至于命，则志遂矣，故于《困》也，"君子以致命遂志"。至于命则所以成己也，而后可以成民教，故于《井》也，"君子以劳民劝相"。劳民劝相，莫大乎恭爱，故于《革》也，"君子以治历明时"。能治历明时，然后能正位凝命，故于《鼎》也，"君子以正位凝命"。正位凝命不可恃，故于《震》也，"君子以恐惧修省"。修省之道，在于正己而已，故于《艮》也，"君子以思不出其位"。能正己，则贤德可居，俗可善，故于《渐》也，"君子以居贤德善俗"。俗善矣，其终不能无敝，爱则敝矣，故于《归妹》也，"君子以永终知敝"。知敝，则所以待人者尽矣，故于《丰》也，"君子以折狱致刑"。折狱以刑，君子所以明慎之时也，故于《旅》也，"君子以明慎用刑，而不留狱"。不留狱，则治道终矣，终则有始，故于《巽》也，"君子以申命行事"。申命行事，不可以无学，故于《兑》也，"君子以朋友讲习"。所讲习者，仁义而已，故于《涣》也，"先王以飨帝立庙"。飨帝立庙，则仁之至、义之尽矣，其推行之也，度数不可以无制，德行不可以无议，故于《节》也，"君子以制数度，议德行"。制数度，议德行，则欲急己以缓人，故于《中孚》也，"君子以议狱缓死"。急己以缓人者，依于仁而已，故于《小过》也，"君子以行过乎恭，丧过乎哀，用过乎俭"。依于仁，则无患矣，故于《既济》也，"君子以思患而预防之"。物不穷也，故于《未济》也，"君子以慎辨物居方"。辨物居方者，物之终始也。

卷六十六　论议五

周南诗次解

王者之治，始之于家。家之序，本于夫妇正。夫妇正者，在求有德之淑女为后妃以配君子也，故始之以《关雎》。夫淑女所以有德者，其在家，本于女工之事也，故次以《葛覃》。有女工之本，而后妃之职尽矣，则当辅佐君子求贤审官。求贤审官者，非所能专，有志而已，故次之以《卷耳》。有求贤审官之志，以助治其外，则于其内治也，其能有嫉妒而不逮下乎？故次之《樛木》。无嫉妒而逮下，则子孙众多，故次之以《螽斯》。子孙众多，由其不妒忌，则致国之妇人亦化其上，则男女正，婚姻时，国无鳏民也，故次之以《桃夭》。国无鳏民，然后好德，贤人众多，故次之以《兔罝》。好德贤人众多，是以室家和平，而妇人乐有子，则后妃之美具矣，故次之以《芣苢》。后妃至于国之妇人乐有子者，由文王之化行，使南国江汉之人，无思犯礼，此德之广也，故次之以《汉广》。德之所及者广，则化行乎汝坟之国，能使妇人闵其君子而勉之以正，故次之以《汝坟》。妇人能勉君子以正，则天下无犯非礼，虽衰世公子，皆能信厚，此《关雎》之应也，故次之以《麟之趾》焉。

礼论

呜呼，荀卿之不知礼也！其言曰"圣人化性而起伪"，吾是以知其不知礼也。知礼者，贵乎知礼之意，而荀卿盛称其法度节奏之美，至于言化，则以为伪也。亦乌知礼之意哉？夫礼始于天而成于人，知天而不知人则野，知人而不知天则伪。圣人恶其野而疾其伪，以是礼兴焉。今荀卿以谓圣人之化性为起伪，则是不知天之过也，然彼亦有见而云尔。凡为礼者，必诎其放傲之心，逆其嗜欲之性。莫不欲逸而为尊者劳，莫不欲得而为长者让，擎跽曲拳，以见其恭。夫民之于此，岂皆有乐之之心哉？患上之恶己，而随之以刑也。故荀卿以为特劫之法度之威，而为之于外尔，此亦不思之过也。夫斫木而为之器，服马而为之驾，此非生而能者也，故必削之以斧斤，直之以绳墨，圆之以规而方之以矩，束联胶漆之，而后器适于用焉。前之以衔勒之制，后之以鞭策之威，驰骤舒疾，无得自放，而一听于人，而后马适于驾焉。由是观之，莫不劫之于外而服之以力者也。然圣人舍木而不为器，舍马而不为驾者，固亦因其天资之材也。今人生而有严父爱母之心，圣人因其性之欲而为之制焉，故其制虽有以强人，而乃以顺其性之欲也。圣人苟不为之礼，则天下盖将有慢其父而疾其母者矣。此亦可谓失其性也。得性者以为伪，则失其性者乃可以为真乎？此荀卿之所以为不思也。夫狙猿之形，非不若人也，欲绳之以尊卑而节之以揖让，则彼有趋于深山大麓而走耳，虽畏之以威而驯之以化，其可服邪？以谓天性无是而可以化之使伪耶，则狙猿亦可使为礼矣。故曰礼始于天而成于人，天则无是，而人欲为之者，举天下之物，吾盖未之见也。

礼乐论

气之所禀命者，心也。视之能必见，听之能必闻，行之能必至，思之能必得，是诚之所至也。不听而聪，不视而明，不思而得，不行而至，是性之所固有，而神之所自生也，尽心尽诚者之所至也。故诚之所以能不测者，性也。贤者，尽诚以立性者也；圣人，尽性以至诚者也；神生于性，性生于诚，诚生于心，心生于气，气生于形。形者，有生之本。故养生在于保形，充形在于育气，养气在于宁心，宁心在于致诚，致诚在于尽性，不尽性不足以养生。能尽性者，至诚者也；能至诚者，宁心者也；能宁心者，养气者也；能养气者，保形者也；能保形者，养生者也。不养生不足以尽性也。生与性之相因循，志之与气相为表里也。生浑则蔽性，性浑则蔽生，犹志一则动气，气一则动志也。先王知其然，是故体天下之性而为之礼，和天下之性而为之乐。礼者，天下之中经；乐者，天下之中和。礼乐者，先王所以养人之神，正人气而归正性也。是故大礼之极，简而无文；大乐之极，易而希声。简易者，先王建礼乐之本意也。世之所重，圣人之所轻；世之所乐，圣人之所悲。非圣人之情与世人相反，圣人内求，世人外求，内求者乐得其性，外求者乐得其欲，欲易发而性难知，此情性之所以正反也。衣食所以养人之形气，礼乐所以养人之性也。礼反其所自始，乐反其所自生，吾于礼乐见圣人所贵其生者至矣。世俗之言曰，"养生非君子之事"，是未知先王建礼乐之意也。养生以为仁，保气以为义，去情却欲以尽天下之性，修神致明以趋圣人之域。圣人之言，莫大颜渊之问，"非礼勿视，非礼勿听，非礼勿言，非礼勿动"，则仁之道，亦不远也。耳非取人而后聪，目非取人而后视，口非取诸人而后言也，身非取诸人而后动也。其守至约，其取至近，有心有形者，皆有之也。然而颜子且犹病之，何也？盖人之道莫大于此。非礼勿听，非谓掩耳而避之，天下之物不足以干吾之聪也；非礼勿视，非谓掩目而避之，天下之物不足以乱吾之明也；非礼勿言，非谓止口而无言也，天下之物不足以易吾之辞也；非礼勿动，非谓止其躬而不动，天下之物不足以干吾之气也。天下之物，岂特形骸自为哉？其所由来盖微矣。不听之时，有先聪焉；不视之时，有先明焉；不言之时，有先言焉；不动之时，有先动焉。圣人之门，惟颜子可以当斯语矣。是故，非耳以为聪，而不知所以聪者，不足以尽天下之听；非目以为明，而不知所以明者，不足以尽天下之视。聪明者，耳目之所能为；而所以聪明者，非耳目之所能为也。是故，待钟鼓而后乐者，非深于乐者也；待玉帛而后恭者，非深于礼者也。蒉桴土鼓，而乐之道备矣；燔黍捭豚，污尊杯饮，礼既备矣。然大裘无文，大辂无饰，圣人独以其事之所贵者，何也？所以明礼乐之本也。故曰，礼之近人情，非其至者也。

曾子谓孟敬子："君子之所贵乎道者三：动容貌，斯远暴慢矣；正颜色，斯近信矣；出辞气，斯远鄙倍矣。笾豆之事，则有司存。"观此言也，曾子而不知道也则可，使曾子而为知道，则道不违乎言貌辞气之间，何待于外哉？是故古之人目击而道已存，不言而意已传，不赏而人自劝，不罚而人自畏，莫不由此也。是故先王之道可以传诸言、效诸行者，皆其法度刑政，而非神明之用也。《易》曰："神而明之，存乎其人；默而成之，不言而信，存乎德行。"去情却欲，而神明生矣，修神致明，而物自成矣，是故君子之道鲜矣。齐明其心，清明其德，则天地之间所有之物，皆自至矣。君子之守至约，而其至也广；其取至近，而其应也远。《易》曰："拟之而后言，议之而后动，拟议以成其变化。"变化之应，天人之极致也。是以《书》言天人之道，莫大于《洪范》，《洪范》之言天人之道，莫大于貌、言、视、听、思。大哉，圣人独见之理，传心之言乎，储精晦息而通神明！君子之所不至者三：不失色于人，不失口于人，不失足于人。不失色者，容貌精也；不失口者，语默精也；不失足者，行止精也。君子之道也，语其大则天地不足容也，语其小则不见秋毫之末，语其强则天下莫能敌也，语其约则不能致传记。圣人之遗言曰"大礼与天地同节，大乐与天地同和"，盖言性也。大礼性之中，大乐性之和。中和之情，通乎神明。故圣人储精九重而仪凤凰，修五事而关阴阳，是天地位而三光明，四时行而万物和。《诗》曰："鹤鸣于九皋，声闻于天。"故孟子曰："我善养吾浩然之气，充塞乎天地之间。"扬子曰："貌、言、视、听、思、性所有，潜天而天潜地而地也。"呜呼，礼乐之意不传久矣！天下之言养生修性者，归于浮屠、老子而已。浮屠、老子之说行，而天下为礼乐者，独以顺流俗而已。夫使天下之人驱礼乐之文以顺流俗为事，欲成治其国家者，此梁、晋之君所以取败之祸也。然而世非知之也者，何耶？特礼乐之意大而难知，老子之言近而易晓。圣人之道，得诸己，从容人事之间，而不离其类焉；浮屠直空虚穷苦，绝山林之间，然后足以善其身而已。由是观之，圣人之与释老，其远近、难易可知也。是故赏与古人同而劝不同，罚与古人同而威不同，仁与古人同而爱不同，智与古人同而识不同，言与古人同而信不同。同者道也，不同者心也。《易》曰："苟非其人，道不虚行。"昔宓子贱为单父宰，而单父之人化焉。今王公大人，有尧、舜、伊尹之势，而无子贱一邑之功者，得非学术素浅而道未明欤？夫天下之人，非不勇为圣人之道，为圣人之道者，时务速售诸人以为进取之阶。今夫进取之道，譬诸钩索物耳，幸而多得其数，则行为王公大人；若不幸而少得其数，则裂逢掖之衣为商贾矣。由是观之，王公大人同商贾之得志者也，此之谓学术浅而道不明。由此观之，得志而居人之上，复治圣人之道而不舍焉，几人矣。内而好爱之容蛊其欲，外而便嬖之谀骄其志，向之所能者日已忘矣，今之所好者日已至矣。孔子曰："有颜回者，好学，不迁怒，不贰过。"又曰："吾见其进，未见其止也。"夫颜子之所学者，非世人之所学。不迁怒者，求诸己；不贰过者，见不善之端而止之也。世人之所谓退，颜子之所谓进也；人之所谓益，颜子之所谓损也。《易》曰"损，先难而后获"，颜子之谓也。耳损于声，目损于色，口损于言，身损于动，非先难欤？及其至也，耳无不闻，目无不见，言无不信，动无不服，非后得欤？是故君子之学，始如愚人焉，如童蒙焉。及其至也，天地不足大，人物不足多，鬼神不足为隐，诸子之支离不足惑也。是故天至高也，日月、星辰、阴阳之气，可端策而数也；地至大也，山川、丘陵、万物之形、人之常产，可指籍而定也。是故星历之数、天地之法、人物之所，皆前世致精好学圣人者之所建也，后世之人，守其成法，而安能知其始焉？传曰"百工之事，皆圣人作"，此之谓也。故古之人言道者莫先于天地，言天地者莫先乎身，言身者莫先乎性，言性者莫先乎精。精者，天之所以高，地之所以厚，圣人之所以配之。故御，人莫不尽能，而造父独得之，非车马不同，造父精之也。射，人莫不尽能，而羿独得之，非弓矢之不同，羿精之也。今之人与古之人一也，然而用之则二也。造父用之以为御，羿用之以为射，盗跖用之以为贼。

大人论

孟子曰："充实而有光辉之谓大，大而化之之谓圣，圣而不可知之之谓神。"夫此三者，皆圣人之名，而所以称之之不同者，所指异也。由其道而言谓之神，由其德而言谓之圣，由其事业而言谓之大人。古之圣人，其道未尝不入于神，而其所称止乎圣人者，以其道存乎虚无寂寞不可见之间。苟存乎人，则所谓德也。是以人之道虽神，而不得以神自名，名乎其德而已。夫神虽至矣，不圣则不显，圣虽显矣，不大则不形，故曰，此三者皆圣人之名，而所以称之之不同者，所指异也。《易》曰："蓍之德圆而神，卦之德方以智。"夫《易》之为书，圣人之道于是乎尽矣，而称卦以智不称以神者，以其存乎爻也。存乎爻，则道之用见于器，而刚柔有所定之矣。刚柔有所定之，则非其所谓化也。且《易》之道，于《乾》为至，而《乾》之盛，莫盛于二、五，而二、五之辞皆称"利见大人"，言二爻之相求也。夫二爻之道，岂不至于神矣乎？而止称大人者，则所谓见于器而刚柔有所定尔。盖刚柔有所定，则圣人之事业也；称其事业以大人，则其道之为神，德之为圣，可知也。孔子曰："显诸仁，藏诸用，鼓万物而不与圣人同忧，盛德大业，至矣哉。"此言神之所为也。神之所为，虽至而无所见于天下。仁而后著，用而后功，圣人以此洗心，退藏于密，及其仁济万物而不穷，用通万世而不倦也，则所谓圣矣。故神之所为，当在于盛德大业。德则所谓圣，业则所谓大也。世盖有自为之道而未尝知此者，以为德业之卑，不足以为道，道之至，在于神耳，于是弃德业而不为。夫为君子者，皆弃德业而不为，则万物何以得其生乎？故孔子称神而卒之以德业之至，以明其不可弃。盖神之用在乎德业之间，则德业之至可知矣。故曰神非圣则不显，圣非大则不形。此天地之全，古人之大体也。

致一论

万物莫不有至理焉，能精其理，则圣人也。精其理之道，在乎致其一而已。致其一，则天下之物可以不思而得也。《易》曰"一致而百虑"，言百虑之归乎一也。苟能致一以精天下之理，则可以入神矣。既入于神，则道之至也。夫如是，则无思无为寂然不动之时也。虽然，天下之事固有可思可为者，则岂可以不通其故哉？此圣人之所以又贵乎能致用者也。致用之效，始见乎安身，盖天下之物，莫亲乎吾之身，能利其用以安吾之身，则无所往而不济也。无所往而不济，则德其有不崇哉？故《易》曰"精义入神以致用，利用安身以崇德"，此道之序也。孔子既已语道之序矣，患乎学者之未明也，于是又取于爻以喻焉。非其所困而困，非其所据而据，不耻不仁，不畏不义，以小善为无益，以小恶为无伤，凡此皆非所以安身崇德也。苟欲安其身，崇其德，莫若藏器于身，待时而后动也。故君子举是两端，以明夫安身崇德之道，盖身之安不安，德之崇不崇，莫不由此两端而已。身既安，德既崇，则可以致用于天下之时也。致用于天下者，莫善乎治不忘乱，安不忘危；莫不善乎德薄而位尊，智小而谋大。孔子之举此两端，又以明夫致用之道也，盖用有利不利者，亦莫不由此两端而已。夫身安德崇，而又能致用于天下，则其事业可谓备也。事业备而神有未穷者，则又当学以穷神焉。能穷神，则知微知彰，知柔知刚。夫于微彰刚柔之际，皆有以知之，则道何以复加哉？圣人之道，至于是而已也。且以颜子之贤，而未足以及之，则非道之至乎？圣人之学至于此，则其视天下之理，皆致乎一矣。天下之理皆致乎一，则莫能以惑其心也。故孔子取《损》之辞以明致一之道曰："三人行则损一人，一人行则得其友也。"夫危以动，惧以语者，岂有他哉？不能致一以精天下之理故也。故孔子举《益》之辞以戒曰："立心勿恒，凶。"勿恒者，盖不一也。呜呼，语道之序，则先精义而后崇德，及喻人以修之之道，则先崇德而后精义。盖道之序则自精而至粗，学之之道则自粗而至精，此不易之理也。夫不能精天下之义，则不能入神矣；不能入神，则天下之义亦不可得而精也。犹之人身之于崇德也，身不安则不能崇德矣；不能崇德，则身岂能安乎？凡此宜若一，而必两言之者，语其序而已也。

九卦论

处困之道，君子之所难也，非夫智足以穷理，仁足以尽性，内有以固其德，而外有以应其变者，其孰能无患哉？古之人有极天下之困，而其心能不累，其行能不移，患至而不伤其身，事起而不疑其变者，盖有以处之也。处之之道，圣人尝言之矣。《易》曰："《履》以和行，《谦》以制礼，《复》以自知，《恒》以一德，《损》以远害，《益》以兴利，《困》以寡怨，《井》以辩义，《巽》以行权。"此其处之之道也。夫君子之学至于是则备矣，宜其通于天下也，然而犹困焉者，非吾行之过也，时有利不利也。盖古之所谓困者，非谓夫其行自困者，谓夫行足以通而困于命者耳。盖于此九卦者，智有所不能明，仁有所不能守，则其困也，非所谓困，而其处困也疏矣。夫惟深于此九者，而能果以行之者，则其通也宜，而其困也有以处之，惟其学之之素也。且君子之行大矣，而待礼以和，仁义为之内，而和之以礼，则行之成也。而礼之实存乎谦。谦者，礼之所自起；礼者，行之所自成也。故君子不可以不知《履》，欲知《履》，不可以不知《谦》。夫礼虽发乎其心，而其文著乎外者也。君子知礼而已，则溺乎其文而失乎其实，忘性命之本，而莫能自复矣。故礼之弊，必复乎本，而后可以无患，故君子不可以不知《复》。虽复乎其本，而不能常其德以自固，则有时而失之矣，故君子不可以不知《恒》。虽能久其德，而天下事物之变，相代乎吾之前，如吾知《恒》而已，则吾之行有时而不可通矣，是必度其变而时有《损》《益》而后可，故君子不可以不知《损》《益》。夫学如此其至，德如此其备，则宜乎其通也，然而犹困焉者，则向所谓困于命者也。困于命，则动而见病之时也，则其事物之变尤众，而吾之所以处之者尤难矣，然则其行尤贵于达事之宜而适时之变也。故辩义行权，然后能以穷通。而《井》者所以辩义；《巽》者所以行权也。故君子之学，至乎《井》《巽》而大备，而后足以自通乎困之时。孔子曰："作《易》者其有忧患乎？"谓其言之足以自通乎困之时也。呜呼，后世之人，一困于时，则忧思其心，而失其故行，然卒至于不能自存也。是岂有他哉，不知夫九者之义故也。

卷六十七　论议六

九变而赏罚可言

万物待是而后存者，天也；莫不由是而之焉者，道也；道之在我者，德也；以德爱者，仁也；爱而宜者，义也。仁有先后，义有上下，谓之分；先不擅后，下不侵上，谓之守。形者，物此者也；名者，命此者也。所谓物此者，何也？贵贱亲疏，所以表饰之，其物不同者是也。所谓命此者，何也？贵贱亲疏，所以称号之，其命不同者是也。物此者，贵贱各有容矣；命此者，亲疏各有号矣。因亲疏贵贱任之以其所宜为，此之谓因任。因任之以其所宜为矣，放而不察乎，则又将大弛，必原其情，必省其事，此之谓原省。原省明而后可以辨是非，是非明而后可以施赏罚。故庄周曰："先明天而道德次之，道德已明而仁义次之，仁义已明而分守次之，分守已明而形名次之，形名已明而因任次之，因任已明而原省次之，原省已明而是非次之，是非已明而赏罚次之。"是说虽微庄周，古之人孰不然？古之言道德所自出而不属之天者，未之有也。尧者，圣人之盛也,孔子称之曰,"惟天惟大,惟尧则之",此之谓明天;"聪明文思安安",此之谓明道德;允恭克让,此之谓明仁义;次九族,列百姓,序万邦,此之谓明分守;修五礼,同律度量衡,以一天下,此之谓明形名;弃后稷,契司徒,皋陶士,垂共工,此之谓明因任;三载考绩,五载一巡狩,此之谓明原省;命舜曰"乃言底可绩",谓禹曰"万世永赖,时乃功","蠢兹有苗,昏迷不恭",此之谓明是非;"皋陶方祗厥叙,方施象刑,惟明",此之谓明赏罚。至后世则不然,仰而视之曰:"彼苍苍而大者何也?其去吾不知其几千万里,是岂能如我何哉?吾为吾之所为而已,安取彼?"于是遂弃道德,离仁义,略分守,慢形名,忽因任,而忘原省,直信吾之是非,而加人以其赏罚。于是天下始大乱,而寡弱者号无告。圣人不作,诸子者伺其间而出,于是言道德者至于窈冥而不可考,以至世之有为者皆不足以为,言形名者,守物诵数,罢苦以至于老而疑道德,彼皆忘其智力之不赡,魁然自以为圣人者此矣,悲夫!庄周曰:"五变而形名可举,九变而赏罚可言","语道而非其序,安取道?"善乎,其言之也!庄周,古之荒唐人也,其于道也,荡而不尽善,圣人者与之遇,必有以约之,约之而不能听,殆将摈四海之外,而不使之疑中国。虽然,其言之若此者,圣人亦不能废。

夫子贤于尧舜

孟子曰:"可欲之谓善,有诸己之谓信,充实之谓美,充实而有光辉之谓大,大而化之之谓圣,圣而不可知之谓神。"圣之为称,德之极;神之为名,道之至。故凡古之所谓圣人者,于道德无所不尽也。于道德无所不尽，则若明之于日月，尊之于上帝，莫之或加矣。《易》曰"大人者与天地合其德，与日月合其明，与四时合其序，与鬼神合其吉凶"，此之谓也。由此观之，则自传记以来，凡所谓圣人者，宜无以相尚，而其所知亦同。宰我曰："以予观于夫子，贤于尧、舜远矣。"而世之解者必曰："是为门人之私言，而非天下公共之论也。"而孟子亦曰："生民以来，未有如夫子。"是岂亦门人之私言而非天下公共之论哉？为是言者，盖亦未之思也。夫所谓圣贤之言者，无一辞之苟。其发也，必有指焉；其指也，学者之所不可不思也。夫圣者，至乎道德之妙，而后世莫之增焉者之称也。苟有能加焉者，则岂圣也哉？然孟子、宰我之所以为是说者，盖亦言其时而已也。昔者道发乎伏羲，而成乎尧、舜，继而大之于禹、汤、文、武。此数人者，皆居天子之位，而使天下之道浸明浸备者也；而又有在下而继之者焉，伊尹、伯夷、柳下惠、孔子是也。夫伏羲既发之也，而其法未成，至于尧而后成焉。尧虽能成圣人之法，未若孔子之备也。夫以圣人之盛，用一人之知，足以备天下之法，而必待至于孔子者，何哉？盖圣人之心，不求有为于天下，待天下之变至焉，然后吾因其变而制之法耳。至孔子之时，天下之变备矣，故圣人之法亦自是而后备也。《易》曰："通其变，使民不倦"，此之谓也。故其所以能备者，岂特孔子一人之力哉？盖所谓圣人者，莫不预有力也。孟子曰"孔子集大成者"，盖言集诸圣人之事，而大成万世之法耳。此其所以贤于尧、舜也。

三不欺

昔论者曰："君任德，则下不忍欺；君任察，则下不能欺；君任刑，则下不敢欺。"而遂以德、察、刑为次。盖未之尽也。此三人者之为政，皆足以有取于圣人矣，然未闻圣人为政之道也。夫未闻圣人为政之道而足以有取于圣人者，盖人得圣人之一端耳。且子贱之政使人不忍欺，古者任德之君，宜莫如尧也，然则欢兜犹或以类举于前，则德之使人不欺，岂可独任也哉？子产之政使人不能欺，夫君子可欺以其方，故使畜鱼而校人烹之，然则察之使人不欺，岂可独任也哉？西门豹之政使人不敢欺，夫不及于德而任刑以治，是孔子所谓"民免而无耻"者也，然则刑之使人不欺，岂可独任也哉？故曰：此三人者，未闻圣人为政之道也。然圣人之道，有出此三者乎？亦兼用之而已。昔者尧、舜之时，比屋之民，皆足以封，则民可谓不忍欺矣。欢兜以丹朱称于前，曰："嚚讼，可乎？"则民可谓不能欺矣。四罪而天下咸服，则民可谓不敢欺矣。故任德则有不可化者，任察则有不可周者，任刑则有不可服者。然则子贱之政无以正暴恶，子产之政无以周隐微，西门豹之政无以渐柔良，然而三人者能以治者，盖足以治小具而高乱世耳，使当尧、舜之时所大治者，则岂足用哉？盖圣人之政，仁足以使民不忍欺，智足以使民不能欺，政足以使民不敢欺，然后天下无或欺之者矣。或曰："刑亦足任以治乎？"曰：所任者，盖亦非专用之而足以治也。豹治十二渠以利民，至乎汉吏不能废，民以为西门君所为，不从吏以废也，则豹之德亦足以感于民心矣。然则尚刑，故曰任刑焉耳。使无以怀之，而惟刑之见，则民岂得或不能欺之哉？

非礼之礼

古之人以是为礼，而吾今必由之，是未必合于古之礼也；古之人以是为义，而吾今必由之，是未必合于古之义也。夫天下之事，其为变岂一乎哉？固有迹同而实异者矣。今之人谔谔然求合于其迹而不知权时之变，是则所同者古人之迹，而所异者其实也。事同于古人之迹而异于其实，则其为天下之害莫大矣，此圣人所以贵乎权时之变者也。孟子曰："非礼之礼，非义之义，大人不为。"盖所谓迹同而实异者也。夫君之可爱而臣之不可以犯上，盖夫莫大之义而万世不可以易者也。桀、纣为不善而汤、武放弑之，而天下不以为不义也。盖知向所谓义者，义之常，而汤、武之事有所变，而吾欲守其故，其为蔽一，而其为天下之患同矣。使汤、武暗于君臣之常义，而不达于时事之权变，则岂所谓汤、武哉？圣人之制礼也，非不欲俭，以为俭者，非天下之欲也，故制于奢俭之中焉。盖礼之奢为众人之欲，而圣人之意未尝不欲俭也。孔子曰："麻冕，礼也，今也纯，俭，吾从众。"然天下不以为非礼也。盖知向之所谓礼者，礼之常，而孔子之事，为礼之权也。且奢者为众人之所欲而制，今众人能俭，则圣人之所欲，而礼之所宜矣，然则可以无从乎？使孔子蔽于制礼之文，而不达于制礼之意，则岂所谓孔子哉？故曰："非礼之礼，非义之义，大人不为。"释者曰："非礼之礼，若娶妻而朝暮拜之者是也。非义之义，若藉交以报仇是也。"夫娶妻而朝暮拜之，藉交以报仇，中人之所不为者，岂待大人而后能不为乎？呜呼，盖亦失孟子之意矣。

王霸

仁义礼信，天下之达道，而王霸之所同也。夫王之与霸，其所以用者则同，而其所以名者则异，何也？盖其心异而已矣。其心异则其事异，其事异则其功异，其功异则其名不得不异也。王者之道，其心非有求于天下也，所以为仁、义、礼、信者，以为吾所当为而已矣。以仁、义、礼、信修其身而移之政，则天下莫不化之也。是故王者之治，知为之于此，不知求之于彼，而彼固已化矣。霸者之道则不然：其心未尝仁也，而患天下恶其不仁，于是示之以仁；其心未尝义也，而患天下恶其不义，于是示之以义。其于礼、信，亦若是而已矣。是故霸者之心为利，而假王者之道以示其所欲；其有为也，唯恐民之不见而天下之不闻也。故曰其心异也。齐桓公劫于曹沫之刃，而许归其地。夫欲归其地者，非吾之心也，许之者，免死而已。由王者之道，则勿归焉可也，而桓公必归之地。晋文公伐原，约三日而退，三日而原不降。由王者之道，则虽待其降焉可也，而文公必退其师，盖欲其信示于民者也。凡所为仁、义、礼、信，亦无以异于此矣。故曰其事异也。王者之大，若天地然，天地无所劳于万物，而万物各得其性，万物虽得其性，而莫知其为天地之功也。王者无所劳于天下，而天下各得其治，虽得其治，然而莫知其为王者之德也。霸者之道则不然，若世之惠人耳，寒而与之衣，饥而与之食，民虽知吾之惠，而吾之惠亦不能及夫广也。故曰其功异也。夫王霸之道则异矣，其用至诚，以求其利，而天下与之。故王者之道，虽不求，利之所归。霸者之道，必主于利，然不假王者之事以接天下，则天下孰与之哉？

性情

性、情，一也。世有论者曰，"性善情恶"，是徒识性情之名而不知性情之实也。喜、怒、哀、乐、好、恶、欲未发于外而存于心，性也；

喜、怒、哀、乐、好、恶、欲发于外而见于行，情也。性者情之本，情者性之用。故吾曰性情一也。彼曰性善，无它，是尝读孟子之书，而未尝求孟子之意耳。彼曰情恶，无它，是有见于天下之以此七者而入于恶，而不知七者之出于性耳。故此七者，人生而有之，接于物而后动焉。动而当于理，则圣也、贤也；不当于理，则小人也。彼徒有见于情之发于外者为外物之所累，而遂入于恶也，因曰情恶也，害性者，情也。是曾不察于情之发于外而为外物之所感，而遂入于善者乎？盖君子养性之善，故情亦善；小人养性之恶，故情亦恶。故君子之所以为君子，莫非情也；小人之所以为小人，莫非情也。彼论之失者，以其求性于君子，求情于小人耳。自其所谓情者，莫非喜、怒、哀、乐、好、恶、欲也。舜之圣也，象喜亦喜，使舜当喜而不喜，则岂足以为舜乎？文王之圣也，王赫斯怒，使文王当怒而不怒，则岂足以为文王乎？举此二者而明之，则其余可知矣。如其废情，则性虽善，何以自明哉？诚如今论者之说，无情者善，则是若木石者尚矣。是以知性情之相须，犹弓矢之相待而用，若夫善恶，则犹中与不中也。曰："然则性有恶乎？"曰：孟子曰"养其大体为大人，养其小体为小人"，扬子曰"人之性善恶混"，是知性可以为恶也。

勇惠

世之论者曰："惠者轻与，勇者轻死，临财而不訾，临难而不避者，圣人之所取，而君子之行也。"吾曰不然。惠者重与，勇者重死，临财而不訾，临难而不避者，圣人之所疾，而小人之行也。故所谓君子之行者有二焉：其未发也，慎而已矣；其既发也，义而已矣。慎则待义而后决，义则待宜而后动,盖不苟而已也。《易》曰"吉凶悔吝生乎动",言动者贤不肖之所以分,不可以苟尔。是以君子之动,苟得已,则斯静矣。故于义有可以不与不死之道,而必与必死者,虽众人之所谓难能,而君子未必善也;于义有可与可死之道,而不与不死者,虽众人之所谓易出,而君子未必非也。是故尚难而贱易者,小人之行也;无难无易而惟义之是者,君子之行也。《传》曰:"义者,天下之制也。"制行而不以义,虽出乎圣人所不能,亦归于小人而已矣。季路之为人,可谓贤也,而孔子曰:"由也,好勇过我,无所取材。"夫孔子之行,惟义之是,而子路过之,是过于义也。为行而过于义,宜乎孔子之无取于其材也。勇过于义,孔子不取,则惠之过于义,亦可知矣。孟子曰:"可以与,可以无与,与伤惠;可以死,可以无死,死伤勇。"盖君子之动,必于义无所疑而后发,苟有疑焉,斯无动也。《语》曰"多见阙殆,慎行其余,则寡悔",言君子之行当慎处于义尔。而世有言孟子者曰:"孟子之文,传之者有所误也。孟子之意当曰:'无与伤惠,无死伤勇。'"呜呼,盖亦弗思而已矣。

仁智

仁者,圣之次也,智者,仁之次也,未有仁而不智者也,未有智而不仁者也,然则何智、仁之别哉?以其所以得仁者异也。仁,吾所有也,临行而不思,临言而不择,发之于事而无不当于仁也,此仁者之事也;仁,吾所未有也,吾能知其为仁也,临行而思,临言而择,发之于事而无不当于仁也,此智者之事也。其所以得仁则异矣,及其为仁则一也。孔子曰"仁者静,智者动",何也?曰:譬今有二贾也,一则既富矣,一则知富之术而未富也，既富者，虽焚舟折车无事于贾可也，知富之术而未富者，则不得无事也。此仁智之所以异其动静也。吾之仁，足以上格乎天，下浃乎草木，旁溢乎四夷，而吾之用不匮也，然则吾何求哉？此仁者之所以能静也。吾之知，欲以上格乎天，下浃乎草木，旁溢乎四夷，而吾之用有时而匮也，然则吾可以无求乎？此智者之所以必动也。故曰："仁者乐山，智者乐水。"山者，静而利物者也；水者，动而利物者也。其动静则异，其利物则同矣。曰："仁者寿，智者乐。"然则仁者不乐，智者不寿乎？曰：智者非不寿，不若仁者之寿也；仁者非不乐，乐不足以尽仁者之盛也。能尽仁之道，则圣人矣，然不曰仁而目之以圣者，言其化也。盖能尽仁道则能化矣，如不能化，吾未见其能尽仁道也。颜回，次孔子者也，而孔子称之曰"三月不违仁"而已，然则能尽仁道者，非若孔子者谁乎？

中述

君子所求于人者薄，而辨是与非也无所苟。孔子罪宰予曰："于予与何诛！"罪冉有曰："小子鸣鼓而攻之可也。"二子得罪于圣人，若当绝也，及为科以列其门弟子，取者不过数人，于宰予有辞命之善则取之，于冉求有政事之善则取之，不以不善而废其善。孔子岂阿其所好哉？所求于人者薄也。管仲功施天下，孔子小之。门弟子三千人，孔子独称颜回为好学，问其余，则未为好学者。闵损、原宪、曾子之徒不与焉；冉求、宰我之得罪又如此。孔子岂不乐道人之善哉？辨是与非无所苟也。所求于人者薄，所以取人者厚。盖辨是与非者无所苟，所以明圣人之道。如宰予、冉求二子之不得列其善，则士之难全者众矣，恶足以取人善乎？如管仲无所贬，则从政者若是而止矣；七十子之徒皆称好学，则好学者若是而止矣，恶足以明圣人之道乎？取人如此，则吾之自取者重，而人之所处者易。明道如此，则吾之与人其所由可知已。故薄于责人，而非匿其过，不苟于论人，所以求其全。圣人之道，本乎中而已。《春秋》之旨，岂易于是哉？

行述

古之人仆仆然劳其身以求行道于世，而曰"吾以学孔子"者，惑矣。孔子之始也，食于鲁，鲁乱而适齐，齐大夫欲害己，则反而食乎鲁。鲁受女乐不朝者三日，义不可以留也，则乌乎之？曰："甚矣，卫灵公之无道也！其遇贤者，庶乎其犹有礼耳。"于是之卫。卫灵公不可与处也，于是不暇择而之曹，以适于宋、郑、陈、蔡、卫、楚之郊。其志犹去卫而之曹也。老矣，遂归于鲁以卒。孔子之行如此，乌在其求行道也？夫天子、诸侯不以身先于贤人，其不足与有为明也。孔子而不知，其何以为孔子也？曰："沽之哉！沽之哉！我待价者也。"仆仆然劳其身以求行道于世，是沽也。子路曰："君子之仕，行其义也；道之不行，已知之矣。"盖孔子之心云耳。然则孔子无意于世之人乎？曰：道之将兴欤，命也；道之将废欤，命也。苟命矣，则如世之人何？

卷六十八　论议七

夔说

舜命其臣而敕戒之，未有不让者焉，至于夔，则独无所让，而又称其乐之和美者，何也？夫禹、垂、益、伯夷、龙，皆新命者也，故畴于众臣而后命之，而皆有让矣。弃、契、皋陶、夔当是时，盖已为是官，因命是五人者而敕戒之焉耳，故独无所让也。孔氏曰禹、垂、益、伯夷、夔、龙皆新命者，盖失之矣。圣人之聪明虽大过于人，然未尝自用聪明也。故舜之命此九人者，未尝不咨而后命焉，则何独于夔而不然乎？使夔为新命者，则何称其乐之和美也？使夔之受命之日已称其乐之和美，则贤人之举措，亦少轻矣。孔氏之说，盖惑于"命汝典乐"之语尔。夫"汝作司徒""汝作士"之文，岂异于"命汝典乐"之语乎？且所以知其非新命者，盖舜不畴而命之，而无所让也。舜之命夔也，亦无所畴，夔之受命也，亦无所让，则何以知其为新命乎？夫击石拊石而百兽率舞，非夔之所能为也，为之者，众臣也。非众臣之所能为也，为之者，舜也。将有治于天下，则可以无相乎？故命禹以宅百揆也。民窘于衣食，而欲其化而入于善，岂可得哉？故次命弃以为稷也。民既富而可以教矣，则岂可以无教哉？故次命契以为司徒也。既教之，则民不能无不帅教者，民有不帅教，则岂可以无刑乎？故次命皋陶以为士也。此皆治人之所先急者，备矣，则可以治末之时也。工者，治人之末者也，故次命垂以为共工也。于是治人之事具，则宜及于鸟兽草木也，故次命益以为虞也。夫其所以治，至于鸟兽草木，则天下之功至矣，治天下之功至，则可以制礼之时也，故次命伯夷以为典礼也。夫治至于鸟兽草木，而人有礼以节文之，则政道成矣，可以作乐，以乐其成也，故次命夔以为典乐也。借使禹不能总百揆，稷不能富万民，契不能教，皋陶不能士，垂不能共工，伯夷不能典礼，然则天下乱矣。天下乱，而夔欲击石拊石、百兽率舞，其可得乎？故曰为之者，众臣也。使舜不能用是众臣，则是众臣亦不能成其功矣，故曰非众臣之所能为也，为之者，舜也。夫夔之所以称其乐之和美者，岂以为伐耶？盖以美舜也。孔子之所谓"将顺其美"者，其夔哉！

鲧说

尧咨孰能治水，四岳皆对曰"鲧"，然则在廷之臣可治水者，惟鲧耳。水之患不可留以俟人，鲧虽方命圮族，而其才则群臣皆莫及，然则舍鲧而孰使哉？当此之时，禹盖尚少，而舜犹伏于下而未见乎上也。夫舜、禹之圣也，而尧之圣也，群臣之仁贤也，其求治水之急也，而相遇之难如此。后之不遇者，亦可以无憾矣。

季子

　　先王酌乎人情之中，以制丧礼，使哀有余者俯而就之，哀不足者企而及之。哀不足者，非圣人之所甚善也，善之者，善其能勉于礼而已。延陵季子其长子死，既封，而号者三，遂行。孔子曰："延陵季子之于礼，其合矣乎。"夫长子之丧，圣人为之三年之服，盖以谓父子之亲，而长子者为亲之后，人情之所至重也。今季子三号遂行，则于先王之礼为不及矣。今论者曰："当是之时，季子聘于齐，将君之命。"若夫季子之心，则以谓不可以私义而缓君命，有势不得以两全者，则当忍哀以徇于尊者之事矣。今将命而聘，既聘而返，遂少缓而尽哭之哀，则于事君之义，岂为不足而害于使事哉？君臣、父子之义，势足以两全，而不为之尽礼也，则亦薄于骨肉之亲，而不用先王之礼尔。其言曰："骨肉归复于土，命也；若魂气，则无所不之矣。"夫骨肉之复于土，魂气之无不之，是人情之所哀者矣。君子无所不言命，至于丧，则有性焉，独不可以谓命也。昔庄周丧其妻，鼓盆而歌；东门吴丧其子，比于未有。此弃人齐物之道，吾儒之罪人也。观季子之说，盖亦周、吴之徒矣。父子之亲，仁义之所由始，而长子者，继祖考之重，故丧之三年，所以重祖考也。今季子不为之尽礼，则近于弃仁义、薄祖考矣。孔子曰："丧事不敢不勉也。"又曰："临丧不哀，吾何以观之哉？"临人之丧而不哀，孔子犹以为不足观也，况礼之丧三年者乎？然则此言宜非取之矣。盖记其葬深不至于泉，敛以时服，既葬而封，广轮掩坎，其高可隐。孔子之称之，盖称其葬之合于礼尔。独称葬之合于礼，则哀之不足可知也。卫有送葬者，夫子观之，曰："善哉，此可以为法矣！"若此，则夫子之所美也。圣人之言，辞隐而义显，岂徒然哉？学者之所不可不思也。

荀卿

荀卿载孔子之言曰："'由，智者若何？仁者若何？'子路曰：'智者使人知己，仁者使人爱己。'子曰：'可谓士矣。'子曰：'赐，智者若何？仁者若何？'子贡曰：'智者知人，仁者爱人。'子曰：'可谓士君子矣。'子曰：'回，智者若何？仁者若何？'颜渊曰：'智者知己，仁者爱己。'子曰：'可谓明君子矣。'"是诚孔子之言欤？吾知其非也。夫能近见而后能远察，能利狭而后能泽广，明天下之理也。故古之欲知人者，必先求知己，欲爱人者，必先求爱己，此亦理之所必然，而君子之所不能易者也。请以事之近而天下之所共知者谕之。今有人于此，不能见太山于咫尺之内者，则虽天下之至愚，知其不能察秋毫于百步之外也，盖不能见于近，则不能察于远明矣。而荀卿以谓知己者贤于知人者，是犹能察秋毫于百步之外者为不若见太山于咫尺之内者之明也。今有人于此，食不足以厌其腹，衣不足以周其体者，则虽天下之至愚，知其不能以赡足乡党也，盖不能利于狭，则不能泽于广明矣。而荀卿以谓爱己者贤于爱人者，是犹以赡足乡党为不若食足以厌腹、衣足以周体者之富也。由是言之，荀卿之言，其不察理已甚矣。故知己者，智之端也，可推以知人也；爱己者，仁之端也，可推以爱人也。夫能尽智仁之道，然后能使人知己、爱己，是故能使人知己、爱己者，未有不能知人、爱人者也。能知人、爱人者，未有不能知己、爱己者也。今荀卿之言，一切反之，吾是以知其非孔子之言，而为荀卿之妄矣。杨子曰："自爱，仁之至也。"盖言能自爱之道则足以爱人耳，非谓不能爱人而能爱己者也。噫，古之人爱人不能爱己者有之矣，然非吾所谓爱人，而墨翟之道也。若夫能知人而不能知己者，亦非吾所谓知人矣。

杨墨

杨墨之道，得圣人之一而废其百者是也。圣人之道，兼杨墨而无可无不可者是也。墨子之道，摩顶放踵，以利天下，而杨子之道，利天下拔一毛而不为也。夫禹之于天下，九年之间三过其门，闻呱呱之泣而不一省其子，此亦可谓为人矣。颜回之于身，箪食瓢饮，以独乐于陋巷之间，视天下之乱若无见者，此亦可谓为己矣。杨墨之道，独以为人、为己得罪于圣人者，何哉？此盖所谓得圣人之一而废其百者也。是故由杨子之道则不义，由墨子之道则不仁，于仁义之道无所遗而用之不失其所者，其唯圣人之徒欤？二子之失于仁义而不见天地之全，则同矣，及其所以得罪，则又有可论者也。杨子之所执者为己，为己，学者之本也。墨子之所学者为人，为人，学者之末也。是以学者之事，必先为己，其为己有余，而天下之势可以为人矣，则不可以不为人。故学者之学也，始不在于为人，而卒所以能为人也。今夫始学之时，其道未足以为己，而其志已在于为人也，则亦可谓谬用其心矣。谬用其心者，虽有志于为人，其能乎哉？由是言之，杨子之道，虽不足以为人，固知为己矣；墨子之志，虽在于为人，吾知其不能也。呜呼，杨子知为己之为务，而不能达于大禹之道也，则亦可谓惑矣！墨子者，废人物亲疏之别，而方以天下为己任，是以所欲以利人者，适所以为天下害患也，岂不过甚哉？故杨子近于儒，而墨子远于道，其异于圣人则同，而其得罪，则宜有间也。

老子

道有本有末。本者，万物之所以生也；末者，万物之所以成也。本者出之自然，故不假乎人之力，而万物以生也；末者涉乎形器，故待人力而后万物以成也。夫其不假人之力而万物以生，则是圣人可以无言也、无为也；至乎有待于人力而万物以成，则是圣人之所以不能无言也、无为也。故昔圣人之在上，而以万物为己任者，必制四术焉。四术者，礼、乐、刑、政是也，所以成万物者也。故圣人唯务修其成万物者，不言其生万物者，盖生者尸之于自然，非人力之所得与矣。老子者独不然，以为涉乎形器者，皆不足言也、不足为也，故扺去礼、乐、刑、政，而唯道之称焉。是不察于理而务高之过矣。夫道之自然者，又何预乎？唯其涉乎形器，是以必待于人之言也、人之为也。其书曰："三十辐共一毂，当其无，有车之用。"夫毂辐之用，固在于车之无用，然工之琢削未尝及于无者，盖无出于自然之力，可以无与也。今之治车者，知治其毂辐而未尝及于无也，然而车以成者，盖毂辐具，则无必为用矣。如其知无为用，而不治毂辐，则为车之术固已疏矣。今知无之为车用，无之为天下用，然不知所以为用也。故无之所以为车用者，以有毂辐也；无之所以为天下用者，以有礼、乐、刑、政也。如其废毂辐于车，废礼、乐、刑、政于天下，而坐求其无之为用也，则亦近于愚矣。

庄周上

世之论庄子者不一，而学儒者曰："庄子之书，务诋孔子以信其邪说，要焚其书、废其徒而后可，其曲直固不足论也。"学儒者之言如此，而好庄子之道者曰："庄子之德，不以万物干其虑而能信其道者也。彼非不知仁义也，以为仁义小而不足行己；彼非不知礼乐也，以为礼乐薄而不足化天下。故老子曰：'道失后德，德失后仁，仁失后义，义失后礼。'是知庄子非不达于仁义礼乐之意也；彼以为仁义礼乐者，道之末也，故薄之云耳。"夫儒者之言善也，然未尝求庄子之意也。好庄子之言者固知读庄子之书也，然亦未尝求庄子之意也。昔先王之泽，至庄子之时竭矣，天下之俗，谲诈大作，质朴并散，虽世之学士大夫，未有知贵己贱物之道者也。于是弃绝乎礼义之绪，夺攘乎利害之际，趋利而不以为辱，殒身而不以为怨，渐渍陷溺，以至乎不可救已。庄子病之，思其说以矫天下之弊而归之于正也。其心过虑，以为仁义礼乐皆不足以正之，故同是非，齐彼我，一利害，则以足乎心为得，此其所以矫天下之弊者也。既以其说矫弊矣，又惧来世之遂实吾说而不见天地之纯、古人之大体也，于是又伤其心于卒篇以自解。其篇曰："《诗》以道志，《书》以道事，《礼》以道行，《乐》以道和，《易》以道阴阳，《春秋》以道名分。"由此而观之，庄子岂不知圣人者哉？又曰："譬如耳目鼻口皆有所明，不能相通，犹百家众技皆有所长，时有所用。"用是以明圣人之道，其全在彼而不在此，而亦自列其书于宋钘、慎到、墨翟、老聃之徒，俱为不该不遍一曲之士，盖欲明吾之言有为而作，非大道之全云耳。然则庄子岂非有意于天下之弊而存圣人之道乎？伯夷之清，柳下惠之和，皆有矫于天下者也。庄子用其心，亦二圣人之徒矣。然而庄子之言不得不为邪说比者，盖其矫之过矣。夫矫枉者，欲其直也，矫之过，则归于枉矣。庄子亦曰："墨子之心则是也，墨子之行则非也。"推庄子之心以求其行，则独何异于墨子者？后之读庄子者，善其为书之心，非其为书之说，则可谓善读矣，此亦庄子之所愿于后世之读其书者也。今之读者，挟庄以谩吾儒曰："庄子之道大哉，非儒之所能及知也。"不知求其意，而以异于儒者为贵，悲夫！

庄周下

学者诋周非尧、舜、孔子，余观其书，特有所寓而言耳。孟子曰："说《诗》者不以文害辞，不以辞害意，以意逆志，是为得之。"读其文而不以意原之，此为周者之所以诋也。周曰："上必无为而用天下，下必有为而为天下用。"又自以为处昏上乱相之间，故穷而无所见其材。孰谓周之言皆不可措乎君臣父子之间，而遭世遇主，终不可使有为也？及其引太庙牺以辞楚之聘使，彼盖危言以惧衰世之常人耳。夫以周之才，岂迷出处之方而专畏牺者哉？盖孔子所谓隐居放言者，周殆其人也。然周之说，其于道既反之，宜其得罪于圣人之徒也。夫中人之所及者，圣人详说而谨行之，说之不详，行之不谨，则天下弊。中人之所不及者，圣人藏乎其心而言之略，不略而详，则天下惑。且夫谆谆而后喻，哓哓而后服者，岂所谓可以语上者哉？惜乎，周之能言而不通乎此也！

原性

或曰："孟、荀、扬、韩四子者，皆古之有道仁人。而性者，有生之大本也，以古之有道仁人，而言有生之大本，其为言也宜无惑，何其说之相戾也？吾愿闻子之所安。"

曰：吾所安者，孔子之言而已。夫太极者，五行之所由生，而五行非太极也。性者，五常之太极也，而五常不可以谓之性。此吾所以异于韩子。且韩子以仁、义、礼、智、信五者谓之性，而曰天下之性恶焉而已矣。五者之谓性而恶焉者，岂五者之谓哉？孟子言人之性善，荀子言人之性恶。夫太极生五行，然后利害生焉，而太极不可以利害言也。性生乎情，有情然后善恶形焉，而性不可以善恶言也。此吾所以异于二子。孟子以恻隐之心人皆有之，因以谓人之性无不仁。就所谓性者如其说，必也怨毒忿戾之心皆无之，然后可以言人之性无不善，而人果皆无之乎？孟子以恻隐之心为性者，以其在内也。夫恻隐之心与怨毒忿戾之心，其有感于外而后出乎中者，有不同乎？荀子曰："其为善者，伪也。"就所谓性者如其说，必也恻隐之心人皆无之，然后可以言善者伪也，为人果皆无之乎？荀子曰："陶人化土而为埴，埴岂土之性也哉？"夫陶人不以木为埴者，惟土有埴之性焉，乌在其为伪也？且诸子之所言，皆吾所谓情也、习也，非性也。杨子之言为似矣，犹未出乎以习而言性也。古者有不谓喜、怒、爱、恶、欲、情者乎？喜、怒、爱、恶、欲而善，然后从而命之曰仁也、义也；喜、怒、爱、恶、欲而不善，然后从而命之曰不仁也、不义也。故曰，有情然后善恶形焉。然则善恶者，情之成名而已矣。孔子曰："性相近也，习相远也。"吾之言如此。然则"上智与下愚不移"有说乎？曰：此之谓智愚，吾所云者，性与善恶也。恶者之于善也，为之则是；愚者之于智也，或不可强而有也。伏羲作《易》，而后世圣人之言也，非天下之至精至神，其孰能与于此？孔子作《春秋》，则游、夏不能措一辞。盖伏羲之智，非至精至神不能与，惟孔子之智，虽游、夏不可强而能也，况所谓下愚者哉？其不移明矣。或曰："四子之云尔，其皆有意于教乎？"曰：是说也，吾不知也。圣人之教，正名而已。

性说

孔子曰:"性相近也,习相远也。"吾是以与孔子也。韩子之言性也,吾不有取焉。然则孔子所谓"中人以上可以语上,中人以下不可以语上,惟上智与下愚不移",何说也?曰:习于善而已矣,所谓上智者;习于恶而已矣,所谓下愚者。一习于善,一习于恶,所谓中人者。上智也、下愚也、中人也,其卒也命之而已矣。有人于此,未始为不善也,谓之上智可也;其卒也去而为不善,然后谓之中人可也。有人于此,未始为善也,谓之下愚可也,其卒也去而为善,然后谓之中人可也。惟其不移,然后谓之上智,惟其不移,然后谓之下愚,皆于其卒也命之,夫非生而不可移也。且韩子之言弗顾矣,曰:"性之品三,而其所以为性五。"夫仁、义、礼、智、信,孰而可谓不善也?又曰:"上焉者之于五,主于一而行之四;下焉者之于五,反于一而悖于四。"是其于性也,不一失焉,而后谓之上焉者;不一得焉,而后谓之下焉者。是果性善,而不善者,习也。然则尧之朱、舜之均、瞽瞍之舜、鲧之禹、后稷、越椒、叔鱼之事,后所引者,皆不可信邪?曰:尧之朱、舜之均,固吾所谓习于恶而已者;瞽瞍之舜、鲧之禹,固吾所谓习于善而已者。后稷之诗以异云,而吾之所论者常也。《诗》之言,至以为人子而无父。人子而无父,犹可以推其质常乎?夫言性,亦常而已矣;无以常乎,则狂者蹈火而入河,亦可以为性也。越椒、叔鱼之事,徒闻之左丘明,丘明固不可信也。以言取人,孔子失之宰我;以貌,失之子羽。此两人者,其成人也,孔子朝夕与之居,以言貌取之而失。彼其始生也,妇人者以声与貌定,而卒得之。妇人者独有过孔子者邪?

对难

予为《扬孟论》以辨言性命者之失。而有难予者曰："子之言性则诚然矣。至于言命，则予以为未也。今有人于此，其才当处于天下之至贱，而反处于天下之至贵；其行当得天下之大祸，而反得天下之大福；其才当处于天下之至贵，而反处于天下之至贱；其行当得天下之至福，而反得天下之至祸。此则悖于人之所取，而非人力之所及者矣。于是君子曰，为之者天也。所谓命者，盖以谓命之于天云耳。昔舜之王天下也，进九官，诛四凶；成王之王天下也，尊二伯，诛二叔。若九官之进也，以其皆圣贤也；四凶之诛者，以其皆不肖也。二伯之尊者，亦以其皆圣贤也；二叔之诛者，亦以其皆不肖也。是则人之所为矣。使舜为不明，进四凶而诛九官，成王为不明，尊二叔而诛二伯，则所谓非人力之所及而天之所命者也。彼人之所为，可强以为之命哉？"曰：圣贤之所以尊进，命也；不肖之所以诛，命也。昔孔子怀九官、二伯之德，困于乱世，脱身于干戈者屡矣。遑遑于天下之诸侯，求有所用，而卒死于旅人也。然则九官、二伯虽曰圣贤，其尊进者，亦命也。盗跖之罪浮于四凶、二叔。竟以寿死，然则四凶、二叔虽曰不肖，其诛者，亦命也。是以圣人不言命，教人以尽乎人事而已。呜呼，又岂唯贵贱祸福哉？凡人之圣贤不肖，莫非命矣！曰："贵贱祸福皆自外至者，子以谓圣贤之贵而福，不肖之贱而祸，皆有命，则吾既闻之矣。若夫圣贤不肖之所以为圣贤不肖，则在我者也，何以谓之命哉？"曰：是诚君子志也。古之好学者之言，未有不若此者也。然孟子曰："仁之于父子也，义之于君臣也，礼之于宾主也，知之于贤者也，圣人之于天道也，命也，有性焉，君子不谓命也。"由此而言之，则圣贤之所以为圣贤，君子虽不谓之命，而孟子固曰命也已。不肖之所以为不肖，何以异于此哉？

卷六十九　论议八

禄隐

孔子叙逸民，先伯夷、叔齐而后柳下惠，曰："不降其志，不辱其身，伯夷、叔齐也。柳下惠，降志辱身矣。"孟子叙三圣人者，亦以伯夷居伊尹之前。而扬子亦曰："孔子高饿显，下禄隐。"夫圣人之所言高者，是所取于人而所行于己者也；所言下者，是所非于人而所弃于己者也。然而孔、孟生于可避之世而未尝避也，盖其不合则去，则可谓不降其志、不辱其身矣。至于扬子，则吾窃有疑焉尔。当王莽之乱，虽乡里自喜者，知远其辱，而扬子亲屈其体为其左右之臣，岂君子固多能言而不能行乎？抑亦有以处之，非必出于此言乎？曰：圣贤之言行，有所同，而有所不必同，不可以一端求也。同者，道也，不同者，迹也。知所同而不知所不同，非君子也。夫君子岂固欲为此不同哉？盖时不同则言行不得无不同，唯其不同，是所以同也。如时不同而固欲为之同，则是所同者，迹也，所不同者，道也。迹同于圣人而道不同，则其为小人也孰御哉？世之士不知道之不可一迹也久矣。圣贤之宗于道，犹水之宗于海也。水之流，一曲焉，一直焉，未尝同也，至其宗于海则同矣。圣贤之言行，一伸焉，一屈焉，未尝同也，至其宗于道则同矣。故水因地而曲直，故能宗于海；圣贤因时而屈伸，故能宗于道。孟子曰："伯夷、柳下惠，圣人也，百世之师也。"如其高饿显，下禄隐，而必其出于所高，则柳下惠安拟伯夷哉？扬子曰："途虽曲而通诸夏，则由诸；川虽曲而通诸海，则由诸。"盖言事虽曲而通诸道，则亦君子所当同也。由是而言之，饿显之高，禄隐之下，皆迹矣，岂足以求圣贤哉？唯其能无系累于迹，是以大过于人也。如圣贤之道，皆出于一，而无权时之变，则又何圣贤之足称乎？圣者，知权之大者也；贤者，知权之小者也。昔纣之时，微子去之，箕子为之奴，比干谏而死。此三人者，道同也，而其去就若此者，盖亦所谓迹不必同矣。《易》曰"或出或处，或默或语"，言君子之无可无不可也。使扬子宁不至于耽禄于弊时哉？盖于时为不可去，必去，则扬子之所知亦已小矣。

太古

太古之人，不与禽兽朋也几何？圣人恶之也，制作焉以别之。下而庋于后世，侈裳衣，壮宫室，隆耳目之观以嚣天下。君臣、父子、兄弟、夫妇，皆不得其所当然，仁义不足泽其性，礼乐不足锢其情，刑政不足网其恶，荡然复与禽兽朋矣。圣人不作，昧者不识所以化之之术，顾引而归之太古。太古之道果可行之万世，圣人恶用制作于其间？必制作于其间，为太古之不可行也。顾欲引而归之，是去禽兽而之禽兽，奚补于化哉？吾以为识治乱者,当言所以化之之术。曰归之太古,非愚则诬。

原教

善教者藏其用,民化上而不知所以教之之源。不善教者反此。民知所以教之之源,而不诚化上之意。善教者之为教也,致吾义忠而天下之君臣义且忠矣,致吾孝慈而天下之父子孝且慈矣,致吾恩于兄弟而天下之兄弟相为恩矣,致吾礼于夫妇而天下之夫妇相为礼矣。天下之君君臣臣、父父子子、兄兄弟弟、夫夫妇妇皆吾教也。民则曰:"我何赖于彼哉?"此谓化上而不知所以教之之源也。不善教者之为教也,不此之务,而暴为之制,烦为之防,劬劬于法令诰戒之间,藏于府,宪于市,属民于鄙野。必曰:臣而臣,君而君,子而子,父而父;兄弟者无失其为兄弟也,夫妇者无失其为夫妇也。率是也有赏,不然则罪。乡间之师,族鄹之长,疏者时读,密者日告,若是其悉矣。顾不有服教而附于刑者,于是嘉石以惭之,圜土以苦之,甚者弃之于市朝,放之于裔末,卒不可以已也。此谓民知所以教之之源,而不诚化上之意也。善教者浃于民心,而耳目无闻焉,以道扰民者也。不善教者施于民之耳目,而求浃于心,以道强民者也。扰之为言,犹山薮之扰毛羽,川泽之扰鳞介也,岂有制哉?自然然耳。强之为言,其犹囿毛羽沼鳞介乎!一失其制,脱然逝矣。噫!古之所以为古,无异焉,由前而已矣;今之所以不为古,无异焉,由后而已矣。或曰:"法令诰戒不足以为教乎?"曰:法令诰戒,文也。吾云尔者,本也。失其本而求之文,吾不知其可也。

原过

天有过乎？有之，陵历斗蚀是也。地有过乎？有之，崩弛竭塞是也。天地举有过，卒不累覆且载者何？善复常也。人介乎天地之间，则固不能无过，卒不害圣且贤者何？亦善复常也。故太甲思庸，孔子曰勿惮改过，扬雄贵迁善，皆是术也。予之朋，有过而能悔，悔而能改，人则曰："是向之从事云尔，今从事与向之从事弗类，非其性也，饰表以疑世也。"夫岂知言哉？天播五行于万灵，人固备而有之。有而不思则失，思而不行则废。一日咎前之非，沛然思而行之，是失而复得，废而复举也。顾曰非其性，是率天下而戕性也。且如人有财，见篡于盗，已而得之，曰"非夫人之财，向篡于盗矣"可欤？不可也。财之在己，固不若性之为己有也。财失复得，曰非其财，且不可，性失复得，曰非其性，可乎？

进说

古之时，士之在下者无求于上，上之人日汲汲惟恐一士之失也。古者士之进，有以德，有以才，有以言，有以曲艺。今徒不然，自茂才等而下之至于明法，其进退之皆有法度。古之所谓德者、才者，无以为也。古之所谓言者，又未必应今之法度也。诚有豪杰不世出之士，不自进乎此，上之人弗举也。诚进乎此，而不应今之法度，有司弗取也。夫自进乎此，皆所谓枉己者也。孟子曰："未有枉己能正人者也。"然而今之士不自进乎此者，未见也。岂皆不如古之士自重以有耻乎？古者井天下之地而授之氓。士之未命也，则授一廛而为氓。其父母妻子裕如也。自家达国，有塾、有序、有庠、有学，观游止处，师师友友，弦歌尧、舜之道，自乐也。磨砻镌切，沉浸灌养，行完而才备，则曰："上之人其舍我哉？"上之人其亦莫之能舍也。今也地不井，国不学，党不庠，遂不序，家不塾。士之未命也，则或无以裕父母妻子，无以处，行完而才备，上之人亦莫之举也。士安得而不自进？呜呼！使今之士不若古，非人则然，势也。势之异，圣贤之所以不得同也。孟子不见王公，而孔子为季氏吏，夫不以势乎哉？士之进退，不惟其德与才，而惟今之法度，而有司之好恶，未必今之法度也。是士之进，不惟今之法度，而几在有司之好恶耳。今之有司，非昔之有司也；后之有司，又非今之有司也。有司之好恶岂常哉？是士之进退，果卒无所必而已矣。噫！以言取人，未免失也，取焉而又不得其所谓言，是失之失也，况又重以有司好恶之不可常哉！古之道，其卒不可以见乎？士也有得已之势，其得不已乎？得已而不已，未见其为有道也。杨叔明之兄弟，以父任皆京官，其势非吾所谓无以处、无以裕父母妻子而有不得已焉者也。自柱而为进士，而又柱于有司，而又若不释然。二君固常自任以道，而且朋友我矣，惧其犹未瘳也，为进说与之。

取材

夫工人之为业也，必先淬砺其器用，抡度其材干，然后致力寡而用功得矣。圣人之于国也，必先遴柬其贤能，练核其名实，然后任使逸而事以济矣。故取人之道，世之急务也。自古守文之君，孰不有意于是哉？然其间得人者有之，失士者不能无焉；称职者有之，谬举者不能无焉。必欲得人称职，不失士，不谬举，宜如汉左雄所议诸生试家法、文吏课笺奏为得矣。所谓文吏者，不徒苟尚文辞而已，必也通古今，习礼法，天文人事，政教更张，然后施之职事，则以详平政体，有大议论，使以古今参之是也。所谓诸生者，不独取训习句读而已，必也习典礼，明制度，臣主威仪，时政沿袭，然后施之职事，则以缘饰治道，有大议论，则以经术断之是也。以今准古，今之进士，古之文吏也；今之经学，古之儒生也。然其策进士，则但以章句声病，苟尚文辞，类皆小能者为之；策经学者，徒以记问为能，不责大义，类皆蒙鄙者能之。使通才之人，或见赘于时，高世之士，或见排于俗。故属文者至相戒曰："涉猎可为也，诬艳可尚也，于政事何为哉？"守经者曰："传写可为也，诵习可勤也，于义理何取哉？"故其父兄勖其子弟，师长勖其门人，相为浮艳之作，以追时好而取世资也。何哉？其取舍好尚如此，所习不得不然也。若此之类，而当擢之职位，历之仕途，一旦国家有大议论，立辟雍明堂，损益礼制，更著律令，决谳疑狱，彼恶能以详平政体，缘饰治道，以古今参之，以经术断之哉？是必唯唯而已。文中子曰："文乎文乎，苟作云乎哉？必也贯乎道。学乎学乎，博诵云乎哉？必也济乎义。"故才之不可苟取也久矣。必若差别类能，宜少依汉之笺奏家法之义。策进士者，若曰邦家之大计何先，治人之要务何急，政教之利害何大，安边之计策何出，使之以时务之所宜言之，不直以章句声病累其心。策经学者，宜曰礼乐之损益何宜，天地之变化何如，礼器之制度何尚，各传经义以对，不独以记问传写为能。然后署之甲乙以升黜之，庶其取舍之鉴灼于目前，是岂恶有用而事无用，辞逸而就劳哉？故学者不习无用之言，则业专而修矣；一心治道，则习贯而入矣。若此之类，施之朝廷，用之牧民，何向而不利哉？其他限年之议，亦无取矣。

兴贤

国以任贤使能而兴，弃贤专己而衰。此二者，必然之势，古今之通义，流俗所共知耳。何治安之世有之而能兴，昏乱之世虽有之亦不兴？盖用之与不用之谓矣。有贤而用，国之福也，有之而不用，犹无有也。商之兴也，有仲虺、伊尹，其衰也，亦有三仁。周之兴也，同心者十人，其衰也，亦有祭公谋父、内史过。两汉之兴也，有萧、曹、寇、邓之徒，其衰也，亦有王嘉、傅喜、陈蕃、李固之众。魏、晋而下，至于李唐，不可遍举，然其间兴衰之世，亦皆同也。由此观之，有贤而用之者，国之福也，有之而不用，犹无有也，可不慎欤？今犹古也，今之天下亦古之天下，今之士民亦古之士民。古虽扰攘之际，犹有贤能若是之众，况今太宁，岂曰无之？在君上用之而已。博询众庶，则才能者进矣；不有忌讳，则谠直之路开矣；不迩小人，则谗谀者自远矣；不拘文牵俗，则守职者辨治矣；不责人以细过，则能吏之志得以尽其效矣。苟行此道，则何虑不跨两汉、轶三代，然后践五帝、三皇之涂哉。

委任

人主以委任为难，人臣以塞责为重。任之重而责之重，可也；任之轻而责之重，不可也。愚无他识，请以汉之事明之。高祖之任人也，可以任则任，可以止则止。至于一人之身，才有长短，取其长则不问其短；情有忠伪，信其忠则不疑其伪。其意曰："我以其人长于某事而任之，在它事虽短何害焉？我以其人忠于我心而任之，在它人虽伪何害焉？"故萧何刀笔之吏也，委之关中，无复西顾之忧；陈平亡命之虏也，出捐四万余金，不问出入；韩信轻猾之徒也，与之百万之众而不疑。是三子者，岂素著忠名哉？盖高祖推己之心而置于其心，则它人不能离间，而事以济矣。后世循高祖则鲜有败事，不循则失。故孝文虽爱邓通，犹逞申屠之志；孝武不疑金、霍，终定天下大策。当是时，守文之盛者，二君而已，元、成之后则不然，虽有何武、王嘉、师丹之贤，而胁于外戚竖宦之宠，牵于帷嫱近习之制，是以王道浸微，而不免负谤于天下也。中兴之后，唯世祖能驭大臣，以寇、邓、耿、贾之徒为任职，所以威名不减于高祖。至于为子孙虑则不然，反以元、成之后三公之任多胁于外戚竖宦、帷嫱近习之人而致败，由是置三公之任而事归台阁，以虚尊加之而已。然而台阁之臣，位卑事冗，无所统一，而夺于众多之口，此其为胁于外戚竖宦、帷嫱近习者愈矣。至于治有不进，水旱不时，灾异或起，则曰三公不能燮理阴阳而策免之，甚者至于诛死，岂不痛哉！冲、质之后，桓、灵之间，因循以为故事。虽有李固、陈蕃之贤，皆挫于阉寺之手，其余则希世用事全躯而已，何政治之能立哉？此所谓任轻责重之弊也。噫！常人之牲，有能有不能，有忠有不忠，知其能则任之重可也，谓其忠则委之诚可也。委之诚者人亦输其诚，任之重者人亦荷其重，使上下之诚相照，恩结于其心，是岂禽息鸟视而不知荷恩尽力哉？故曰："不疑于物，物亦诚焉。"且苏秦不信天下，为燕尾生，此一苏秦倾侧数国之间，于秦独以然者，诚燕君厚之之谓也。故人主以狗彘畜人者，人亦狗彘其行，以国士待人者，人亦国士自奋。故曰："常人之性，有能有不能，有忠有不忠，顾人君待之之意何如耳。

知人

贪人廉，淫人洁，佞人直，非终然也，规有济焉尔。王莽拜侯，让印不受，假僭皇命，得玺而喜，以廉济贪者也。晋王广求为冢嗣，管弦遏密，尘埃被之，陪寝未几，而声色丧邦，以洁济淫者也。郑注开陈治道，激昂颜辞，君民翕然，倚以致平，卒用奸败，以直济佞者也。于戏！知人则哲，惟帝其难之，古今一也。

风俗

夫天之所爱育者民也，民之所系仰者君也。圣人上承天之意，下为民之主，其要在安利之。而安利之要，不在于它，在乎正风俗而已。故风俗之变，迁染民志，关之盛衰，不可不慎也。君子制俗以俭，其弊为奢。奢而不制，弊将若之何？夫如是，则有殚极财力僭渎拟伦以追时好者矣。且天地之生财也有时，人之为力也有限，而日夜之费无穷，以有时之财，有限之力，以给无穷之费，若不为制，所谓积之涓涓而泄之浩浩，如之何使斯民不贫且滥也？国家奄有诸夏，四圣继统，制度以定矣，纪纲以缉矣，赋敛不伤于民矣，徭役以均矣，升平之运，未有盛于今矣，固当家给人足，无一夫不获其所矣。然而窭人之子，短褐未尽完，趋末之民，巧伪未尽抑，其故何也？殆风俗有所未尽淳欤？且圣人之化，自近及远，由内及外。是以京师者风俗之枢机也，四方之所面内而依仿也。加之士民富庶，财物毕会，难以俭率，易以奢变。至于发一端，作一事，衣冠车马之奇，器物服玩之具，旦更奇制，夕染诸夏。工者矜能于无用，商者通货于难得，岁加一岁，巧眩之性不可穷，好尚之势多所易。故物有未弊而见毁于人，人有循旧而见嗤于俗。富者竞以自胜，贫者耻其不若，且曰："彼人也，我人也，彼为奉养若此之丽，而我反不及！"由是转相慕效，务尽鲜明，使愚下之人，有逞一时之嗜欲，破终身之资产，而不自知也。且山林不能给野火，江海不能实漏卮，淳朴之风散，则贪饕之行成，贪饕之行成，则上下之力匮。如此则人无完行，士无廉声，尚陵逼者为时宜，守检押者为鄙野。节义之民少，兼并之家多，富者财产满布州域，贫者困穷不免于沟壑。夫人之为性，心充体逸则乐生，心郁体劳则思死，若是之俗，何法令之能避哉？故刑罚所以不措者此也。且坏崖破岩之水，原自涓涓；干云蔽日之木，起于青葱。禁微则易，救末者难。所宜略依古之王制，命市纳贾，以观好恶。有作奇技淫巧以疑众者，纠罚之；下至物器馔具，为之品制以节之；工商逐末者，重租税以困辱之。民见末业之无用，而又为纠罚困辱，不得不趋田亩；田亩辟，则民无饥矣。以此显示众庶，未有辇毂之内治而天下不治矣。

闵习

父母死，则燔而捐之水中，其不可，明也；禁使葬之，其无不可，亦明也。然而吏相与非之乎上，民相与怪之乎下。盖其习之久也，则至于戕贼父母而无以为不可，顾曰禁之不可也。呜呼！吾是以见先王之道难行也。先王之道不讲乎天下，而不胜乎小人之说，非一日之积也。而小人之说，其为不可，不皆若戕贼父母之易明也。先王之道，不皆若禁使葬之之易行也。呜呼！吾是以见先王之道难行也。贞观之行其庶矣，惜乎其臣有罪焉。作《闵习》。

卷七十　论议九　杂著一

复仇解

或问复仇。对曰：非治世之道也。明天子在上，自方伯、诸侯以至于有司，各修其职，其能杀不辜者少矣。不幸而有焉，则其子弟以告于有司，有司不能听；以告于其君，其君不能听；以告于方伯，方伯不能听；以告于天子，则天子诛其不能听者，而为之施刑于其仇。乱世则天子、诸侯、方伯皆不可以告。故《书》说纣曰："凡有辜罪，乃罔恒获。小民方兴，相为敌仇。"盖仇之所以兴，以上之不可告，辜罪之不常获也。方是时，有父兄之仇而辄杀之者，君子权其势，恕其情而与之，可也。故复仇之义，见于《春秋传》，见于《礼记》，为乱世之为子弟者言之也。《春秋传》以为父受诛，子复仇，不可也。此言不敢以身之私而害天下之公。又以为父不受诛，子复仇，可也。此言不以有可绝之义，废不可绝之恩也。《周官》之说曰："凡复仇者，书于士，杀之无罪。"疑此非周公之法也。凡所以有复仇者，以天下之乱，而士之不能听也。有士矣，不使听其杀人之罪以施行，而使为人之子弟者仇之，然则何取于士而禄之也？古之于杀人，其听之可谓尽矣，犹惧其未也，曰："与其杀不辜，宁失不经。"今书于士则杀之无罪，则所谓复仇者，果所谓可仇者乎？庸讵知其不独有可言者乎？就当听其罪矣，则不杀于士师，而使仇者杀之，何也？故疑此非周公之法也。或曰："世乱而有复仇之禁，则宁杀身以复仇乎？将无复仇而以存人之祀乎？"曰：可以复仇而不复，非孝也；复仇而殄祀，亦非孝也。以仇未复之耻，居之终身焉，盖可也。仇之不复者，天也。不忘复仇者，己也。克己以畏天，心不忘其亲，不亦可矣。

推命对

吴里处士有善推命知贵贱祸福者，或俾予问之，予辞焉。他日复以请，予对曰：夫贵若贱，天所为也；贤不肖，吾所为也。吾所为者，吾能自知之；天所为者，吾独憪乎哉？吾贤欤，可以位公卿欤，则万钟之禄固有焉；不幸而贫且贱，则时也。吾不贤欤，不可以位公卿欤，则箪食豆羹无歉焉；若幸而富且贵，则咎也。此吾知之无疑，奚率于彼者哉？且祸与福，君子置诸外焉。君子居必仁，行必义，反仁义而福，君子不有也，由仁义而祸，君子不屑也。是故文王拘羑里，孔子畏于匡，彼圣人之智，岂不能脱祸患哉？盖道之存焉耳。

曰："子以为贵若贱，天所为也。然世贤而贱，不肖而贵者，亦天所为欤？"曰：非也，人不能合于天耳。夫天之生斯人也，使贤者治不贤，故贤者宜贵，不贤者宜贱，天之道也；择而行之者，人之谓也。天人之道合，则贤者贵，不肖者贱；天人之道悖，则贤者贱，而不肖者贵也。天人之道悖合相半，则贤不肖或贵或贱。尧、舜之世，元凯用而四凶殛，是天人之道合也；桀、纣之世，飞廉进而三仁退，是天人之道悖也；汉、魏而下，贤不肖或贵或贱，是天人之道悖合相半也。盖天之命一，而人之时不能率合焉，故君子修身以俟命，守道以任时，贵贱祸福之来，不能沮也。子不力于仁义以信其中，而屑屑焉甘意于诞谩虚怪之说，不已溺哉？

使医

"一人疾焉，而医者十，并使之欤？"曰：使其尤良者一人焉尔。"乌知其尤良而使之？"曰：众人之所谓尤良者，而隐之以吾心，其可也，夫能不相逮，不相为谋，又相忌也，况愚智之相百者乎？人之愚不能者常多，而智能者常少。医者十，愚不能者乌知其不九邪？并使之，智能者何用？愚不能者何所不用？一日而病且亡，谁者任其咎邪？故予曰：使其尤良者一人焉尔。使其尤良者有道，药云则药，食云则食，坐云则坐，作云则作。夫然，故医也得肆其术而无憾焉，不幸而病且亡，则少矣。药云则食，坐云则作，曰姑如吾所安焉尔，若人也，何必医？如吾所安焉可也。凡疾而使医之道皆然，而腹心为甚。有腹心之疾者，得吾说而思之，其庶矣！

汴说

古者卜筮有常官，所諏有常事。若考步人生辰星宿所次，訾相人仪状色理，逆斥人祸福，考信于圣人无有也，不知从何许人传。宗其说者，澶漫四出，抵今为尤蕃，举天下而籍之，以是自名者，盖数万不啻，而汴不与焉。举汴而籍之，盖亦以万计。予尝视卜汴之术士，善挟奇而以动人者，大抵宫庐、服舆、食饮之华，封君不如也。其出也，或召焉，问之，某人也，朝贵人也；其归也，或赐焉，问之，某人也，朝贵人也。坐其庐旁，历其人之往来，肩相切，踵相籍，穷一朝暮，则已错不可计。窃异之，且窃叹曰：吾侪治先圣人之言，而修其术，张之能为天子营太平，敛之犹足以褆身正家，顾未尝有公卿彻官若是其即之勤也。或曰："子知乎？渴者期于浆，疾者期于医，治然也。子诚能为天子营太平，褆身正家，彼所存势与位尔。势不盈，位不充，则热中，热中则惑。势盈位充矣，则病失之，病失之则忧。惑且忧，则思决。以彼为能决，子亦能乎？不能，则无异其即彼疏此也。"因瘖不复异，久之，补吏淮南，省亲江南。有金华山人者，率然相过，自言能逆斥祸福。噫！今之世，子之术奚适而不遇哉？因以汴说谂之。

议茶法

国家罢榷茶之法，而使民得自贩，于方今实为便，于古义实为宜，而有非之者，盖聚敛之臣，将尽财利于毫末之间，而不知与之为取之过也。夫茶之为民用，等于米盐，不可一日以无。而今官场所出，皆粗恶不可食，故民之所食，大率皆私贩者。夫夺民之所甘，而使不得食，则严刑峻法有不能止者，故鞭扑流徒之罪未尝少弛，而私贩私市者亦未尝绝于道路也。既罢榷之之法，则凡此之为患，皆可以无矣。然则虽尽充岁入之利，亦为国者之所当务也，况关市之人，自足侔昔日之利乎？昔桑弘羊兴榷酤之议，当时以为财用待此而给，万世不可易者，然至霍光不学无术之人，遂能屈其论而罢其法，盖义之胜利久矣。今朝廷之治，方欲铲百代之弊而复尧、舜之功，而其为法度，乃欲出于霍光之所羞为者，则可乎？以今之势，虽未能尽罢榷货而能缓其一，亦所以示上之恤民之深而兴治之渐也。彼区区聚敛之臣，务以求利为功，而不知与之为取，上之人亦当断以义，岂可以人人合其私说然后行哉？扬雄曰："为人父而榷其子，纵利，如子何？"以雄之聪明，其讲天下之利害宜可信。然则今虽国用甚不足，亦不可以复易已行之法矣。是以国家之势，苟修其法度，以使本盛而末衰，则天下之财不胜用，庸讵而必区区于此哉？

茶商十二说

臣窃以须仰巨商有十二之损，为害甚广，请试陈之。既仰巨商，巨商数少，相率既易，邀贱遂繁，故有场饶明减暗减累累不已，岁数百万，是饶减之损，一也。又既仰巨商，巨商稀少，积压等候，陈损既多，或弃或焚，或充杂用，此税既陷，正税又饶，是陷税之损，二也。又既仰巨商，饶丰价薄，园民困耗，逋欠岁程，至如石桥一场，租额一百七万，而近岁买纳，才得十万，而亏及累年，便乞减额，是退额之损，三也。又既仰巨商，须凭力禁，是以捕捉之旅，所在屯布，掩缉之众，弥占川落，官员请俸，卒旅衣粮，扰民费财，总计不细，是力禁之损，四也。又既仰巨商，须置榷务，诸郡津置，或数千里，所载纲运，率自省破，船材兵费，风波盗窃，每岁之计，不为不甚，是远萃之损，五也。又既仰巨商，必先多备，茶体轻怯，难掌易损，架阁利燥，封角利密，而官数浩瀚，堆积敖廪，风枯雨湿，气味失夺，俟售待给，已反陈损，是堆积之损，六也。又凡物分轻则得众，得众则易竭。今仰巨商，本不及数千缗则不能行，是分重而不得众也，故难竭而成积滞，分重之损，七也。又凡货利己则精心，精心则货善，货善则易售。今仰巨商，非己甚众，始从小户，次输主人，方纳官场，复支商旅，是以小户偷窃，主人淆杂，奸吏容庇，皆以非己而致货不善也，是非己之损，八也。又既仰巨商，遂为二等，新好者支算商旅，低陈者留卖南中，食用不堪，遂皆私易，故一县大率每岁以茶被刑者往往百数，是烦刑之损，九也。又既仰巨商，茶多积坏，坏不堪卖，遂转蚕茶，俵给户民，悉不堪食，虚纳所直诸郡甚多，是剡本之损，十也。又巨商悉系通商南方，尽从官卖，官卖既不堪食，多配寺院、茶坊，茶多弃损，钱实虚敛，是削民之损，十一也。既仰巨商，货终难尽，诸般折给，从是生焉。虽依元价，折钱变卖，杂收什一，请实虚损，官亦虚损，是剡士之损，十二也。其为害广也如此，不可不去也。

乞制置三司条例

窃观先王之法，自畿之内，赋入精粗，以百里为之差，而畿外邦国，各以所有为贡，又为经用通财之法，以懋迁之。其治市之货财，则亡者使有，害者使除；市之不售，货之滞于民用，则吏为敛之，以待不时而买者。凡此非专利也。盖聚天下之人，不可以无财；理天下之财，不可以无义。夫以义理天下之财，则转输之劳逸，不可以不均，用度之多寡，不可以不通，货贿之有无，不可以不制，而轻重敛散之权，不可以无术。今天下财用，窘急无余，典领之官，拘于弊法，内外不以相知，盈虚不以相补。诸路上供，岁有定额，丰年便道，可以多致，而不敢不赢；年俭物贵，难于供备，而不敢不足。远方有倍蓰之输，中都有半价之鬻。三司发运使按簿书、促期会而已，无所可否增损于其间。至遇军国郊祀之大费，则遣使铲刷，殆无余藏，诸司财用事，往往为伏匿，不敢实言，以备缓急。又忧年计之不足，则多为支移折变，以取之民，纳租税数，至或倍其本数。而朝廷所用之物，多求于不产，责于非时，富商大贾，因时乘公私之急，以擅轻重敛散之权。臣等以谓发运使总六路之赋入，而其职以制置茶盐矾税为事，军储国用，多所仰给，宜假以钱货，继其用之不给，使周知六路财赋之有无，而移用之。凡籴买税敛上供之物，皆得徙贵就贱，用近易远，令在京库藏年支见在之定数所当供办者，得以从便变卖，以待上令。稍收轻重敛散之权，归之公上，而制其有无，以便转输，省劳费，去重敛，宽农民，庶几国用可足，民财不匮矣。所有本司合置官属，许令辟举，及有合行事件，令依条例以闻，奏下制置司参议施行。

相鹤经

鹤者，阳鸟也，而游于阴，因金气、依火精以自养。金数九，火数七，六十三年小变，百六十年大变，千六百年形定。生三年顶赤，七年飞薄云汉，又七年夜十二时鸣，六十年大毛落，茸毛生，乃洁白如雪，泥水不能污，百六年雌雄相视而孕，一千六百年饮而不食，胎化产，为仙人之骐骥也。夫声闻于天，故顶赤，食于水，故喙长，轻于前，故毛丰而肉疏，修颈以纳新，故天寿不可量。所以体无青黄二色，土木之气内养，故不表于外也。是以行必依洲渚，止不集林木，盖羽族之清崇也。其相曰："隆鼻短喙则少瞑，露睛赤白则视远，长颈疏身则能鸣，凤翼雀尾则善飞，龟背鳖腹会舞，高胫促节足力。"其文，李浮丘伯授王子晋，又崔文子学道于子晋，得其文，藏嵩山石室。淮南公采药得之，遂传于近代。熙宁十年正月一日，临川王某笔。

策问十一道

一

问：尧举鲧，于《书》详矣。尧知其不可，然且试之邪，抑不知之也？不知，非所以为圣也；知其不可然且试之，则九载之民，其为病也亦久矣。幸而群臣遂举舜、禹，不幸复称鲧，此亦将以九载试之邪？以尧之大圣知鲧之大恶，其知之也足以自信不疑矣，何牵于群臣也？必曰："吾唯群臣之听，不自任也。"圣人之心，急于救民，其趣舍顾是否何如，岂固然邪？必以为后世法，得无明哲之主牵制以召败者邪？或曰："尧知水之数，故先之以鲧。"或曰："久民病以大禹功。"是皆不然，尧必不以民病私禹，禹必不以利民病而大己功。以民病私其臣，利民病以为己功，乌在其为尧、禹也？又以为泥于数，其探圣人滋浅矣。且谓之有数，鲧何罪其殛死也？圣人之所以然，愚不能释，吾子无隐焉耳。

二

问：皋陶曰："在知人，在安民。"大哉，古之君臣相戒如此！夫虽有知人之明，而无安民之惠心，未可与为治也。有安民之惠心，而无知人之明，则不能任人，虽欲安民，亦有所不能焉。然而天子之尊也，四海之富也，自公至于士凡几位，自正至于旅凡几职？所谓知人者，其必有术，可以二三子而不知乎？

三

问：圣人治世有本末，其施之也，有先后。今天下困敝不革，其为日也久矣，治教政令，未尝放圣人之意而为之也。失其本，求之末，当后者反先之，天下靡靡然入于乱者凡以此。夫治天下不以圣人所以治，其卒不治也，则为士而不闲圣人之所以治，非所以为士也。愿二三子尽道圣人所以治之本末与其所先后，以闻于有司。

四

问：《记》曰："追王太王、王季、文王，不以卑临尊也。"夏、商受命，固有祖考，奚无追王之事邪？

五

问：圣人之为道也，人情而已矣。考之以事而不合，隐之以义而不通，非道也。《洪范》之陈五事，合于事而通于义者也，如其休咎之效，则予疑焉。人君承天以从事，天不得其所当然，则戒吾所以承之之事可也。必如《传》云，人君行然，天则顺之以然，其固然邪？"僭常旸若"，"狂常雨若"，使狂且僭，则天如何其顺之也？尧、汤水旱，奚尤以取之邪？意者微言深法，非浅者之所能造，敢以质于二三子。

六

问：述诗书传记百家之文，二帝三王之所以基太平而泽后世，必曰礼乐云，若政与刑，乃其助尔。礼节之，乐和之，人已大治之后，其所谓助者，几不用矣。下三王而王者，亦有议礼乐之情者乎？其所谓礼乐如何也？儒衣冠而言制作者，文采声音云而已。基太平而泽后世傥在此邪？宋之为宋久矣，礼乐不接于民之耳目何也？抑犹未可以制作邪？董仲舒、王吉以为王者未制作，用先王之礼乐宜于世者，如欲用先王之礼乐，则何者宜于世邪？

七

问：舜命九官，三后在焉。《吕刑》所谓三后恤功于民，乃尧命之，何也？曰："伯夷降典，折民惟刑；禹平水土，主名山川；稷降播种，农殖嘉谷。"以功次之，禹也、稷也、伯夷也，其可也；以事次之，民之灾也、富之也、教之也，其可也。今考其文辞，未有次焉，何也？曰："士制百姓于刑之中，以教祗德。"降典也，则以民云，制于刑之中，则以百姓云，何也？

八

问：夏之法至商而更之，商之法至周而更之，皆因世就民而为之节，然其所以法，意不相师乎？

九

问：《易》曰："黄帝、尧、舜垂衣裳而天下治，盖取诸乾坤。"说者曰："垂衣裳以辨贵贱，乾坤，尊卑之义也。"夫垂衣裳以辨贵贱，自何世始？始于黄帝，独曰黄帝可也。于尧、舜，曰尧、曰舜可也。兼三世而言之，吾疑焉。二三子姑为之解。

十

问：《诗》论商之所以王，本之契；论周，本之后稷。夫成汤、文、武之仁圣，而以当桀、纣之天下，此夏、商所以破灭而商、周得之也，彼千岁之稷、契何功焉？其本之也，不有说邪？

十一

问：挂兵于夷狄，以弊百姓，畎游倡乐，赏赐无节，而台榭陂池宫室之观侈，此国之所以贫，今皆无此，而有司之所讲，常出于权利，然亦不足于财；信任亲戚后宫之家，尊显公卿大臣之世，布衣岩穴之秀，蔽障而不得仕，此官之所以旷，今皆无此，而所使在位皆公天下之选也，然亦不足于士；异时尝多兵矣，而不以兵多故费财，今民之壮者多去而为兵，而租赋尽于粮饷，然亦不足于兵；异时尝多马矣，而不以马多故费土，今内则空可耕之地以为牧，盖巨万顷，外则弃钱币以取之四夷，然亦不足于马。此其故何也？

卷七十一 杂著二

先大夫述

王氏，其先出太原，今为抚州临川人，不知始所以徙。其后有隐君子某，生某，以子故赠尚书职方员外郎。职方生卫尉寺丞某，公考也。公讳某，始字损之，年十七，以文干张公咏，张公奇之，改字公舜良。祥符八年，得进士第，为建安主簿。时尚少，县人颇易之。既数月，皆畏，翕然，令赖以治。尝疾病，阖县为祷祠。县人不时入税，州咎县，公曰："孔目吏尚不时入税，贫民何独为邪？"即与校至府门，取孔目吏以归，杖二十，与之期三日。尽期，民之税亦无不入，自将已下皆侧目。为判官临江军，守不法，公遇事辄据争之以故事。一政吏为文书谩其上，至公辄阁。军有萧滩，号难度，以腐船度辄返，吏呼公为"判官滩"云。豪吏大姓，至相与出钱，求转运使下吏出公。领新淦县，县大治。今三十年，吏民称说如公在。改大理寺丞，知庐陵县，又大治。移知新繁县，改殿中丞。到县，条宿奸数人上府，流恶处，自余一以恩信治之，尝历岁不笞一人。知韶州，改太常博士、尚书屯田员外郎。夷越无男女之别，前守类以为俗然，即其得可已，皆弗究。公曰："同是人也，不可渎其伦。夫所谓因其俗者，岂谓是邪？"凡有萌蘖，一切摘矜穷治之。时未几，男女之行于市者，不敢一途。胡先生瑗为《政范》，亦掇公此事。部县翁源多虎，公教捕之。民言虎自毙者五。令断虎头舆致州，为颂以献。公麾舆者出，以颂还令。其不喜怪，不以其道说之不说也如此。蜀效忠士屯者五百人，代不到，谋叛。韶，小州，即有变，无所可枝梧，佐吏始殊恐。公不为动，独捕其首五人，即日断流之，护出之界上。初，佐吏固争请付狱，既而闻其徒谋，若以首赴狱，当夜劫之以叛，众乃愈服。公完营驿仓库，建坊道，随所施设，有条理。长老言："自岭海服朝廷为吾置州守，未有贤公者。"丁卫尉府君忧，服除，通判江宁府，阅两将，一以府倚公办。宝元二年二月二十三日，以疾弃诸孤官下，享年四十六。公于忠义孝友，非勉也，宦游常奉亲行，独西川以远，又法不听。在新繁未尝剧饮酒，岁时思慕，哭殊悲。其自奉如甚啬者，异时悉所有又贷于人。治酒食，须以娱其亲，无秋毫爱也，人乃或以为奢。居未尝怒笞子弟，每置酒，从容为陈孝悌仁义之本，古今存亡治乱之所以然，甚适。其自任以世之重也，虽人望公则亦然，卒之官不充其材以夭。呜呼！其命也。母谢氏，以公故封永安县君。娶某氏，封长寿县君。子男七人，女一人，适张氏，处两人。将以某月日葬某处，子某等谨撰次公事如右，以求有道而文者铭焉，以取信于后世。

先大夫集序

君子于学，其志未始不欲张而行之以致君，下膏泽于无穷。唯其志之大，故或不位于朝，不位于朝而势不足以自效，则思慕古之人而作为文辞，亦不失其所志也。二帝三王群圣人之时，贤俊并用，虽穷处岩穴，亦扳而在高位，其志莫不得施，而文之传于后者少矣。后之时，非古之时也，人之不得志者常多，而以文自传者，纷如也。先大夫少而博学，及强年有仕进之望，其志欲有以为而遽没，其于文，所不暇也。一日，诸子阅橐中，乃得旧歌诗百余篇，虽此不足尽识其志，然讽咏情性，其亦有以助于道者，不忍弃去也，辄序次之。呜呼！公之诗，君子视之，当自知矣，不敢赞也。

题王逢原讲孟子后

逢原在常江阴时，学者有问以孟子，而逢原为之论说，是以如是其详也。未几而逢原卒，故其书才终于一篇，而考之时不同，盖其志犹未就也。虽然，观其说，亦足以概见之矣。若逢原所谓见其进未见其止也。其卒时，年二十八。呜呼，惜哉！逢原卒于嘉祐己亥六月，后七年讲义方行。

许氏世谱

伯夷，神农之后也，佐尧、舜有大功，赐姓曰姜。其后见经者四国，曰申，《诗》所谓申伯者是也；曰吕，《书》所谓吕侯者是也；曰齐，曰许，《春秋》所书齐侯、许男是也。周衰，许男尝从大侯侵伐会盟，竟于春秋。及后世复国，而子孙以其封姓。然世传有许由者，尧以天下让由，由不受，逃之箕山，箕山上盖有许由冢焉。其事不见于经，学者疑之。或曰："由亡求于世者耳，虽与之天下，盖不受也，故好事者以云。"而由与伯夷，其生后先，所祖同不同，莫能知也。汉兴，许氏侯者六人：柏至侯盎，宋子侯瘐，严侯猜，此三侯者，其始以将封，而史不书其州里；平恩侯广汉，博望侯舜，乐成侯延寿，此三侯者，同产昆弟也，以外戚起于宣、元之世，昌邑人也。盎孙昌尝为丞相。延寿及广汉弟子嘉，尝为大司马。至王莽败，许氏始皆失其封云。后汉会稽有许荆者，循吏也。许慎者，以经术显。许峻者，为《易林》传于世。许杨者，治鸿隙陂，有德于汝南，汝南之民报祭焉。许靖者，避地交州，后入蜀，先主以为太傅，与从弟劭俱善论人物。劭兄虔，亦知名，世称平舆渊有二龙焉。慎、峻、杨、靖，皆汝南人也。许褚者，家于谯，以忠力事魏，封侯牟乡。许慈者，家南阳，入蜀，父子为博士。司马晋时有许孜者，东阳人也，德行高，察孝廉不起，老于家，其子曰生，亦有至性焉。初，许氏爵邑于周，子孙播散四方，有纪者犹不乏焉，至昌邑始大者，间兴于汝南，其后祖高阳者为最盛。然高阳之族，不见其所始。有据者，仕魏，历校尉、郡守，生允，为镇北将军。允三子，皆仕司马晋。奇，司隶校尉；猛，幽州刺史。奇子遐，侍中；猛子式，平原太守。自允至式皆知名。允后五世询，司马晋尝召官之，不起。询孙珪，为旌阳太守于齐。珪生勇慧，齐太子家令，冗从仆射。勇慧生懋，笃学以孝闻，卒于梁，为中庶子。懋生亨，为陈卫尉卿，尝领史官，次齐、梁时事。有子善心，为之卒业。是时有许绍者，善心族父也，通守夷陵，治有恩，流户自归数十万，卒有劳于唐，爵安陆郡公。圉师、钦寂、钦明其后也。圉师，绍少子，宽博有器干，别自封平恩男，与敬宗俱龙朔中宰相。钦寂谓绍曾大父也，万岁中，帅师当契丹，为所败，执以如安东，使说守者降。至安东，曰："贼今且破灭，公勉守无忘忠也。"契丹即杀之。是岁，弟钦明亦遇杀。钦明为凉州都督，案行，卒与突厥遇，亦执使降。至灵州，顾为叟言告守者所以破贼。兄弟将兵，一旦同以身徇边鄙，贤者荣之。敬宗者，善心子也，始以公开郡于高阳，与其孙令伯以文称当世。天宝之乱，敬宗有孙曰远，与张巡以睢阳抗贼，自以不及巡，推巡为将而亲为之下。久之，食已尽，煮茶纸以食，犹坚守。贼所以不得南向，以睢阳弊其锋也。卒与俱死者，皆天下豪杰义士云。唐亡，远孙儒，不义朱梁，自雍州入于江南，终身不出焉。儒生稠，沉毅有信，仕江南李氏，参德化王军事。稠生规，好道家言，不以事自恩，尝羁宣歙间，闻旁舍呻呼，就之，曰："我某郡人也，察君长者，且死，愿以骸骨属君。"因指囊中黄金十斤，曰："以是交长者。"规许诺，敬负其骨千里，并黄金置死者家。家大惊，愧之，因请献金如儿言以为许君寿，规不顾竟去。于是闻者滋以规为长者。卒，葬池州，后以子故赠大理评事。生遂、逖、迥三子。遂善事母。里母励其子，辄曰："汝独不惭许伯通乎？"祥符中，天子有事于泰山，加恩群臣，逖当迁，让其兄遂。天子以遂试将作监主簿。遂子俞，字尧言，名能文章，大臣屡荐之，有与不合者，官以故不遂。尝知兴国军大冶县，县人至今称之，俞两子，均为进士。逖字景山，尝上书江南李氏，李氏叹奇之，以为崇文馆校书郎，岁终拜监察御史。后复上书太宗论边事，宰相赵普奇其意，以为与己合。知兴元府，起鄭侯废堰以利民。治沣、荆、扬三州，为盗者逃而去。其事兄如事父，使妻事其长姒如事母。故人无后，为嫁其女如己子。有子五人：恂，黄州录事参军；恢，尚书虞部员外郎；怡，今为太子中舍、签书淮南节度判官厅公事；元，今为江淮荆湖两浙制置发运使；平，泰州海陵主簿。五人者，咸孝友如其先人，故士大夫论孝友者归许氏。元以国子博士、发运判官，七年遂为其使，待制天章阁，自天子大臣莫不以为材。其劳烈方在史氏记，余故不论而著其家行云。迥字光远，其事母如伯通之孝，事其兄如景山之为弟也。慷慨有大意，少尝仕李氏，后不复仕，与其兄俱葬颜村。有子会，为进士，方壮时，亦慨然好议天下事，今为太庙斋郎。临川王某曰："余谱许氏，自据以下，其绪传始显焉。然自许男见于周，其后数封，而有纪之子孙多焉。考是论之。夫伯夷之所以佐其君治民，余读《书》未尝不喟然叹思之也。《传》曰："盛德者必百世祀。"若伯夷者，盖庶几焉。彼其后世忠孝之良，亦使之遭时，沐浴舜、禹之间以尽其材，而与夫夔、皋、羿、虎之徒俱出而驰焉，其孰能概之耶？

伤仲永

金溪民方仲永，世隶耕。仲永生五年，未尝识书具，忽啼求之。父异焉，借旁近与之，即书诗四句，并自为其名。其诗以养父母、收族为意，传一乡秀才观之。自是指物作诗立就，其文理皆有可观者。邑人奇之，稍稍宾客其父，或以钱币乞之。父利其然也，日扳仲永环谒于邑人，不使学。予闻之也久，明道中，从先人还家，于舅家见之，十二三矣。令作诗，不能称前时之闻。又七年，还自扬州，复到舅家，问焉。曰："泯然众人矣。"王子曰：仲永之通悟，受之天也，其受之人也，贤于材人远矣。卒之为众人，则其受于人者不至也。彼其受之天也，如此其贤也，不受之人，且为众人。今夫不受之天，固众人，又不受之人，得为众人而已邪！

同学一首别子固

江之南，有贤人焉，字子固，非今所谓贤人者，予慕而友之。淮之南，有贤人焉，字正之，非今所谓贤人者，予慕而友之。二贤人者，足未尝相过也，口未尝相语也，辞币未尝相接也。其师若友，岂尽同哉？予考其言行，其不相似者，何其少也！曰，学圣人而已矣。学圣人，则其师若友，必学圣人者。圣人之言行，岂有二哉？其相似也，适然。予在淮南，为正之道子固，正之不予疑也。还江南，为子固道正之，子固亦以为然。予又知所谓贤人者，既相似又相信不疑也。子固作《怀友》一首遗予，其大略欲相扳以至乎中庸而后已。正之盖亦常云尔。夫安驱徐行，輶中庸之庭，而造于其堂，舍二贤人者而谁哉？予昔非敢自必其有至也，亦愿从事于左右焉尔。辅而进之，其可也。噫！官有守，私有系，会合不可以常也，作《同学一首别子固》，以相警且相慰云。

书瑞新道人壁

始瑞新道人治其众于天童之景德，予知鄞县，爱其材能，数与之游。

后新主此山之四年，予自淮南来视苏州之积水，卒事，访焉，则新既死于某月某日矣。人知与不知，莫不怆焉，而予与之又久以深，宜其悲也。夫新之材信奇矣，自放于世外，而人悼惜之如此。彼公卿大夫操治民之势，而能以利泽加焉，则其生也荣，其死也哀，不亦宜乎。皇祐五年六月十五日，临川王某介甫题。

读孟尝君传

世皆称孟尝君能得士，士以故归之，而卒赖其力以脱于虎豹之秦。嗟乎！孟尝君特鸡鸣狗盗之雄耳，岂足以言得士？不然，擅齐之强，得一士焉，宜可以南面而制秦，尚何取鸡鸣狗盗之力哉？夫鸡鸣狗盗之出其门，此士之所以不至也。

读柳宗元传

余观八司马皆天下之奇材也，一为叔文所诱，遂陷于不义。至今士大夫欲为君子者，皆羞道而喜攻之。然此八人者，既困矣无所用于世，往往能自强以求列于后世，而其名卒不废焉。而所谓欲为君子者，吾多见其初而已，要其终，能毋与世俯仰以自别于小人者少耳，复何议彼哉？

读江南录

故散骑常侍徐公铉，奉太宗命撰《江南录》，至李氏亡国之际，不言其君之过，但以历数存亡论之。虽有愧于实录，其于《春秋》之义，《春秋》，臣子为君亲讳，礼也。箕子之说，周武王克商，问箕子商所以亡，箕子不忍言商恶，以存亡国宜告之。徐氏录为得焉。然吾闻国之将亡，必有大恶，恶者无大于杀忠臣。国君无道，不杀忠臣，虽不至于治，亦不至于亡。纣为君，至暴矣，武王观兵于孟津，诸侯请伐纣，武王曰："未可。"及闻其杀王子比干，然后知其将亡也，一举而胜焉。季梁在随，随人虽乱，楚人不敢加兵。虞以不用宫之奇之言，晋人始有纳璧假道之谋。然则忠臣国之与也，存与之存，亡与之亡。予自为儿童时，已闻金陵臣潘佑以直言见杀，当时京师因举兵来伐，数以杀忠臣之罪。及得佑所上谏李氏表观之，词意质直，忠臣之言。予诸父中旧多为江南官者，其言金陵事颇详，闻佑所以死则信。然则李氏之亡，不徒然也。今观徐氏录言佑死，颇似妖妄，与予旧所闻者甚不类。不止于佑，其它所诛者，皆以罪戾，何也？予甚怪焉。若以商纣及随、虞二君论之，则李氏亡国之君，必有滥诛，吾知佑之死信为无罪，是乃徐氏匿之耳。何以知其然？吾以情得之。大凡毁生于嫉，嫉生于不胜，此人之情也。吾闻铉与佑皆李氏臣，而俱称有文学，十余年争名于朝廷间。当李氏之危也，佑能切谏，铉独无一说。以佑见诛，铉又不能力诤，卒使其君有杀忠臣之名，践亡国之祸，皆铉之由也。铉惧此过，而又耻其善不及于佑，故匿其忠而污以它罪，此人情之常也。以佑观之，其它所诛者，又可知矣。噫！若果有此，吾谓铉不唯厚诬忠臣，其欺吾君不亦甚乎！

书李文公集后

文公非董子作《仕不遇赋》，惜其自待不厚。以予观之，《诗》三百，发愤于不遇者甚众。而孔子亦曰："凤鸟不至，河不出图，吾已矣夫！"盖叹不遇也。文公论高如此，及观于史，一不得职，则诋宰相以自快。今吾于人也，听其言而观其行，言不可独信久矣。虽然，彼宰相名实固有辨。彼诚小人也，则文公之发，为不忍于小人可也。为史者，独安取其怒之以失职耶？世之浅者，固好以其利心量君子，以为触宰相以近祸，非以其私，则莫为也。夫文公之好恶，盖所谓皆过其分者耳。方其不信于天下，更以推贤进善为急。一士之不显，至寝食为之不甘，盖奔走有力，成其名而后已。士之废兴，彼各有命。身非王公大人之位，取其任而私之，又自以为贤，仆仆然忘其身之劳也，岂所谓知命者耶？《记》曰："道之不行，贤者过之，不肖者不及也。"夫文公之过也，抑其所以为贤欤？

书刺客传后

曹沫将而亡人之城，又劫天下盟主，管仲因勿倍以市信一时，可也。予独怪智伯国士豫让，岂顾不用其策耶？让诚国士也，曾不能逆策三晋，救智伯之亡，一死区区，尚足校哉？其亦不欺其意者也。聂政售于严仲子，荆轲豢于燕太子丹。此两人者，污隐困约之时，自贵其身，不妄愿知，亦曰有待焉。彼挟道德以待世者，何如哉？

孔子世家议

太史公叙帝王则曰"本纪",公侯传国则曰"世家",公卿特起则曰"列传",此其例也。其列孔子为世家,奚其进退无所据耶?孔子,旅人也,栖栖衰季之世,无尺土之柄,此列之以传宜矣,曷为世家哉?岂以仲尼躬将圣之资,其教化之盛,焉奕万世,故为之世家以抗之?又非极挚之论也。夫仲尼之才,帝王可也,何特公侯哉?仲尼之道,世天下可也,何特世其家哉?处之世家,仲尼之道,不从而大;置之列传,仲尼之道,不从而小。而迁也自乱其例,所谓多所抵牾者也。

书洪范传后

王某曰:古之学者,虽问以口,而其传以心;虽听以耳,而其受以意。故为师者不烦,而学者有得也。孔子曰:"不愤不启,不悱不发,举一隅不以三隅反,则不复也。"夫孔子岂敢爱其道,骜天下之学者,而不使其早有知乎!以谓其问之不切,则其听之不专;其思之不深,则其取之不固。不专不固,而可以入者,口耳而已矣。吾所以教者,非将善其口耳也。孔子没,道日以衰熄,浸淫至于汉,而传注之家作。为师则有讲而无应,为弟子则有读而无问。非不欲问也,以经之意为尽于此矣,吾可无问而得也。岂特无问,又将无思。非不欲思也,以经之意为尽于此矣,吾可以无思而得也。夫如此,使其传注者皆已善矣,固足以善学者之口耳,不足善其心,况其有不善乎?宜其历年以千数,而圣人之经卒于不明,而学者莫能资其言以施于世也。予悲夫《洪范》者,武王之所以虚心而问,与箕子之所以悉意而言，为传注者汩之，以至于今冥冥也，于是为作传以通其意。呜呼！学者不知古之所以教，而蔽于传注之学也久矣。当其时，欲其思之深、问之切而后复焉，则吾将孰待而言邪？孔子曰："予欲无言。"然未尝无言也，其言也，盖有不得已焉。孟子则天下固以为好辩，盖邪说暴行作，而孔子之道几于熄焉，孟子者不如是不足与有明也。故孟子曰："予岂好辩哉？予不得已也。"夫予岂乐反古之所以教，而重为此哓哓哉？其亦不得已焉者也。

题张忠定书

忠定公没久矣，士大夫至今称之，岂不以刚毅正直有劳于世如公者少欤？先公年十七，以文见公，实见称赏，遂易字舜良。时在升州也。窃观遗迹，不胜感恻之至。

题燕华仙传

燕华仙事异矣。黄君所为传，亦辩丽可憙。十方世界，皆智所幻，推智无方，幻亦无穷。必有合焉，乃与为类，则王夫人之遇，岂偶然哉。

书金刚经义赠吴珪

惟佛世尊，具正等觉，于十方刹，见无边身，于一寻身，说无量义。然旁行之所载，累译之所通，理穷于不可得，性尽于无所住，《金刚般若波罗蜜》为最上乘者，如斯而已矣。

与妙应大师说

妙应大师智缘，诊父之脉，而知子之祸福。翰林王承旨疑其古之无有。缘曰："昔秦医和诊晋侯之脉而知良臣必死。良臣之死，乃见于晋侯之脉。诊父而知子，又何足怪哉？"熙宁庚戌十二月十九日，某书。

题旁诗

旁近有诗云："杜家园上好花时，尚有梅花三两枝。日莫欲归岩下宿，为贪香雪故来迟。"俞秀老一见，称赏不已，云绝似唐人。旁喜作诗，如此诗甚工也。

卷七十二　书一

答韩求仁书

比承手笔，问以所疑，衰荒久不为报。勤勤之意，不可以虚辱，故略以所闻致左右，不自知其中否也，唯求仁所择尔。盖序《诗》者不知何人，然非达先王之法言者不能为也。故其言约而明，肆而深，要当精思而熟讲之尔，不当疑其有失也。二《南》皆文王之诗，而其所系不同者，《周南》之诗，其志美，其道盛。微至于赳赳武夫、《兔罝》之人，远至于江汉、汝坟之域，久至于衰世之公子，皆有以成其德。《召南》则不能与于此。此其所以为诸侯之风，而系之召公者也。夫事出于一人，而其不同如此者，盖所入有浅深，而所施有久近故尔。所谓《小雅》《大雅》者，《诗》之《序》固曰："政有小大，故有《小雅》焉，有《大雅》焉。"然所谓《大雅》者，积众小而为大，故《小雅》之末，有疑于《大雅》者，此不可不知也。又作诗者，其志各有所主，其言及于大，而志之所主者小，其言及于小，而志之所主者大，此又不可不知也。司马迁以为《大雅》言王公大人,而德逮黎庶,《小雅》讥小己之得失,而其流及上。此言可用也。又宣王之《大雅》,其善疑于小;而幽王之《小雅》,其恶疑于大。盖宣王之善微矣,其大者如此而已;幽王之恶大矣,其小者犹如此也。凡《序》言刺某者,一人之事也;言刺时者,非一人之事也。刺言其事,疾言其情。或言其事,或言其情,其实一也。何以知其如此?《墙有茨》"卫人刺其上也",而卒曰"国人疾之,而不可道也",是以知其如此也。刺乱,为乱者作也;闵乱,为遭乱者作也。何以知其如此?平王之《扬之水》,先束薪而后束楚,忽之《扬之水》,先束楚而后束薪。周之乱在上,而郑之乱在下故也。乱在上则刺其上,乱在下则闵其上,是以知其如此也。管、蔡为乱,成王幼冲,周公作《鸱鸮》以遗王,非疾成王而刺之也,特以救乱而已,故不言刺乱也。言刺乱、刺褊、刺奢、刺荒,序其所刺之事也。言刺时者,明非一人之事尔,非谓其不乱也。《关雎》之诗,所谓"悠哉悠哉,辗转反侧"者,孔子所谓"哀而不伤"者也。《何彼襛矣》之诗所谓"平王"者,犹格王、宁王而已,非东周之平王也;所谓"齐侯"者,犹康侯、宁侯而已,非营丘之齐侯也。《郑·缁衣》之诗宜也、好也、席也,此其先后之序也。此诗言武公父子善善之无已,故《序》曰"以明有国善善之功焉"。席,多也;宜者,以言其所善之当也;多者,以言其所善之众也。《缁衣》者,君臣同朝之服也;"适子之馆者",就之也;为之改作缁衣而授之以粲者,举而养之也。能就之,又能举而养之,此所以为有国者之善善,而异于匹夫之善善也。夫有国善善如此,则优于天下矣,其能父子善于其职,而国人美之,不亦宜乎?《生民》之诗,所谓"是任是负,以归肇祀"者,言后稷既开国,任负所种之谷以归而肇祀尔,非以谓兆帝祀于郊也。所谓"卬盛于豆,于豆于登,其香始升,上帝居歆"者,言我既为天子得祀郊，则盛于豆登，其香始升，而上帝居歆尔，非以为后稷得郊也。其卒曰"故臭亶时，反稷肇祀，庶无罪悔，以迄于今"者，言上帝所以居歆，何臭之亶时乎？乃以后稷肇祀，则庶无罪悔，以迄于今，得郊祀之时尔。盖所谓"文武之功，起于后稷，故推以配天"者此也。卫有邶、鄘之诗，而说者以谓卫后世并邶、鄘而取之，理或然也。既无所受之，则疑而阙之可也。意诚而心正，心正则无所为而不正。故孔子曰："《诗》三百，一言以蔽之，曰思无邪。"此诗之言，故曰"《诗》三百，一言以蔽之"也，非以它经为有异乎此也。吾之所受者为此，则彼者吾之所弃也。所谓"彼哉彼哉"者，盖孔子之所弃也。孔子曰"管仲如其仁"，仁也。扬子谓"屈原如其智"，不智也。犹之《诗》以不明为明，又以不明为昏。考其辞之终始，则其文虽同，不害其意异也。忠足以尽己，恕足以尽物，虽孔子之道，又何以加于此？而论者或以谓孔子之道，神明不测，非忠恕之所能尽。虽然，此非所以告曾子者也。"好勇过我"也者，所谓能勇而不能怯者也。能勇而不能怯，非成材也，故孔子无所取。古者凤鸟至，河出图，皆圣人在上之时。其言"凤鸟不至，河不出图"者，盖曰无圣人在上而已矣。颜子具圣人之体而微，所谓美人也。其于尊五美，屏四恶，非待教也。若夫郑声佞人，则由外铄我者也。虽若颜子者，不放而远之，则其于为邦也，不能无败。《书》曰："能哲而惠，何忧乎欢兜？何畏乎巧言令色孔壬。"由此观之，佞人者，尧、舜之所难，而况于颜子者乎？夫佞人之所以入人者，言而已。言之入人，不如声之深，则郑声之可畏，固又甚矣。孔子曰："如有所誉，其有所试矣。"谓颜子"三月不违仁"者，盖有所试矣。虽然，颜子之行，非终于此，其后孔子告之以"克己复礼"而"请事斯语"矣。夫能言动视听以礼，则盖已终身未尝违仁，非特三月而已也。语道之全，则无不在也，无不为也，学者所不能据也，而不可以不心存焉。道之在我者为德，德可据也。以德爱者为仁，仁譬则左也，义譬则右也。德以仁为主，故君子在仁义之间，所当依者仁而已。孔子之去鲁也，知者以为为无礼也，乃孔子则欲以微罪行也。以微罪行也者，依于仁而已。礼，体此者也；智，知此者也；信，信此者也。孔子曰"志于道，据于德，依于仁"，而不及乎义、礼、智、信者，其说盖如此也。扬子曰："道以道之，德以得之，仁以人之，义以宜之，礼以体之，天也。合则浑，离则散，一人而兼统四体者，其身全乎。"老子曰："失道而后德，失德而后仁，失仁而后义，失义而后礼。"扬子言其合，老子言其离，此其所以异也。韩文公知"道有君子有小人，德有凶有吉"，而不知仁义之无以异于道德，此为不知道德也。管仲九合诸侯，一匡天下，此孟子所谓天之大任者也；不能如大人正己而物正，此孔子所谓小器者也。言各有所当，非相违也。昔之论人者，或谓之圣人，或谓之贤人，或谓之君子，或谓之仁人，或谓之善人，或谓之士。《微子》一篇，记古之人出处去就，盖略有次序。其终所记八士者，其行特可谓之士而已矣。当记此时，此八人之行，盖犹有所见，今亡矣，其行不可得而考也。无君子小人，至于五世则流泽尽，泽尽则服尽，而尊亲之礼息。万世莫不尊亲者，孔子也。故孟子曰："予未得为孔子徒也，予私淑诸人也。"孟子所谓"市廛而不征，法而不廛者"，先儒以国中之地谓之廛，以《周官》考之，此说是也。廛而不征者，赋其市地之廛，而不征其货；法而不廛者，治之以市官之法，而不赋其廛。或廛而不征，或法而不廛，盖制商贾者恶其盛，盛则人去本者众；又恶其衰，衰则货不通。故制法以权之，稍盛则廛而不征，已衰则法而不廛。文王之时，关讥而不征，及周公制礼，则凶荒札丧，然后无征，盖所以权之也。贡者，夏后氏之法，而孟子以为不善者。不善，非夏后氏之罪也，时而已矣。责难于君者，吾闻之矣，责善于友者，吾闻之矣。虽然，其于君也，曰"以道事之，不可则止"；其于友也，曰"忠告而善道之，不可则止"。王欢于孟子，非君也，非友也。彼未尝谋于孟子，则孟子未尝与之言，不亦宜乎？求仁所问于《易》者，尚非《易》之蕴也。能尽于《诗》《书》《论语》之言，则此皆不问而可知。某尝学《易》矣，读而思之，自以为如此，则书之以待知《易》者质其义。当是时，未可以学《易》也，唯无师友之故，不得其序，以过于进取，乃今而后，知昔之为可悔。而其书往往已为不知者所传，追思之，未尝不愧也。以某之愧悔，故亦欲求仁慎之。盖以求仁才能而好问如此，某所以告于左右者，不敢不尽，冀有以亮之而已。至于《春秋》三传，既不足信，故于诸经尤为难知，辱问皆不果答，亦冀有以亮之。

答龚深父书

某得手笔，感慰，尤喜侍奉万福。所示王深父事甚晓。然不为小廉曲谨以投众人耳目，而趣舍必度于仁义，是乃深父所以合于古人，而众人所以不识深父者也。言之于深父何病？扬雄亦用心于内，不求于外，不修廉隅，以徼名当世。故某以谓深父于为雄几可以无悔。扬雄者，自孟轲以来，未有及之者。但后世士大夫多不能深考之尔。孟轲，圣人也。贤人则其行不皆合于圣人，特其智足以知圣人而已。故某以谓深父其智能知轲，其于为雄几可以无悔。扬雄之仕，合于孔子无不可之义，奈何欲非之乎？若以深父不仕为过于雄，则自雄以来，能不仕者多矣，岂皆能过于雄乎？若以深父之不仕为与雄异，则孟子称禹、稷、颜回同道。深父之于为雄，其以强学力行之所至，仕不仕，特其所遭义命之不同，未可以议于此。深父吾友也，言其美，尤不敢略，亦不敢诬，所以致忠信于吾友。然以久废学，恐所论尚不中，不惜更详喻及也。

再答龚深父论语孟子书

某启：黾勉俯从事，不能无劳，略尝奉书，想已得达。承手笔，知十二娘子侍奉万福，欣慰可知。所论及异论具晓，然道德性命，其宗一也。道有君子有小人，德有吉有凶，则命有顺有逆，性有善有恶，固其理，又何足以疑？伊尹曰："兹乃不义，习与性成。"出善就恶，谓之性亡，不可谓之性成，则伊尹之言何谓也？召公曰"惟不恭厥德，乃早坠厥命"者，所谓命凶也。命凶者，固自取，然犹谓之命。若小人之自取，或幸而免，不可谓之命，则召公之言何谓也？是古人之以无君子为无道，以无吉德为无德，则出善就恶，谓之性亡，非不可也。虽然，可以谓之无道，而不可谓之道无小人；可谓之无德，而不可以谓德无凶；可以谓之性亡，而不可以谓之性无恶。孔子曰"性相近也，习相远也"，言相近之性，以习而相远，则习不可以不慎，非谓天下之性皆相近而已矣。孔子见南子为有礼，则孔子不可告子路曰"是礼也"，而曰"天厌之"乎？孟子曰："男女授受不亲，礼也。嫂溺援之以手者，权也。"若有礼而无权，则何以为孔子？天下之理，固不可以一言尽。君子有时而用礼，故孟子不见诸侯；有时而用权，故孔子可见南子。孔子与蒲人盟而适卫者，将以行法也。不如是，则要盟者得志矣。且有制于人而不得行，则圣人之无可奈何，孔子适卫，非蒲之所能制，则孔子何为而不适卫？盖适卫然后足以明义，此孔子之所以适卫也。凡此皆略为深甫道之。以深甫之明，何难于答是，而千里以书见及，此固深甫之好问嗜学之无已也。久废笔墨，言不逮意，幸察。知罢官遂见过，幸甚。然某疲病，恐不能久堪州事，不知还得相见于此否？向秋，自爱。

答王深甫书三

一

某拘于此，郁郁不乐，日夜望深甫之来，以豁吾心。而得书，乃不知所冀，况自京师去颍良不远，深甫家事，会当有暇时，岂宜爱数日之劳而不一顾我乎？朋友道丧久矣，此吾于深甫不能无望也。向说天民与深甫不同。虽蒙丁宁相教，意尚未能与深甫相合也。深甫曰："事君者，以容于吾君为悦；安社稷者，以安吾之社稷为悦；天民者，以行之天下而泽被于民为达。三者，皆执其志之所殖而成善者也，而未及乎知命，大人则知命矣。"某则以谓善者，所以继道而行之可善者也。孔子曰："智及之，仁能守之，庄以莅之，动之不以礼，未善也。"又曰："《武》尽美矣，未尽善也。"孔子之所谓善者如此，则以容于吾君为悦者，未可谓能成善者也，亦曰容而已矣。以容于吾君为悦者，则以不容为戚；安吾社稷为悦，则以不安为戚。吾身之不容，与社稷之不安，亦有命也，而以为吾戚，此乃所谓不知命也。夫天民者，达可行于天下而后行之者也。彼非以达可行于天下为悦者也，则其穷而不行也，岂以为戚哉？视吾之穷达而无悦戚于吾心，不知命者，其何能如此？且深甫谓以民系天者，明其性命莫不禀于天也。有匹夫求达其志于天下，以养全其类，是能顺天者，敢取其号亦曰天民，安有能顺天而不知命者乎？深甫曰："安有能视天以去就，而德顾贬于大人者乎？"某则以谓古之能视天以去就，其德贬于大人者有矣，即深甫所谓管仲是也。管仲，不能正己者也，然而至于不死子纠而从小白，其去就可谓知天矣。天之意固尝甚重其民，故孔子善其去就，曰："岂若匹夫匹妇之为谅也，自经于沟渎而莫之知也。"此乃吾所谓德不如大人，而尚能视天以去就者。深甫曰："正己以事君者，其道足以致容而已。不容，则命也，何悦于吾心哉？正己而安社稷者，其道足以致安而已。不安，则命也，何悦于吾心哉？正己以正天下者，其道足以行天下而已。不行，则命也，何穷达于吾心哉？"某则以谓大人之穷达，能无悦戚于吾心，不能毋欲达。孟子曰："我四十不动心。"又曰："何为不豫哉？然而千里而见王，是予所欲也。不遇故去，岂予所欲哉？王庶几改之，予日望之。"夫孟子可谓大人矣，而其言如此，然则所谓无穷达于吾心者，殆非也，亦曰无悦戚而已矣。深甫曰："惟其正己而不期于正物，是以使万物之正焉。"某以谓期于正己而不期于正物，而使万物自正焉，是无治人之道也。无治人之道者，是老、庄之为也。所谓大人者，岂老、庄之为哉？正己不期于正物者，非也；正己而期于正物者，亦非也。正己而不期于正物，是无义也；正己而期于正物，是无命也。是谓大人者，岂顾无义命哉？扬子曰："先自治而后治人之谓大器。"扬子所谓大器者，盖孟子之谓大人也。物正焉者，使物取正乎我而后能正，非使之自正也。武王曰："四方有罪无罪，惟我在，天下曷敢有越厥志！"一人横行于天下，武王耻之。孟子所谓"武王一怒而安天下之民。"不期于正物而使物自正，则一人横行于天下，武王无为怒也。孟子没，能言大人而不放于老、庄者，扬子而已。深甫尝试以某之言与常君论之，二君犹以为未也，愿以教我。

二

某学未成而仕，仕又不能俯仰以赴时事之会；居非其好，任非其事，又不能远引以避小人之谤谗。此其所以为不肖而得罪于君子者，而足下之所知也。往者，足下遽不弃绝，手书勤勤，尚告以其所不及，幸甚，幸甚。顾私心尚有欲言，未知可否，试尝言之。某尝以谓古者至治之世，然后备礼而致刑。不备礼之世，非无礼也，有所不备耳；不致刑之世，非无刑也，有所不致耳。故某于江东，得吏之大罪有所不治，而治其小罪。不知者以谓好伺人之小过以为明，知者又以为不果于除恶，而使恶者反资此以为言。某乃异于此，以为方今之理势，未可以致刑。致刑则刑重矣，而所治者少，不致刑则刑轻矣，而所治者多，理势固然也。一路数千里之间，吏方苟简自然，狃于养交取容之俗，而吾之治者五人，小者罚金，大者才绌一官，而岂足以为多乎？工尹商阳非嗜杀人者，犹杀三人而止，以为不如是不足以反命。某之事，不幸而类此。若夫为此纷纷，而无与于道之废兴，则既亦知之矣。抑所谓君子之仕行其义者，窃有意焉。足下以为如何？自江东日得毁于流俗之士，顾吾心未尝为之变，则吾之所存，固无以媚斯世，而不能合乎流俗也。及吾朋友亦以为言，然后怵然自疑，且有自悔之心。徐自反念，古者一道德以同天下之俗，士之有为于世也，人无异论。今家异道，人殊德，又以爱憎喜怒变事实而传之，则吾友庸讵非得于人之异论、变事实之传，而后疑我之言乎？况足下知我深，爱我厚，吾之所以日夜向往而不忘者，安得不尝试言吾之所自为，以冀足下之察我乎？使吾自为如此，而可以无罪，固大善，即足下尚有以告我，使释然知其所以为罪，虽吾往者已不及，尚可以为来者之戒。幸留意以报我，无忽。

三

某启：不见已两月，虽尘劳汩汩，企望盛德，何日无之？忽辱惠书，承以《论语义》见教，言微旨奥，直造孔庭，非极高明，孰能为之？仰羡，仰羡。近蒙子固、夷甫过我，因与二公同观，尤所叹服。何时得至金陵，以尽远怀。

与王深父书二

一

某顿首。自与足下别，日思规箴切劘之补，甚于饥渴。足下有所闻，辄以告我，近世朋友，岂有如足下者乎？此固某所望于足下者。惜乎，与足下相去远，过失日甚，而不肯传闻于足下，诚使尽闻而尽教之，虽某之愚，其庶几少有成！惟足下不以数附书为勤。幸甚，幸甚。

二

某顿首。近已奉状，不知到否，竟不得脱省中。而今日就职，闻足下当入都下，幸能早来，冀得一见。若足下来差池，则某此月乞去至淮南迎亲矣。出不过三四十日，则还至都下，幸足下且留，以待某还。事欲讲于左右者甚众，切勿遽去。若今不得一见，又不知何时奉见，切勿亟归也。有王逢原者，卓荦可骇，自常州与之如江南，已见其有过人者。及归而见之，所学所守愈超然，殆不可及。忽得报死矣，天于善人君子如此，可叹，可叹！如逢原者，求之于时，殆未见比，不知常君方之孰贤耳。可痛，可痛！恨足下不得见之耳。书不尽意，自爱，自爱。

答刘读秀才书

　　久不闻问,忽得书,承侍奉万福,良以为慰。见问进退去就之意,盖道之所存,意有所不能致,而意之所至,言有所不能尽。第深考《微子》一篇,则古之圣人君子所以趣时合变,盖可睹矣。阻阔愈远,惟自爱,数以书见及。

卷七十三 书二

答徐绛书

某启：某鄙朴，未尝得邂逅，而蒙以书辱于千里之远，固已幸甚。足下求免于今之世而求合于古之人，不以问世之能言，而欲有取于不肖，此某之所以难于对也。自生民以来，为书以示后世者，莫深于《易》。《易》之所为作，不出足下之所求。文王以伏羲为未足以喻世也，故从而为之辞。至于孔子之有述也，盖又以文王为未足。此皆聪明睿智、天下至神，然尚于此不能以一言尽之，而患其喻之难也。况以区区之中材，而遇变故之无穷，其能皆有所合而卒以自免乎？虽能有所合而有以自免，其可以易言而遽晓乎？此某夙夜勉焉而惧终不及者也，其能遽有以进左右者乎？然学者患其志之不同，而有志者欲其为之不已。某与足下，幸志同矣。如为之不已，他日邂逅，得各讲其所闻，择其可以守之，庶其卒将有得焉。盖古之人其成未尝不以友者，此亦区区有望于君子也。

答李资深书

某启：辱书勤勤，教我以义命之说，此乃足下忠爱于故旧，不忍捐弃，而欲诱之以善也。不敢忘，不敢忘。虽然，天下之变故多矣，而古之君子辞受取舍之方不一，彼皆内得于己，有以待物，而非有待乎物者也。非有待乎物，故其迹时若可疑；有以待物，故其心未尝有悔也。若是者，岂以夫世之毁誉者概其心哉？若某者，不足以望此，然私有志焉，顾非与足下久相从而熟讲之，不足以尽也。多病无聊，未知何时得复晤语。书不能一一，千万自爱。

答韶州张殿丞书

某启：伏蒙再赐书，示及先君韶州之政，为吏民称诵，至今不绝，伤今之士大夫不尽知，又恐史官不能记载，以次前世良吏之后。此皆不肖之孤，言行不足信于天下，不能推扬先人之功绪余烈，使人人得闻知之，所以夙夜愁痛、疚心疾首而不敢息者以此也。先人之存，某尚少，不得备闻为政之迹。然尝侍左右，尚能记诵教诲之余。盖先君所存，尝欲大润泽于天下，一物枯槁以为身羞。大者既不得试，已试乃其小者耳，小者又将泯没而无传，则不肖之孤，罪大衅厚矣，尚何以自立于天地之间耶？阁下勤勤恻恻，以不传为念，非夫仁人君子乐道人之善，安能以及此？自三代之时，国各有史，而当时之史，多世其家，往往以身死职，不负其意。盖其所传，皆可考据。后既无诸侯之史，而近世非尊爵盛位，虽雄奇俊烈，道德满衍，不幸不为朝廷所称，辄不得见于史。而执笔者又杂出一时之贵人,观其在廷论议之时,人人得讲其然不,尚或以忠为邪,以异为同,诛当前而不栗,讪在后而不羞,苟以餍其忿好之心而止耳。而况阴挟翰墨,以裁前人之善恶,疑可以贷褒,似可以附毁,往者不能讼当否,生者不得论曲直,赏罚谤誉,又不施其间。以彼其私,独安能无欺于冥昧之间邪?善既不尽传,而传者又不可尽信如此。唯能言之君子,有大公至正之道,名实足以信后世者,耳目所遇,一以言载之,则遂以不朽于无穷耳。伏惟阁下,于先人非有一日之雅,余论所及,无党私之嫌,潜以发潜德为己事,务推所闻,告世之能言而足信者,使得论次以传焉,则先君之不得列于史官,岂有恨哉?

答司马谏议书

某启:昨日蒙教,窃以为与君实游处相好之日久,而议事每不合,所操之术多异故也。虽欲强聒,终必不蒙见察,故略上报,不复一一自辨。重念蒙君实视遇厚,于反复不宜卤莽,故今具道所以,冀君实或见恕也。盖儒者所争,尤在于名实。名实已明,而天下之理得矣。今君实所以见教者,以为侵官、生事、征利、拒谏,以致天下怨谤也。某则以谓受命于人主,议法度而修之于朝廷,以授之于有司,不为侵官;举先王之政,以兴利除弊,不为生事;为天下理财,不为征利;辟邪说,难壬人,不为拒谏。至于怨诽之多,则固前知其如此也。人习于苟且非一日,士大夫多以不恤国事,同俗自媚于众为善。上乃欲变此,而某不量敌之众寡,欲出力助上以抗之,则众何为而不汹汹然?盘庚之迁,胥怨者民也,非特朝廷士大夫而已。盘庚不为怨者故改其度,度义而后动,是而不见可悔故也。如君实责我以在位久,未能助上大有为,以膏泽斯民,则某知罪矣。如曰今日当一切不事事,守前所为而已,则非某之所敢知。无由会晤,不任区区向往之至。

答曾公立书

某启:示及青苗事。治道之兴,邪人不利,一兴异论,群聋和之,意不在于法也。孟子所言利者,为利吾国(如曲防遏籴),利吾身耳。至狗彘食人食则检之,野有饿莩则发之,是所谓政事。政事所以理财,理财乃所谓义也。一部《周礼》,理财居其半,周公岂为利哉?奸人者,因名实之近,而欲乱之,以眩上下,其如民心之愿何?始以为不请,而请者不可遏,终以为不纳,而纳者不可却。盖因民之所利而利之,不得不然也。然二分不及一分,一分不及不利而贷之,贷之不若与之。然不与之而必至于二分者,何也?为其来日之不可继也。不可继,则是惠而不知为政,非惠而不费之道也,故必贷。然而有官吏之俸,辇运之费,水旱之逋,鼠雀之耗,而必欲广之,以待其饥不足而直与之也,则无二分之息可乎?则二分者,亦常平之中正也,岂可易哉?公立更与深于道者论之,则某之所论,无一字不合于法,而世之谯谯者,不足言也。因书示及,以为如何?

答吕吉甫书

某启:与公同心,以至异意,皆缘国事,岂有它哉?同朝纷纷,公独助我，则我何憾于公！人或言公，吾无与焉，则公何尤于我？趣时便事，吾不知其说焉；考实论情，公宜昭其如此。开喻重悉，览之怅然。昔之在我者，诚无细故之可疑；则今之在公者，尚何旧恶之足念？然公以壮烈，方进为于圣世；而某苶然衰疢，特待尽于山林。趣舍异路，则相呴以湿，不如相忘之愈也。想趣召在朝夕，惟良食，为时自爱。

与王子醇书四

一

某启：得书承动止万福，良以为慰。洮河东西，番汉集附，即武胜必为帅府，今日筑城，恐不当小。若以目前功多难成，城大难守，且为一切之计，亦宜勿隳旧城。审处地势，以待异时增广。城成之后，想当分置市易，务为蕃巡检大作廨宇。募蕃汉有力人，假以官本，置坊列肆，使蕃汉官私两利，则其守必易，其集附必速矣。因书希详喻经画次第。秋凉自爱，不宣。

二

某启：承已筑武胜，又讨定生羌，甚善。闻郢成珂等诸酋，皆聚所部防招，恩威所加，于此可见矣。然久使暴露，能无劳费？恐非所以慰悦众心，令见内附之利。谓宜喻成珂等放散其众，量领精壮人马防招，随宜犒劳，使悉怀惠，城成之后，更加厚赏。人少则赏不费财，赐厚则众乐为用。不知果当如此否？请更详酌。荡除强梗，必有谷可获以供军，有地可募人以为弓箭手。特恐新募，未便得力。若募选秦凤、泾原旧人投换，仍许其家人刺手承占本名，官土人员节级更与转资，即素教之兵，足以镇服初附。事难遥度，心所谓然，聊试言之尔。诸当条奏，想不惮烦。露次劳苦，为时自爱。不宣。

三

某启：得书喻以御寇之方。上固欲公毋涉难冒险，以百全取胜，如所喻甚善，甚善。方今熙河所急，在修守备，严戒诸将，勿轻举动。武人多欲以讨杀取功为事，诚如此而不禁，则一方忧未艾也。窃谓公厚以恩信抚属羌，察其材者，收之为用。今多以钱粟养戍卒，乃适足备属羌为变，而未有以事秉常、董毡也。诚能使属羌为我用，则非特无内患，亦宜赖其力以乘外寇矣。自古以好坑杀人致畔，以能抚养收其用，皆公所览见。且王师以仁义为本，岂宜以多杀敛怨耶？喻及青唐既与诸族作怨，后无复合，理固然也。然则近董毡诸族事定之后，以兵威临之而宥其罪，使讨贼自赎，随加厚赏，彼亦宜遂为我用，无复与贼合矣。与讨而驱之，使坚附贼为我患，利害不侔也。事固有攻彼而取此者服，诚能挫董毡，则诸羌自服，安所事讨哉？又闻属羌经讨者，既亡蓄积，又废耕作，后无以自存，安得不屯聚为寇，以梗商旅往来？如募之力役及伐材之类，因以活之，宜有可为，幸留意念恤。边事难遥度，想公自有定计，意所及，尝试言之。春暄，为国自爱。不宣。

四

某启：久不得来问，思仰可知。木征内附，熙河无复可虞矣。唯当省冗费，理财谷，为经久之计而已。上以公功信积著，虚怀委任，疆场之事，非复异论所能摇沮。公当展意，思有以报上，余无可疑者也。某久旷职事，加以疲不能自支，幸蒙恩怜，得释重负。然相去弥远，不胜惓惓。唯为国自爱，幸甚，不宣。

与赵高书

某启：议者多言遽欲开纳西人，则示之以弱，彼更倔强。以事情料之，殆不如此。以我众大，当彼寡小，我尚疲弊厌兵，即彼偷欲得和可知。我深闭固距，使彼不得安息，则彼上下忿惧，并力一心，致死于我，此彼所以能倔强也。我明示开纳，则彼孰敢违众首议欲为倔强者？就令有敢如此，则彼举国皆将德我而怨彼，孰肯为之致死？此所以怒我而怠寇也。老子曰："抗兵相加，哀者胜矣。"此之谓也。至于开纳之后，与之约和，乃不可遽，遽则彼将骄而易我。盖明示开纳，所以怠其众而纾吾患；徐与之议，所以示之难而坚其约。圣上恐龙图未喻此指，故令以书具道前降指挥。如西人有文字，词理恭顺，即与收接闻奏。宜即明示界上，使我吏民与彼举国皆知朝廷之意。

回苏子瞻简

某启：承诲喻累幅，知尚盘桓江北，俯仰逾月，岂胜感怅。得秦君诗，手不能舍，叶致远适见，亦以为清新妩丽，与鲍、谢似之。不知公意如何？余卷正冒眩尚妨细读，尝鼎一脔，旨可知也。公奇秦君，数口之不置，吾又获诗，手之不舍。然闻秦君尝学至言妙道，无乃笑我与公嗜好过乎？未相见，跋涉自爱，书不宣悉。

与陈和叔内翰简

某启：今日承以券致馈，喻令来取。与和叔交游三十年，岂敢复相求于末度！然人道所以相交际，亦宜粗有礼，非苟以豢养为利而已。是以不敢拜贶，窃恐此非公指。然久客于此，每以烦费公帑为惭，自是台无馈，不亦善乎？余留面叙。不宣。

答许朝议书

某启：连得诲示，岂胜感慰！岁暮沍寒，想比日安佳。顷在朝廷观公议法，每求所以生之，想今为州，亦用此意。公寿考康宁，子孙蕃衍，当以此也。咫尺思一相见，情何有已？唯冀良食自爱，永绥福履。不宣。

答蔡天启书

某启：近附书，想达。比日安否如何？何时南来？日以企伫。得书说同生基以色立，诚如是也。所谓犹如野马，熠熠清扰者，日光入隙所见是也。众生以识精冰，合此而成身。众生为想所阴，不依日光，则不能见。想阴既尽，心光发宣，则不假日光，了了见此。此即所谓见同生基也。未即会晤,为道自爱,数以书见及。尊教授想比日安佳,未及为书。

与参政王禹玉书二

一

某启:越宿,伏惟台候万福。某久尸宰事,每念无以塞责,而比者忧患之余,衰疹浸加,自惟身事,漫不省察。持此谋国,其能无所旷废,以称主上任用之意乎?况自春以来,求解职事,至于四五,今则疾病日甚,必无复任事之理。仰恃契眷,谓宜少敦僚友之义,曲为开陈,使得早遂所欲,而不宜迪上见留,以重某逋慢之罪也。区区之怀,言不能尽,惟望深赐矜怜而已。不宣。

二

某启:继蒙赐临,传喻圣训,彷徨踧踖,无所容措。某羁孤无助,遭值大圣,独排众毁,付以宰事,苟利于国,岂辞縻殒?顾自念行不足以悦众,而怨怒实积于亲贵之尤;智不足以知人,而险诐常出于交游之厚。且据势重而任事久,有盈满之忧;意气衰而精力弊,有旷失之惧。历观前世大臣,如此而不知自弛,乃能终不累国者,盖未有也。此某所以不敢逃逋慢之诛,欲及罪戾未积,得优游里间,为圣时知止不殆之臣,庶几天下后世,于上拔擢任使,无所讥议。伏惟明公方佐佑大政,上为朝廷公论,下及僚友私计,谓宜少垂念虑,特赐敷陈。某既不获通章表,所恃在明公一言而已。心之精微,书不能传,惟加悯察,幸甚。不宣。

答曾子固书

某启：久以疾不为问，岂胜向往！前书疑子固于读经有所不暇，故语及之。连得书，疑某所谓经者佛经也，而教之以佛经之乱俗。某但言读经，则何以别于中国圣人之经？子固读吾书每如此，亦某所以疑子固于读经有所不暇也。然世之不见全经久矣，读经而已。则不足以知经。故某自百家诸子之书，至于《难经》《素问》《本草》诸小说，无所不读。农夫女工，无所不问。然后于经为能知其大体而无疑。盖后世学者，与先王之时异矣，不如是，不足以尽圣人故也。扬雄虽为不好非圣人之书，然于墨、晏、邹、庄、申、韩亦何所不读。彼致其知而后读，以有所去取，故异学不能乱也。惟其不能乱，故能有所去取者，所以明吾道而已。子固视吾所知，为尚可以异学乱之者乎？非知我也。方今乱俗不在于佛，乃在于学士大夫沉没利欲，以言相尚，不知自治而已。子固以为如何？苦寒，比日侍奉万福。自爱。

卷七十四 书三

上相府书

某闻古者极治之时，君臣施道以业天下之民，匹夫匹妇有不与其泽者，为之焦然耻而忧之。瞽聋、侏儒，亦各得以其材，食之有司。其诚心之所化，至于牛羊之践，不忍不仁于草木，今《行苇》之诗是也。况于所得士大夫也哉？此其所以上下辑睦而称极治之时也。伏惟阁下方以古之道施天下，而某之不肖，幸以此时窃官于朝，受命佐州，宜竭罢驽之力，毕思虑，治百姓，以副吾君吾相于设官任材、休息元元之意，不宜以私恩上，而自近于不敏之诛。抑其势有可言，则亦阁下之所宜怜者。某少失先人，今大母春秋高，宜就养于家之日久矣。徒以内外数十口，无田园以托一日之命，而取食不腆之禄，以至于今不能也。今去而野处，念自废于苟贱不廉之地，然后有以共裘葛，具鱼菽，而免于事亲之忧，则恐内伤先人之明，而外以累君子养完人材之德。濡忍以不去，又义之所不敢出也。故辄上书阙下，愿殡先人之丘冢，自托于管库，以终犬马之养焉。伏惟阁下观古之所以材瞽聋、侏儒之道，览《行苇》之仁，怜士有好修之意者，不穷之于无所据以伤其操，使老者得养，而养者虽愚无能，无报盛德，于以广仁孝之政，而曲成士大夫为子孙之谊，是亦君子不宜得已者也。黩默冒威尊，不任皇恐之至。

上富相公书

某不肖，当朝廷选用才能、修立法度之时，不以罪废而蒙器使，此其幸固已多矣。某窃自度，守一州尚不足以胜任，任有大于一州者，固知其不胜也。自被使江东，夙夜震恐，思得脱去，非独为私计，凡以此也。三司判官，尤朝廷所选择，出则被使漕运，而金谷之事，某生平所不习，此所以蒙恩反侧而不敢冒也。惟不肖常得出入门下，蒙眷遇为不浅矣。平居不敢具书以勤左右之观省，幸缘恩惠所及，敢布其私心。诚望阁下哀其忠诚，载赐一州，处幽闲之区，寂寞之滨。其于治民，非敢谓能也，庶几地闲事少，夙夜悉心力，易以塞责，而免于官谤也。若夫私养之势，不便于京师，固尝屡以闻朝廷，而熟于左右者之听矣。今兹蒙恩厚、赐禄多，岂宜复言私计不便乎？虽然，所辞者才力所不能，而所愿犹未安理分也。亦冀阁下哀之。

上曾参政书

某闻古之君子立而相天下，必因其材力之所宜，形势之所安，而役使之。故人得尽其材，而乐出乎其时。今也某材不足以任剧，而又多病，不敢自蔽，而数以闻执事矣。而阁下必欲使之察一道之吏，而寄之以刑狱之事，非所谓因其材力之所宜也。某亲老矣，有上气之疾日久，比年加之风眩，势不可以去左右。阁下必欲使之奔走跋涉，不常乎亲之侧，非所谓因其形势之所安也。伏惟阁下由君子之道以相天下，故某得布其私焉。论者或以为事君使之左则左，使之右则右，害有至于死而不敢避，劳有至于病而不敢辞者，人臣之义也。某窃以为不然。上之使人也，既因其材力之所宜，形势之所安，则使之左而左，使之右而右，可也。上之使人也，不因其材力之所宜，形势之所安，上将无以报吾君，下将无以慰吾亲，然且左右惟所使，则是无义无命，而苟悦之为可也。害有至于死而不敢避者，义无所避之也；劳有至于病而不敢辞者，义无所辞之也。今天下之吏，其材可以备一道之使，而无不可为之势，其志又欲得此以有为者，盖不可胜数。则某之事，非所谓不可辞之地而不可避之时也。论者又以为人臣之事其君，与人子之事其亲，其势不可得而兼也。其材不足以任事，而势不可以去亲之左右，则致为臣而养可也。某又窃以为不然。古之民也，有常产矣，然而事亲者犹将轻其志、重其禄，所以为养。今也仕则有常禄，而居则无常产，而特将轻去其所以为养，非所谓为人子事亲之义也。且某之材，固不足以任使事矣，然尚有可任者，在吾君与吾相处之而已尔。固不可以去亲之左右矣，然任岂有不便于养者乎？在吾君与吾相处之而已尔。然以某之贱，未尝得比于门墙之侧，而慨然以鄙朴之辞，自通于阁下之前，欲得其所求。自常人观之，宜其终龃龉而无所合也；自君子观之，由君子之道以相天下，则宜不为远近易虑，而不以亲疏改施。如天之无不焘，而施之各以其命之所宜；如地之无不载，而生之各以其性之所有。彼常人之心，区区好忮而自私，不恕己以及物者，岂足以量之邪？伏惟阁下垂听而念焉，使天下士无复思古之君子，而乐出乎阁下之时，而又使常人之观阁下者不能量也。岂非君子所愿而乐者乎？冒黩威尊，不任惶恐之至。

上执政书

一

窃以方今仁圣在上，四海九州冠带之属，望其施为以福天下者，皆聚于朝廷。而某得以此时备使畿内，交游亲戚知能才识之士，莫不为某愿，此亦区区者思自竭之时也。事顾有不然者。某无适时才用，其始仕也，苟以得禄养亲为事耳。日月推徙，遂非其据。今亲闱老矣，日夜惟诸子壮大，未能以有室家，而某之兄嫂尚皆客殡而不葬也，其心有不乐于此。及今愈思自置江湖之上，以便昆弟亲戚往还之势，而成婚姻葬送之谋。故某在廷二年，所求郡以十数，非独为食贫而口众也，亦其所怀如此。非独以此也，某又不幸，今兹天被之疾，好学而苦眩，稍加以忧思，则往往昏瞶不知所为。以京师千里之县，吏兵之众，民物之稠，所当悉心力耳目以称上之恩施者，盖不可胜数。以某之不肖，虽平居无他，尚惧不给，又况所以乱其心如此，而又为疾病所侵乎？归印有司，自请于天子，以待放绌而归田里，此人臣之明义，而某之所当守也。顾亲老矣而无所养，势不能为也。偷假岁月，饕禄赐以彻一日之幸，而不忖事之可否，又义之所不敢为。窃自恕而求其犹可以冒者，自非哀怜。东南宽闲之区，幽僻之滨，与之一官，使得因吏事之力，少施其所学，以庚禄赐之入，则进无所逃其罪，退无所托其身，不惟亲之欲有之而已。盖闻古者致治之世，自瞽蒙、昏瞶、侏儒、籧篨、戚施之人，上所以使之，皆各得尽其才；鸟兽、鱼鳖、昆虫、草木，下所以养之。皆各得尽其性而不失也。于是《裳裳者华》《鱼藻》之诗作于时，而曰："左之左之，君子宜之。右之右之，君子有之。惟其有之，是以似之。"言古之君子，于士之宜左者左之，宜右者右之，各因其才而有之，是以人人得似其先人。又曰："鱼在在藻，依于其蒲。王在在镐，有那其居。"鱼者潜逃深渺之物，皆得其所安而乐，王是以能那其居也。方今宽裕广大，有古之道，大臣之在内有不便于京而求出，小臣之在外有不便于身而求归，朝廷未尝不可，而士亦未有以此非之者也。至于所以赐某者，亦可谓周矣。为其贫也，使之有屋庐而多禄廪；为其求在外而欲其内也，置之京师，而如其在外之求。顾某之私不得尽闻于上，是以所怀龃龉而有不得也。今敢尽以闻于朝廷，而又私布于执事矣。伏惟执事察其身之疾而从之尽其才，怜其亲之欲而养之尽其性，以完朝廷宽裕广大之政，而无使《裳裳者华》《鱼藻》之诗作于时，则非独于某为幸甚。

今日造门，幸得接余论，以坐有客，不得毕所欲言。某所以不愿试职者，向时则有婚嫁葬送之故，势不能久处京师。所图甫毕，而二兄一嫂，相继丧亡。于今窘迫之势，比之向时为甚。若万一幸被馆阁之选，则于法当留一年，藉令朝廷怜闵，不及一年，即与之外任，则人之多言，亦甚可畏。若朝廷必复召试，某亦必以私急固辞。窃度宽政，必蒙矜允。然召旨既下，比及辞而得请，则所求外补，又当迁延矣。亲老口众，寄食于官舟，而不得躬养，于今已数月矣。早得所欲，以纾家之急，此亦仁人宜有以相之也。翰林虽尝被旨与某试，然某之到京师，非诸公所当知。以今之体，须某自言，或有司以报，乃当施行前命耳。万一理当施行，遽为罢之，于公义亦似未有害，某私计为得，窃计明公当不惜此。区区之意，不可以尽，唯仁明怜察而听从之。

二

　　某以不肖，愿趋走于先生长者之门久矣。初以疵贱不能自通，阁下亲屈势位之尊，忘名德之可以加人，而乐与之为善。顾某不肖，私门多故，又奔走职事，不得继请左右。及此蒙恩出守一州，愈当远去门墙，不闻议论之余。私心眷眷，何可以处！道途邅回，数月始至敝邑，以事之纷扰，未得具启，以叙区区向往之意。过蒙奖引，追赐诗书，言高旨远，足以为学者师法。惟褒被过分，非先进大人所宜施于后进之不肖，岂所谓诱之欲其至于是乎？虽然，惧终不能以上副也。辄勉强所乏，以酬盛德之贶，非敢言诗也。惟赦其僭越，幸甚。

三

　　某以五月去左右，六月至楚州，即七舍弟病，留四十日。至扬州，又与四舍弟俱，失郡牧所，生一子。七月四日，视郡事。承守将数易之后，加之水旱，吏事亦尚纷冗，故修启不早，伏惟幸察。阁下以道德为天下所望，方今之势，虽未得远引，以从雅怀之所尚，惟摅所蕴，以救时敝，则出处之间，无适不宜。此自明哲所及者。承余论及之，因试荐其区区。某到郡侍亲，幸且顺适，但以不才而临今日之民，宜得罪于君子，固有日矣。

四

　　某以疵贱之身，闻门愿见，非一日积。幸以职事，二年京师，以求议论之补，蒙恩不弃，知遇特深。违离未久，感恋殊甚。然以私门多故，未尝得进一书，以谢左右。伏蒙恩怜，再赐手书，推奖存抚，甚非后进所当得于先生大人之门。以愧以恐，何可以言也？秋冷，伏惟动止万福，惟为时自重，以副四方瞻望之意。

与刘原父书

辱手教勤勤,尤感愧,伏承动止万福,又良慰也。河役之罢,以转运赋功本狭,与雨淫不止,督役者以病告,故止耳。昔梁王堕马,贾生悲哀;沍鱼伤人,曾子涕泣。今劳人费财于前,而利不遂于后,此某所以愧恨无穷也。若夫事求遂,功求成,而不量天时人力之可否,此某所不能。则论某者之纷纷,岂敢怨哉?阁下乃以初不能无意为有憾,此非某之所敢闻也。方今万事所以难合而易坏,常以诸贤无意耳。如鄙宗夷甫辈,稍稍骛于世矣。仁圣在上,故公家元海,未敢跋扈耳。阁下论为世师,此虽戏言,愿勿广也。前月被使江东,朝夕当走左右,自余须面请。

答吴孝宗书

比得周秀才所示书,即欲奉报,以多病多事,未能如志,重承手问,尤以感愧。知生事弥困,为之奈何!某亦以姻事见迫,又田入不足,故私计亦未能不以经心。然劳佚有命,当顺以听之耳。前书所示,大抵不出《先志》。若子经欲以文辞高世,则世之名能文辞者,已无过矣。若欲以明道,则离圣人之经,皆不足以有明也。自秦、汉已来,儒者唯扬雄为知言,然尚恨有所未尽。今学士大夫往往不足以知雄,则其于圣人之经,宜其有所未尽。子经诚欲以文辞高世,则无为见问矣。诚欲以明道,则所欲为子经道者,非可以一言而尽也。子经所谓斜凿以矫矢,背柄以矫舟,此天下之所同,而舟矢已来,未之改也。《先志》所论,有非天下之所同,而特出子经之新意者,则与矫舟矢之意为不类。又子经以为《诗》《礼》

不可以相解，乃如某之学，则惟《诗》《礼》足以相解，以其理同故也。子经以谓如何？两家各多难，无由会合，许明年见过，幸甚。未尔，自爱。

答吴孝宗论先志书

某辱书，又示以《先志》，而怪某尚有欲为吾弟道者，责以一言尽之。吾弟所为书博矣，所欲为吾弟道者，非可以一言尽。然吾弟自以为才不及子贡，而所言皆子贡所欲闻于夫子而不得者也。则某有欲为吾弟道者，可勿怪也。积忧久病，废学疲懒，书不能逮意。知已就试国学，隆暑，自爱。他俟试罢见过面尽。不宣。

答钱公辅学士书

比蒙以铭文见属，足下于世为闻人，力足以得显者铭父母，以属于不腆之文，似其意非苟然，故辄为之而不辞。不图乃犹未副所欲，欲有所增损。鄙文自有意义，不可改也。宜以见还，而求能如足下意者为之耳。家庙以今法准之，恐足下未得立也。足下虽多闻，要与识者讲之。如得甲科为通判，通判之署有池台竹林之胜，此何足以为太夫人之荣，而必欲书之乎？贵为天子，富有天下，苟不能行道，适足以为父母之羞，况一甲科通判！苟粗知为辞赋，虽市井小人，皆可以得之，何足道哉？何足道哉？故铭以谓闾巷之士以为太夫人荣，明天下有识者不以置悲欢荣辱于其心也。

太夫人能异于闾巷之士而与天下有识同，此其所以为贤而宜铭者也。至于诸孙，亦不足列，孰有五子而无七孙者乎？七孙业之有可道，固不宜略。若皆儿童，贤不肖未可知，列之，于义何当也？诸不具道，计足下当与有识者讲之。南去愈远，君子惟顺爱自重。

与崔伯易书

伯易足下：得书于京师，所以开我者不敢忘。而人事纷纷，不得修报。以为到高邮即奉见，得道所欲言者。去军城止三十里而遇亲舟，遂挽以北。念还军中，则重烦亲友，然遂不得一见足下而西，殊悒悒也。逢原遽如此，痛念之无穷，特为之作铭，因吴特起去奉呈。此于平生为铭，最为无愧。惜也，如此人而年止如此！以某之不肖，固不敢自谓足以知之，然见逢原所学所为日进，而比在高邮见之，遂若不可企及。窃以谓可畏惮而有望其助我者，莫逾此君。虽足下之言，亦以谓如此。今则已矣，可痛，可痛！然此特可为足下道尔。人之爱逢原者多矣，亦岂如吾两人者知之之尽乎？可痛，可痛！莘老必朝夕见之于京师，不别致书，为致意。

与郭祥正太博书三

一

某叩头：得手笔存问，区区哀感，所不可言。示及诗篇，壮丽俊伟，乃能至此，良以叹骇也。辄留巾笥，永以为玩。山邑少事，不足以烦剸治，想多暇日，足以吟咏。无缘一至左右，惟自爱重，以副向往之私，幸甚。

二

某叩头：罪逆余生，奄经时序，咫尺无由自诉。伏承存录，贶以诗书，不胜区区哀感。诗已传闻两篇，余皆所未见。豪迈精绝，固出于天才，此非力学者所能逮也。虽在哀疚，把玩不能自休，谨辄藏之巾匦，永以为好也。知导引事稍熟，希为人慎疾自爱，幸甚。

三

某叩头：承示新句，但知叹愧。子固之言，未知所谓，岂以谓足下天才卓越，更当约以古诗之法乎？哀荒未能剧论，当俟异时尔。闻有殇子之衅，想能以理自释情累也。某罪逆荼毒，奄忽时序，诸非面诉，无以尽。

与吴特起书

某启：适见钟检正世美，言上舍吴师礼，浙人也，有文学节行，欲为逢原婿。彼极多人欲婿之，而慕逢原节义，故欲娶其女。钟为人不妄，吴亦有名，故欲作书奉报。乃得来书，更请审择。特起肯远相过，甚慰思渴。老年待尽，若复得一相见，岂非幸愿。今岁暑雨特甚，多逃于北山。平生未尝畏暑，年老气衰，复值此非常气候，殊为惫顿。书不及悉，千万自爱。

与曾子山书

某启：比闻上下呶呶，何故？人不患无材，患韬晦之为难。况州县之势，固已相辽，郡若摧县，易于拉朽，此不可不知也。冬寒，千万自爱。

与吴司录议王逢原姻事书

一

某启：仲冬严寒，伏惟尊体动止万福。王令秀才，近见文学、才智、行义，皆高过人，见留他来此修学。虽贫不应举，为人亦通，不至大段苦节过当。他恐二舅不欲与作亲，久不得委曲，不审尊意如何？传闻皆不可信也。某目见其所为如此，甚可爱也。未拜见，千万乞保尊重。

二

某启：新正，伏惟二舅都曹尊体动止万福。向曾上状，不审得达左右否？王令秀才见在江阴聚学，文学、智识与其性行，诚是豪杰之士。或传其所为过当，皆不足信。某此深察其所为，大抵只是守节安贫耳。近日人从之学者甚众，亦不至绝贫乏，况其家口寡，亦易为赡足。虽然不应举，以某计之，今应举者，未必及第，未必不困穷，更请斟酌。此人但恐久远非终困穷者也。虽终困穷，其畜妻子，当亦不至失所也。渠却望二舅有信来，决知亲事终如何，幸一赐报也。尚寒，伏乞善保尊重。

卷七十五　书四

与王逢原书七

一

某顿首逢原足下：比得足下于客食中，窘窘相造谢，不能取一日之闲，以与足下极所欲语者，而舟即东矣。间阅足下之诗，窃有疑焉，不敢不以告。足下诗有叹苍生泪垂之说。夫君子之于学也，固有志于天下矣，然先吾身而后吾人，吾身治矣，而人之治不治，系吾得志与否耳。身犹属于命，天下之治，其可以不属于命乎？孔子曰："不知命无以为君子。"又曰："道之将行也欤，命也。道之将废也欤，命也。"孔子之说如此，而或以为君子之学汲汲以忧世者，惑也。惑于此而进退之，行不得于孔子者有之矣。故有孔不暇暖席之说。韩子亦以为言。吾独以圣人之心未始有忧。有难予者曰："然则圣人忘天下矣！"曰：是不忘天下也。否之象曰："君子以俭德避难，不可荣以禄。"初六曰："拔茅茹以其汇，贞吉。"象曰："拔茅贞吉，志在君也。"在君者，不忘天下者也。不可荣以禄者，知命也。吾虽不忘天下，而命不可必合，忧之其能合乎？《易》曰"遁世无闷""乐天知命"是也，《诗》三百如《柏舟》《北门》之类，有忧也，然仕于其时而不得其志，不得以不忧也。仕不在于天下国家，与夫不仕者，未始有忧，《君子阳阳》《考槃》之类是也。借有忧者，不能夺圣人不忧之说。诗者，非一人之辞也。出诸国之贤者，则道不能尽轨于圣人也宜矣。然汲汲以忧世事，孔子固有取而不为也。孟子曰："伊尹视天下匹夫匹妇有不被其泽者，若己推而纳之沟中。"可谓忧天下也。然汤聘之，犹嚣嚣然曰："我处畎亩之间，以乐尧、舜之道，岂如彼所谓忧天下者，仆仆自枉，而幸售其道哉？"然其赞孔子曰："可以仕则仕，可以止则止。率皆圣人也，乃吾所愿，则学孔子也。"又论禹、稷、颜回同道，曰："乡邻有斗者，被发缨冠而救之，则惑也。"今穷于下，而曰我忧天下，至于恸哭者，无乃近救乡邻之事乎？孔子所以极其说于知命不忧者，欲人知治乱有命，而进不可以苟，则先王之道得伸也。噫，且以七十子之贤，亲由于孔子之时，独曰："用之则行，舍之则藏。"惟颜回有是说，况去圣人久，而私力于学者耶？孔子论圣人有先后矣，学者知其然，则宜法孔子，安可慕其所以慕而已乎？世有能谕知命之说而不能重进退者有矣，由知及之，仁不能守之也。始得足下文，特爱足下之才耳。既而见足下衣刓屦缺，坐而语，未尝及己之穷，退而询，足下终岁食不荤，不以丝忽妄售于人，世之自立如足下者有几？吾以谓知及之仁又能守之，故以某之所学报足下。

二

某顿首：读所辱书辞，见足下之材，浩乎沛然，非某之所能及。问诸邑人，知足下之行，学为君子而方不已者也。惜乎某之行亟，不得久留，从足下以游,及求足下所称满君者而见之。所示稿副,辄留传玩,不审定复枉顾否?不胜幸望也。

三

某顿首:逢原近已附书,亦得所赐教,殊感慰。唯逢原见教,正得鄙心之所欲。方欲请,而已被旨还都,遂得脱此,亦可喜也。但今兹所除,复非不肖所宜居,不免又干溷朝廷,此更增不知者之毁。然吾自计当如此,岂能顾流俗之纷纷乎?不久到真州,冀逢原一来见就,不知有暇否?幸因书见报。某止寓和州耳,来真唯迎亲老,来视女弟,既而归和俟命也。冬寒,自爱。

四

某顿首:被命使江东,按刑狱事。明日遂行,欲至扬州宿留,别乞一差遣。窃欲一见逢原,幸枉驾见追,只于丹阳奉候,切勿以事为解也。它须面陈,此不详悉。切见过,专奉迟,切切。

五

某顿首:自别逢原,一得书,遂不知行李所在,伏计已达暨阳。今此介往,幸喻动止之详,以慰思渴也。居江阴果可以徙否?某之势,恐未能自脱于此矣。罪衅日积,而缺然无友朋之救,此寤寐所以怵惕而不知所为者也。逢原不知可以游番乎?番亦多士,可以优游卒岁,试思之也。人还一报。余自爱重。

六

某顿首：得手教，承尚在江州，思企何可胜言！某昨到金陵，匆匆遂归番，冬末须一到金陵，不知逢原此行，以何时到江阴？今必与吴亲同舟而济，但到金陵，莫须求客舟以往否？近制船难为谋，自金陵至润，只一两程，到润则求舫至江阴亦易矣。某处此，遂未有去理，如孙少述、丁元珍、曾子固，尚以书见止，不宜自求便安，数渎朝廷，它人复可望其见察者乎？罪衅日积，而不知所以自脱，足下安以为我谋哉？配兵不习水事甚善，但计今之势，如此等事，皆不可与论说。不知足下意以为当如何施行？幸试疏示。更有所闻，悉望见教。所至幸望留意，访以所不逮也。至冬末到金陵，欲望逢原一至金陵见访，不知可否？私心极有事欲面谒，窃试思之，幸能一来，为惠大矣。

七

某顿首逢原足下：方欲作书，而得所赐书，尤感慰。唯逢原所以教我，得鄙心所欲出者。穷僻无交游，所与议者，皆不出流俗之人，非逢原之教我，尚安得闻此？方力求所欲，但未知何时得耳。及冬春之交未得脱此，冀相遇于江宁，不审肯顾否？承教许如此，当可如约也，但不谋润居，何也？江阴岂不可留乎？若在润，则相遇尤易耳。配卒事，须面叙乃悉，余更有所闻，悉望见教。今世既无朋友相告戒之道，而言亦未必可用。大抵见教者欲使某同乎俗、合乎世耳。非足下教我，尚何望于他人？窃无所惜也。冬寒，自爱。

与刘元忠待制书

某启：久阻阔，岂胜向往？继奉手诲，勤勤恳恳，尤荷眷念。承欲求宫观，方主上躬亲庶政、求才如不及之时，人臣虽有邪心，安能有所轩轾？谓宜黾勉以俟休命，不须如所喻也。无缘面晤，幸深思鄙言而已。炎溽，为时自爱。

与沈道原舍人书二

一

某启：辱手笔，感慰。又复冬至，投老触绪多感，但日有东归之思尔。上聪明日陟，然流俗险肤，未有已时，亦安能久自困苦于此？北山松柏，闻修雅说，已极茂长，一两日令俞逊往北山，因欲渐治垣屋矣。于道原欲略布所怀。

二

某启：久不作书，然思一相见，极饥渴也。近因歙州叶户曹至此，论及《说文》，因更思索鸟兽、草木之名，颇为解释。因悟孔子使人多识，乃学者最后事也。续当录寄。道原何以淹留如此？若道原有除，吾甥当能一过江相见。诸欲面晤，何可胜言。此时四姐亦当可以一来相见矣。未间，自爱。

答黎检正书

某启：前得所示，熟读。盖自秦、汉以来，所谓能文者，不过如此。窃以为士之所尚者志，志之所贵者道，苟不合乎圣人，则皆不足以为道，唯天下之英材，为可以与此。故欲以所闻告左右，而尝为尊叔父道之。足下闻之，而遂自悔。以足下如此之才，而复之不远，又能如此，此何所不至？如某者，衰久矣，徒知思而已，尚何能有所补助乎？辱书愧叹，以不即见为恨。飨寒，自爱。

与丁元珍书

某顿首：过广曾欲作书，遣人奉诇动止，以有故亟归，是以虽作书而不果遣。辱教，承知屡赐问，然不得也。亦尝附状，何为皆不至乎？曹振佳士，已为发令状。如此人，虽微元珍之教，固不敢失，况重以元珍之见喻乎？前书已报左右，恐不到，故复以闻。求郡固且止，甚荷见教，然某之所请，不为无辞。若执政不察，直以为罪，则某何敢解免？如欲尽其辞而然后加之罪，则某事固有本末，非今日苟然欲避烦劳而求佚也。古者一道德以同俗，故士有揆古人之所为以自守，则人无异论。今家异道，人殊德，士之欲自守者，又牵于末俗之势，不得事事如古，则人之异论，可悉弭乎？要当择其近于礼义而无大谴者取之耳。不审足下终将何以为仆谋哉？秋冷，自爱重之。望冬间复到广州，冀或一邀从者为境上之会，不审可求檄来否耳？不宣。

上杜学士言开河书

十月十日，谨再拜奉书运使学士阁下：某愚，不更事物之变，备官节下，以身得察于左右，事可施设，不敢因循苟简，以孤大君子推引之意，亦其职宜也。鄞之地邑，跨负江海，水有所去，故人无水忧。而深山长谷之水，四面而出，沟渠浍川，十百相通。长老言钱氏时置营田吏卒，岁浚治之，人无旱忧，恃以丰足。营田之废，六七十年，吏者因循，而民力不能自并，向之渠川，稍稍浅塞，山谷之水，转以入海而无所潴。幸而雨泽时至，田犹不足于水，方夏历旬不雨，则众川之涸，可立而须。故今之邑民最独畏旱，而旱辄连年。是皆人力不至，而非岁之咎也。某为县于此，幸岁大穰，以为宜乘人之有余，及其暇时，大浚治川渠，使有所潴，可以无不足水之患。而无老壮稚少，亦皆惩旱之数，而幸今之有余力，闻之翕然，皆劝趋之，无敢爱力。夫小人可与乐成，难与虑始，诚有大利，犹将强之，况其所愿欲哉！窃以为此亦执事之所欲闻也。伏惟执事，聪明辨智，天下之事，小之为无间，大之为无崖岸，悉已讲而明之矣，而又导利去害，汲汲若不足。夫此最长民之吏当致意者，故辄具以闻州，州既具以闻执事矣。顾其厝事之详，尚不得彻，辄复条件以闻。唯执事少留聪明，有所未安，教而勿诛，幸甚。

与马运判书

运判阁下：比奉书，即蒙宠答，以感以怍。且承访以所闻，何阁下逮下之周也！尝以谓方今之所以穷空，不独费出之无节，又失所以生财之道故也。富其家者资之国，富其国者资之天下，欲富天下，则资之天地。盖为家者，不为其子生财，有父之严而子富焉，则何求而不得？今阖门而与其子市，而门之外莫入焉，虽尽得子之财，犹不富也。盖近世之言利虽善矣，皆有国者资天下之术耳，直相市于门之内而已。此其所以困与？在阁下之明，宜已尽知，当患不得为耳。不得为，则尚何赖于不肖者之言耶？今岁东南饥馑如此，汴水又绝，其经画固劳心。私窃度之，京师兵食宜窘，薪刍百谷之价亦必踊，以谓宜料畿兵之弩怯者，就食诸郡，可以舒漕挽之急。古人论天下之兵，以为犹人之血脉，不及则枯，聚则疽，分使就食，亦血脉流通之势也。傥可上闻行之否？

答王伯虎书

辱书问以所疑。如某者何足以语？然圣人君子之行，则尝闻于先生长者矣。盖曰不辱己、不害人而已。不辱己，所以为有义；不害人，所以为有仁。若夫操至治之成法，责备于叔世以自绝与以仁施其身以及其亲，则皆圣人君子之所不为。不知足下谓当如此否？因出见过，得复从容为左右道之。

答段缝书

段君足下：某在京师时，尝为足下道曾巩善属文，未尝及其为人也。还江南，始熟而慕焉友之，又作文粗道其行。惠书以所闻诋巩行无纤完，其居家，亲友惴畏焉，怪某无文字规巩，见谓有党。果哉，足下之言也？巩固不然。巩文学论议，在某交游中不见可敌。其心勇于适道，殆不可以刑祸利禄动也。父在困厄中，左右就养无亏行，家事铢发以上皆亲之。父亦爱之甚，尝曰："吾宗敝，所赖者此儿耳。"此某之所见也。若足下所闻，非某之所见也。巩在京师，避兄而舍，此虽某亦罪之也，宜足下深攻之也。于罪之中有足矜者，顾不可以书传也。事固有迹然而情不至是者，如不循其情而诛焉，则谁不可诛邪？巩之迹固然邪？然巩为人弟，于此不得无过。但在京师时，未深接之，还江南又既往不可咎，未尝以此规之也。巩果于从事，少许可，时时出于中道，此则还江南时尝规之矣。巩闻之，辄瞿然。巩固有以教某也。其作《怀友书》两通，一自藏，一纳某家，皇皇焉求相切劘，以免于悔者略见矣。尝谓友朋过差，未可以绝，固且规之。规之从则已，固且为文字自著见然后已邪？则未尝也。凡巩之行，如前之云，其既往之过，亦如前之云而已。岂不得为贤者哉？天下愚者众而贤者希，愚者固忌贤者，贤者又自守，不与愚者合，愚者加怨焉。挟忌怨之心，则无之焉而不谤，君子之过于听者，又传而广之，故贤者常多谤，其困于下者尤甚。势不足以动俗，名实未加于民，愚者易以谤，谤易以传也。凡道巩之云云者，固忌、固怨、固过于听者也。家兄未尝亲巩也，顾亦过于听耳。足下乃欲引忌者、怨者、过于听者之言，县断贤者之是非，甚不然也。孔子曰："众好之，必察焉；众恶之，必察焉。"孟子曰："国人皆曰可杀，未可也，见可杀焉，然后杀之。"匡章，通国以为不孝，孟子独礼貌之以为孝。孔、孟所以为孔、孟者，为其善自守，不惑于众人也。如惑于众人，亦众人耳，乌在其为孔、孟也？足下姑自重，毋轻议巩。

答姚辟书

姚君足下：别足下三年于兹，一旦犯大寒，绝不测之江，亲屈来门，出所为文书，与谒并入，若见贵者然。始惊以疑，卒观文书，词盛气豪，于理悖焉者希，间而论众经，有所开发。私独喜故旧之不予遗，而朋友之足望也。今冠衣而名进士者，用万千计。蹈道者有焉，蹈利者有焉。蹈利者则否，蹈道者则未免离章绝句，解名释数，遽然自以圣人之术单此者有焉。夫圣人之术，修其身，治天下国家，在于安危治乱，不在章句名数焉而已。而曰圣人之术单此，妄也。虽然，离章绝句，解名释数，遽然自以圣人之术单此者，皆守经而不苟世者也。守经而不苟世，其于道也，其去蹈利者则缅然矣。观足下固已道，姑汲汲乎其可急，于章句名数乎徐徐之，则古之蹈道者将无以出足下上。足下以为何如？

答李参书

李君足下：留书奖引甚渥，卒曰："教之育之，在执事耳。"某材德薄，不能堪，足下望之又何过也？夫教之育之，某之所以望于人也。足下曾某之望乎？岂欲享疟人以壮者之食，而强之负重乎？然足下自言"不乐雷同，不喜趋竞"。审如是，某诚爱焉，诚慕焉，诚欲告足下以所闻焉。曰：其人诚甚贵，有它长，稍近于谀则疾之若数世之仇。审如是，亦过矣。天下靡靡然，足下之仇岂少耶？君子不为已甚者，求中焉其可也。

答史讽书

前日蒙访及以《易说》一通为赐，且欲责某之一言以信之天下，大非某智力之所能任也。某于《易》，尝学之矣，而未之有得。故虽悦足下志意之高，辞说之明，而不敢断其义之是非，则何能推其义以信之天下？虽然，足下属我良重，不可以无说。盖学者，君子之务本，而教者，圣人之余事。故学则求之，教则应之。有余则应，不足则求。盖有余而求之者有矣，未有不足而能应者也。盖见求而不应者矣，未有不求而应之者也。为足下计，亦志于学而已。学足乎已，则不有知于上，必有知于下；不有传于今，必有传于后。不幸而不见知于上下，而不传于今，又不传于后，古之人盖犹不憾也。知我者其天乎！此乃《易》所谓知命也。命者，非独贵贱死生尔，万物之废兴，皆命也。孟子曰："君子行法以俟命而已矣。"且足下求以诲人者也，道无求而诲之者，求人而诲之则丧道。丧道以求传道，则孰取以为道？足下其试思之。

上邵学士书

仲详足下：数日前辱示乐安公诗石本，及足下所撰《复鉴湖记》。启封缓读，心目开涤。词简而精，义深而明，不候按图而尽越绝之形胜，不候入国而熟贤牧之爱民，非夫诚发乎文，文贯乎道，仁思义色，表里相济者，其孰能至于此哉？因环列书室，且欣且庆，非有厚也，公义之然也。某尝患近世之文，辞弗顾于理，理弗顾于事，以襞积故实为有学，以雕绘语句为精新，譬之撷奇花之英，积而玩之，虽光华馨采，鲜缛可爱，求其根柢济用，则蔑如也。某幸观乐安、足下之所著，譬由笙磬之音，圭璋之器，有节奏焉，有法度焉，虽庸耳必知雅正之可贵，温润之可宝也。仲尼曰"有德必有言""德不孤，必有邻"，其斯之谓乎？昔昌黎为唐儒宗，得子婿李汉，然后其文益振，其道益大。今乐安公懿文茂行，超越朝右，复得足下以宏识清议，相须光润。苟力而不已，使后之议者必曰："乐安公，圣宋之儒宗也，犹唐之昌黎而勋业过之。"又曰："邵公，乐安公之婿也，犹昌黎之李汉而器略过之。"则韩、李、蒋、邵之名，各齐驱并骤，与此金石之刻不朽矣。所以且欣且庆者，在于兹焉。郡庠拘率，复偶足下有西笑之谋，未获亲交谈议，聊因手书，以道钦谢之意，且贺乐安公之得人也。

卷七十六　书五

上田正言书二

一

正言执事：某五月还家，八月抵官。每欲介西北之邮布一书，道区区之怀，辄以事废。扬，东南之吭也。舟舆至自汴者，日十百数，因得问汴事与执事息耗甚详。其间荐绅道执事介然立朝，无所跛倚，甚盛，甚盛！顾犹有疑执事者，虽某亦然。某之学也，执事诲之；进也，执事奖之。执事知某，不为浅矣，有疑焉不以闻，何以偿执事之知哉？初，执事坐殿庑下，对方正策，指斥天下利害，奋不讳忌。且曰："愿陛下行之，无使天下谓制科为进取一途耳。"方此时，窥执事意，岂若今所谓举方正者猎取名位而已哉？盖曰行其志云尔。今联谏官朝夕耳目天子行事，即一切是非无不可言者。欲行其志，宜莫若此时。国之疵、民之病亦多矣，执事亦抵职之日久矣。向之所谓疵者，今或瘥然若不可治矣；向之所谓病者，今或瘤然若不可起矣。曾未闻执事建一言寤主上也。何向者斥之切而今之疏也？岂向之利于言而今之言不利邪？岂不免若今之所谓举方正者猎取名位而已邪？人之疑执事者以此。为执事解者，或曰："造辟而言，诡辞而出，疏贱之人，奚遽知其微哉？"是不然矣。《传》所谓"造辟而言"者，乃其言则不可得而闻也，其言之效，则天下斯见之矣。今国之疵，民之病，有滋而无损焉，乌所谓言之效邪？复有为执事解者，曰："盖造辟而言之矣，如不用何？"是又不然。臣之事君，三谏不从则去之，礼也。执事对策时，常用是著于篇。今言之而不从，亦当不翅三矣。虽惓惓之义，未能自去，孟子不云乎："有言责者，不得其言则去。"盍亦辞其言责邪？执事不能自免于疑也，必矣。虽坚强之辩，不能为执事解也。乃如某之愚，则愿执事不矜宠利，不惮诛责，一为天下昌言，以寤主上；起民之病，治国之疵，蹇蹇一心，如对策时，则人之疑不解自判矣。惟执事念之。如其不然，愿赐教答。不宣。

二

某闻公卿大夫才名与宠兼盛于世，必有大功以宜之，否则君子扰之。执事姿略颖然，出常士之表，应进士，中甲科，举方正为第一。将朝车通举刺史事，又陈善策，得玺书召。名与宠不已兼盛于世邪？所未较著者功尔。本朝太祖武靖天下，真宗以文持之，今上接祖宗之成，兵不释翳者盖数十年，近世无有也。所当设张之具，犹若阙然。重以羌酋梗边，主上方览众策以济之。天下举首戴目，属心执事者，难以一二计。为执事议者曰："朝廷藉不吾以宜，且自赞以植显效，酬天下属己之意。矧上惓惓然命之乎？此固策大功之会也。"抑闻之："峣峣者易缺，皦皦者易污。"执事才名与宠，可谓易污、易缺者，必若策大功，适足宜之而已，可无茂邪？恭惟旦暮辅佐天子秉国事，修所当设张之具，复边人于安，称主上所以命之之意，使天下举首戴目者，盈其愿而退，则后世之书，可胜传哉？董仲舒有是才名，顾不获此宠；公孙季有此宠，不成此功。有此宠而成此功者，宜在执事，不宜在它。草鄙之人，不达大谊，辱奖训之厚，敢不尽愚。

谢张学士书

某顿首：某不肖，学不得尽意于文章，仕不得行其所学，苟居窃食，动辄愧心，而世之同好恶者，已云少矣。遇足下于此，最为相尽，义不得讳。其不腆之文，过蒙推褒，非所望也。朋友道丧，为日久矣。以某之不肖，行于前而悔于后，自已为多矣，况足下之明耶！每望教督，而终未蒙。惟足下不遗，以朋友之心见存，不胜幸甚。更数日遂东去，千万自爱，不胜思怀也。

答李秀才书

昨日蒙示书，今日又得三篇诗。足下少年，而已能如此，辅之以良师友，而为之不止，何所不至？自泾至此，盖五百里，而又有山川之厄，足下乐从所闻，而不以为远，亦有志矣。然书之所愿，特出于名，名者，古人欲之，而非所以先。足下之才力，求古人之所汲汲者而取之，则名之归，孰能争乎？孔子曰："君子去仁，恶乎成名？"古之成名，在无事于文辞，而足下之于文辞，方力学之而未止也。则某之不肖，何能副足下所求之意邪?

答孙长倩书

孙君足下:比过江宁,家兄道足下虽稚年,有奇意,欲务古人事于今世,发为词章,尤感切今世事,荦荦有可畏爱者。语未究,足下来门,见示以文,见责以教诲。观足下所为文,探足下志,信然,独责教诲为失其所焉尔。古之道,废踏久矣。大贤间起废踏之中,率常位庳泽狭,万不救一二。天下日更薄恶,宦学者不谋道,主禄利而已。尝记一人焉,甚贵,且有名,自言少时迷,喜学古文,后乃大寤,弃不学,学治今时文章。夫古文何伤?直与世少合耳,尚不肯学,而谓学者迷。若行古之道于今世,则往往困矣,其又肯行邪?甚贵且有名者云尔,况其下碌碌者邪!反于是,其亦几何矣!足下何觉之早邪?而独反于是耶?其亦谋道而不主利禄者邪?《语》曰:"涂之人皆可以为禹。"盖人人有善性,而未必善自充也。若足下者,充之不已,不惑以变,其又可量邪?走将企警嗟慕之不遑,于教诲乎何敢!

上杜学士书

窃闻受命改使河北,伏惟庆慰。国家东西南北,地各万里,统而维之,止十八道。道数千里,而转运使独一二人。其在部中,吏无崇卑,皆得按举。虽将相大臣,气势烜赫,上所尊宠,文书指麾,势不得恣。一有罪过，纠诘按治，遂行不请。政令有大施舍，常咨而后定。生民有大利害，得以罢而行之。金钱粟帛，仓庾库府，舟车漕引，凡上之人，皆须我主出。信乎，是任之重也。而河北又天下之重处，左河右山，强国之与邻，列而为藩者，皆将相大臣，所屯无非天下之劲兵悍卒，以惠则恣，以威则摇。幸时无事，庙堂之上，犹北顾而不敢忽；有事，虽天子其忧未尝不在河北也。今执事按临东南，无几何时，浙河东西十有五州之官吏士民，未尽受察，便宜当行，害之可除去者，犹未毕也。而卒然举河北以付执事，岂主上与一二股肱之臣，不惟付予必久而后可要以效哉？且以为世之士大夫无足寄以重，独执事为能当之耳。伏惟执事名行于天下，而材信于朝廷，而处之宜，必有补于当世。故虽某蒙恩德最厚，一日失所依据，而释然于心，不敢恨望，唯公义之存，而忘所私焉。

与孙莘老书

某昨日相见，殊匆匆。所示及信狱事，深思如此难处，足下试思其方，因书示及。今世人相识，未见有切磋琢磨如古之朋友者，盖能受善言者少，幸而其人有善人之意，而与游者犹以为阳不信也。此风甚可患。如某之不肖，虽不为有道，计足下犹当以善言处我，而未尝有善言见赐，岂以为不足语乎？足下尚如此，复何望于今世人也！是为事，某亦虽多复辨论，非敢自强蔽以所识，直以为不如是，则亦有所未悟，彼此之理，不尽在他人，恐以不能敬受其说，而欲是者因而已。在足下聪明，想宜知鄙心，要当往复穷究道理耳。古之人未有不须友以成者。盖无朋友则不闻其过，不闻其过，最患之大者。况某之不肖，所学者非世之所可用，而所任者非身之所能为。忍心拂性，苟取衣食，而冒人之寄属，其大过宜日日有，方理稽求，可以自脱，冀足下时见谕也。盐秤子搔扰事，幸疏示其详，不敢作足下文字施行，要约束今后耳。足下既受人民社稷于上官，势亦不得有所避。避太过则其事将不直，而职事亦何由理也。如盐秤子事，悉望疏示，自足下职事，然某不敢漏露也。至《麀岭乡》诗，奉寄一览也。秋冷，自爱。

上徐兵部书

向蒙执事界之严符，开以归路。暮春三月，登舟而南，浮江绝湖，绵二千里，风波劲悍，雨潦湍猛，穷两月乃至家。展先人之墓，宁祖母于堂，十年萦郁，一旦释去。戴执事之赐，此时惟重，还职不时，以惧以惭。然去父母之道，古人所为迟迟也。不识执事谪之贳之，宜将何如？区区之怀，无以自处矣。恭惟执事宽通精明，暴著有年，宜留本朝，辅助风教。利权之柄，国家诚重，荐绅之论，犹为嗟咨。宠灵降集，可拱以俟。伏惟为国自寿，迓迎休福。某此月治行，承序于左右，在旦暮矣。下情无任依归颂愿之至。

上宋相公书

某愚戆浅薄，动多触罪，初叨一命，则在幕府，当此之时，尤为无知。自去吏属之籍，以至今日，虽尝获侍燕语，然不能自同众人之数也。

阁下抚接顾待，久而加亲，及以罪逆，扶丧归葬，阁下发使吊问，特在诸公之先，而所以顾恤之尤厚。此盖仁人君子乐于以礼长育成就人材，哀念一日之雅，而忘其终身不肖之丑。顾在私心，宜何以报？当阁下以三公归第，四方奔走贺庆之时，而某尚以衰麻之故，不能有一言自献，以赞左右之喜。岁时不居，奄及丧除，可以有献矣，然所能进于左右，乃不过如此。盖心之委曲，有不胜言，冀蒙有以恕之而已。伏惟阁下以直道相先帝，虽已不在政事之地，然绝德至行，九州四海，所共矜式，朝廷大议，在所谋谟。伏惟为时自重，幸甚。

上富相公书

某以阁下在相位时，独蒙拔擢。在常人之情，固以归德于左右。然某以谓大君子以至公佐天子，进天下士，而某适以不肖误在选中，阁下非故为赐也，则某宜不知所得矣。及以不孝得罪天地，扶丧南归，阁下以上宰之重，亲屈手笔，拊循慰勉，过于朝夕出入墙屏之人，又加赐物，以助其丧祭。然后慨然有感概于私心，而虽在攀号摧割之中，不能以须臾忘也。近闻以旌纛出抚近镇，而尚以衰麻故不得参问动止，卷卷之情，何可以胜！日月不处，既除丧矣，而继以疾病，又念之曲折造次，不足以自达，故旷日引久，而阙然不即叙感，实冀宽大仁明，有以容而察之而已。伏惟阁下以盛德伟誉，丰功茂烈，为天下所向往，而又忠言谠议，终始如一，此志义之士所以尤勤勤于祝颂也。伏惟体道为国自重，以答舆人之心，幸甚。

上张枢密书

某蠢陋褊迫，不知所向。在京师时，自以备数有司，而阁下方断国论，故非公事未尝敢以先人之故私请左右，修子侄之礼。及以罪逆扶丧归葬，阁下方以医药自辅，哀疚迷谬，阙于赴告。凡此皆宜得疏绝之罪者也。然阁下拊循顾待，既久而加亲，追赐手笔，哀怜备厚。当是时，某方累然在丧服之中，无以冀于全存，故不能有所献，以谢恩礼之厚。今既除丧，可以叙感矣，然所能致于左右者，不过如此。盖拳拳之心，书不能言，实冀宽大仁明，有以容而亮之而已。伏惟阁下以正直相天下，翊尧戴舜，功不世有，辞宠去寄，而退托一州，所以承下风而望余泽，非特门墙小人而已。伏惟为国自重，幸甚。

上郎侍郎书

一

某启：伏念先人为韶州，明公使按其部，存全挽进，谊固已厚。先人不幸，诸孤困蹶，而又遭明公于此时，闵闵煦煦，视犹子侄。两世受惠，缺然不报，唯其心不敢一日置也。身贱地远，又不敢辄以书通左右。得邑海上，道当出越，庶几进望庭下，解积年企仰之意。失于问听，到越而后知安车迁在杭也。不敏之罪，无所辞诛，伏惟尊明赦之，不遽弃绝，以终夙昔之赐幸也，不敢必然觊也。既到职下，拘于法，不得奔走以诇下从者。伏惟以道自寿，下情不任惓惓之至。

二

某启：昔者幸以先人之故，得望步趋，伏蒙抚存教道，如亲子侄。而去离门墙，凡五六年，一介之使，一书之问，不彻于隶人之听。诚以苟礼不足报盛德，空言不能输欲报之实，顾不知执事察不察也。去年得邑海上，涂当出越，而问听之缪，谓执事在焉，比至越，而后知车马在杭。行自念父党之尊，而德施之隆，去五六年，而一书之不进，又望门不造，虽其心之勤企而欲报者犹在，而执事之见察其可必也，且悔且恐，不知所云。辄试陈不敏之罪于左右，顾犹不敢必左右之察也。不图执事遽然贬损手教，重之蜀笺、兖墨之赐。文辞反复，意指勤过，然后知大人君子仁恩溥博，度量之廓大如此。小人无状，不善隐度，妄自悔恐，而不知所以裁之也。一官自缀，势不得去，欲趋而前，其路无由。唯其思报，心尚不怠。

上运使孙司谏书

伏见阁下令吏民出钱购人捕盐，窃以为过矣。海旁之盐，虽日杀人而禁之，势不止也。今重诱之使相捕告，则州县之狱必蕃，而民之陷刑者将众，无赖奸人将乘此势，于海旁渔业之地搔动艖户，使不得成其业。艖户失业，则必有合而为盗，贼杀以相仇者，此不可不以为虑也。鄞于州为大邑，某为县于此两年，见所谓大户者，其田多不过百亩，少者至不满百亩。百亩之直，为钱百千，其尤良田，乃直二百千而已。大抵数口之家，养生送死，皆自田出，州县百须，又出于其家。方今田桑之家，尤不可时得者，钱也。今责购而不可得，则其间必有鬻田以应责者。夫使良民鬻田以赏无赖告讦之人，非所以为政也。又其间必有扞州县之令而不时出钱者，州县不得不鞭械以督之。鞭械吏民，使之出钱，以应捕盐之购，又非所以为政也。且吏治宜何所师法也？必曰古之君子。重告讦之利以败俗，广诛求之害，急较固之法，以失百姓之心，因国家不得已之禁而又重之，古之君子盖未有然者也。犯者不休，告者不止，巢盐之额不复于旧，则购之势未见其止也。购将安出哉？出于吏之家而已，吏固多贫而无有也；出于大户之家而已，大家将有由此而破产失职者。安有仁人在上，而令下有失职之民乎？在上之仁人有所为，则世辄指以为师，故不可不慎也。使世之在上者，指阁下之为此而师之，独不害阁下之义乎？上好是物，下必有甚者。阁下之为方尔，而有司或以谓将请于阁下，求增购赏，以励告者。故某窃以谓阁下之欲有为，不可不慎也。天下之吏，不由先王之道而主于利。其所谓利者，又非所以为利也，非一日之积也。公家日以窘，而民日以穷而怨。常恐天下之势，积而不已，以至于此，虽力排之，已若无奈何，又从而为之辞，其与抱薪救火何异？窃独为阁下惜此也。在阁下之势，必欲变今之法，令如古之为，固未能也。非不能也，势不可也。循今之法而无所变，有何不可，而必欲重之乎？伏惟阁下，常立天子之侧，而论古今所以存亡治乱，将大有为于世，而复之乎二帝三代之隆，顾欲为而不得者也。如此等事，岂待讲说而明？今退而当财利责，盖迫于公家用调之不足，其势不得不权事势而为此，以纾一切之急也。虽然，阁下亦过矣，非所以得财利而救一切之道。阁下于古书，无所不观，观之于书，以古已然之事验之，其易知较然，不待某辞说也。柱尺直寻而利，古人尚不肯为，安有此而可为者乎？今之时，士之在下者，浸渍成俗，苟以顺从为得，而上之人亦往往憎人之言，言有忤己者，辄怒而不听之。故下情不得自言于上，而上不得闻其过，恣所欲为。上可以使下之人自言者惟阁下，其职不得不自言者某也,伏惟留思而幸听之。文书虽已施行,追而改之,若犹愈于遂行而不反也。干犯云云。

上浙漕孙司谏荐人书

某今日遂出城以西,度到润州,必得复望履舄,故不敢造辞以恋起居。明州司法吏汪元吉者,其为吏廉平,州人无贤不肖,皆推信其行。喜近文史,而尤明吏事。有《论利害事》一编,今封献左右,伏惟暇日略赐观省。其言有可采者,不以某之言为妄,则傥可以收备从吏役,使有仕进之望乎?盖薄恶之俗,士大夫之修行义者少矣,况身处污贱之势,而清议所不及者乎!劝奖之道,亦当先录小善,务以下流之有善者为始。今世胥吏,士大夫之论议,常耻及之,惟通古今而明者,当不以世之所耻而废人之为善尔。

卷七十七　书六

上张太博书二

一

某愚不识事务之变，而独古人是信。闻古有尧、舜也者，其道大中至正，常行之道也。得其书，闭门而读之，不知忧乐之存乎己也。穿贯上下，浸淫其中，小之为无间，大之为无崖岸，要将一穷之而已矣。中不幸而失先人，母老弟弱，衣穿食单，有寒饿之疾，始怃然欲出仕。往即焉而乃幸得，于今三年矣。唯是忧患，疾疹筋力之懦而神明之昏也，学日以落，而废职之咎，几不能以免，其敢出所有以求当世贵者之识哉？其亦偷禄焉而已矣。今也执事延之勤，问之密，而又使献其所为文，其又敢自闭匿以重不敏，而虚教命之辱哉？谨书所为原、说、志、序、书、词凡十篇献左右。夫文者言乎志者也，既将献，故又书所志以为之先焉。冒犯威重，惟赦之。

二

某蠢昧浅薄，不知所以为文。得君子过顾，不能闭伏所短以终取怜，闻命之辱，辄具以献。追自悔恐，且得罪戾，而失所以望于君子者。伏蒙执事有时之盛名而不以矜愚，有使者之重而不以骄微贱，报之书，授之欲其至于道，加赐所作，使得觇而法之，诚见执事之贤于人也。贤与众人之所以异，不在此其将安在？伏惟执事之用心，持久而力行，则瑰伟闳廓自重之士，将皆愿缀于门阑之游，岂独某哉？其将从某者始也。既拜赐，敢不献其将然。

上人书

尝谓文者，礼教治政云尔，其书诸策而传之人，大体归然而已。而曰"言之不文，行之不远"云者，徒谓辞之不可以已也，非圣人作文之本意也。自孔子之死久，韩子作，望圣人于百千年中，卓然也。独子厚名与韩并。子厚非韩比也，然其文卒配韩以传，亦豪杰可畏者也。韩子尝语人以文矣，曰云云，子厚亦曰云云。疑二子者，徒语人以其辞耳，作文之本意不如是其已也。孟子曰："君子欲其自得之也。自得之，则居之安；居之安，则资之深；资之深，则取诸左右逢其原。"孟子之云尔，非直施于文而已，然亦可托以为作文之本意。且所谓文者，务为有补于世而已矣。所谓辞者，犹器之有刻镂绘画也。诚使巧且华，不必适用；诚使适用，亦不必巧且华。要之以适用为本，以刻镂绘画为之容而已。不适用，非所以为器也。不为之容，其亦若是乎？否也。然容亦未可已也，勿先之，其可也。某学文久，数挟此说以自治。始欲书之策而传之人，其试于事者，则有待矣。其为是非邪,未能自定也。执事正人也,不阿其所好者,书杂文十篇献左右,愿赐之教,使之是非有定焉。

上凌屯田书
代人作。

俞跗,疾医之良者也。其足之所经,耳目之所接,有人于此,狼疾焉而不治,则必歆然以为已病也。虽人也,不以病俞跗焉则少矣。隐而虞俞跗之心,其族姻旧故,有狼疾焉,则何如也?末如之何,其已,未有可以治焉而忽者也。今有人于此,弱而孤,壮而屯蹶困塞,先大父弃馆舍于前,而先人从之,两世之柩,窭而不能葬也。尝观传记,至《春秋》过时而不葬,与子思所论未葬不变服,则戚然不知涕之流落也。窃悲夫古之孝子慈孙,严亲之终,如此其甚也。今也乃独以窭故,犯《春秋》之义,拂子思之说,郁其为子孙之心而不得伸,犹人之狼疾也,奚有间哉?伏惟执事,性仁而躬义,悯艰而悼厄,穷人之俞跗也,而又有先人一日之雅焉,某之疾庶几可以治焉者也。是敢不谋于龟,不介于人,跋千里之途,犯不测之川,而造执事之门,自以为得所归也。执事其忽之欤?

与祖择之书

治教政令,圣人之所谓文也。书之策,引而被之天下之民,一也。圣人之于道也,盖心得之,作而为治教政令也,则有本末先后,权势制义，而一之于极。其书之策也，则道其然而已矣。彼陋者不然，一适焉，一否焉，非流焉则泥，非过焉则不至。甚者置，其本求之末，当后者反先之，无一焉不悖于极。彼其于道也，非心得之也，其书之策也，独能不悖耶？故书之策而善，引而被之天下之民反不善焉，无矣。二帝、三王引而被之天下之民而善者也，孔子、孟子书之策而善者也，皆圣人也，易地则皆然。某生十二年而学，学十四年矣。圣人之所谓文者，私有意焉，书之策则未也。间或怫然动于事而出于词，以警戒其躬，若施于友朋，褊迫陋庳，非敢谓之文也。乃者，执事欲收而教之使献焉，虽自知明，敢自盖邪？谨书所为书、序、原、说若干篇，因叙所闻与所志献左右，惟赐览观焉。

与孙子高书

子高足下：辱赐教，奖劳甚渥，反复诵观，惭生于心。某天介疏朴，与时多舛。始者徒以贫弊无以养，故应书京师，名错百千人中，不愿过为人知，亦诚无以取知于人。独因友兄田仲通得进之仲宝，二君子不我愚而许之朋，往往有溢美之言，置疑于人。抑二君子实过，岂某愿哉？兄乃板其辞以为贶，是重二君子之过，而深某之惭也，其敢承乎？兄粹淳静深，文彩焰然，而摧缩锋角，不自夸奋，具大树立之器，人所趋慕，宜择豪异而朋之。顾眷眷于某，岂今所谓同年交者，固皆当然哉？某愿从兄游，诚不待同年然后定也。承日与介弟讲肄图史，商较世俗，甚盛，甚盛！孔子曰："垂之空言，不如见之行事深切著明也。"私有望于兄焉。此月奉计牒当度江南，十一日尽室行。江山清华，有可叹爱，无良朋以共之，亦足怃然。春暄，职外奉亲自寿。

与孙侔书三

一

某顿首：辱书，具感恩意之厚。先人铭固尝用子固文，但事有缺略，向时忘与议定。又有一事须至别作，然不可以书传。某于子固，亦可以忘形迹矣，而正之云然，则某不敢易矣。虽然，告正之作一碣立于墓门，使先人之名德不泯，幸矣。子固亦近得书，甚安乐，云不复来此，遂入京，恐欲知，故及此。朱氏事固如足下说，而朱秘校乃已入京，考于礼，盖亦皆如足下之说。但愁痛不能具道此意，以质于贤者耳。铭事子固不以此罪我两人者，以事有当然者。且吾两人与子固，岂当相求于形迹间耶？然能不失形迹，亦大善，唯碣宜速见示也。某忧痛愁苦，千状万端，书所不能具，以此思足下，欲飞去。可以言吾心所欲言者，唯正之、子固耳。思企，思企，千万自爱！

二

某辱手笔，感愧。近亦闻正之丧配，未敢即问。人生多难，乃至此乎？当归之命耳！人情处此，岂能无愁？但当以理遣之，无自苦为也。然此乃某不能自胜者。二年之间，愁卒相仍，居常忽忽不自聊，勉从俗往还，其心唯欲闭门坐卧耳。欲往奉见久矣，况以书见趣乎？亲老常多病，生事怵迫，如坐烧屋之下，不可以一日辍而不图，其能远来千里之外乎？欲足下一至广德，某当走见矣。为十日之会，亦足以晤言矣。或润州亦可也。诸俟面论，此不复云矣。子高示及帽纱，乃似已多噗头，得无钱少乎？今附头围以往。比乃见说子高已欲替，不知何时乃罢乎？幸一报也。正之或来润，或广德，不可复以它为解矣。某甚重去亲侧，若正之难来此，亦无所系著，但至润及广德，尤为易耳。

三

某到京师已数月，求一官以出，既未得所欲，而一舟为火所燔，为生之具略尽，所不燔者人而已。家人又颇病，人之多不适意，岂独我乎？然足下之亲爱我良厚，其亦欲知我所以处此之安否也，故及此耳。知与公蕴居甚适，何时当邂逅，以少释愁苦之心乎？且频以书见及。某自度不能数十日，亦当得一官以出，但不知何处耳。子高当已入京，不知得及相见于京师否？诸不一一，千万自爱！

请杜醇先生入县学书二

一

人之生久矣，父子、夫妇、兄弟、宾客、朋友，其伦也。孰持其伦？礼乐、刑政、文物、数制、事为，其具也。其具孰持之？为之君臣，所以持之也。君不得师，则不知所以为君；臣不得师，则不知所以为臣。为之师，所以并持之也。君不知所以为君，臣不知所以为臣，人之类，其不相贼杀以至于尽者，非幸欤？信乎其为师之重也。古之君子，尊其身，耻在舜下。虽然，有鄙夫问焉而不敢忽，欿然后其身似不及者。有归之以师之重而不辞，曰："天之有斯道，固将公之，而我先得之，得之而不推余于人，使同我所有，非天意，且有所不忍也。"某得县于此逾年矣，方因孔子庙为学，以教养县子弟，愿先生留听而赐临之，以为之师，某与有闻焉。伏惟先生不与古之君子者异意也，幸甚。

二

惠书何推褒之隆而辞让之过也。仁人君子有以教人，义不辞让，固已为先生道之。今先生过引孟子、柳宗元之说以自辞。孟子谓"人之患在好为人师"者，谓无诸中而为有之者，岂先生谓哉！彼宗元恶知道？韩退之毋为师，其孰能为师？天下士将恶乎师哉？夫谤与誉，非君子所恤也，适于义而已矣。不曰适于义，而唯谤之恤，是薄世终无君子，唯先生图之。示诗质而无邪，亦足见仁人之所存，甚善，甚善！

答孙元规大资书

某不学无术，少孤以贱，材行无可道，而名声不闻于当世。巨公贵人之门无可进之路，而亦不敢辄有意于求通。以故闻阁下之名于天下之日久，而独未尝得望履舃于门。比者得邑海上，而闻左右之别业实在敝境，犹不敢因是以求闻名于从者。卒然蒙赐教督，读之茫然，不知其为愧且恐也。伏惟阁下，危言谠论，流风善政，简在天子之心，而讽于士大夫之口。名声之盛，位势之尊，不宜以细故苟自贬损。今咳唾之余，先加于新进之小生，疑左右者之误，而非阁下之本意也。以是不敢即时报谢，以忤视听，以累左右，而自得不敏之诛，顾未尝一日而忘拜赐也。今兹使来，又拜教之辱，然后知阁下真有意其存之也。夫礼之有施报，自敌以下不可废，况王公大人而先加礼新进之小生，而其报谢之礼缺然者久之，其为罪也大矣。虽聪明宽闳，其有以容而察于此，而独区区之心，不知所以裁焉。

答孙少述书

少述足下：某天禀疏介，与时不相值，生平所得，数人而已，兄素固知之。置此数人，复欲强数，指不可诎。唯接兄之日浅，而相爱深，别后焦然如失所凭。兄赐问者八九，奉答卒不过一再而已。以为吾党之相与，情谊何如尔，问之密疏，不足计也。不然，今之游交竿牍之使，午行于涂，岂某于兄顾不能哉？此月十二日抵真州，明日当舟行，无事当为朱先生叙字，且赓所贶诗以寄元珍。六月代去，民先受郓辟，为之奈何？近日人事可嗟可怪者众，何时见兄论之。春暄，自重。

答王该秘校书二

一

某不思其力之不任也，而唯孔子之学，操行之不得，取正于孔子焉而已。宦为吏，非志也。窃自比古之为贫者，不知可不可耶？今之吏，不可以语古。拘于法，限于势，又不得久，以不见信于民，民源源然日入贫恶。借令孔子在，与之百里，尚恐不得行其志于民。故凡某之施设，亦苟然而已，未尝不自愧也。足下乃从而誉之，岂其听之不详耶？且古所谓蹈之者，徒若是而止耶？殆不若是而止也。易子之事，未之闻也。幸教之，亦未敢忽也。

二

某顿首：自足下之归，未得以书候动止而以慰左右者之忧。乃辱书告以所不闻，幸甚。如见誉，则过其实甚矣，告者欺足下也。其尤显白不可欺者，县之狱，至或历累月而无一日之空。属民治川，苟自免以得罚者以十数，安在乎民之无讼而服役之不辞哉？且某之不敏，不幸而无以养，故自縻于此。盖古之人有然者，谓之为贫之仕。为乘田，曰"牛羊蕃而已矣"；为委吏，曰"会计当而已矣"。牛羊之不蕃，会计之不当，斯足以得罪。牛羊蕃而已矣，会计当而已矣，亦不足道也。唯其所闻，数以见告，幸甚。

答张几书

张君足下：某常以今之仕进为皆诎道而信身者，顾有不得已焉者。舍为仕进则无以自生，舍为仕进而求其所以自生，其诎道有甚焉，此固某之亦不得已焉者。独尝为《进说》以劝得已之士焉，得已而已焉者，未见其人也，不图今此而得足下焉。足下耻为进士，贵其身而以自娱于文，而贫无以自存，此尤所以为难者。凡今于此，不可毋进谒也，况如某少知义道之所存乎？今者足下乃先贬损而存之，赐之书，词盛指过，不敢受而有也。惟是不敏之罪，不知所以辞，敢布左右，惟幸察之而已。

答杨忱书

承赐书,屈欲交之,不知其为惧与愧也,已又喜焉。闻君子者,仁义塞其中,泽于面,浃于背,谋于四体,而出于言,唯志仁义者察而识之耳。然尚有其貌济其言匿、其言济其实匿者,非天下之至察何与焉。某尝穷观古之君子所以自为者,顾而自忖其中则欿然。又思昔者得见于足下,俯数刻尔,就使其中有绝于众人者,亦未尝得与足下言也。足下何爱而欲交之邪?或者焯然察其有似邪?夫顾而自忖其中则欿然,其为貌言也,乃有以召君子之爱,宜乎不知其为惧与愧也。然而足下自许不妄交,则其交之也,固宜相切以义,以就其人之材而后已尔,则某也甚有赖,其为言也可以已邪?

答陈柅书

某启:伏蒙不遗不肖,而身辱先之,示之文章,使得窥究其所蕴,又取某所以应见问者序而存之,以宠其行。足下之赐过矣,不敢当也。某懦陋浅薄,学未成而仕,其言行往往背戾于圣人之道,揆而后复者,非一事也。自度尚不足与庸人为师,况如足下之材良俊明,安能一有所补邪?虽然,足下过听,所序而存者,或非某所闻于师友之本指也,则义不得默而已。庄生之书,其通性命之分,而不以死生祸福累其心,此其近圣人也。自非明智,不能及此。明智矣,读圣人之说,亦足以及此。不足以及此,而陷溺于周之说,则其为乱大矣。墨翟非亢然诋圣人而立其说于世,盖学圣人之道而失之耳。虽周亦然。韩氏作《读墨》,而又谓子夏之后,流而为庄周，则庄、墨皆学圣人而失其源者也。老、庄之书具在，其说未尝及神仙，唯葛洪为二人作传以为仙。而足下谓老、庄潜心于神仙，疑非老、庄之实，故尝为足下道此。老、庄虽不及神仙，而其说亦不皆合于经，盖有志于道者。圣人之说，博大而闳深，要当不遗余力以求之。是二书虽欲读，抑有所不暇。某之所闻如此，其离合于道，惟足下自择之。

答余京书

某行不足以配古之君子，智不足应今时之变，窃食穷县，而无势于天下，非可以道德而谋功名之合也。今足下贬损手笔，告之所存，文辞博美，义又宏廓，守而充之，以卒不迁，其至可量邪？顾告之非其所，推褒之语，不以实称，类有以不敏欺足下者。孔子曰："不患人之不己知，患己不知人也。"此亦足伤足下知人之明，独愧而已，不敢当也。

答王景山书

某愚不量力，而唯古人之学，求友于天下久矣。闻世之文章者，辄求而不置，盖取友不敢须臾忽也。其意岂止于文章耶？读其文章，庶几得其志之所存。其文是也，则又欲求其质，是则固将取以为友焉。故闻足下之名，亦欲得足下之文章以观。不图不遗，而惠赐之，又语以见存之意，幸甚，幸甚。书称欧阳永叔、尹师鲁、蔡君谟诸君以见比。此数公，今之所谓贤者，不可以某比。足下又以江南士大夫为能文者，而李泰伯、曾子固豪士，某与纳焉。江南士大夫良多，度足下不遍识。安知无有道与艺，闭匿不自见于世者乎？特以二君概之，亦不可也。况如某者，岂足道哉？恐伤足下之信，而又重某之无状，不敢当而有也。孔子曰："十室之邑，必有忠信如丘者。"圣人之言如此，唯足下思之而已。闻将东游，它语须面尽之。

卷七十八 书七

答郏大夫书

承教，并致令嗣埋铭、祭文，发挥德美，足以传后信今，感恻岂可胜言！衰疾倦于人事，惟顷见令嗣数邀请之，心所爱尚，不知应接之劳也。不图奄忽，遂隔生死，言及于此，只伤慈念。然寿夭有命，悲痛无补，惟当以理自开释耳。无缘会晤，千万良食自爱！

与章参政书

自闻休命，日与贤士大夫同喜。承诲示，重以感愧，又喜动止多福。某外尸荣禄，幸可以小愒而痞喘稍瘳，即苦瞀眩。投老残年，况不复久。唯祝公为时自爱，勉建功业，称明主眷遇而已。书不逮意，想蒙恕亮。

与王宣徽书三

一

某顿首再拜：阻阔门墙，浸弥年月，惓惓向往，岂可胜言。某屏居丘园，衰疾日婴，阙于修问，想蒙矜恕。北都衙校偶至北山，得闻比日动止康豫，深慰鄙情也。南北辽阔，无缘进望履舄，惟冀为时倍保崇重，无任祷颂之至。

二

某顿首再拜留守宣徽太尉台座：久远言侍，岂胜瞻仰。山川阻阔，修问旷疏。窃惟尊体动止万福，门内吉庆。新正，伏冀为国自重，下情祷颂之至。不宣。

三

某惶恐再拜：伏承屡求自佚，圣上贪贤，想必未遂高怀。无缘造诣，岂胜企仰。某衰疾日积，待尽丘园，每荷眷记，但深感切。

与彭器资书

某启：数得会晤，深以慰释。遽当乖阔，岂胜系恋！衰疾，无缘追路，且为道自爱。谨勒此以代面叙。

与程公辟书

某启：比承故人远屈，殊以不获从容为恨。更烦专使，贶以好音，岂胜感怅！阴晴不常，寒暄屡变，尤喜跋涉动止安豫。平字韵诗，不敢违指，聊供一笑。集古句亦勉副来喻，不足传示也。尚此阻阔，惓惓可知，千万自爱，以副情祷也。不宣。

厚之康强，必数相见。久欲致书未果，幸因晤语，为道惓惓也。

与李修撰书

某启：比得奉余论，殊以不从容为恨。忽复改岁，岂胜思仰！乃烦枉教，慰感何可复言。尤喜动止多福。日冀别膺休命，复得展晤于丘园。未间，良食自寿。不宣。某启上审言修撰阁下。

与徐贤良书

某叩首：罪逆苟活，向蒙贤者不以无状，远赐存省，区区哀感，所不可言。自后日欲修问，而乃重烦手教，先加抚慰，重以愧恻也。从是北征，计在旬月，过润去此甚近，以几筵之故，无由一至京口奉候，瞻向之情，可以意知也。自别后不复治《礼》，亦时时体中疾病，诸非面见，何可言也。千万自爱。数以书见及，幸甚。尊兄支福，不及别削也。

与杨蟠推官书二

一

某顿首推官足下：辱手笔，所以见教者过当，不敢当也。某不为通乎道者，曰有志乎道可也。方当求正乎人，其敢正人乎哉？读足下之文，但知畏之而已。足下固尝得贤人者而师之，愿造请所闻焉，以私故未遑，谨奉手启。不宣。

二

某顿首：区区之意，已白左右，卒不见亮，而相责望加焉。夫岂敢有爱哉？特无以当所欲耳。虽然，得间将试进其疑者，亦冀足下或有以闻之。不宣。

与孟逸秘校手书九

一

某顿首仲休兄足下：自京师奉别，于今已八九年。事物之役，少休息时，不得驰问，但增勤企。忽得书，乃知尚滞下邑，幸得会合，欢慰固无量。顾忝一日之雅，而以公函见赐，窃惭怍，不知所谓也。拜见在近，千万自爱，他留面陈。

二

某顿首：昨日以旱事奉报，既而且以书抵王公，言今旱者皆贫民，有司必不得已，不若取诸富民之有良田、得谷多而售数倍之者，贫民被灾，不可不恤也。度治所已接状矣。然民既为使者所沮，得无贫懦、力不能复自诉者乎？唯念之。屯田必已入城矣，前治宿松事，何其详也！锦鸡更求两雌，不欲忤物性耳。秋凉，自爱。

三

某顿首：数日得奉谈笑，殊自慰。别后怀渴殊深，伏惟动止万福。鹃已领得，感怍。当有元给之直，幸示下！不然，则鲁自是不赎人矣。按田良苦，惟宽中自爱。两日稍寒矣，尤宜自爱。

四

某顿首：到郡匆匆，欲一诣邑奉见，尚未果。伏惟动止万福。岁饥如此，幸得贤令君相与为治，宜不至有失所者。然闻富室之藏，尚有所闭而未发者。窃以谓方今之急，阁下宜勉数日之劳，躬往隐括而发之，裁其价以予民。损有余以补不足，天之道也。悠悠之议，恐不足恤，在力行之而已。不知鄙见果可行否，幸一报有以见教，幸甚幸甚。屯田尊候万福，不及上状。不知端州何时可以到此？欲及其将至，使人以书迓之，幸一为致问示及。不久得奉见，未尔，自爱。

五

某顿首：某不肖，学不得尽意于文章，仕不得行其所学，苟居窃食，动辄愧心，而世之同好恶者已云少矣。遇足下于此，最为相尽，义不得讳。其不腆之文，过蒙推褒，非所望也。朋友道丧之日久矣，以某之不肖行于前而悔之于后，自已为多矣，况足下之明邪！每望教督，而终未蒙。

惟足下不遗，以朋友之义见存，不胜幸甚。更数日遂东去。千里自爱，不胜思怀也。

六

某顿首：辱书，感慰。想按田劳苦，乞自爱。惟下户所得亦不多，又诚可哀。至于豪右，虽所蠲至少，未为损也，仁明审处之而已。质利甚好，但某亦自质却数十千，恐不免嫌谤也。邑中但痛绳之，岂有不从者乎？按置一二人，自然趋令矣。日夕思一见无由，闻常因检覆至近郊，能入城否？或不欲入城，惮请谒之烦，即至近郊，可示谕，当走城外奉谒也。

七

某顿首：辱书，感慰。非兄之爱厚，何其能勤勤不忘如此也？奔走南北，而事多不能如心，去就之际，未知所择，安能无劳于心邪？不知兄代者何时到乎？春暄，千万自爱，以慰鄙怀也。时以书见及，不胜幸愿。

八

某顿首：近别殊思渴，雨不足遽止，为之奈何？两日欲作书往，而私门不幸，再得小功之讣，愁苦岂可以言说邪！元规得南信否？昨日报之，当更重其爱思。然恐其急于得实，又当走人往候之故耳。前日所议云何？欲以公往，可否？然元规方内忧，暇议此否？此决无害事，但已之为不可耳，更裁之。黄任道书烦送去，无聊上问，不谨，幸怜察。

九

某顿首：幸以一日之雅，而每辱以公礼见加，非所望也。蒙谕具晓盛意，举监若行辞不难也，至于阁下治行，自为诸公所知，不患无知己也。惟以道自释，余留面究也。蚕麦之入，今岁如何？邑亡岁之凶，固贤令仁佐政治之所及也，窃以为慰。

与楼郁教授书

某窃邑无状，每自隐度，宜得罪于贤者。敢图不遗，辱赐手笔，而副以褒扬之辞乎？此乃重某之不肖，使不得闻其过恶，而非所以望教诲之意也。足下学行笃美，信于士友，穷居海濒，自乐于屡空之内。此某所仰叹也。

答王逢原书

某启：不见已两月，虽尘劳汩汩，企望盛德，何日忘之？忽辱惠书，承以《论语义》见教，言微旨奥，直造孔庭，非极高明，孰能为之？仰羡，仰羡！近蒙子固、夷甫过我，因与二公同观，尤所叹服。何时得至金陵，以尽远怀。不宣。

答王致先生书

某顿首先生足下：久不见颜色，倾渴无量。蒙赐手笔，存奖尤过。新将颇慰民望，固幸甚。足下无事于职，而爱民之心，乃至于此，可以为仁矣。他留面陈，匆匆不谨。

回文太尉书

某再拜留守太尉仪同台座：久远言燕，岂胜怅仰。山川阻阔，久旷驰问，仰惟尊体动止万福。丘园衰疾，候望无阶，唯冀为时倍保崇重，下情祝望之至。不宣。

回元少保书二

一

某启：比承存问，不敢因邮叙感，日诇营从之东，驰布悃幅。专使临门，诲谕稠叠，区区感激，何可具言。承动止康宁，深以为慰。相望数驿，而衰惫日滋，无缘驰诣，但有向往。若春气暄和，乘兴游衍，得陪几杖，何幸如之。未尔间，伏乞良食自重。不宣。

二

某启：久阙修问，岂胜企仰。新岁想膺多福，贵眷各吉庆。山川相望，拘缀无缘造晤，冀倍自寿重，以副惓惓也。程公辟想日得从容也。

答范峋提刑书二

一

某启：久阻阔，岂胜向往。承诲喻示及，知舟驭已在近关，良喜动止万福。冀得瞻晤，又重以喜。余，非面叙不悉。

二

某启：承营从数辱丘园，得闻余论，多所开释。戒行有日，适以服药疲顿，不获追路，岂胜愧怅。冒涉方远，冀良食自寿，以慰系恋。谨奉启以代面叙。

答孙莘老书

某启：丘园自屏，烦公远屈，衰疾不获奉迓。仰惟营从跋涉劳苦，谨遣人驰此奉候。不宣。

答俞秀老书

某启：比婴危疾，疗治百端，仅乃小愈。窃闻秀老亦久伏枕，近才康复,不知营从何时如约一至乎?岁尽当营理报宁庵舍,以伫游愒。余非面叙不悉。未相见间,自爱。令弟见访,阙于从容,及间邀之,已过江矣。闻不久复来,不及别幅也。

答宋保国书

某启:使人三至,示以经解,副之佳句。勤勤如此,岂敢卤莽,以虚来旨。所示极好,尚有少疑,想营从非久淹于符离,冀异时肯顾我,可以究怀。未尔,为时自爱。不宣。

答熊伯通书二

一

某启:幸得会晤,岂胜欣慰。遽复乖阔,实深怅恋。明日当展亲墓,不获追送。瞻俫旌旆,重增愧恐。唯冀为时自重。度非久北还,余非面叙不可宣究也。

二

某启:久欲相送于崇果,适值展墓。今日闻舟师尚次淮滨,犹欲与七弟一往,而疲惫殊甚,惓惓之情,何可具言。重烦诲喻,感激、感激。沈氏书即驰送,幸托婚姻之末,岂胜欣慰。冬寒跋涉自爱。想公非久淹南方,冀复朝夕会晤于此。为时自爱。不宣。

答蒋颖叔书

　　阻阔未久，岂胜思渴。承手笔访以所疑，因得闻动止，良以为慰。如某所闻，非神不能变，而变以赴感，特神足耳。所谓性者，若四大是也；所谓无性者，若如来藏是也。虽无性而非断绝，故曰一性所谓无性。曰一性所谓无性，则其实非有非无，此可以意通，难以言了也。惟无性，故能变；若有性，则火不可以为水，水不可以为地，地不可以为风矣。长来短对，动来静对，此但令人勿著尔。若了其语意，则虽不著二边而著中边，此亦是著。故经曰："不此岸，不彼岸，不中流。"长爪梵志一切法不变，而佛告之以受与不受亦不受，皆争论也。若知应生无所住心，则但有所著，皆在所诃，虽不涉二边，亦未出三句。若无此过，即在所可，三十六对无所施也。《妙法莲华经》说实相法，然其所说，亦行而已。故导师曰"安立行净行，无边行上行"也。其所以名芬陁利华，取义甚多，非但如今法师所释也。佛说有性，无非第一义谛，若第一义谛，有即是无，无即是有，以无有像计度言语起，而佛不二法。离一切计度言说，谓之不二法，亦是方便说耳。此可冥会，难以言了也。

卷七十九　启

贺韩魏公启

伏审判府司徒侍中宠辞上宰，归荣故乡，兼两镇之节麾，备三公之典策。贵极富溢而无亢满之累，名遂身退而有褒加之崇，在于观瞻，孰不庆羡？伏惟某官受天间气，为世元龟，诚节表于当时，德望冠乎近代。典司密命，总揽中权，毁誉几至于万端，夷险常持于一意。故四海以公之用舍一时为国之安危。越执鸿枢，遂跻元辅。以人才未用为大耻，以国本不建为深忧。言众人之所未尝，任大臣之所不敢。及臻变故，果有成功。英宗以哀疚荒迷，慈圣以谦冲退托。内揆百官之众，外当万事之微，国无危疑，人以静一。周勃、霍光之于汉，能定策而终以致疑；姚崇、宋璟之于唐，善政理而未尝遭变。记在旧史，号为元功。未有独运庙堂，再安社稷，弼亮三世，敉宁四方，崛然在诸公之先，焕乎如今日之懿。若夫进退之当于义，出处之适其时，以彼相方，又为特美。某久叨庇赖，实预甄收。职在近臣，欲致尽规之义；世当大有，更怀下比之嫌。用自绝于高闵，非敢忘于旧德。逖闻新命，窃仰遐风，瞻望门阑，不任向往之至。

贺致政文太师启

伏审明制闵烦，安车归憩，位在三师之首，名兼两镇之崇。诞告敷闻，具瞻胥庆，岂惟末契，窃仰高风。恭惟致政仪同太师声冠时髦，望隆国栋。天应时而生德，帝考实而念功。萧何汉之宗臣，方叔周之元老，宠灵莫二，宜受祉之难穷；恳恻有加，遂留贤而弗获。瞻承虽阻，企慕实深。

贺留守侍中启

伏以露章有请，辞宠甚坚，遂回涣号之孚，以徇挹谦之美。爰田衍食，旧镇抚临，虽非朝廷爵以报功之心，兹见君子廉以激贪之节。高风所泪，薄俗以敦。恭惟留守太保侍中躬授将明之才，出逢开泰之运。谟谋王体，秉执事枢。勋庸已著于三朝，宠禄具膺于多祉。惟时出处，作世表仪。未遑庆牍之修，首辱占书之贶，永言感戢，实被惘惊。

贺留守王太尉启

恭闻孚号，崇奖耆明，肇建节旄，再司管籥，匪周邦之独慰，乃黎献之交欣。伏惟留守太尉朝廷伟材，宗庙贵器，华问既大，宠禄用光。取甘茂之十官，最先诸老；间季友于两社，乃允具瞻。将坛之拜既崇，公衮之归岂晚。某旧蒙识拔，尚阻趋承，踊跃之私，实为倍百。

贺致政赵少保启

窃审抗言辞宠，得谢归荣，繇西省谏净之官，序东宫师保之位。殿庭鸣玉，尚仍前日之班；里舍挥金，甫遂高年之乐。伏惟庆慰资政少保懋昭贤业，寅亮圣时，伯夷之直惟清，仲山之明且哲。所居之名赫赫，岂独后思；尔瞻之节岩岩，方当上辅。遂从雅志，实激贪风。未即披承，徒深钦仰。

贺吕参政启

窃闻明命，登用大儒，是宜夷夏之交欢，岂特亲朋之私庆。某官以君子之器，值圣人之时。直道正言，石投水而必受；淫辞诐行，雪见晛而自消。果膺梦卜之求，式受钧衡之任。王功方就，庶无一篑之亏；国势已安，更加九鼎之重。岂徒惠好，过示挹谦。冀同雅操之坚，以称茂恩之厚。

回谢王参政启

伏审光被上恩,宠参国论。明缙敷告,庶位交忻。历选迓衡之君,畴咨当轴之辅。尚尤违之敢弼,则曰汝无后言;欲誉问之能宣,则曰予有疏附。厥怀协济,乃称具瞻。当盛德之日跻,揽众材而时举。懋膺休显,允属耆明。恭惟参政侍郎秉哲在躬,推仁及物。告嘉谋于后,学皆会于本原;扬孚号于庭,辞必稽于典要。以陈善闭邪之赖,应赞元经体之求。重念羁单,最称眷旧。牵丝一府,久承论议之余;持橐三朝,常出践更之后。复叨荣于并命,兹窃幸于为僚。曲荷至怀,先诒重问。方励同寅之志,敢忘胥顾之勤。

贺章参政启

承闻大号,登用正人。国论所归,帝举时当。伏惟参政谏议素所蕴蓄,实在生民,久于韬渥,乃遇明主。远大盖存乎道术,绪余宜见夫功名。湖海残生,门阑末契。方士师之未立,可谓曰知;于乐正之有为,云胡不喜?更荷诲言之无间,但惭庆礼之不先。

免参政上两府启

忽奉明缙,俾参大政,蒙恩则厚,抚己不遑。窃以圣明之时,尤艰辅弼之任,置人或误,累上非轻。内揆拙疏,仰惭优渥,虽已陈情而恳避,犹疑涣汗之难回。敢竭各衷，更烦公议。伏惟某官望隆熙世，谋协睿聪。傥矜一介之诚，愿借半辞之助，使安常分，无忝盛时。亦所以正选用之缪恩，不独荷保全之私惠。

答高丽国王启

伏以畿疆阻阔，觐止无阶，道义流闻，瞻言有素。使旆及国，挚宝在庭，逮以好音，申之嘉惠，眷存即厚，慰感实深。恭惟大王膺保德名，践修猷训，纂荣怀之旧服，袭寿岂之多祥。冀顺节宣，深绥福履，有少仪物，具如别笺。

罢相出镇回谢启

比奉制恩，许还宰柄。妨贤废事，但淹历于岁时；辞剧就安，更叨逾于宠数。受方国蕃宣之寄，兼将相威仪之多，在于无功，是谓叨宠。此盖留守太师，忠能与善，美务成人。顾惟疲曳之余，每赖推扬之助，得纡符绂，归贲丘园。仰玷宠光之私，实逾分愿之素。

谢皇亲叔敖启

比者叨被命书，延登揆路。方至神之独运，追群圣以上行，褒典所加，治功宜称。顾薄材之难强，岂高位之敢安？甫集愧怀，遽承庆问。拜嘉甚宠，叙感奚胜。

贺韩史馆相公启

伏睹制命，登用臣宗，大忠当兴，众正欣赖，伏惟庆慰。恭惟史馆相公世载贤业，躬合圣时。道直方而行以不疑，气刚大而养之无害。逮专国柄，实佑帝庭。贪夫以廉，惟伯夷之行是效；枉者更直，则成汤之举可知。某久旷旧恩，尚窃荣禄，以承流而自效，知驰义之所归。

回留守太尉贺生日启

间史记时，永念劬劳之报；牙兵传教，乃蒙慰赐之加。仰荷眷怜，岂胜感恻！伏惟判府留守太尉望隆国栋，声冠时髦。如畎亩之余生，乃门阑之旧物。尚负品题之赐，每愧愚憧；敢图恩纪之施，未遗幽远。仰承嘉惠，增激懦衷。

除参知政事谢执政启

比者登备近司，与闻大政，误膺休命，良积愧怀。窃念某早以孤生，出阶贱仕，稍蒙推擢，遂至叨逾。久于侍从之班，初乏论思之效。皇明继照，符守外分，亟被召还，得参劝讲。已污禁林之选，更陪宰席之延。据非其宜，知有所自。此盖伏遇某官贯行忠恕，启佑善良，因令危拙之身，亦与讦谟之地。敢不自致进为之义，庶以上同经济之心。

回王参政免启

伏审升拜帝恩，进陪国论。孚号布宣于朝位，欢言腾溢于士林。草与朋游，实先庆抃。恭惟某官元精发秀，冲气钟和，赞密命于三朝，骛隆名于四海。大忠无拂，常深简于上心；经德不回，非外移于众口。久蓄庇民之施，果膺置辅之求。方当上同扶世之猷，庶以自免瘝官之责。过烦重问，曲喻至怀。冀回操以就工，遂协谋而许国。

参知政事回宗室贺启

比者叨被上恩，使陪国论，惟才能之浅陋，荷眷遇之特殊。逊避弗容，省循知畏。此盖伏遇某官，道存博爱，志务上同，肩许国之至怀，乐推贤而与共，因令孤拙，得冒宠灵。先蒙庆问之勤，尤积愧颜之厚。

回曾签书免启

伏审显膺优诏，进贰中枢。伏惟欢慰。某官钟才宏远，逢运休明，凤柬注于宸心，克将明于王政。乃置民瞻之地，实资世济之才。明命诞敷，师言咸允，而剡章上奏，辞宠更坚。惟祗若于王休，庶共厘于邦采。

上执政辞仆射启

窃以中台揆路之要，左省侍班之崇，以畴茂勋，乃称公论。某误尸宰事，久旷天工。方惭莫副于具瞻，岂意更叨于殊奖？比陈愚款，未赐俞音。伏惟某官仁在曲成，义惟兼善，特借半辞之助，庶逃虚授之尤。

除宰相上两府大王免启二

一

伏奉制命特授云云。纶綍之言，布宣于朝廷；钧衡之任，总率于臣工。必收特出之才，乃称具瞻之实。某叨尘事任，参豫政机，虽有许国之愚忠，初无济时之明效。久思自弛，以免庶尤。敢图眷注之私，更置辨章之地。方蒙曲谕，未获终辞。伏望某官深亮恳诚，俯垂怜恻，少借半辞之助，以纾旷责之惭。

二

窃以钧衡之任，实总于百工，苟非经济之材，曷熙于庶绩？某曩叨柄用，已乏事功，方追虚责之尤，岂称具瞻之实？敢图隆眷，未获固辞。伏惟某官仁以曲成，义惟兼济，愿借重言之助，庶逃虚授之惭。

回谢舍人启

伏审诏试公府,书命帝庭,茂对明缗之恩,遂膺显服之赐。豫游惟旧,怀慰良多。舍人美行迈伦,高材济务,自翱翔于朝路,实熠耀于士林。孚号载扬,师虞惟允。未皇赞喜,特枉鸣谦。感愧之私,敷言曷罄。

回韩相公启

伏审祗服命书,已临使府。来章得请,尤欣闾里之还;旧俗去思,胥庆旌麾之入。伏惟某官气凝简厚,学造本元,忠义著于三朝,功名垂于一代。铜台坐镇,居多恬养之休;棠讼日清,久被仁渐之化。未遑驰庆,先辱贻书,惕然汗颜,俯以拜贶。其为感戢,实倍悃惊。

回文侍中启

伏审显奉制书,荣迁官秩,暂解枢衡之密,出分藩辅之忧。伏惟某官器范旷夷,才猷胅敏,著三朝之茂烈,为一代之宗工。遽辞机务之繁,屡贡近藩之请。诏音赐可,顾志愿之莫违;宠数有加,唯德功之宜称。岂期明恝,尚屈谦虚,况当成命之行,允协金言之望。冀回冲守,以对茂恩。

卷八十　启二

回贺冬启三

一

伏以七始载华，三微遂著，方明主抚辰之盛，宜哲人膺祉之多。恭惟仪同太师一代宗工，三朝寿俊，适履新阳之盛，备膺诸福之归。属以婴疴，阻于称寿，眷眷祝颂，实倍等夷。

二

伏以四序密移，一阳来复，气验管灰之应，官书云物之占。伏惟某官佐主以将明之材，庇民以平易之政，践扬机要，时所具瞻。就立功名，老方益壮，甫临谷旦，宜介多祥。邈无荐寿之由，第切驰情之极。

三

伏以阳明初复，圭景浸长，惟勋德之并隆，宜福休之荐至。某官材高百辟,望重三朝。收善世之荣名,往蕃王室;畅经邦之远业,复荷天衢。延跂台华,弥增善颂。

回贺正启三

一

伏以枸回寅位,德盛木行,物乘引达之阳,朝布始和之令。伏惟留守司徒侍中深忠许国,令德在民。方谷旦之甫临,宜春祺之协应。某方兹居里,适阻造门,顾叙庆之弗遑,在驰诚而曷已。

二

伏以枸回寅位,德盛木行,品物时亨,吉人类长。伏惟某官元功致主,茂德宜民,烝庶之所咏歌,神明之所辅相。甫临谷旦,宜介吉祥。称庆未遑,鸣谦遽及。感铭之素,敷叙何殚?

三

伏以肇履岁端,始和治本,惟国元老,荷天纯休。伏惟某官抗志极高,守气甚约,措之事业而盛大,发为闻望而辉光。暂息价藩,伫还宰席。瞻驰颂愿,倍百等夷。

贺文太师启

伏以岁旦更始，物得以生，当命相布德之时，乃使民观象之月。伏惟致政仪同太师，王缵之事，天降之才。冕服命圭，极上公之贵号；神旗豹尾，总全魏之嘉师。宜获相于明灵，以时膺于戬谷。某限以病居在远，庆贺无阶，同善颂于舆人，以自输于微志。

谢知制诰启

据非其称，惭甚于荣。窃以通会朝之籍于禁中，出诰命之书于天下，自昔必求乎良士，方今尤谓之美官。非夫能道先王之言，及通当世之务，文章足以润色，知术足以讨论，一有误居，必乖众论。某素出贫贱，偶遭盛明。读书虽勤，未免是古之累；更事虽久，终无适时之才。制作淹迟而不工，思虑短浅而不敏。有此一物，自足穷于多士之时；兼是四端，岂宜辱于迩臣之列？此盖伏遇某官以忠纯翼戴，以宽大甄收。谓其引分而无求，傥或负能而有待，因加奖借，使得超逾。盖大公之赐所加，唯至诚之报为称。敢不内尽致身之德，庶以上同许国之心。

回谢馆职启

奉膺明诏，综理秘文，凡与交游，举同庆慰。惟馆阁图书之府，实朝廷俊义之林，或起贤良进士之高科，或出公卿大臣之列荐。因循流弊，稍容滥进于平时；选用校雠，多得真才于近岁。盖为其谟谋之已审，故不必课试而后知。某官以甚高之资，加至美之行，服异能于大众，盖已千人；积素望于明时，固非一日。巨工所以极论而无避，先帝所以特用而不疑。虽列职书林，于偿未塞；然奋功朝路，其进可量。未获造门，先承枉驾，私怀感恶，岂易敷言。

知常州上中书启

将母之求，屡关于听览；长民之寄，终累于陶熔。势则便安，心焉震悸。盖闻抱关击柝，所以待士之为贫；直铺蒙镠，所以处人之有疾。其志卑者其获少，其能薄者其任轻。自非审分以取容，则必近刑而速谤。如某者，湮沦素业，邀会时恩。备官牧人，既以贫而择利；奉使畿县，又以疾而告劳。甚矣能薄而志卑，宜乎任轻而获少。尚蒙优诏，猥备方州，自惟缺然，何以称此？兹盖伏遇某官上同一德，而以宽裕处心；旁烛万情，而以平均待物。遂令疏贱，亦至叨逾。永惟忧国之所存，独可勤民而上副。顾今州部，已远朝廷，田畴多荒，守将数易。教条之约束，人无适从；簿书之因缘，吏有以肆。惟是妄庸之旧，当兹凋瘵之余。自非上蒙宠灵，少假岁月，则牧羊弗息，彼将何望于少休？画土复墁，此亦无逃于大谴。更期元造，终赐曲成。

知常州上监司启

蒙恩宽裕,得郡便安,诹日造官,以身受察。窃念某鄙陋之质,拙疏于时,闻先子之绪余,慕古人之名节。黾勉仕宦,聊尽为贫之谋;苟简岁时,亦预在庭之数。来佐群牧,甫更二年,数求州符,就更畿县。顾神明之罢耗,当事役之浩穰,惭非其宜,辞得所欲。遂以一身之贱,猥分千里之忧。荷覆露之生成,出隽贤之抚按。窃惟幸会,良用震惊。惟此陋邦,近更数守,吏卒困将迎之密,里闾苦听断之烦。自非函容,少赐优假,缓日月之效,使教条之颁,则何以上称督临,下宽凋瘵?伏惟某官逢亨嘉之会,奋将明之材,简在清衷,久于烦使。体爱养元元之意,乐扶持断断之能,庶几始终,得出苶赖。未期望履,尤切驰情,愿顺节宣,以需褒宠。

上扬州韩资政启

某受才素卑,趋世尤拙,冒干从事之选,积有败官之忧。汔由恩临,得以理去。违离大旆,留止近邦,惟德之依,无时以懈。整仆夫之驾,方尔就途;拜使者于庭,遽然承教。未忘故吏之贱,加赐上樽之余。望不素然,报将安所?念当远适,顾独长怀。行愿高明之才,还处机要;坐令衰废之俗,复观太平。伏惟为上自颐,副人所望。

上郎侍郎启二

一

伏蒙过采浮议,使承乏官。借宠则荣,循涯而惧,愿留平听,得究下情。顽疏之人,滞固于事,席先子之绪业,玷太常之寺名。备位于兹,历年无状,安全者幸,废去乃宜。何言误知,欲观颂试。审处私计,追惟旧闻。不越俎以代疱,盖言有守;未操刀而使割,可必无伤。辄敢用是固辞,诚愿易而他使。依违王事,虽名理之未安;妄冒人知,亦生平之不欲。高明在上,悃愊发中,临启怔忪,果于得请。

二

某备官有守,望履无阶,职是簿书之忧,缺然竿牍之献。顾惟薄陋,最荷庇存,实赖盛恩之临,不诛苛礼之废。惟春且暮,于气已暄,伏惟养福有经,卫生无恙。伏惟某官望隆先进,德茂老成,言归典刑,动应的表。早收功于要路,晚得谢于明时。贵而能贫,恬以养智,为时所向,于义可师。伏惟顺序节宣,慰人祈望。

上田正言启

谢去宾廷,归安子舍,逮今旋月,惟日想风,会稽考之相仍,顾腾书而不暇。伏况贤哲异禀,神明与休,起居安恬,福履脆厚。恭以某官刚絜不倚,沉深内明,逢时以征,取位如拾。朝所恃赖,士相据依。矧惟甚盛之才,实在可言之职。庙谋中失,物议否臧,有足敷陈,谅无回隐。仰裨大政，取显官联，四面所瞻，一心以俟。某早烦教育，晚出荐延，方兹办装，不日临职。趣驰之地，固未有涯；芘赖之心，尚安所适？

上抚州知州启

代人作。

讲闻风声，积有时序。刺史之天所芘，先人之树固存。仰高之心，惟日为岁。顾贱官之有守，通私谒之无阶。恭惟班宣有条，保养多福。伏以某官学周事变，行应表仪，比以将明之才，遂当宽博之选。一麾坐府，犹屈于远图；三节造庭，宜膺于显数。伏惟为国自爱，副人所瞻。

谢孙龙图启

伏念某蕞尔之材，傥然而仕，进有官谤，未尝不忧，退无私田，何以自处？苟安朴野之分，无意贤达之游。矧势位之严尊，加功名之俊伟，天子之所倚重，士从之所取平。敢干冒进之诛，自废退藏之守。过蒙收引，亲赐抚临，因使下材，得闻余教。盖忘千乘以友贱贫之士，先匹夫而轻贵富之身，在古已希，岂今宜有？顾无报称，私用震惊。比闻治舟，既祖取道，恨造门之独后，惭追路之不遑，尚幸仁明，傥存哀恕。縻身于此，望履何阶？顺变于时，养安以节。

谢王司封启

伏念某孤穷之人，少失所恃。虽勉心竭力，求以合于古人，而固陋颛蒙，动辄乖于时变。以此而游于世，未尝见恕于人。而自趋走下风，习闻余教，慰藉之礼，称扬之私，忤严颜而不加犯上之诛，拂盛指而更以首公为是。书辞报答，骑从见临，不以先进略后生，不以上官卑下吏。以至其去，重烦送将，又赒其行，使不留滞。爰初就道，甫尔逾旬，乖离虽新，感仰殊甚。伏惟顺节自寿，副人所瞻。

谢提刑启

叨备一官，甫更三岁，不时罢废，实赖全安。遭会使车，按临州部，颇望风而震恐，将投劾以去归。敢图高明，见遇优过！载衔盛德，尤激下情。乖离尚新，企仰殊甚。茂惟贤俊，善迓福祥，固有神明，阴来辅相。褒升之宠，倚立以须。伏惟为上自颐，副人所望。

谢夏噩察推启

伏审某官，策足盛时，收名异等，以材自称，为议所归。时惟私幸之多，代有同升之义，惟当造请，势未暇遑。敢图高明，不自重贵，亲存敝馆，申贶华笺。窥观以思，惧恐且愧。咸池无赖于海鸟，章甫不加乎越人，夫何谦辞，乃尔虚辱。方且揆日，以时造门。

答交代张廷讯启

某受才无它，窃邑于此。更书始下，已倾自附之诚；赐问抚临，重荷相存之意。维兹地所，邈在海滨，方条教之未孚，得仁贤而复治。恭以某人天材粹美，地势高华，生逢盛时，进取显仕。分一雷之土，虽屈远图；抚千室之弦，坐期美政。趋承在近，企仰居深。

贺致政杨侍读启

伏审得谢中楹，戒归下国。孔戣致仕，议臣虽愿其留；疏广乞身，观者固荣其去。丁时翕赩，取道阻长，系盛德之可师，宜明神之实相。茂惟兴止，休有福祥。伏惟某官逢辰清明，取位通显，义勇不挫，忠精无疵。登备谏工，尝已告嘉猷于后；奉将使节，则以下膏泽于民。仪仪会朝，凛凛侍从，功名之美既耀于将来，智略之闳犹嗟于不试。引年去位，循礼得中，唯其养恬，有以镇薄。某望尘非数，见器则深。窃冒上官之大知，唯所不欲；推扬后进之美意，云何敢忘？备位于兹，仰高无止。

答桂帅余侍郎启

受才无状，驰义有年。矧以先人，是为雅故。夫何竿牍之问，乃后门阑之厮。诚以贤否之分殊，而又卑尊之势隔。恭惟某官以挺生辅世，以简僚帅边，戒猾夏之近忧，兴保民之长利。有纪之政，当谨后世之传；无能之词，敢虚远人之属。过蒙收引，先赐拊循。丹青甚微，本累玉莹之粹；土木至陋，猥承绨绣之华。莫副推扬，徒知感服。念当拜赐，宜在至前。冀归节于本朝，得望尘于末路。私怀未果，善祷良深。

远迎宣徽太尉状

伏审某官远驱台斾，甫次国都，朝论具依，上心虚伫。某阻于官制，莫遂郊迎。冀趋命之弗迟，副瞻风而已久。谨奉状攀迎。

先状上韩太尉

昔者幸以鄙身，托于盛府，无薄才以参筹策之用，有疏节以累含容之宽。久而再惟，滋以自愧。伏惟某官忧国爱君之操，仁民恤物之方，宾礼贤豪，包收疵贱。盖尝沐浴于余泽，而且歌舞于下风，孰云去离，遂自疏斥。徒以地殊南北，势隔卑尊。小夫竿牍之勤，不足自效；莫府文书之众，或以为烦。方随传车，得望步履，固愿阶缘于畴昔，因得钻仰于绪余。敢图高明，先赐劳来。贵以下贱，不矜其行之疵；贤而容愚，不诛其礼之旷。夫惟昔之有道，皆慎所以与人。欲示其自养之污隆，必观其所遇之能否。深惭固陋，有玷奖成。将次郊关，即趋墙屏，其为感喜，岂易谈言。

答程公辟议亲书

某启言：念某跂通德之门，驰诚数仞；叙宜家之庆，拜贶尺书。伏承贤郎推官兰砌传芳，鲤庭禀训。辱好逑之首遽，见久要之弥敦。鸿仪之复问敢稽，鹊喜之叶占既吉。眷惟侄女，未习妇功，交秦、晋之欢，仰从嘉命；望金、张之馆，俯愧衰宗。荣幸所兼，敷陈畴悉。谨奉状谢，伏惟照察。谨状。

卷八十一　启三

知常州谢运使元学士启

叨恩两观,备任一州,以无能之贱身,在有道之深庇。依归之志,已结于东南;诇问之仪,当尘于左右。某官为国玮器,有时盛名,久矣践更之劳,此焉寄属之重。传节所在,神民具依,膺时维休,介福有裕。约赍上路,将前受于指令;请祝下风,唯更加于调护。

贺庆州杜待制启

伏审拜命宸章,作藩侯阃,凡假声猷之重,居深庆蹈之怀。恭惟某官华国粹贤,逢辰吉旦,以儒雅饰治术,以器业结上知,树绩计庭之司,飞荣书殿之秘。吴都按部,耸群吏之廉隅;陕服登车,峻列侯之风采。国家以边城之寄,戎路所圻,眷内阁之近班,督师臣之重柄。申伯宣力,方维屏以显庸；韩侯献功，即介圭而入觐。伫参瞆嘏，以协具瞻。北律方严，冲真尚远，伏希上为宗社，保固襟灵。

贺运使转官启

跻荣中旨，进秩郎闱，服显命之襃优，竦舆情而欢抃。某官器博以远，道粹而明，学际天人之端，识通治乱之本，绅秘延阁，剸剧外司。彼方碌碌以巧图，此独安安而养正，恬于所守，人之难能。本朝推越次之恩，旌非常之士，迁左兵之名部，实文台之美资。矜饰端廉，敦厚风教。尚烦使节之寄，以渐台衮之荣。某侧闻诏声，阻随宾庆，瞻望英重云云。

贺铃辖柴太保启

荣拜恩章，总持师柄，伏惟庆慰。窃以一都会之府，二浙统于权维；诸刺史之兵，五符归于节制。国家以安娱之地，域民甚于富穰，备豫有经，置使新于纪律，宜得魁垒之士，以雄镇领之方。恭惟某官器范端良，机守强济，出天姻之贵而自任清节，持使斧之重而素高能声。此孰朝金，遂董戎寄。韬谋成俗，坐肃于南州；轩陛图功，即膺于宠数。属关掌于支郡，阻面庆于宾荣，瞻企风棱，岂胜欣悚。

贺知县启

光膺芝检，荣宰花封，凡属庇庥，良增欣抃。恭惟某官资性敏悟，器怀坦夷，直哉有古人之风，挺然生贤者之后。自历烦任，馨施干材，美声闻于帝聪，佳器称乎国宝。是乃拜纶綍之命，殿子男之邦，凛乎清风，耸是群望。操刀之能制锦，素显殊勋；弹琴之不下堂，行闻异政。

上宋相公启

比者冒跻官次，荣托使车，躬裁琐琐之文，私布惓惓之意，干磨为吝，震叠于怀。会走干之鼎来，辱縢书而宠答，优为体貌，略去等夷，繄奖予之大隆，滋回皇之失次。恭审镇临以简，保御惟和，积有休祥，来护兴寝。伏况某官风华灵茂，天韵闳深，早冠冒于士人，亟奋翔于朝野。谠言善策，发为天子之光；厚实美名，布在舆人之诵。惟江都之旧壤，乃天堑之上游。地接京师，聊倚诸侯之重；民瞻岩石，方图师尹之贤。曾是顽疏，终然庇赖，尚兹婴薄，未即趋驰。

上集贤相公启

为吏南州，抗尘末路。处洪钧之大器，小以自持，瞻英衮之尊踪，孤而难附。恭惟法宫议道，贤业熙天，燮精禖之至和，纳亨嘉之盛福。伏惟某官乘堪舆浩直之气，为庙堂倚平之材，逢辰清明，发策高妙，垂绅近署之列，直笔中台之端。龙阁之富图书，密承顾问；蜀部之风教化，遂协都俞。遽促锋车，入参畿甸。旋属圜虚耀狼角之色，狂寇毒清河之民，击义节以请行，先堂兵而制胜。淮西入命，晋公大宣慰之名；朔方焯威，子仪开幕府之盛。尽刘大憝，入奏元功，式尊通宰之荣，上正文昌之坐。方将图讲熙事，修举治纲。坯冶一陶，辅成于醇化；箫勺群慝，跻格于太宁。顾惟平进之微，获此庇晖之下。伏希上为国体，保固台严，西首钧庭，下情无任云云。

上梅户部启

某一涯承乏，自晦于尘容；百舍怀贤，坐倾于风美。钦想承流之暇，妙均安节之休。恭惟某官奥学丕天，懿文华国，跻荣腼仕，逢吉太辰，由郡署之阶，擢台端之要。公毅执法，而邪孽不奸；谟明尽规，而权纲自正。畴咨心术之具，往贰计侯之司。式是均劳，遂淹补外。朱辖问俗，访山水之昔游；文石疏恩，即枫槐而日见。入持政柄，允副民瞻。属临怀气之辰，尚远隆堂之拜。愿臻颐卫，前对宠光。

上杭州范资政启

某近游浙壤，久揖孤风，当资斧之无容，幸曳裾之有地。粹玉之彩，开眉宇以照人；缛星之文，借谈端而饰物。羁琐方嗟于中路，逢迎下问于翘材。仍以安石之甥，复见牢之之舅。兹惟雅故，少稽燕闲，言旋桑梓之邦，骤感神麻之咏。写吴绫之危思，未尽攀瞻；凭楚乙之孤风，但伤间阔。恢台贯序，虚白调神，祷颂之私，不任下恳。

上江宁府王龙图启

某位貌间殊，风规高远。思贤百舍，无阶赞见之仪；承乏一涯，弥阔门墙之便。恭审镇临会府，燕息黄堂，讼鲝昼清，道环天粹。伏惟知府龙图岩廊佳品，时栋上材，达亨会于凝疏，跻荣阶于近署。龙图司秘阁之奥，使台峻右陕之邦，均逸方城，为国巨屏。帝晖温晬，召还即对于清光；台座荧煌，图任必归于旧德。萧辰方肃，宇荫尚遥，伏希上为治朝，保和福履。

上泉州毕少卿启

自去容晖，何尝候问。揭来冗局，顾委琐之自为；阴想价藩，知崇高之难附。伏审履和嘉月，静事雄堂，讼鲝昼清，道环天粹。恭惟知府凝姿恬懿，远器廉深。出相衮之名家，而无重衣之逸；领使符于壮齿，而无巧宦之讥。全德所高，上意必简。方将治成坐镇，擢置近班，习练台阁之规，光大勋业之旧。某最惟孤苦，凤佩奖知。短羽卑飞，已甘心于枚粒；阴虬自跃，思远耀于风云。尚遥堂下之趋，益切城中之咏。

上信州知郡大谏启

怀德名之重,窃伏猷为;仰庭角之姿,何尝赘见。敢谓玉堂之彦,时飞宝刻之音,垂贲尘容,过形谦柄。外惟荣佩,中所铭藏。恭惟某官挺不世之资,敦绝俗之器,敷扬大业,陟降泰庭。演润銮坡,光大训辞之美;保厘天邑,具瞻表则之材。属邪正之汇连,亦劳逸之均致。银符补郡,聊福于民艰;鸥厅赞谋,即稽于天若。某海滨承乏,宇荫未趋,伏希上为本朝,精调均履。

上明州王司封启

伏审使旌来临州部,犯江湖之重阻,留淮楚之近藩,令德所存,明神来相。茂惟兴止,休有福祥。恭以某官国之老成,士所素仰,入参省计,出拥州麾。窃听海澨之谣,迎贪善政;特忧朝右之计,思得壮猷。曾无几时,遂去兹土。某窃邑无状,茇身有归。

上运使孙司谏启

近者承颜使宸,获拜于真贤;怆次海滨,已虔于命署。顾赋材之艰拙,藉容厚之庇存,蹈景为怀,向风增悚。某官清机昭理,大业镇浮,以谟明抗论谏垣,以才识典校仙藏。赤裳按部,一新废置之纲;文石疏恩,即还清切之禁。伏冀为时宝练,延国宠章。

上发运副使启

海滨重复，天韵阔疏，想经制之会烦，固和倪之粹隐。恭惟某官材为时栋，名著吏师，澄清废置之纲，仰给兵农之大，浸成久次，即冠近班。属阳月之届和，谅福基之敦裕，未涯拜伏，益用瞻祈。

上李仲偃运使启

伏念某得邑海濒，寄身节下，操舟取道，持版过庭。自顾下寮之愚，敢扳先子之雅？坐蒙高义，曲借善颜。载惟恩私，有过分愿。去离门守，来造署居，取庇自今，驰情无远。要之蚤莫，唯是旷官之忧；庶也始终，不为爱己之负。岁时回薄，气候沍寒，明贤之姿，休福所向。伏惟顺节自寿，副人所瞻。

上通判启

飙驰岁事，斗旷音尘，咏德所深，摇旌曷谕？伏审某官升华储幄，显被于王灵；贰政侯藩，益隆于宸寄。忝守官于支邑，将仰芘于公材，欣抃之诚，倍万常品。

谢范资政启

窃陶大化，瞻若重霄。执讯隆堂，近修于常礼；占辞记室，屡致于尊光。赐逾襃衮之荣，仰极高山之咏。恭想镇海都会，宣国福威，御六气之和，荐百嘉之祐。伏惟某官道宗当世，名重本朝。思皇廊庙之材，均逸股肱之郡，即还大政，以泽含生。某容迹海滨，被光台照。童乌署第，夙荷于揄扬；立鲤联荣，复深于契眷。幸当栖庇，以处钧成。

谢知州启

某摄承人乏，附丽德辉，顾庸陋之无堪，辱庇存之尤厚。终逃官谤，得近宸慈，希骥仰高，惟日为岁。恭惟布宣善治，栖有太和。伏以某官美业内充，懿文弥饰，傅会升平之世，跻升通显之官，风问日隆，宠灵交至。汉廷下诏，方尊千里之师；谢守论功，当为九伯之冠。行登近列，允副金言。秋气正刚，风华浸远，詹依祷颂，倍万等伦。

谢邻郡通判启

某备官于兹，闻问之久，非席趋承之旧，难陈向慕之私。敢图高明，过自贬损，授之温教，奖以谦辞，惟兹感铭，其敢忘去？进德之盛，知名于今，当襃以迁，可拱而俟。仰惟自寿，下副所瞻。

谢葛源郎中启

伏念某受材单少,趋道阔疏,时所谓贤,少焉知慕。矧先君之德友,实当世之名丑。唯门墙之高,未始得望;故竿牍之亵,无容自通。如其仰望之勤。岂有须臾之间?敢图风谊,亲贬书辞,追讲前人之欢,坐忘介子之丑。拜嘉已厚,论愧则多。恭以某官,邦之耆明,朝所贵重,声旧行乎四海,势犹屈于一州。虽牧养之仁,士民犹赖;而褒升之宠,日月以须。唯兹蠢愚,其卒芘赖。伏惟为道自爱,副人所瞻。

谢林中舍启

乡风有年,修问无所。维家伯氏,得婚高门,顾惟幸会之多,曾是趋承之晚。比问州邸,云改县章,治所相望,私诚甚喜。谓宜朝夕,可布腹心。敢图高明,见遇勤恪,先赐抚存之教,曲加奖引之辞。虽睦姻之风可以厚俗,而贬损之意有如过中。言观以思,颇恐且愧。余暑谢去,薄寒来归。吉士所居,明神实相。茂惟体气,怡有休祥。未即承颜,惟祈养福。

谢徐秘校启

比因幸会,得奉光仪,再荷眷存之深,遂伤暌隔之远。忽承高谊,特损谦辞,顾奖引之过中,非孤蒙之敢望。拜嘉之重,为愧则多。贤俊之材,神明所相,茂惟兴止,休有福祥。未即趋承,惟加调护,仁膺殊擢,以慰遐思。

谢林肇长官启

伏蒙贬损，猥先临存。方以出行渠川，未尝得望车骑，继陈悃愊，叙谢高明。敢图仁人，见遇如旧，申锡重问，相存有加。唯贱且贫，尤愚不肖，学焉昧道，仕则旷官，荷推褒之过情，处负愧以终日。三阳肇岁，万物同春，茂惟贤明，休有祉福。以时自寿，良副所瞻。

答林中舍启二

一

幸邻封畛，叨缀戚姻，仰风诚勤，奉问顾缺。敢图盛意，申贶华辞。荷相存之至隆，非遽数之可既。钦承德履，茂享春祺，更冀保绥，少符倾向。

二

去德不远，向风诚勤，日有简书之烦，久无竿牍之献。敢图风谊，远损书辞，仰衔存爱之隆，实重顽疏之过。末由占对，窃冀保绥，祷颂之私，指陈不既。

答定海知县启

窃邑海旁，得邻境上，布私书之未暇，辱重问以相先，惟知感悚，岂易缕指？未涯占对，尤积咏思，惟加自颐，自副所望。

答戚郎中启

阻阔风貌，固常咏思。重庆诰章，擢升郎署，闻报之晚，裁贺未皇。敢意谦明，首形缄问，辞博以厚，义高且醇，承拜置前，诵玩亡斁。喜闻王事优简，神宇粹平。某官奉国不回，处官以正。秩中台之显要，柄外镇之惨舒，民无隐情，治有异迹。伫闻旌召，续附庆书。

上枢密王尚书启

窃以璇玑上列，齐七政以均和；帝衮辅成，钦四邻之基命。亲逢华旦，允属宗工。恭惟某官，与国忠纯，爽邦明哲，对越光华之旦，居然文雅之宗，简在上心，郁为时栋。雍容禁署，尝密赞于睿谋；参贰宰司，多委成于治体。奋庸甚盛，注意特隆。属恩诰之诞颁，分镇临之重寄。居留神甸，为表则于四方；宠进枢庭，当折冲于万里。声教所暨，庆抃率同。俯念空疏，凤叨存记，绾县章而祇役，望君幄以劳怀。恭听吉音，岂胜至愿。

与交代赵中舍启

尝请代期,当留听下。单舟在境,敢无告于候人;善政可师,将有求于令尹。自余占对,乃尽布陈。

与张护戎启

鼎来敝邑,甫次近郊,传闻使旌,适在州部。将亲盛德,尤激欢惊。

与谭主簿启

爰兹治舟,亦以造境。将联职治,可丐规模。惟喜则多,非陈所悉。

上范资政先状

某此者之官敝邑,取道乐郊,引舟将次于近圻,敛板即趋于前屏。瞻望麾戟,下情无任。

谢许发运启

近持悃愊,进叩高明,荷温教之见存,假善舟而使济。亦既就道,即将造门,惟兹下情,感喜殊甚。

谢王供奉启

伏审拜恩,鼎来视职,惟兹疏贱,将庇高明。敢图恩私,先赐教督,感竦之极,敷言曷殚?

答马太博启二

一

伏审进被恩章,来临职任,兹惟幸会,得奉光仪。敢图隆私,先赐华问,感佩之至云云。

二

伏审光奉圣恩,已谐礼上。未皇修好,先辱赐书,感慰至深,叙陈不既。

答沈屯田启

趋承维旧，违去尚新，唯是企思之深，曾无忘去之顷。敢图恩纪，特赐书辞，仰荷眷存之尤，内怀恐愧之极。岁云郁沐，物且长赢，茂惟贤明，多有休福。窃况藩宣之盛，倚成陪贰之良。伏惟顺序自颐，副人所望。

答陈推官启

某受材无它，窃邑于此，高明赐教，褒谕过情。窥观以思，惧恐且愧。末由占对，良自保绥。

贺集贤相公启
代人作。

恭以禁座流恩，政堂迁秩，宠兼常伯，守在冬官，伏惟庆慰。恭以某官袭气堪舆，禀精河岳。风华懋美，峣若东南之筠；天韵纯沦，温如西北之璞。不阶尺木，遂致青云。世图任于老成，日对扬于休命。股肱作相，素同国体之安；喉舌命官，遂致文明之政。兹为异数，允答具瞻。某充位外藩，希风上国。观文辩叙，弥高天老之台；通谒为仪，浸远豆晏之日。欢愉无状，震栗兼常。

贺枢密相公启
代人作。

恭审迁秩上公，联华冢宰，伏惟庆慰。窃以某官略非世出，韵自天成，时归英特之材，独禀高明之器。光华漫漫，遂适于泰辰；文学彬彬，适阶于膴仕。逮浚明之正统，图卫翼之元勋，周历清华之阶，越登机密之首。通规亮节，朝矜式以取平；深策远猷，上咨嗟而倚重。懋惟徽数，允合肤公，命布幅员，喜盈观听。某久从外补，逖听上胪，曾驰谒之未遑，第承风而窃抃。瞻依之厚，度越于常。

答福州知府学士启
代人作。

某启：辞阔义风，累更元历，虽疆域之相比，愧缄疏之未皇。敢意谦明，首书存聘，赐之良实，重以好辞，无因至前，承拜知悚。某官卿材修固，国器方廉，登步本朝，汪翔盛问。维高闽之要地，实南越之旧都，顾赖忠良，镇此襟带。既闻善治，宜有宠章。用冀保和，且须来命。

贺凤翔知府陈学士启
代人作。

恭审拜命恩纶，颁条侯府，窃惟庆慰。某官器谋强济，业履粹明，名日起以贵成，势龙阶而独上。儒林材职之馆，方指事以载功；歧阳襟带之邦，出承流而宣化。国家试能补郡，吁俊熙天，即颁宽大之书，召还清切之禁。某衰晚无状，情契所同。顾海上之身，浸为俗吏；瞻榜中之彦，敢附青云。未涯贽见之仪，益切瞻言之素，愿臻持摄，前对宠光。

贺昭文相公启

代宋宣献公作。

恭审肃被宠灵，参司枢要，伏惟庆慰。窃以安危所系，文武相须，眷注意之殊时，崇仰成之异体。至若万务通于四海，二柄萃于一门，简在休辰，职繇全德。恭以某官风华博照，天韵雄成，挟旦、奭之谋谟，袭韦、平之系胄，逢辰鼎盛，序爵弥高。清议被民，卓冠一时之杰；丰规振俗，遹跻三代之隆。嗟彼羌豪，警吾边吏，有严天讨，爰整王师。上方深拱以倚平，博谋而取重，畀兹全责，钦若壮猷。舆诵所同，岩瞻惟允。昔馈通函谷，繄沛邑之宗臣；威被匈奴，实汉家之真宰。宜今具美，与古兼徽。某凤附末光，雅烦善庇。仕藩城而待罪，隐若目安；占宿邸之移文，跫然滋喜。依归之素，有过等夷。

谢及第启

三月二十二日，皇帝御崇政殿放进士，蒙恩赐及第释褐者。四方之杰，茂对清光；一介之技，猥尘华选。冒荣之辱，抚己而惭。窃以国家揽八宇之广，具万官之富。一化所染，人有善行；数路之举，野无滞材。取士如此之详，得人于斯为盛。然犹谦不自足，乐于旁求，比诏郡邑，详延岩穴。向非蔚有声采，著在观听，何以酬上勤仁，塞人烦言？如某者，族敝而贱，材顽且疏，逢世治文，追师乡道。员冠方屦，有贱儒之名；高文大册，无作者之实。昊乾不吊，先子夙丧，侨家异土，归扫穷阎。上不能执轩冕以取高，下不能力稼穑而为养。俯首干进，蕲荣逮亲。适会诏之兴眂，遂负书而应令。乡老署其行，荐之明朝；春官訾其材，置以异等。率趋法座，辈试殊庭。仅成骩骳之谈，复玷高华之选。夫何抵此，厥有繇然。兹盖伏遇某官德厚兼容，风华博照。斟酌元气，洪纤溥被其仁；雕刻众形，妍恶曲成其汇。乘云洒润，秉律嘘枯，使是寒士，阶于荣路。敢不审图大方，悖率常宪，取所承学，著之行事。唯仁之守，唯谊之循，不以邪曲回精忠之操，不以宠利污廉洁之尚。庶期尽齿，无负大赐。易此而他，未知所裁。

卷八十二 记一

虔州学记

虔于江南地最旷，大山长谷，荒翳险阻，交、广、闽、越铜盐之贩，道所出入，椎埋、盗夺、鼓铸之奸，视天下为多。庆历中，尝诏立学州县，虔亦应诏，而卑陋褊迫不足为美观。州人欲合私财迁而大之久矣。然吏常力屈于听狱，而不暇顾此。凡二十一年，而后改筑于州所治之东南，以从州人之愿。盖经始于治平元年二月，提点刑狱宋城蔡侯行州事之时，而考之以十月者，知州事钱塘元侯也。二侯皆天下所谓才吏，故其就此不劳，而斋祠、讲说、候望、宿息以至庖湢，莫不有所。又斥余财市田及书，以待学者，内外完善矣。于是州人相与乐二侯之适己，而来请文以记其成。余闻之也，先王所谓道德者，性命之理而已。其度数在乎俎豆、钟鼓、管弦之间，而常患乎难知，故为之官师，为之学，以聚天下之士，期命辩说，诵歌弦舞，使之深知其意。夫士，牧民者也。牧知地之所在，则彼不知者驱之尔。然士学而不知，知而不行，行而不至，则奈何？先王于是乎有政矣。夫政，非为劝沮而已也，然亦所以为劝沮。故举其学之成者以为卿大夫，其次虽未成，而不害其能至者以为士，此舜所谓庸之者也。若夫道隆而德骏者，又不止此，虽天子，北面而问焉，而与之迭为宾主，此舜所谓承之者也。蔽陷畔逃，不可与有言，则挞之以诲其过，书之以识其恶，待之以岁月之久而终不化，则放弃、杀戮之刑随其后，此舜所谓威之者也。盖其教法，德则异之以智、仁、圣、义、忠、和，行则同之以孝、友、睦、姻、任、恤，艺则尽之以礼、乐、射、御、书、数。淫言诐行诡怪之术，不足以辅世，则无所容乎其时。而诸侯之所以教，一皆听于天子，天子命之矣，然后兴学。命之历数，所以时其迟速；命之权量，所以节其丰杀。命不在是，则上之人不以教，而为学者不道也。士之奔走、揖让、酬酢、笑语、升降，出入乎此，则无非教者。高可以至于命，其下亦不失为人用，其流及乎既衰矣，尚可以鼓舞群众，使有以异于后世之人。故当是时，妇人之所能言，童子之所可知，有后世老师宿儒之所惑而不悟者也；武夫之所道，鄙人之所守，有后世豪杰名士之所惮而愧之者也。尧、舜、三代从容无为，同四海于一堂之上，而流风余俗，咏叹之不息，凡以此也。周道微，不幸而有秦，君臣莫知屈己以学，而乐于自用，其所建立悖矣。而恶夫非之者，乃烧《诗》《书》，杀学士，扫除天下之庠序，然后非之者愈多，而终于不胜。何哉？先王之道德出于性命之理，而性命之理出于人心。《诗》《书》能循而达之，非能夺其所有而予之以其所无也。经虽亡，出于人心者犹在，则亦安能使我舍己之昭昭而从我于聋昏哉？然是心非特秦也，当孔子时，既有欲毁乡校者矣。盖上失其政，人自为义，不务出至善以胜之，而患乎有为之难，则是心非特秦也。墨子区区，不知失者在此，而发"尚同"之论，彼其为愚，亦独何异于秦。呜呼，道之不一久矣。扬子曰："如将复驾其所说，莫若使诸儒金口而木舌。"盖有意乎辟雍学校之事。善乎其言，虽孔子出，必从之矣。今天子以盛德新即位，庶几能及此乎！今之守吏，实古之诸侯，其异于古者，不在乎施设之不专，而在乎所受于朝廷未有先王之法度；不在乎无所于教，而在乎所以教未有以成士大夫仁义之材。虔虽地旷以远，得所以教，则虽悍昏嚚凶、抵禁触法而不悔者，亦将有以聪明其耳目而善其心，又况乎学问之民？故余为书二侯之绩，因道古今之变及所望乎上者，使归而刻石焉。

君子斋记

　　天子、诸侯谓之君，卿大夫谓之子。古之为此名也，所以命天下之有德。故天下之有德，通谓之君子。有天子、诸侯、卿大夫之位而无其德，可以谓之君子，盖称其位也；有天子、诸侯、卿大夫之德而无其位，可以谓之君子，盖称其德也。位在外也，遇而有之，则人以其名予之，而以貌事之；德在我也，求而有之，则人以其实予之，而心服之。夫人服之以貌而不以心，与之以名而不以实，能以其位终身而无谪者，盖亦幸而已矣。故古之人以名为羞，以实为慊，不务服人之貌，而思有以服人之心。非独如此也，以为求在外者不可以力得也。故虽穷困屈辱，乐之而弗去，非以夫穷困屈辱为人之乐者在是也，以夫穷困屈辱不足以概吾心为可乐也已。河南裴君主簿于洛阳，治斋于其官而命之曰"君子"。裴君岂慕夫在外者而欲有之乎？岂以为世之小人众而躬行君子者独我乎？由前则失己，由后则失人。吾知裴君不为是也，亦曰勉于德而已。盖所以榜于其前，朝夕出入观焉，思古之人所以为君子而务及之也。独仁不足以为君子，独智不足以为君子，仁足以尽性，智足以穷理，而又通乎命，此古之人所以为君子也。虽然，古之人不云乎："德辑如毛，毛犹有伦。"未有欲之而不得也。然则裴君之为君子也，孰御焉。故余嘉其志而乐为道之。

度支副使厅壁题名记

　　三司副使不书前人名姓。嘉祐五年，尚书户部员外郎吕君冲之，始稽之众史，而自李纮已上至查道得其名，自杨偕已上得其官，自郭劝已下又得其在事之岁时，于是书石而镵之东壁。夫合天下之众者财，理天下之财者法，守天下之法者吏也。吏不良则有法而莫守，法不善则有财而莫理。有财而莫理，则阡陌闾巷之贱人，皆能私取予之势，擅万物之利，以与人主争黔首，而放其无穷之欲，非必贵强桀大而后能。如是，而天子犹为不失其民者，盖特号而已耳。虽欲食蔬衣敝，憔悴其身，愁思其心，以幸天下之给足，而安吾政，吾知其犹不得也。然则善吾法而择吏以守之，以理天下之财，虽上古尧、舜犹不能毋以此为先急，而况于后世之纷纷乎？三司副使，方今之大吏，朝廷所以尊宠之甚备。盖今理财之法有不善者，其势皆得以议于上而改为之，非特当守成法，吝出入，以从有司之事而已。其职事如此。则其人之贤不肖，利害施于天下如何也！观其人，以其在事之岁时，以求其政事之见于今者，而考其所以佐上理财之方，则其人之贤不肖，与世之治否，吾可以坐而得矣。此盖吕君之志也。

桂州新城记

侬智高反南方，出入十有二州。十有二州之守吏，或死或不死，而无一人能守其州者。岂其材皆不足欤？盖夫城郭之不设，甲兵之不戒，虽有智勇，犹不能以胜一日之变也。唯天子亦以为任其罪者不独守吏，故特推恩褒广死节，而一切贷其失职。于是遂推选士大夫所论以为能者，付之经略，而今尚书户部侍郎余公靖当广西焉。寇平之明年，蛮越接和，乃大城桂州。其方六里，其木、甓、瓦、石之材，以枚数之，至四百万有奇。用人之力，以工数之，至一十余万。凡所以守之具，无一求而有不给者焉。以至和元年八月始作，而以二年之六月成。夫其为役亦大矣。盖公之信于民也久，而费之欲以卫其材，劳之欲以休其力，以故为是有大费与大劳，而人莫或以为勤也。古者君臣、父子、夫妇、兄弟、朋友之礼失，则夷狄横而窥中国。方是时，中国非无城郭也，卒于陵夷、毁顿、陷灭而不救。然则城郭者，先王有之，而非所以恃而为存也。及至喟然觉寤，兴起旧政，则城郭之修也，又不敢以为后。盖有其患而图之无其具，有其具而守之非其人，有其人而治之无其法，能以久存而无败者，皆未之闻也。故文王之兴也，有四夷之难，则城于朔方，而以南仲；宣王之起也，有诸侯之患，则城于东方，而以仲山甫。此二臣之德，协于其君，于为国之本末与其所先后，可谓知之矣。虑之以悄悄之劳，而发赫赫之名，承之以翼翼之勤，而续明明之功，卒所以攘戎夷而中国以全安者，盖其君臣如此，而守卫之有其具也。今余公亦以文武之材，当明天子承平日久、欲补弊立废之时，镇抚一方，修捍其民，其勤于今，与周之有南仲、仲山甫盖等矣，是宜有纪也。故其将吏相与谋而来取文，将刻之城隅，而以告后之人焉。至和二年九月丙辰，群牧判官、太常博士王某记。

太平州新学记

太平新学在子城东南，治平三年，司农少卿建安李侯定仲求所作。侯之为州也，宽以有制，静以有谋，故不大罚戮而州既治。于是大姓相劝出钱，造侯之庭，愿兴学以称侯意。侯为相地迁之，为屋百间，为防环之，以待水患。而为田二十顷，以食学者。自门徂堂，闳壮丽密，而所以祭养之器具。盖往来之人，皆莫知其经始，而特见其成。既成矣，而侯罢去，州人善侯无穷也，乃来求文以识其时功。嗟乎！学之不可以已也久矣。世之为吏者，或不足以知此，而李侯知以为先，又能不费财伤民，而使其自劝以成之，岂不贤哉！然世之为士者，知学矣，而或不知所以学，故余于其求文，而因以告焉。盖继道莫如善，守善莫如仁。仁之施，自父子始。积善而充之，以至于圣而不可知之谓神。推仁而上之，以至于圣人之于天道，此学者之所当以为事也。昔之造书者实告之矣。有闻于上，无闻于下，有见于初，无见于终，此道之所以散，百家之所以盛，学者之所以讼也。学乎学，将以一天下之学者至于无讼而止。游于斯，铺于斯，而余说之不知，则是美食逸居而已者也。李侯之为是也，岂为士之美食逸居而已者哉？治平四年九月四日，临川王某记。

繁昌县学记

奠先师先圣于学而无庙，古也。近世之法，庙事孔子而无学。古者自京师至于乡邑，皆有学，属其民人相与学道艺其中，而不可使不知其学之所自，于是乎有释菜、奠币之礼，所以著其不忘。然则事先师先圣者，以有学也。今也无有学而徒庙事孔子，吾不知其说也。而或者以谓孔子百世师，通天下州邑为之庙，此其所以报且尊荣之。夫圣人与天地同其德，天地之大，万物无可称德，故其祀，质而已，无文也。通州邑庙事之，而可以称圣人之德乎？则古之事先圣，何为而不然也？宋因近世之法而无能改，至今天子，始诏天下有州者皆得立学，奠孔子其中，如古之为。而县之学，士满二百人者，亦得为之。而繁昌，小邑也，其士少，不能中律，旧虽有孔子庙，而庳下不完，又其门人之像，惟颜子一人而已。今夏君希道太初至，则修而作之，具为子夏、子路十人像。而治其两庑，为生师之居，以待县之学者。以书属其故人临川王某，使记其成之始。夫离上之法，而苟欲为古之所为者无法，流于今俗而思古者，不闻教之所以本，又义之所去也。太初是无变今之法，而不失古之实，其不可以无传也。

芝阁记

祥符时，封泰山以文天下之平，四方以芝来告者万数。其大吏，则天子赐书以宠嘉之，小吏若民，辄锡金帛。方是时，希世有力之大臣，穷搜而远采，山农野老，攀缘岨杙，以上至不测之高，下至涧溪壑谷，分崩裂绝，幽穷隐伏，人迹之所不通，往往求焉。而芝出于九州、四海之间，盖几于尽矣。至今上即位，谦让不德。自大臣不敢言封禅，诏有司以祥瑞告者皆勿纳。于是神奇之产，销藏委翳于蒿藜榛莽之间，而山农野老不复知其为瑞也。则知因一时之好恶，而能成天下之风俗，况于行先王之治哉？太丘陈君，学文而好奇。芝生于庭，能识其为芝，惜其可献而莫售也，故阁于其居之东偏，掇取而藏之。盖其好奇如此。噫！芝一也，或贵于天子，或贵于士，或辱于凡民，夫岂不以时乎哉？士之有道，固不役志于贵贱，而卒所以贵贱者，何以异哉？此予之所以叹也。皇祐五年十月日记。

信州兴造记

晋陵张公治信之明年，皇祐二年也，奸强帖柔，隐讷发舒，既政大行，民以宁息。夏六月乙亥，大水。公徙囚于高狱，命百隶戒，不共有常诛。夜漏半，水破城，灭府寺，苞民庐居。公趋譙门，坐其下，敕吏士以桴收民，鳏孤老癃与所徙之囚，咸得不死。丙子，水降。公从宾佐按行隐度，符县调富民水之所不至者夫钱，户七百八十六，收佛寺之积材一千一百三十有二。不足，则前此公所命富民出粟以赒贫民者二十三人，自言曰："食新矣，赒可以已，愿输粟直以佐材费。"七月甲午，募人城水之所入，垣郡府之缺，考监军之室，立司理之狱。营州之西北亢爽之墟，以宅屯驻之师，除其故营，以时教士刺伐坐作之法，故所无也。作驿曰饶阳，作宅曰回车。筑二亭于南门之外，左曰仁，右曰智，山水之所附也。梁四十有二，舟于两亭之间，以通车徒之道。筑一亭于州门之左，曰宴，月吉所以属宾也。凡为梁一，为城垣九千尺，为屋八。以楹数之，得五百五十二。自七月九日，卒九月七日，为日五十二，为夫一万一千四百二十五。中家以下，见城郭室屋之完，而不知材之所出，见徒之合散，而不见役使之及己。凡故之所有必具，其所无也，乃今有之。故其经费卒不出县官之给。公所以救灾补败之政如此，其贤于世吏远矣。今州县之灾相属，民未病灾也，且有治灾之政出焉。弛舍之不适，哀取之不中，元奸宿豪舞手以乘民，而民始病。病极矣，吏乃始警然自喜，民相与诽且笑之，而不知也。吏而不知为政，其重困民多如此。此予所以哀民，而闵吏之不学也。由是而言，则为公之民，不幸而遇害灾，其亦庶乎无憾矣。十月二十日，临川王某记。

余姚县海塘记

自云柯而南，至于某，有堤若干尺，截然令海水之潮汐不得冒其旁田者，知县事谢君为之也。始堤之成，谢君以书属予记其成之始，曰："使来者有考焉，得卒任完之以不隳。"谢君者，阳夏人也，字师厚，景初其名也。其先以文学称天下，而连世为贵人，至君遂以文学世其家。其为县，不以材自负而忽其民之急。方作堤时，岁丁亥十一月也，能亲以身当风霜氛雾之毒，以勉民作而除其灾，又能令其民翕然皆劝趋之，而忘其役之劳，遂不逾时，以有成功。其仁民之心，效见于事如此，亦可以已，而犹自以为未也，又思有以告后之人，令嗣续而完之，以永其存。善夫！仁人长虑却顾图民之灾，如此其至，其不可以无传。而后之君子考其传，得其所以为，其亦不可以无思。而异时予尝以事至余姚，而君过予，与予从容言天下之事。君曰："道以闳大隐密，圣人之所独鼓万物以然而皆莫知其所以然者，盖有所难知也。其治政教令施为之详，凡与人共，而尤丁宁以急者，其易知较然者也。通涂川，治田桑，为之堤防沟浍渠川，以御水旱之灾；而兴学校，属其民人相与习礼乐其中，以化服之，此其尤丁宁以急，而较然易知者也。今世吏者，其愚也固不知所为，而其所谓能者，务出奇为声威，以惊世震俗，至或尽其力以事刀笔簿书之间而已，而反以谓古所为尤丁宁以急者，吾不暇以为，吾曾为之，而曾不足以为之，万有一人为之，且不足以名于世，而见谓材。嘻！其可叹也。夫为天下国家且百年，而胜残去杀之效，则犹未也，其不出于此乎？"予良以其言为然。既而闻君之为其县，至则为桥于江，治学者以教养县人之子弟，既而又有堤之役，于是又信其言之行而不予欺也已。为之书其堤事，因并书其言终始而存之，以告后之人。庆历八年七月日记。

通州海门兴利记

余读豳诗："以其妇子，馌彼南亩，田畯至喜。"嗟乎！豳之人帅其家人戮力以听吏，吏推其意以相民，何其至也。夫喜者非自外至，乃其中心固有以然也。既叹其吏之能民，又思其君之所以待吏，则亦欲善之心出于至诚而已，盖不独法度有以驱之也。以赏罚用天下，而先王之俗废。有士于此，能以豳之吏自为，而不苟于其民，岂非所谓有志者邪？以余所闻，吴兴沈君兴宗海门之政，可谓有志矣。既堤北海七十里以除水患，遂大浚渠川，酾取江南，以灌义宁等数乡之田。方是时，民之垫于海，呻吟者相属。君至，则宽禁缓求，以集流亡。少焉，诱起之以就功，莫不蹶蹶然奋其愈而来也。由是观之，苟诚爱民而有以利之，虽创残穷敝之余，可勉而用也，况于力足者乎？兴宗好学知方，竟其学，又将有大者焉，此何足以尽吾沈君之才，抑可以观其志矣。而论者或以一邑之善不足书之，今天下之邑多矣，其能有以遗其民而不愧于豳之吏者，果多乎？不多，则予不欲使其无传也。至和元年六月六日，临川王某记。

卷八十三 记二

鄞县经游记

庆历七年十一月丁丑，余自县出，属民使浚渠川，至万灵乡之左界，宿慈福院。戊寅，升鸡山，观碶契工凿石，遂入育王山，宿广利寺。雨不克东。辛巳，下灵岩，浮石湫之壑以望海，而谋作斗门于海滨，宿灵岩之旌教院。癸未，至芦江，临决渠之口，转以入于瑞岩之开善院，遂宿。甲申，游天童山，宿景德寺。质明，与其长老瑞新上石，望玲珑岩，须猿吟者久之，而还食寺之西堂，遂行，至东吴，具舟以西。质明，泊舟堰下，食大梅山之保福寺庄。过五峰，行十里许，复具舟以西，至小溪，以夜中。质明，观新渠及洪水湾，还食普宁院。日下昃，如林村。夜未中，至资寿院。质明，戒桃源、清道二乡之民以其事。凡东西十有四乡，乡之民毕已受事，而余遂归云。

游褒禅山记

　　褒禅山亦谓之华山，唐浮图慧褒始舍于其址，而卒葬之，以故其后名之曰褒禅。今所谓慧空禅院者，褒之庐冢也。距其院东五里，所谓华山洞者，以其乃华山之阳名之也。距洞百余步，有碑仆道，其文漫灭，独其为文犹可识，曰花山。今言"华"如"华实"之"华"者，盖音谬也。其下平旷，有泉侧出，而记游者甚众，所谓前洞也。由山以上五六里，有穴窈然，入之甚寒，问其深，则其好游者不能穷也，谓之后洞。余与四人拥火以入，入之愈深，其进愈难，而其见愈奇。有怠而欲出者，曰："不出，火且尽。"遂与之俱出。盖予所至，比好游者尚不能十一，然视其左右，来而记之者已少。盖其又深，则其至又加少矣。方是时，予之力尚足以入，火尚足以明也。既其出，则或咎其欲出者，而予亦悔其随之，而不得极夫游之乐也。于是予有叹焉。古人之观于天地、山川、草木、虫鱼、鸟兽，往往有得，以其求思之深而无不在也。夫夷以近，则游者众；险以远，则至者少。而世之奇伟瑰怪非常之观，常在于险远，而人之所罕至焉。故非有志者不能至也。有志矣，不随以止也，然力不足者，亦不能至也。有志与力，而又不随以怠，至于幽暗昏惑而无物以相之，亦不能至也。然力足以至焉，于人为可讥，而在己为有悔。尽吾志也而不能至者，可以无悔矣，其孰能讥之乎？此予之所得也。余于仆碑，又以悲夫古书之不存，后世之谬其传而莫能名者，何可胜道也哉！此所以学者不可以不深思而慎取之也。四人者，庐陵萧君圭君玉，长乐王回深父，余弟安国平父、安上纯父。至和元年七月某日，临川王某记。

城陂院兴造记

灵谷者，吾州之名山，卫尉府君之所葬也。山之水东出而北折，以合于城陂。陂上有屋曰城陂院者，僧法冲居之，而王氏诸父子之来视墓者，退辄休于此。当庆历之甲申，法冲始传其毁而有之。至嘉祐之戊戌，而自门至于寝，浮屠之所宜有者，新作之皆具。乃聚其陡而谋曰："自吾与尔有此屋，取材于山，取食于田，而又推其余以致所无。然犹不足以完也，而又取货力于邑人以助。盖为之以八年，而后吾志就。其勤如此，不可无记。惟王氏世与吾接，而卫尉府君之葬于此也，试往请焉，宜肯。"于是其徒相与砻石于庭，而使来以请。

慈溪县学记

天下不可一日而无政教，故学不可一日而亡于天下。古者井天下之田，而党庠、遂序、国学之法立乎其中。乡射饮酒、春秋合乐、养老劳农、尊贤使能、考艺选言之政，至于受成、献馘、讯囚之事，无不出于学。于此养天下智仁、圣义、忠和之士，以至一偏之伎、一曲之学，无所不养。而又取士大夫之材行完洁，而其施设已尝试于位而去者，以为之师。释奠、释菜，以教不忘其学之所自；迁徙、逼逐，以勉其怠而除其恶。则士朝夕所见所闻，无非所以治天下国家之道，其服习必于仁义，而所学必皆尽其材。一日取以备公卿大夫百执事之选，则其材行皆已素定，而士之备选者，其施设亦皆素所见闻而已，不待阅习而后能者也。古之在上者，事不虑而尽，功不为而足，其要如此而已。此二帝、三王所以治天下国家而立学之本意也。后世，无井田之法，而学亦或存或废。大抵所以治天下国家者，不复皆出于学。而学之士，群居、族处，为师弟子之位者，讲章句、课文字而已。至其陵夷之久，则四方之学者，废而为庙，以祀孔子于天下，斫木抟土，如浮屠、道士法，为王者象。州县吏春秋帅其属释奠于其堂，而学士者或不预焉。盖庙之作，出于学废，而近世之法然也。今天子即位若干年，颇修法度，而革近世之不然者。当此之时，学稍稍立于天下矣，犹曰县之士满二百人，乃得立学。于是慈溪之士，不得有学，而为孔子庙如故，庙又坏不治。今刘君在中言于州，使民出钱，将修而作之，未及为而去。时庆历某年也。后林君肇至，则曰："古之所以为学者吾不得而见，而法者吾不可以毋循也。虽然，吾之人民于此，不可以无教。"即因民钱，作孔子庙，如今之所云，而治其四旁为学舍，讲堂其中，帅县之子弟，起先生杜君醇为之师，而兴于学。噫！林君其有道者耶！夫吏者，无变今之法，而不失古之实，此有道者之所能也。林君之为，其几于此矣。林君固贤令，而慈溪小邑，无珍产淫货，以来四方游贩之民；田桑之美，有以自足，无水旱之忧也。无游贩之民，故其俗一而不杂；有以自足，故人慎刑而易治。而吾所见其邑之士，亦多美茂之材，易成也。杜君者，越之隐君子，其学行宜为人师者也。夫以小邑得贤令，又得宜为人师者为之师，而以修醇一易治之俗，而进美茂易成之材，虽拘于法，限于势，不得尽如古之所为，吾固信其教化之将行，而风俗之成也。夫教化可以美风俗，虽然，必久而后至于善。而今之吏，其势不能以久也。吾虽喜且幸其将行，而又忧夫来者之不吾继也，于是本其意以告来者。

万宗泉记

僧道光得泉之三年,直岁,善端治屋龙井之西北,发土得汣泉二,万宗命沟井而合焉。东为二池,池各有沟,注于南池,而东南其余水以溉山麓之田。既甃,善端请名,余为名其泉曰"万宗"云。

扬州龙兴讲院记

予少时,客游金陵,浮屠慧礼者从予游。予既吏淮南,而慧礼得龙兴佛舍,与其徒日讲其师之说。尝出而过焉,库屋数十楹,上破而旁穿,侧出而视后,则榛棘出人,不见垣端。指以语予曰:"吾将除此而宫之。虽然,其成也,不以私,吾后必求时之能行吾道者付之。愿记以示后之人,使不得私焉。"当是时,礼方丐食饮以卒日,视其居枵然。余特戏曰:"姑成之,吾记无难者。"后四年,来曰:"昔之所欲为,凡百二十楹,赖州人蒋氏之力,既皆成,盍有述焉?"噫!何其能也!盖慧礼者,予知之,其行谨洁,学博而才敏,而又卒之以不私,宜成此不难也。世既言佛能以祸福语倾天下,故其隆向之如此,非徒然也,盖其学者之材,亦多有以动世耳。今夫衣冠而学者,必曰自孔氏。孔氏之道易行也,非有苦身窘形,离性禁欲,若彼之难也。而士之行可一乡、才足一官者常少,而浮屠之寺庙被四海,则彼其所谓材者,宁独礼耶?以彼之材,由此之道,去至难而就甚易,宜其能也。呜呼!失之此而彼得焉,其有以也夫!

抚州招仙观记

招仙观在安仁郭西四十里,始作者与其岁月,予不知也。祥符中尝废,废四五十年,而道士全自明以医游其邑,邑之疾病者赖以治,而皆忧其去。人相与言州出材力,因废基筑宫而留之。全与其从者一人为留,而观复兴。全识予舅氏,而因舅氏以乞予书其复兴之岁月。夫宫室、器械、衣服、饮食,凡所以生之具,须人而后具,而人不须吾以足,惟浮屠、道士为然。而全之为道士,人须之而不可以去也。其所以养于人也,视其党可以无愧矣。予为之书,其亦可以无愧焉。庆历七年七月,复兴之岁月也。

石门亭记

石门亭在青田县若干里,令朱君为之。石门者,名山也。古之人咸刻其观游之感概,留之山中,其石相望。君至而为亭,悉取古今之刻立之亭中,而以书与其甥之婿王某,使记其作亭之意。夫所以作亭之意,其直好山乎?其亦好观游眺望乎?其亦于此问民之疾忧乎?其亦燕闲以自休息于此乎?其亦怜夫人之刻暴剥偃踣而无所庇障且泯灭乎?夫人物之相好恶必以类。广大茂美,万物附焉以生,而不自以为功者,山也;好山,仁也。去郊而适野,升高以远望,其中必有概然者。《书》不云乎:"予耄逊于荒。"《诗》不云乎:"驾言出游,以写我忧。"夫环顾其身无可忧,而忧者必在天下,忧天下亦仁也。人之否也敢自逸?至即深山长谷之民,与之相对接而交言语,以求其疾忧,其有壅而不闻者乎?求民之疾忧,亦仁也。政不有小大，不以德则民不化服。民化服，然后可以无讼。民不无讼，令其能休息无事、优游以嬉乎？古今之名者，其石幸在，其文信善，则其人之名与石且传而不朽，成人之名而不夺其志，亦仁也。作亭之意，其然乎？其不然乎？

抚州通判厅见山阁记

通判抚州、太常博士施侯，为阁于其舍之西偏。既成，与客升以饮，而为之名曰"见山"。且言曰："吾人脱于兵火，洗沐仁圣之膏泽，以休其父子者，余百年。于今天子恭俭，陂池、苑囿、台榭之观，有堙毁而无改作，其不欲有所骚动，而思称祖宗所以悯仁元元之意殊甚。故人得私其智力，以逐于利而穷其欲。自虽蛮夷湖海山谷之聚，大农富工豪贾之家，往往能广其宫室，高其楼观，以与通邑大都之有力者，争无穷之侈。夫民之富溢矣，吏独不当因其有余力有以自娱乐、称上施耶？又况抚之为州，山耕而水莳，牧牛马，田虎豹，为地千里，而民之男女以万数者五六十。地大人众如此，而通判与之为之父母，则其人奚可不贤？虽贤岂能无劳于为治？独无观游食飨之地，以休其暇日，殆非先王使小人以力养君子之意。吾所以乐为之就此而忘劳者，非以为吾之不肖能长有此，顾不如是不足以待后之贤者尔。且夫人之慕于贤者，为其所乐与天下之志同而不失，然后能有余以与民，而使皆得其所愿。而世之说者曰：'召公为政于周，方春舍于蔽芾之棠，听男女之讼焉，而不敢自休息于宫，恐民之从我者勤，而害其田作之时。盖其隐约穷苦，而以自媚于民如此。故其民爱思而咏歌之，至于不忍伐其所舍之棠，今《甘棠》之诗是也。'嗟乎！此殆非召公之实事、诗人之本指，特墨子之余言赘行，吝细褊迫者之所好，而吾之所不能为。"于是酒酣，客皆欢，相与从容誉施侯所为，而称其言之善。又美大其阁，而嘉其所以名之者，曰："阁之上，流目而环之，则邑屋、草木、川原、阪隰之无蔽障者皆见，施侯独有见于山而以为之名，何也？岂以山之在吾左右前后，若蹲若踞，若伏若鹜，为独能适吾目之所观邪？其亦吾心有得于是而乐之也。"施侯以客为知言，而以书抵予曰："吾所以为阁而名之者如此，子其为我记之。"数辞不得止，则又因吾叔父之命以取焉，遂为之记，以示后之贤者，使知夫施侯之所以为阁而名之者，其言如此。

真州长芦寺经藏记

西域有人焉，止而无所系，观而无所逐。唯其无所系，故有所系者守之；唯其无所逐，故有所逐者从之。从而守之者不可为量数，则其言而应之，议而辨之也，亦不可为量数。此其书之行乎中国，所以至于五千四十八卷，而尚未足以为多也。真州长芦寺释智福者，为高屋，建大轴两轮，而栖匦于轮间，以藏五千四十八卷者。其募钱至三千万，其土木丹漆珠玑，万金之闳壮靡丽，言者不能称也，唯观者知焉。夫道之在天下莫非命而有废兴，时也。知出之有命，兴之有时，则彼所以当天下贫窭之时，能独鼓舞得其财以有所建立，每至于此，盖无足以疑。智福有才略，善治其徒众，从余求识其成，于是乎书。

涟水军淳化院经藏记

道之不一久矣，人善其所见，以为教于天下，而传之后世。后世学者，或徇乎身之所然，或诱乎世之所趋，或得乎心之所好，于是圣人之大体，分裂而为八九。博闻该见有志之士，补苴调胹，冀以就完而力不足，又无可为之地，故终不得。盖有见于无思无为，退藏于密，寂然不动者，中国之老、庄，西域之佛也。既以此为教于天下而传后世，故为其徒者，多宽平而不忮，质静而无求，不忮似仁，无求似义。当士之夸漫盗夺，有己而无物者多于世，则超然高蹈，其为有似乎吾之仁义者，岂非所谓贤于彼，而可与言者邪？若通之瑞新，闽之怀琏，皆今之为佛而超然，吾所谓贤而与之游者也。此二人者，既以其所学自脱于世之淫浊，而又皆有聪明辩智之才，故吾乐以其所得者间语焉，与之游，忘日月之多也。琏尝谓余曰："吾徒有善因者，得屋于涟水之城中，而得吾所谓经者五千四十八卷于京师，归市甌而藏诸屋，将求能文者为之书其经藏者之岁时，而以子之爱我也，故使其徒来属，能为我强记之乎？"善因者，盖常为屋于涟水之城中，而因瑞新以求予记其岁时，予辞而不许者也。于是问其藏经之日，某年月日也。夫以二人者与余游，而善因属我之勤，岂有他哉？其不可以终辞，乃为之书，而并告之所以书之意，使镵诸石。

大中祥符观新修九曜阁记

某自扬州归，与叔父会京师。叔父曰："大中祥符观所谓九曜者，道士丁用平募民钱为堂庖庑，已又为阁，置九曜像其下，从吾乞汝文，记其年时，汝为之。"临川之城中，东有大丘，左溪水，水南出，而北并于江。城之东，以溪为隍，吾庐当丘上，北折而东百步，为祥符观。观岸溪水，东南之山不奄乎人家者，可望也。某少时，固尝从长者游而乐之，以为溪山之佳，虽异州乐也况吾父母之州，而又去吾庐为之近者邪！虽其身去为吏，独其心不须臾去也。今道士又新其居，以壮观游，阁焉，使游者得以穷登望之胜，使可望者不唯东南而已，岂不重可乐邪？道士之所为，几吾之所乐，而命吾文，又叔父也，即欲已，得邪？惜乎，安得与州之君子者游焉，以忘吾忧而慰吾思邪！阁成之日，某年月日也。

扬州新园亭记

诸侯宫室台榭，讲军实，容俎豆，各有制度。扬，古今大都，方伯所治处。制度狭庳，军实不讲，俎豆无以容，不以逼诸侯哉？宋公至自丞相府，化清事省，喟然有意其图之也。今太常刁君，实集其意，会公去镇郓，君即而考之，占府乾隅，夷茀而基，因城而垣，并垣而沟，周六百步，竹万个覆其上。故高亭在垣东南，循而西三十轨，作堂曰"爱思"，道僚吏之不忘宋公也。堂南北乡，袤八筵，广六筵。直北为射埻，列树八百本，以翼其旁。宾至而享，吏休而宴，于是乎在。又循而西十有二轨，作亭曰"肄武"，南北乡，袤四筵，广如之。埻如堂，列树以乡，岁时教士战、射、坐作之法，于是乎在。始庆历二年十二月某日，凡若干日卒功云。初，宋公之政务不烦其民，是役也，力出于兵，材资于宫之饶，地瞰于公宫之隙，成公志也。噫！扬之物与监，东南所规仰，天子宰相所垂意而选，继乎宜有若宋公者，丞乎宜有若刁君者。金石可弊，此无废已。庆历三年四月某日，临川王某记。

庐山文殊像现瑞记

番阳刘定尝登庐山，临文殊金像所没之谷，睹光明云瑞，图示临川王某，求记其事。某曰："有有以观空，空亦幻；空空以观有，幻亦实。幻实果有辨乎？然则如子所睹，可以记，可以无记。记无记果亦有辨乎？虽然，子既图之矣，余不可以无记也。"定以熙宁元年四月十日、十年九月二十七日睹，某以元丰元年十一月二十三日记。

抚州祥符观三清殿记

临川之州城横溪上。西出，出城之上，有宫岿然。溪之沄沄，流过其下。东南之山，皆在其门户窗牖之间者，曰祥符观。观之中有屋四注，深五十五尺，广七十二尺，陛之高，居深十八分之一，楹二十有四，门两夹窗，中象三，旁象二十有六者，曰三清殿。用其师之说以动人，而能有此者，曰道士黎自新。出其力以归于道士之说，而卒成此者，曰里之人郑佺。佺之子表，故尝与予游。予之归，表语其父之事，而乞予文，予不能拒也。夫用其师之说以动人者，道士也，予力顾出道士下，复何云哉！皇祐二年五月二十五日。

卷八十四 序

周礼义序

士弊于俗学久矣，圣上闵焉，以经术造之。乃集儒臣，训释厥旨，将播之校学，而臣某实董《周官》。惟道之在政事，其贵贱有位，其后先有序，其多寡有数，其迟数有时。制而用之存乎法，推而行之存乎人。其人足以任官，其官足以行法，莫盛乎成周之时。其法可施于后世，其文有见于载籍，莫具乎《周官》之书。盖其因习以崇之，赓续以终之，至于后世，无以复加。则岂特文、武、周公之力哉？犹四时之运，阴阳积而成寒暑，非一日也。自周之衰，以至于今，历岁千数百矣。太平之遗迹，扫荡几尽，学者所见，无复全经。于是时也，乃欲训而发之，臣诚不自揆，然知其难也。以训而发之之为难，则又以知夫立政造事追而复之之为难。然窃观圣上致法就功，取成于心，训迪在位，有冯有翼，亹亹乎乡六服承德之世矣。以所观乎今，考所学乎古，所谓见而知之者，臣诚不自揆，妄以为庶几焉，故遂昧冒自竭，而忘其材之弗及也。谨列其书为二十有二卷，凡十余万言。上之御府，副在有司，以待制诏颁焉。谨序。

诗义序

《诗》三百十一篇，其义具存，其辞亡者六篇而已。上既使臣雱训其辞，又命臣某等训其义。书成，以赐太学，布之天下，又使臣某为之序。谨拜手稽首言曰："《诗》上通乎道德，下止乎礼义。放其言之文，君子以兴焉；循其道之序，圣人以成焉。然以孔子之门人赐也、商也，有得于一言，则孔子悦而进之，盖其说之难明如此，则自周衰以迄于今，泯泯纷纷，岂不宜哉？伏惟皇帝陛下内德纯茂，则神罔时恫，外行恂达，则四方以无侮。日就月将，学有缉熙于光明，则《颂》之所形容，盖有不足道也。微言奥义，既自得之，又命承学之臣训释厥遗，乐与天下共之。顾臣等所闻，如爝火焉，岂足以赓日月之余光？姑承明制，代匮而已。传曰："美成在久。"故《棫朴》之作人，以寿考为言，盖将有来者焉，追琢其章，缵圣志而成之也。臣衰且老矣，尚庶几及见之。谨序。

书义序

熙宁二年，臣某以《尚书》入侍，遂与政。而子雱实嗣讲事，有旨为之说以献。八年，下其说太学，班焉。惟虞、夏、商、周之遗文，更秦而几亡，遭汉而仅存，赖学士大夫诵说，以故不泯，而世主莫或知其可用。天纵皇帝大知，实始操之以验物，考之以决事，又命训其义，兼明天下后世。而臣父子以区区所闻，承乏与荣焉。然言之渊懿而释以浅陋，命之重大而承以轻眇，兹荣也，只所以为愧欤！谨序。

熙宁字说序

文者，奇偶刚柔，杂比以相承，如天地之文，故谓之文。字者，始于一二而生生至于无穷，如母之字子，故谓之字。其声之抑扬开塞，合散出入，其形之衡从曲直、邪正上下、内外左右，皆有义，皆本于自然，非人私智所能为也。与夫伏羲八卦，文王六十四，异用而同制，相待而成《易》。先王以为不可忽，而患天下后世失其法，故三岁一同。同之者，一道德也。秦烧《诗》《书》，杀学士，而于是时始变古而为隶。盖天之丧斯文也，不然，则秦何力之能为？余读许慎《说文》，而于书之意，时有所悟，因序录其说为二十卷，以与门人所推经义附之。惜乎先王之文缺已久，慎所记不具，又多舛，而以余之浅陋考之，且有所不合。虽然，庸讵非天之将兴斯文也，而以余赞其始？故其教学必自此始。能知此者，则于道德之意，已十九矣。

新秦集序

《新秦集》者，故龙图阁直学士、尚书礼部郎中、知谏院虢略杨公之文。公以嘉祐七年四月某日甲子卒官。而外姻开封府推官、尚书度支员外郎中山李寿朋廷老，治其稿为二十卷。公讳畋，字乐道，世家新秦。其先人以忠力智谋为将帅，名闻天下。至公，始折节读书，用进士起家。尝提点荆湖北路刑狱，数自击叛蛮有功，得士卒心，故侬智高反时，自丧服中特起之往击。其后为三司副使、天章阁待制、侍读、知制诰，数以言事有直名，故迁龙图阁直学士、知谏院。又数言事，无所顾望，所言有人所不能言者。故其卒，天子录其忠，赗赐之加等，而士大夫知公者，为朝廷惜也。公所为文，庄厉谨洁，类其为人，而尤好为诗。其词平易不迫，而能自道其意。读其书，咏其诗，视其平生之大节如此。嗟乎！盖所谓善人之好学而能言者也。

老杜诗后集序

予考古之诗，尤爱杜甫氏作者。其辞所从出，一莫知穷极，而病未能学也。世所传已多，计尚有遗落，思得其完而观之。然每一篇出，自然人知非人之所能为，而为之者惟其甫也，辄能辨之。予之令鄞，客有授予古之诗世所不传者二百余篇。观之，予知非人之所能为，而为之实甫者，其文与意之著也。然甫之诗，其完见于今者，自予得之。世之学者，至乎甫而后为诗，不能至，要之不知诗焉尔。呜呼，诗其难惟有甫哉？自《洗兵马》下序而次之，以示知甫者，且用自发焉。皇祐壬辰五月日，临川王某序。

灵谷诗序

吾州之东南有灵谷者，江南之名山也。龙蛇之神，虎豹、翚翟之文章，梗枏、豫章、竹箭之材，皆自山出，而神林、鬼冢魑魅之穴，与夫仙人、释子恢谲之观，咸附托焉。至其淑灵和清之气，盘礴委积于天地之间，万物之所不能得者，乃属之于人，而处士君实生其址。君姓吴氏，家于山址，豪杰之望，临吾一州者，盖五六世，而后处士君出焉。其行孝悌忠信，其能以文学知名于时，惜乎其老矣，不得与夫虎豹、翚翟之文章，梗枏、豫章、竹箭之材，俱出而为用于天下，顾藏其神奇，而与龙蛇杂此土以处也。然君浩然有以自养，遨游于山川之间，啸歌讴吟，以寓其所好，终身乐之不厌，而有诗数百篇，传诵于闾里。他日，出《灵谷》三十二篇以属其甥曰："为我读而序之。"惟君之所得，盖有伏而不见者，岂特尽于此诗而已？虽然，观其镌刻万物，而接之以藻缋，非夫诗人之巧者，亦孰能至于此。

送陈兴之序

先人为临江军判官，实佐今驾部员外郎陈公。其后二十五年，公之子兴之主泰之如皋簿，某为判官淮南，以事出如皋，遇之，相好也。其后二年归京师，兴之亦以进士得嘉庆院解，复遇之，相好加焉。兴之试礼部有日，今宰相，其世父也，奏前试罢之以避嫌。兴之当远官，逾数月，乃得泉之晋江主簿去。陈公世大家，仕宦四十年，连坐谪流落，不得所欲，其意不能毋望兴之贵富世其家也。兴之亦诚博学，能文辞，有气节，吾意其为进士宜有得焉。今失所欲，又为所谓主簿者，远其亲三千里不啻，是其心独能毋介然者邪？夫大公之道行，上之人子弟苟贤者，任而进之无嫌也，下之人固亦不以嫌之。今兴之去，知者皆怜其才之可以进焉而不得，无以慰其亲也。吾于兴之又世故，故又为之思所以慰其亲，豁其心之介然者，不得其说，而独以悲大公之道不行焉。

送李著作之官高邮序

君之才，搢绅多闻之。初君视金陵酒政，人皆惜君不试于剧而沦于卑冗，君将优为之，曰："孔子尝为乘田、委吏矣，会计当而已矣，牛羊蕃而已矣。"既而又得调高邮关吏，人复惜君不试于剧而沦于卑冗，君言如初，色滋蔓喜。于戏！今之公卿大夫，据徼乘机，钻隙抵巇，仅不盈志，则戚戚以悲，君乃皦然反之，此蒙所以高君也。抑有猜焉，古之柄国家者，有戢景藏采，恬处下列，拔而致之朝，使相谟谋。今岂不若古邪？奚遂君请而弗拔也？

石仲卿字序

子生而父名之，以别于人云尔。冠而字，成人之道也。奚而为成人之道也？成人则贵其所以成人而不敢名之，于是乎命以字之，字之为有可贵焉。孔子作《春秋》，记人之行事，或名之，或字之，皆因其行事之善恶而贵贱之。二百四十二年之间，字而不名者，十二人而已。人有可贵而不失其所以贵,乃尔其少也!闽人石仲卿来请字,予以子正字之,附其名之义而为之云尔。子正于进士中名知经,往往脱传注而得经所以云之意。接之久,未见其行己有阙也,庶几不失其所以贵者欤!

伴送北朝人使诗序

某被敕送北客至塞上,语言之不通,而与之并辔十有八日。亦默默无所用吾意。时窃咏歌,以娱愁思当笑语。鞍马之劳,其言有不足取者。然比诸戏谑之善,尚宜为君子所取。故悉录以归,示诸亲友。

唐百家诗选序

余与宋次道同为三司判官,时次道出其家藏唐诗百余编,诿余择其精者。次道因名曰《百家诗选》。废日力于此,良可悔也。虽然,欲知唐诗者,观此足矣。

善救方后序

孟子曰:"先王有不忍人之心,斯有不忍人之政。"臣某伏读《善救方》而窃叹曰:此可谓不忍人之政矣!夫君者,制命者也。推命而致之民者,臣也。君臣皆不失职,而天下受其治。方今之时,可谓有君矣。生养之德，通乎四海，至于蛮夷荒忽，不救之病，皆思有以救而存之。而臣等虽贱，实受命治民，不推陛下之恩泽而致之民，则恐得罪于天下而无所辞诛。谨以刻石，树之县门外左，令观赴者自得而不求有司云。皇祐元年二月二十八日序。

送陈升之序

今世所谓良大夫者，有之矣，皆曰"是宜任大臣之事者"。作而任大臣之事，则上下一失望，何哉？人之材有小大，而志有远近也。彼其任者小而责之近，则煦煦然仁而有余于仁矣，孑孑然义而有余于义矣。人见其仁义有余也，则曰"是其任者小而责之近，大任将有大此者然。"上下俟之云尔，然后作而任大臣之事。作而任大臣之事，宜有大此者焉，然则煦煦然而已矣，孑孑然而已矣，故上下一失望。岂惟失望哉！后日诚有堪大臣之事，其名实蒸然于上，上必惩前日之所俟而逆疑焉；暴于下，下必惩前日之所俟而逆疑焉。上下交疑，诚有堪大臣之事者，而莫之或任。幸欲任，则左右小人得引前日之所俟惩之矣。噫！圣人谓知人难，君子恶名之溢于实，为此则奈何？亦精之而已矣。恶之则奈何？亦充之而已矣。知难而不能精之，恶之而不能充之，其亦殆哉！予在扬州，朝之人过焉者多，堪大臣之事，可信而望者，陈升之而已矣。今去官于宿州，予不知复几何时乃一见之也。予知升之作而任大臣之事，固有时矣。煦煦然仁而已矣，孑孑然义而已矣，非予所以望于升之也。

张刑部诗序

刑部张君诗若干篇，明而不华，喜讽道而不刻切，其唐人善诗者之徒欤！君并杨、刘，杨、刘以其文词染当世，学者迷其端原，靡靡然穷日力以摹之，粉墨青朱，颠错丛厐，无文章黼黻之序，其属情藉事，不可考据也。方此时，自守不污者少矣。君诗独不然，其自守不污者邪？子夏曰："诗者，志之所之也。"观君之志，然则其行亦自守不污者邪，岂唯其言而已！畀予诗而请序者，君之子彦博也。彦博字文叔，为抚州司法，还自扬州识之，日与之接云。庆历三年八月序。

送孙正之序

时然而然，众人也；己然而然，君子也。己然而然，非私己也，圣人之道在焉尔。夫君子有穷苦颠跌，不肯一失诎己以从时者，不以时胜道也。故其得志于君，则变时而之道若反手然，彼其术素修而志素定也。时乎杨、墨己不然者，孟轲氏而已；时乎释、老己不然者，韩愈氏而已。如孟、韩者，可谓术素修而志素定也，不以时胜道也，惜也不得志于君，使真儒之效不白于当世，然其于众人也卓矣。呜呼！予观今之世，圆冠峨如，大裙襜如，坐而尧言，起而舜趋，不以孟、韩之心为心者，果异众人乎？予官于扬，得友曰孙正之。正之行古之道，又善为古文，予知其能以孟、韩之心为心而不已者也。夫越人之望燕，为绝域也。北辕而首之，苟不已，无不至。孟、韩之道去吾党，岂若越人之望燕哉？以正之之不已而不至焉，予未之信也。一日得志于吾君，而真儒之效不白于当世，予亦未之信也。正之之兄官于温，奉其亲以行，将从之，先为言以处予。予欲默，安得而默也？庆历二年闰九月十一日。

送胡叔才序

叔才，铜陵大宗，世以赀名。子弟豪者，驰骋渔弋为己事；谨者务多辟田以殖其家。先时，邑之豪子弟有命儒者，耗其千金之产，卒无就。邑豪以为谚，莫肯命儒者，遇儒冠者，皆指目远去，若将浼己然，虽胡氏亦然。独叔才之父母不然，于叔才之幼，捐重币逆良先生教之。既壮可以游，资而遣之，无所靳。居数年，朋试于有司，不合而归，邑人之訾者半，窃笑者半。其父母愈笃不悔，复资而遣之。叔才纯孝人也，悱然感父母所以教己之笃，追四方才贤，学作文章，思显其身以及其亲。不数年，遂能褎然为材进士，复朋试于有司，不幸复诎于不己知。不予愚而从之游，尝谓予言父母之思，而惭其邑人，不能归。予曰："归也。夫禄与位，庸者所待以为荣者也。彼贤者，道弸于中而襮之以艺，虽无禄与位，其荣者固在也。子之亲，矫群庸而置子于圣贤之途，可谓不贤乎？或訾或笑而终不悔，不贤者能之乎？今而舍道德而荣禄与位，殆不其然！然则子之所以荣亲而释惭者亦多矣！昔之訾者、窃笑者，固庸者尔，岂子所宜惭哉？姑持予言以归，为父母寿，其亦喜无量，于子何如？"因释然寤，治装而归，予即书其所以为父母寿者送之云。

卷八十五　祭文

祭曾鲁公文

肃肃鲁公，为时臣宗。小大具宜，济以勤恭。实相累朝，有德有庸。帝序之爵，三公是秩。神介之祉，乃终有吉。显允嗣子，能匹公休，赞我事枢，符帝之求。公荣在家，禄养具美，既寿且康，顺以卒齿。公则无憾，以返其真，天子震悼，逮及国人。况如安石，辱知最久，西望涕熙，以荐食酒。

祭范颍州文

呜呼我公，一世之师。由初迄终，名节无疵。明肃之盛，身危志殖。瑶华失位，又随以斥。治功亟闻，尹帝之都。闭奸兴良，稚子歌呼。赫赫之家，万首俯趋。独绳其私，以走江湖。士争留公，蹈祸不栗。有危其辞,谒与俱出。风俗之衰,骇正怡邪。謇謇我初,人以疑嗟。力行不回,慕者兴起。儒先酋酋,以节相佽。公之在贬,愈勇为忠。稽前引古,谊不营躬。外更三州,施有余泽。如酾河江,以灌寻尺。宿赃自解,不以刑加。猾盗涵仁,终老无邪。讲艺弦歌,慕来千里。沟川障泽,田桑有喜。戎孽狋狂,敢畸我疆。铸印刻符,公屏一方。取将于伍,后常名显。收士至佐,维邦之彦。声之所加,掳不敢濒。以其余威,走敌完邻。昔也始至,疮痍满道。药之养之,内外完好。既其无为,饮酒笑歌。百城晏眠,吏士委蛇。上嘉曰材,以副枢密。稽首辞让,至于六七。遂参宰相,厘我典常。扶贤赞杰,乱冗除荒。官更于朝,士变于乡。百治具修,偷惰勉强。彼阋不遂,归侍帝侧。卒屏于外,身屯道塞。谓宜耆老,尚有以为。神乎孰忍,使至于斯。盖公之才,犹不尽试。肆其经纶,功孰与计?自公之贵,厩库逾空。和其色辞,傲讦以容。化于妇妾,不靡珠玉。翼翼公子,弊绨恶粟。闵死怜穷,惟是之奢。孤女以嫁,男成厥家。孰埋于深?孰锲乎厚?其传其详,以法永久。硕人今亡,邦国之忧。矧鄙不肖,辱公知尤。承凶万里,不往而留。涕哭驰辞,以赞醪羞。

祭周几道文

初我见君,皆童而帻。意气豪悍,崩山决泽。弱冠相视,隐忧困穷。貌则侔年,心颒如翁。俯仰悲欢,超然一世。皓发鳌鬖,分当先弊。孰知君子,赴我称孤。发封涕洟,举屋惊呼。行与世乖,惟君缱绻。吊祸问疾,书犹在眼。序铭于石,以报德音。设辞虽褊,义不愧心。君实爱我,祭其知歆。

祭张左丞文

呜呼！公作升州，先君实佐。公为其子，请昏于我。先君不幸，公觐京师，讣逮公门，公哭殊悲。吊问赙祭，使来以时。乃今公薨，独以窭故。财无以禭，力无以赗。祭又不时，独悲以慕。惟公之生，明惠裕和。善恕于人，恩实我多。虽祭不时，其吐之乎。

祭高枢密文

粤初生民，降讫于兹，废兴乱治，成败安危，猷为之君，辩论之师，章书传记，箴赋铭诗，乖离诡驳，有万其辞。公于其间，靡所不知。江含海畜，其富无訾，孰穷其源？孰究其涯？作时宗工，出长群司，洋洋厥闻，可以敷施。谓且永年，左右诹咨，曷云其凶，弗耄弗期。凡我常僚，曷已其思！为此薄物，以将我悲。

群牧司祭高公文

呜呼惟公，学问文章，丘山郁郁，湖海茫茫。弼我密命，作刑四方，寅恭淑慎，天子所臧。駉駉之良，兵赖以盛，公用勤告，遂图厥政。某等在职，维公之依，孰夺以逝，邈乎不归？殡引就行，有翩其旗。来陈薄物，以告长违。

祭吕侍读文

呜呼！伯夷相唐，尚父宾周，受氏胙国，重光奕休。于辰之逢，发我文靖，公实冢嗣，缵前之庆。御书翰林，典礼太常，是为世臣，焜耀家邦。方骞方奋，厥陨谁使？震惊咨嗟，上自天子。凡居此列，惟公弟僚，于公之殡，祇荐羞醪。

祭马龙图文

呜呼！余托业于进士，熟君名于垂髫。既备官于淮南，习为县之风谣。去幕府而西游，依国门之嶕峣。始逢君之执鞚，屡顾我而回镳。逮扬子之既见，方皖城之穷漂。遂有通家之好，终无挟长之骄。君言事以北出，予罢官而南侨。一江亭之邂逅，话宿昔以终宵。以牧官之在列，当御史之还朝。又追随于暇日，心所好而忘遥。距乖隔之几何，忽水浅而风飘。画半涂于万里，弃余日于一朝。维知君之日久，信智迈而才超。考前人之治乱，讲后世之昏昭。释众言之抵牾，排异学之倾摇。众相纷以异绪，君独悟而同条。嗟埃人之已矣，斤欲奋而谁要？望丹舟而陨涕，具樽酒以来浇。想明灵之犹在，冀薄礼之能招。

祭曾博士易占文

呜呼！公以罪废，实以不幸。卒困以夭，亦惟其命。命与才违，人实知之。名之不幸，知者为谁。公之闾里，宗亲党友，知公之名，于实无有。呜呼公初，公志如何。孰云不谐，而厄孔多？地大天穹，有时而毁。星日脱败，山倾谷圮。人居其间，万物一偏，固有穷通，世数之然。至其寿夭，尚何忧喜。要之百年，一蜕以死。方其生时，窘若囚拘。其死以归，混合空虚。以生易死，死者不祈。唯其不见，生者之悲。公今有子，能隆公后。惟彼生者，可无甚悼。嗟理则然，其情难忘。哭泣驰辞，往侑奠觞。

祭苏虞部文

君慎足以保其身，和足以谐于世，嗟乎不淑，而不永年。受命徂东，才三年耳，孰云今者，君以丧归。交游之情，哀痛何极，聊陈薄奠，以告长违。

祭李省副文

呜呼！君谓死者必先气索而神零。孰谓君气足以薄云汉兮，神昭晰乎日星，而忽陨背乎不能保百年之康宁。惟君别我，往祠太一。笑言从容，愈于平日。既至即事，升降孔秩，归鞍在涂，不返其室。讣闻士夫，环视太息。矧我于君，情何可极。具兹醪羞，以告哀恻。尚飨。

祭高师雄主簿文

我始寄此，与君往还，于时康定，庆历之间。爱我勤我，急我所难，日月一世，疾于跳丸。南北几时，相见悲欢。去岁忧除，追寻陈迹，淮水之上，冶城之侧。握手笑语，有如一昔，屈指数日，待君归龄。安知弥年，乃见哭庭，维君家行，可谓修饬。如其智能，亦岂多得，垂老一命，终于远域。岂唯故人，所为叹惜，抚棺一奠，以告心恻。尚飨。

祭马玘大夫文

呜呼惟君，才敏强明，为时能吏。剸剧拨烦，易于屈指。近畏远怀，有誉无訾。使于岭南，俗易夷鄙。江东内迁，厥势方起。孰云一朝，寿止如此。摅怀以辞，荐此薄菲。

祭盛侍郎文

某闻之，行义弗高，位与年尊，惭者则己。行义既高，位与年下，憾者则人。在己无惭，在人无憾，有若公然，其又奚言？惟昔先人，捐我诸孤，实在公藩，公泫然哀。襚死赙存，托殡得宫，寓处得庐，一出公恩。公或我临，不有其尊。我奖我衿，均其子孙。戴德莫酬，谁谓我人？去公三年，问不再行，岂曰怠忘，贱不敢烦。补官扬州，公得谢归，曾几何时，讣者来门。哭泣作书，以吊后昆，欲酹棺前，縻不可奔。会有吏役，尽室而南。戢恨含惭，转移寒暄。乃今来归，公丧且期，才命使人，薄进苹蘩。嗟嗟公恩，死其敢谖。

祭杜待制文

士耻无材，耻不修身，身修而材，有不及民。凡世可愿，于公皆有，孰窘其年，不使难老？贵者善防，其有孰窥？公心豁豁，不置墙帷。有挟易骄，不难拒善，公义所在，服之无贱，推以时施，宜以每成，又况于公，强果以行。物贵于时，常以其少，悲矣予思，我知其久。钟山北蟠，江落而东，完厚密牢，万世之宫。其归孰知？愚与在此，酹公以文，以配铭史。

祭丁元珍学士文

我初闭门，屈首书诗。一出涉世，茫无所知。援挈覆护，免于阽危。雝培浸灌，使有华滋。微吾元珍，我始弗殖。如何弃我，陨命一昔。以忠出恕，以信行仁。至于白首，困厄穷屯。又从踬之，使以踬死。岂伊人尤，天实为此。有槃彼石，可志于丘。虽不属我，我其徂求。请著君德，铭之九幽。以驰我哀，不在醪羞。

祭刁景纯学士文

呜呼刁公，不忮不求。坦然立行之平，裕然与人之周。既贵贱以同观，亦始终之相侔。惟其动必依于仁，故其寿若此之修。望音容而已远，欲亲吊以无由。慨临风而出涕，辞以侑乎醪羞。

祭韩钦圣学士文

嗟为君兮邦之特，目扬秀兮颜发泽。纷百家兮并涉，超独怀兮道德。博荡荡兮无畛，宽恂恂兮莫逆。出当官兮发论，使权强兮累息。年何尤兮止此，禄不多兮谁啬？具壶觞兮酹哭，攀丧车兮启夕。岂独愁兮吾僚，隐多闻兮谅直。顾笑语兮已矣，冀来嘉兮魂魄。

祭沈文通文

呜呼文通，一世之英，耀矣其光，韡矣其荣。有所不为，为无不果，有所不学，学无不成。故治行简于人生之心，名声溢于时士之口。谓且复起，谋谟左右。何与之以如此之才，而不副之以须臾之寿？悲伤叹息，举世皆然，岂特故人，为之流涟。驰哀一酹，以决终天。

祭杜庆州杞文

呜呼庆州，一世之英。濯濯其灵，粲粲其明。材能称于天下，言行信于朝廷。孰多其予，而不足以龄。不肖之身，始佐公扬。公后来东，有赐于明。昔饮同堂，今奠于庭。酒肴则薄，丰者维诚。再拜事公，敢不如生。

卷八十六 祭文二 哀辞

祭吴侍中冲卿文

呜呼！公命在酉，长我一时。公先我茁，我后公萎。中间仕宦，有合有离。后我所践，公辄仍之。出则交辔，处则连榱。坐肘则并，行肩则差。岂愿敢及，天实我贻。公之停蓄，及所设施，有诰有谏，亦有铭诗。又将有史，传所不疑。我既惫眊，何辞能为？婚姻之故，唯以告悲。

祭欧阳文忠公文

夫事有人力之可致，犹不可期，况乎天理之溟漠，又安可得而推？惟公生有闻于当时，死有传于后世，苟能如此足矣，而抑又何悲？如公器质之深厚，智识之高远，而辅学术之精微，故充于文章，见于议论，豪健俊伟，怪巧瑰琦。其积于中者，浩如江河之停蓄；其发于外者，烂如日星之光辉。其清音幽韵，凄如飘风急雨之骤至；其雄辞闳辩，快如轻车骏马之奔驰。世之学者，无问乎识与不识，而读其文，则其人可知。呜呼，自公仕宦四十年，上下往复，感世路之崎岖。虽屯邅困踬，窜斥流离，而终不可掩者，以其公议之是非。既压复起，遂显于世，果敢之气，刚正之节，至晚而不衰。方仁宗皇帝临朝之末年，顾念后事，谓如公者，可寄以社稷之安危。及夫发谋决策，从容指顾，立定大计，谓千载而一时。功名成就，不居而去。其出处进退，又庶乎英魄灵气，不随异物腐散，而长在乎箕山之侧，与颍水之湄。然天下之无贤不肖，且犹为涕泣而歔欷，而况朝士大夫，平昔游从，又予心之所向慕而瞻依。呜呼，盛衰兴废之理，自古如此，而临风想望不能忘情者，念公之不可复见，而其谁与归？

祭张安国检正文

呜呼！善之不必福，其已久矣，岂今于君，始悼叹其如此？自君丧除，知必顾予，怪久不至，岂其病欤？今也君弟，哭而来赴。天不姑释一士，以为予助。何生之艰，而死之遽。君始从我，与吾儿游。言动视听，正而不偷。乐于饥寒，惟道之谋。既掾司法，议争谳失，中书大理，再为君屈。遂升宰属，能挠强侄，辩正狱讼，又常精出。岂君刑名，为独穷深，直谅明清，靡所不任。人恍莫知，乃侧我心。君仁至矣，勇施而忘已。君孝至矣，孺慕以至死。能人所难，可谓君子。呜呼！吾儿逝矣，君又随之。我留在世，其与几时？酒食之哀，侑以言辞。

祭李审言文

呜呼！噫公之才，岂独我知？公数困厄，岂人能为！所畸乎人，岂能无疵！所侔乎天，我乃知之。交不就利，高明所忌。苴不失宜，孤寡所思。凡今君子，疢实在兹。公亦知我，如我公知。厥交淡如，唯正无私。哀今亡矣，侑酸以辞。

祭沈中舍文

惟公之生，于朝搢绅。夫人嫔之，以作封君。皆以寿终，而世有人。昔我先子，公伦之旧，施于不肖，遂为世友。不腆之文，既藏于丘。惟是区区，以赞醪羞。

祭束向元道文

呜呼束君，其信然耶？奚仇友朋，奚怨室家？堂堂去之，我始疑嗟。惟昔见君，田子之自。我欲疾走，哭诸田氏。吾縻不赴，田疾不知。今乃独哭，谁同我悲。始君求仕，士莫敢匹。洪洪其声，硕硕其实。霜落之林，豪鹰隼鹯。万鸟避逃，直摩苍天。踬焉仅仕，后愈以困。洗藏销塞，动辄失分。如羁骏马，以驾柴车。侧身堕首，与骞同刍。命又不祥，不能中寿。百不一出，孰知其有？能知君者，世孰予多？学则同游，仕则同科。出作扬官，君实其乡。倾心倒肝，迹斥形忘。君于寿食，我饮鄞水。

岂无此朋，念不去彼。既来自东，乃临君丧。闳闳阴宫，梗野榛荒。东门之行，不几日月。孰云于今，万世之别。嗟屯怨穷，闵命不长。世人皆然，君子则亡。予其何言，君尚有知。具此酒食，以陈我悲。

祭陈浚宣叔文

嗟乎宣叔，学以为己，不溺于俗，孤骞介峙。孰以不赢，孰忤不强？卒踬穷巴，乃命不祥。怡怡在宫，翼翼在外。胡是不福，贵奸寿悖。我思古人，禄世其初，悲君之食，不逮于孤。古不背死，隆亲急故，今此营营，谁瞻谁助。自昔海滨，以心相投，俱官于南，邂逅绸缪。颜合意同，云谁无友？谅直之好，于君实厚。有志不施，又困无财。虽痛何为，维以告哀。

祭王回深甫文

嗟嗟深甫，真弃我而先乎？孰谓深甫之壮以死，而吾可以长年乎？虽吾昔日执子之手，归言子之所为，实受命于吾母，曰"如此人，乃与为友"。吾母知子，过于予初。终子成德，多吾不如。呜呼天乎！既丧吾母，又夺吾友，虽不即死，吾何能久。搏胸一恸，心摧志朽。泣涕为文，以荐食酒。嗟嗟深甫，子尚知否？

祭习博士绎文

惟君其先，黻冕之华。君弱而良，遂世其家。越天圣初，上始即位。开延闻人，间不容伪。若古尧、虞、稷、契、亲逢。君于其时，夺追群龙。五两之纶，三钟之杰。沈才下吏，间关楚蜀。竭来扬州，辅佐元侯。朝其或者，明试谟谋。最未及论，泯焉之幽。龟紫纷如，朱丹其车。昔之同升，泰亦众已。胡宁若人，乃此乎止？旻天介寿，宜良者多。良者弗寿，谓旻天何。亲发堕颠，子发犹羁。帷堂一恸，谁者无悲。令龟得日，棺还无咎。铭旌悠悠，羽翣南首。惟君之旧，惟僚及友。徘徊路旁，涕落奠觞。

祭虞靖之文

刚耿直谅，醇明博美。敢于为义，我实知子。达我所愿，穷吾所耻。奈何终穷，命也天只。前年仆马，来自田里。白颠夷戚，相见悲喜。输吾肝膈，莫逆其韪。衰老邂逅，绸缪山水。念我难继，庶今少止。翻然为辞，遂隔生死。寓哀一酹，呜呼已矣。

祭北山元长老文

元丰三年九月四日，祭于北山长老觉海大师之灵。自我壮强，与公周旋。今皆老矣，公弃而先。逝孰云远，大方现前。馔陈告违，世礼则然。

尚飨。

祭吕望之母郡太文

呜呼！贤矣夫人，善持门闾。皓若玉雪，一其终初。允孝维妇，允仁维姑。实生才子，我所叹誉。秉义率法，困而不渝。夫人之教，著不可诬。归殡窀穸，无悔无愉。维子之故，具此俎壶。

祭程相公琳文
为高若讷作。

呜呼！公在京师，为天子毗，发论强强，不苟其为。公于四方，为镇为屏，推良抑奸，两适宽猛。自伯休父，有称于周，及公千年，追配前休。时文而文，时武而武。顾我无状，辱公等件。庶见吉召，乃闻凶归，驰哀一觞，终古之违。

祭秦国夫人文
为高若讷作。

于惟夫人，顺慎和恭。上之岐岐，实护于中。开号大邦，福禄之隆。康宁寿考，而以荣终。丧车其行，肇此明发。上用旧德，情之郁结。凡我在位，敢忘心怛。奠云将之，具此薄物。

祭鲍君永泰王文

一

年月日，官某，敢告于鲍君之神。农之劳，神之所知也。岁之四时，而于冬为最隙，然犹筑场圃，治屋庐，涂囷仓，粪田畴，未尝一日而晏然以休息。今兹令又以其暇时，属之使治渠川，比常岁，则农之劳盖有加焉，神宜哀怜而有以相之也。治之无几也而雨，雨且止，丁壮老弱相与行水而涸之。犹未也，而又雨。非民独病也，而令亦夙夜以忧。惟神相之以霁，令是役早有卒也。夫令之所以忧，其职民也。惟神之食于民也为已久，而忧之亦不可在令后也。谨告。

二

年月日，敢再告于鲍君之神。谒于神之明日，而天地廓然以温，民赖以供役。且卒事而复雨，雨淫不止，民愁而令恐。意者令之治行，无有可媚于神者，而神不卒听之乎？令则有罪，而民何尤？且霜雪风雨之滥淫，固其责自神而无与于令也。巍然南面飨人之归，事已而利泽不加焉，亦神羞也。惟神降意，以从令之言毋忽，令亦能发明神之令德，使民世事神不懈而有加焉。谨告。

祈雨文

惟神美名正气，索之前史详矣。噫，昔人也，挺王臣之节，忠信我任，德谊我负，故时君倚焉。今其神也，享庙食之贵，阴阳吾职，祸福吾柄，故州民赖焉。今千里旱暵，及时不雨，农夫悼心，郡将失色。某遂躬率僚属来请于大庑下，惟神全死生之大名，开聪明于一方，需甘霆以足民食，则前谓人神之灵，于古今无愧焉。尚飨。

谢雨文

夫庙其貌，神其灵，函聪明正直之德，俾祸福倚伏之时，用默于民而不知其所以用者，斯之谓至神乎？太守领天子命，藩一都会，岁时丰凶疾苦，得劳佚之，使百姓无愁叹之声，斯太守之事也。神阴也，阴阳契合，若影响然。向以郊原旱暵，及夏不雨，耘者耔者，悼心自失，遂祈福于大庑下。惟神恻然开明灵，惠然纳至诚，言然而云兴，祷然而雨零。苗枯而生，民默而声，又得非神之至乎？今吏民洁牲体，奔走欢呼，请偿其灵。某不佞，辄书为千古世谚。尚飨。

李通叔哀辞 并序

通叔李不疑，世为闽民。通叔再从太学进士试，斥不送。自京师归面其亲，道建溪，溪水暴下，反其身溺死，年二十八云。初予既孤，寄金陵，家焉。从二兄入学为诸生，常感古人汲汲于友，以相镌切，以入于道德。予材性生古人下，学又不能力，又不得友以相镌切以入于道德，予其或者归为涂之人而已邪？为此忧惧。既而遇通叔于诸生间，望其容而色睟然类君子，即而与之言，皆君子之言也。其容色在目，其言在耳，则予放心不求而归，邪气不伐而自遁去。求其所为文，则一本于古，华虚荡肆之学，盖未尝接于其心，诚有以开予者。予得而友之，忧惧释然，作《太阿》诗贻之，道气类之同而合也。通叔亦作《双松》诗，道气类之同而期之久也以为报。自予之得通叔，然后知圣人户庭可策而入也。是不惟喻于其言而已，盖观其行而得焉者为多。其再斥于太学而归也，予待礼部试，留京师，别且言曰："通叔去而归，某也不没而入于愚也其几矣。明年亦斥而归，或得官，皆宜在淮、江之南，某也不可以之闽，通叔来若何？"通叔曰："是亦不疑之言也。"明年，从事淮南，将问且召焉，则未也。或以死状讣，既恸且疑，且幸其不然。会有江南之役，遇闽人辄问状。还泊东流，尉许程者，闽人也，乃知讣者信，又知陈安石者亦溺死。安石字伯起，亦闽人。予尝问通叔素友，独言伯起云。噫，二子岂行殆也？其亦命而已矣。予悲通叔穷以夭也，其道之不及民也，又悲天之不予相也，作哀辞。

我思古人兮维友之求，燕处日讲兮行相为谋。相翼以进兮相持以修，要归于道兮不入于尤。卒圣若贤兮其本则然，我无以是兮甚惧以忧。猗嗟吾子兮畜德挟材，杰然自如兮不群庸游。考讲六艺兮造穷微深，匪富贵慕兮匪贱穷羞。曰予既逢兮朝夕其旁，仁义之光兮忠信之陬。邪志荡夷兮正气独完，吾子赐我兮于安以畴。尚曰子兴兮羽仪于世，吾君德泽此兮淳漓固偷。孰神不悲兮陨子于溪，子生适然兮欲谁仇？所嗟存者兮志孤道辽，子之不就兮一朝而休。死不以所兮谁得子尸？谁襚于棺兮谁坎于丘？予欲恸哭兮子岂有闻？子不可作兮予生之愁。

泰兴令周孝先哀辞

吁嗟于思兮孝于父母，施于族姻兮亦及朋友。云然兮宜不富，又曷为兮不寿？藐藐兮其子，茕茕兮其妻。无庐与田兮哀者其谁？吾无奈何兮哀以吾辞。

心史
郑思肖

导　读

郑思肖（1241—1318），又名所南，字忆翁，自称三外野人，福建连江人。他是宋朝的太学上舍生，应过博学宏词科。元兵南下时候，他上书救国，没有结果。宋朝亡后，他变成一个激烈的隐士，不结婚，用不断的言行，表示他对故国的怀念。"不知今日月，但梦宋山川。"他不论坐卧，都不面向北方，因为北方已经沦陷了；他画兰花，都不画土，因为"地为番人夺去"了。

郑思肖七十八岁死去，临死前请他朋友唐东屿写一牌位，上书"大宋不忠不孝郑思肖"，原因是自认不能死国，为不忠；不能有后，为不孝。他死后三百五十六年，有人忽然在枯井中发现了一部密封的书，原来是他写的。据陈宗之《承天寺藏书井碑阴记》说：

"崇祯戊寅岁，吴中久旱，城中买水而食，争汲者相捽于道。仲冬八日，承天寺狼山房浚眢井，铁函重柜，铜以垩灰。启之，则宋郑所南先生所藏《心史》也。外书'大宋铁函经'五字，内书'大宋孤臣郑思肖百拜封'十字……楮墨犹新，古香触手，当有神护。"

这就是《心史》的来源。清朝阎若璩说《心史》是姚士粦作的伪书，自属可信。只是郑思肖真人复生，他所做所为，也必然如此了。

宋郑所南先生久久书

《前后臣子盟檄二篇》并跋并诗，昔分其字而九九错综书之，又取久久之义，故托其名曰久久书。秘其机，神其事，庶几便出入，众不疑其文且奇其留传可以久久，俟我大事成，当厘为正文，激劝天下。今又阅四年而事未集，大痛在心，昼夜不释期于必成乃事。一日兴动，竟厘为正文，读之激发其志。但我死有期矣，恐生不能为国家报仇，死决当为大义吐气。我昔有诗曰："生或不就绪，死当偿夙愿。冏俾竟食言，劫劫抱长恨。"此二十字，亦誓尽之矣。久久书后九跋，盖跋前后臣子盟檄也，特意微隐尔。德祐八年长至日后十三日。所南郑思肖书。

前臣子盟檄

大宋德祐二年九月，大宋孤臣所南郑思肖作臣子盟檄曰：上而天，下而地，中天地之中，立人极焉。圣人也为正统，为中国；彼夷狄，犬羊也，非人类，非正统。非中国曾谓长江天险，莫掩阳九之厄。元凶忤天，篡中国正统。欲以夷一之，人力不胜，有天理在。自古未尝夷狄据中国，亦未尝有不亡国。苟不仁，失天下，虽圣智亦莫救。我朝未尝一日不仁，乱臣贼子，夭阏国脉，贪官虐吏，刲剥民命，君上本无失德。今犬羊愈恣横逆毕力南入，吾指吾在此，贼决灭于吾手苟容夷狄大乱，当不复生。吾观吾之身，天地之身，父母之身，中国之身。读圣贤书，学圣贤事，是与圣贤为徒，奚敢化为贼而忘吾君吾父吾母也！欲弯弓射贼，曷能顾母存亡；欲偷生事母，何以扶国颠覆？舍忠不足为孝，舍孝不足为忠，以是迟迟二三百日间，双睛望穿天南之云。天道胡为尚未旋，蚤夜以思，狂而不宁。泪苦流胆，心赤凝血，挺然语孤忠，孑然立大义。与世相背，独立无涯。我母龙钟忧愤成疾，旦莫无期，奚生其生。叫日而日未出，泣夜而夜何长；愈久愈不变，愈不可为愈为。譬贱隶妇，富少年智诱以私，彼不肯玷厥夫，为烈妇；譬贫儒子贵公卿谋迁为后，彼不忍舍乃父，为孝子；苟有异代圣人，下举匹夫任以天下事，彼不愿背主而相之，为忠臣。万洁一污非烈妇，小从大违非孝子。一月不变三月变矣，一年不变三年变矣。或者虽不甘从贼，置大宋已不可为，旦旦惟真主望，非忠臣，何哉？妇无二夫，子无二父，臣无二君。纵姬发或兴，亦不陈洪范书。吾为大宋民，吾君之德不纣，彼非姬发而夷狄，天如之何倾有道之国。夷齐不怀殷恶，不臣姬发之圣。汝辈独不思大宋忠厚不怒逢贼，惨毒皆乐。然媚鬼求长生术，悟其自促乃死，向之喃喃谔誓死不变者，亦委天命于数。伪夷狄以王，胥而为贼，反叱吾愚，执方痴谋不与时迁誉其为圣。求变富贵也，闻之心裂痛不可言。国家大仇未报，天下大迷未瘳，我心大忧未释，仰无天、俯无地，莫人其为人之道，学匪词章之谓。所以学为人，人匪形体之谓。所以人其忠孝万世大经不逾忠孝。一人忠，教百千万人忠；一人孝，教百千万人孝。生非所爱，死非所畏。生不得其道，死则为荣。父教于昔，母谕于今，不得不大一举而殛贼。即旧邦新之，于以正天地大位，于以开日月新光。天下忠臣义士，耳兹血盟，愿相从而兴火德复炎炎中天乎，实父之愿，实母之愿。表忠臣义士于既往，诛乱臣贼子于方来，誓大播厥盟。与国家其无斁。

后臣子盟檄

德祐四年正月，作后臣子盟檄曰：我被国家仁最深，受父母恩最重，生长理皇圣德汪洋之中，飞跃道化流行之下，诗、书、礼、义，诚明其心；衣、冠、礼、乐，光华于躬。为三朝太平民，一旦罹此祸凶，禽兽其形，乃食人食，得不思大宋乎！岂意天下俯首从贼，竟忘遽变毛角居禽兽列，乃曰数也，势不可为也理无不亡国也。然昔之国亡，必有太康、孔甲、桀纣、幽厉、哀平、桓灵、僖昭之君，酷虐祸乱，大坏天下数十年，民大怨憝，奚而不丧？本朝人君万无一焉，故愤闷不平，思宋者众，宁有一祖十四宗至仁，中国竟若是而已夫？天理必不然也。惟我朝德泽洽人心也深，故有李公芾、李公庭、芝姜公、才赵公与择赵公、淮陈公、文龙赵公、卯发王公、安节阮公正己辈，俱死忠烈，大有可观，是数人奇哉，烨烨乎有光华垂清风于无穷。今死守不失节者，丞相文公天祥，遁身南归；武臣张公世杰，相与驱驰；少傅陈公宜中，挟二王而主之。三宫狩北，未有还期；二王奔南，未奏肤功。上下错乱，天怒神怨。正臣子报国忠义自见之日，虎兕区人域。吾与汝皆腥涎中食，盍反自思焉。古今忠臣义士，英壮激烈，高风凛然，吾亦人也独不能为之乎！虽父母遗体不敢毁伤，坐视君上蒙大难不救,又弃父母所育之身,化犬羊类,生不为全人,死不得全归,终古衔冤,痛于罔极,何忍负吾君,何忍负吾父,何忍负吾母!不为君子终身,忠孝乃本分事,一毫悖谬,为大恶人。父授我语也。吾父立节刚洁,见理极明,苟在逆知,必死于此贼。又母氏教以唯学父为法,极拳拳深望中兴事,期我大有为当世。若不殄逆类、炳炎图,是违父母遗训为不孝子,讵不大逆。生为吾大宋之民,生为吾父母之子,实一世良遇也。倏遭沦洞,腥污社稷,泪尽心破,安敢有生,当与贼大决一胜,终其为人臣人子之道。或曰子身不过五尺,长弓莫挽三斗强,言空无实,力孤不支,宜箝口命余生,不然子之肉醢矣。嗟夫!身可杀,心不可杀;形可泯,理不可泯。平生读父书,箕而不弓,裘而不冶,然至刚至大之气,则塞乎天地间,自反而缩。果其往一举中度,天地光明,开大宋两中兴之运,缉先王万年文明之治,仰拜吾君九天之上,俯拜吾父母九京之下,臣子之事,或庶几乎!今云雾晦塞,草木凄苦,四顾空空,舍我其谁!《臣子盟檄》所以作,曰"臣子盟檄",何义?臣不敢忘君,子不敢忘父母,誓吾心不变曰"盟",劝国人皆忠曰"檄",作于德祐二年九月。昼夜焦思,欲举大事,何期含垢隐忍。又阅五百日,图其大当重其事,谋其成不计其日,又惧久而或弛。复喜勇于决行,断断然无负人臣人子之事。吾违兹盟,雷殛其形,理诛其罪人违兹盟。惟理所在,惟公乃行,人心天理,克复则明。敢率尔旧民,群兴万动,协心丕作,恭听号令,剿兹强丑。聿新有宋家邦,速观乃有成。俾厥今之人,各正天伦亦期彼后世,咸罔违是盟。是年九月,复跋之日。我幼愚顽,无有慧性,凡一毫以上;非我父恳切教之,今无以明大义。长而拙懒,不解生理,凡一日之生;非我母勤俭育之,决无以至今日。家庭之训,历历胸中。天可穷其高,地可极其厚,吾父母之恩大,不可而思也。二十二岁无父,三十五岁无君,三十六岁无母,又三十八岁无子,今为无君无父无母无子之人,伤哉!

我又闻我父曰:"生死事小,失节事大。臣之于君,有死无二。且谓我祖我父,传家惟忠孝而已。庸授于汝,毋忘父言。"我屡尝竟夜鳏鳏,悲泣哽咽。以国以家反复思之,君师所教所育我者如此,父母所教所望我者又如此。今所为乃若彼,安乎忍乎!此《臣子盟檄》不容不作。既盟之,又盟之,实有大不可已者,誓行臣子当然之事也。夫蛰龙一出顷而霈雨,壮士长啸割尔生风前后二檄。奚为空言,时一诵之,心勇气动,天日愁变,俨若坐云叱空。手举沧海,净涤大地腥秽顿复清明之天,意颇快然。故申之以跋,淬砺乃志,决其必为。不然,纵累千万篇,空文无益也。今惟以行之一字痛誓于心,终施于事,将与天下终始。同为大宋民,期不渝于初心焉。后之览斯文者,察其深切痛苦之心,亦当为之一下泪也。九月望后,复诗以盟之曰:死亦乌可已,舟心阐大猷。恭承父母教,用翦国家仇。日破四洲夜,天开六幕秋。终当见行事,不与世同流。时大宋德祐四年戊寅岁冬至日,大宋孤臣三山所南郑思肖亿子泣血誓心而书。

越四载德祐八年至后厘为正文,久久书旧文兹不更录。

久久书后九跋

此一卷书,凡二千二百三十四字。昔先夫子授我曰:"真奇书也,名曰久久书。由是行之,可以为天地立极,为生民立命,为万世开太平。"今未可发其秘,久久观之,当自通其文,比潜心数岁,终莫句其辞。支离謇吃,罔测何文何义,流离颠沛,与此书同死生数矣,不敢忘先夫子所教,故今存焉。噫!山林禽兽之天,江海鱼龙之天,君君、臣臣、父父、子子乃吾之天。今所闻、所见、所交、所言、所行、所止、所饮、所食，其吾之天乎，其非吾之天乎？将与草木归枯朽乎，终与日月同光明乎？一系于久久书焉。行将绝世事，委形死志。通昼夜寂坐，祷于灵台之天，必能冥悟其旨。吾当为天地立极为生民立命，为万世开太平，又当大书特书其书，以风后世云。已卯岁立春后一日，三山所南郑思肖忆翁书。

　　我之命受于父母之天，我之学得于父母之传，纵万万脔其肉，亦弗复迁之故，不敢与天下人相游于同。惟守天理于至久而立于独，以我父母不与天下人父母一。其立心与天地一，与古圣贤一，敢为不肖子辱之哉！大纪沦斁同风一污，知我者惟我而已。即我律我，而我且不中我。乃以我之律而律于众人，宜乎与人日益疏背。夫今之人吐语无奇气，为时所变化。叱古直，拜富贵万其心；一于利，初若剖肝胆相授，熟窥于久实不然，坐空一世悉莫我之合。或相与游，终非心于吾之天者也。此书实难其托，欲碑其一，立万山之上；函其一，沉大海之底。明渴大义，爰镇覆载闲。而语话痴错，容色槁悴，死有日矣。形骨固坏，然有不可泯灭者在焉，兹其位育天地万物于无穷也耶？已卯岁旦，三山所南郑思肖忆翁复书。

　　厥今三纲五常之道尽废，人而禽兽尔。孤立无朋，唯心自语。我父刚方纯正，行三纲五常之道者也，万不肖其一二乌取其为人子。念念思之，心痛如割，今当誓死行其所教终期于肖。不然，我父教我何事？已卯三月望，思肖复书。

　　朋友居人伦之一。今天下大变，风俗一为之污染，欲得相与语吾语者竟不可得。伐木丽泽之义，殆将废矣。抑天下果无人乎？故出则独游，归则高卧为世嫌骂，指以为痴，苍天苍天！我读我父书者也浩叹激发，以手抑胸，血渍两眦。乾坤若变色，凄然欲风雨。凛乎其不能自存。忽作而言曰："天道不常晦冥，终有青天白日之时。吾何忧哉！"

我父今逝十八年矣。昔在膝下时，教我极严。随事陈义，启其昏顽，行坐寝食，无一事一时而不教。且痛加之鞭挞，直欲吐其心纳我胸腹间，使其速肖于人。譬如种种子于枯埻之土，今萌芽者百不一二。举其大要，则曰，不能事亲非孝也，不能事君亦非孝也，不能立身亦非孝也。何也？辱于家也。故立身为人子之终事。孝经曰："始于事亲，中于事君，终于立身。"此之谓也。汝不行吾之言，汝则非吾之子。我母亦语我曰："汝不行汝父之言，汝不如死。"至今历历耳间，发立汗下。父母之言一出诸口，即心服而行之者，孝子也。今悖父母所训，委身污杂，为名教罪人。愿天下之为人子者，悉以我为戒。家国其庶几！况我父遗所著书数帙，又注易甫及六十卦而逝。夫继志述事，实人子之责。今天昏昏，日茫茫，正切切然为天下大事计，心梦飞乱。卒未暇为我父足其遗书。孟子曰："不孝有三，无后为大。"我又犯之我父遗书，终授之谁耶？我知雷霆必诛我矣。掩面一恸，昊天罔极。

人道立，则天其所以为天，地其所以为地，万物其所以为万物。人之道苟不然，天地万物之道亦几于废矣。盖天地万物不能自为天地万物，必以人而天地万物之？人之道大矣哉。日轮西倾，覆载咸夜，群生冥涂索行，莫知所向，可哀也已！速吾之帝出乎震，开天下晓，使昭昭然行大道中，人道立则天地万物咸尽其道。吾事毕矣，右三章皆感叹久久书而作，滔滔有怀。言之不足，故言之而又言焉今并书之。己卯冬至前二日，所南郑思肖敬书。

今之为人父者，能生之不能教之，惟虑无财遗其子，苟能教以学业，不教以仁义，曷为父？间有不孝者，亦诟父曰："不遗以财，使我终穷。"至谓天不生我于富贵家为怨也，岂父子之天耶？尝思百工之人，各知以业授其子富者知遗财与其子，贵者知延赏与其子，人君知以天下与其子，独我父以道授我，庶乎成人，故我父之恩过于人。君以天下与其子，天下可得而有，道不可得而闻。以天下与其子，历代人君莫不然。以道授其子，千百世不一见。父欲闻道，且不可得，奚以授于子？世之父不多老聃轮扁也，纵有之尚不能喻于子，道之难闻如是哉。我闻道矣，一天下之事皆小之。但知我父所授之道为至大，白刃加于身，实不惧。曷以变之，昔本大不孝。今知改尔得如是者非我能也，实我父之力也。故生生死死，一以久久书为心意悟天还，吾道亨矣。昔罗仲素论瞽瞍底豫事曰："只为天下无不是之父母。"陈了翁闻而善之。我绎思其言，直与《六经》相表里。今天下人一之为恶，道本无间断，彼无知者为时所瞽，痛可悯。我有我父之道在，了然不惑独立不惧岂易至是。益信"天下无不是父母"之语为至论，惜乎生后不得见斯人一拜之。世道错倒今与谁语，其惟仰苍苍一叹乎！辛巳九月廿四日，所南郑思肖忆翁书。

吾闻有志者人莫破之，鬼神莫破之，天地莫破之，生死祸福莫破之。夫如是，我知我久久书必开大明之天，终集厥成也。志与道一，万古如新，敢再拜焉，敬勒为誓。辛巳良月初六日。所南郑思肖忆翁书。

我书久久书后凡度八作，犹不能已于已也。所以不已者何？我父之志未伸也。我父气如烈日秋霜其严，行如精金粹玉其洁，今洞观一世人，竟无似其毫发者。我欲学之也，自始逮今，愈学愈不肖。仰而望之巍然其天乎始教我为君子也，今小人矣。易形革面，踽踽兽走，得罪天理，不齿人类，如之何不使我哭泣摧折，痛割心肺，昼夜悔恨，若莫能救。人莫不有子，其子未尝不肖父，谁谓我父有子，乃如是为人笑骂？直累于先厥罪为大，深思我父昔日鞭挞，不可复得，痛哉痛哉！誓自今始，心无他思，目无他视，尽力死行我父所行之涂，虽生死祸福来悉不敢避。一念动于中，天地鬼神昭监在前。或敢荐违家法，我父终不瞑目于空冥间，郑思肖盍深思之。今耻事虚文，此为绝笔之誓。辛巳阳月初八日，所南郑思肖亿翁书。

西汉绝十八年，景帝之子长沙定王发五世孙光武兴汉，其派实不出于武昭、宣元、成哀平诸帝之下。东汉绝一年前，汉景帝之子中山靖王胜之孙昭烈皇帝兴汉。其派亦不出于东汉诸帝之下。大宋开中兴之天，或不幸而如是，亦宁不可乎！惟大宋一祖十四宗圣子神孙之后亟图之。微臣虽不才，敢不尽生尽死以效驱驰，决不食言。大宋德祐七年四月七日，臣郑思肖敬书。

伯牙琴

邓牧

导 读

邓牧（1247—1306），字牧心，浙江钱塘人，出身书香之家，"家世相传不过书一束"。少年时候，他很喜欢《庄子》《列子》等书；青年以后，他"视名利薄之"，乃"遍游方外，历览名山"，常常"杜门危坐"，并且每天只吃一顿饭。

宋朝亡了以后，邓牧隐居在浙江大涤山的洞霄宫，"遥荡于无何有之乡"；著有《洞霄诗集》和《洞霄图志》，还写了一册论文，就是《伯牙琴》。

邓牧虽然隐居在道教的寺观里，但他的思想，却是"三教外人"，是混同了孔教、佛教、道教后的新艺综合体，并且有他独特的卓越成分。

邓牧在统治者专制下反对暴政，他说："天生民而立之君，非为君也，奈何以四海之广足一夫之用邪？故凡为饮食之侈、衣服之备、宫室之美者，非尧舜也，秦也；为分而严、为位而尊者，非尧舜也，亦秦也。后世为君者歌颂功德，动称尧舜，而所以自为乃不过如秦，何哉？……彼所谓君者，非有四目两喙、鳞头而羽臂也；状貌咸与人同，则夫人固可为也。今夺人之所好，聚人之所争，'慢藏诲盗，冶容诲淫'，欲长治久安，得乎？"这种大胆的革命性言论，在中国历史上，真是太难能可贵了。

君　道

　　古之有天下者，以为大不得已，而后世以为乐，此天下所以难有也。生民之初，固无乐乎为君，不幸为天下所归，而不可得拒者，天下有求于我，我无求于天下也。子不闻至德之世乎？饭粝粱，啜藜藿，饮食未侈也；夏葛衣，冬鹿裘，衣服未备也；土阶三尺，茅茨不翦①，宫室未美也；为衢室之访②，为总章③之听，故曰"皇帝清问下民"④，其分未严也。尧让许由而许由逃⑤，舜让石户之农，而石户之农入海，终身不反⑥，其位未尊也。夫然，故天下乐戴而不厌，惟恐其一日释位而莫之肯继也。

　　不幸而天下为秦，坏古封建，六合为一，头会箕敛⑦，竭天下之财以自奉，而君益贵。焚诗书，任法律，筑长城万里，凡所以固位而养尊者无所不至，而君益孤。惴惴然若匹夫怀一金，惧人之夺其后，亦已危矣。

　　天生民而立之君，非为君也，奈何以四海之广足一夫之用邪？故凡为饮食之侈、衣服之备、宫室之美者，非尧舜也，秦也。为分而严、为位而尊者，非尧舜也，亦秦也。后世为君者，歌颂功德，动称尧舜，而所以自为，乃不过如秦，何哉？书曰："甘酒嗜音，峻宇雕墙，有一于此，未或不亡。"⑧彼所谓君者,非有四目两喙、鳞头而羽臂也;状貌咸与人同,则夫人固可为也。今夺人之所好,聚人之所争,"慢藏诲盗,冶容诲淫"⑨,欲长治久安,得乎?

夫乡师里胥⑩虽贱役,亦所以长人也,然天下未有乐为者,利不在焉故也。圣人不利天下,亦若乡师里胥然;独以位之不得人是惧。岂惧人夺其位哉!夫惧人夺其位者,甲兵弧矢以待盗贼,乱世之事也;恶有圣人在位,天下之人戴之如父母,而日以盗贼为忧,以甲兵弧矢自卫邪?故曰:"欲为尧舜,莫若使天下无乐乎为君;欲为秦,莫若勿怪盗贼之争天下。"

嘻!天下何尝之有!败则盗贼,成则帝王,若刘汉中、李晋阳⑪者,乱世则治主,治世则乱民也。有国有家,不思所以救之,智鄙相笼,强弱相陵,天下之乱,何时而已乎!

【注释】

① 土阶三尺,茅茨不剪:出自《史记·自序》说墨子形容尧舜的俭德:"堂高三尺,土阶三等,茅茨不剪……"茅茨,用茅草盖屋。土阶,用泥土做阶梯。

② 衢室之访:出自《列子·仲尼》:"尧治天下五十年,不知天下治欤不治欤,乃微服游于康衢。"又《管子·桓公问》:"黄帝立明台之议者,上观于贤也;尧有衢室之问者,下听于人也。"衢室之访本此。衢室,平民所住的地方。

③ 总章:帝王所住的堂屋。《吕氏春秋》孟秋"天子居总章左个",高诱注:"西方总成万物彰明之也,故曰总章。"

④ 皇帝清问下民:见《尚书·吕刑》。清问,详细问讯。

⑤ 许由:相传是唐尧时隐居不仕的高士。《史记·伯夷列传》:"尧让天下于许由,许由不受,耻之,逃隐。"

⑥ 终身不反：出自《庄子·让王篇》："舜以天下让其友石户之农，石户之农……夫负妻载，携子以入于海，终身不反也。"

⑦ 头会箕敛：指苛征暴敛。语出《史记·张耳陈余列传》。会，会计，头会是按人口收税。箕敛，用簸箕敛集。

⑧ "甘酒嗜音……未或不亡"句：见"伪古文"《尚书·五子之歌》。

⑨ 慢藏诲盗，冶容诲淫：见《周易·系辞》。

⑩ 乡师里胥：古代乡村的小吏。

⑪ 刘汉中：汉高祖刘邦。李晋阳：唐高祖李渊。刘邦曾为汉中王，李渊在隋时曾留守晋阳。

吏　道

　　与人主共理天下者，吏而已。内九卿、百执事①，外刺史、县令，其次为佐、为史、为胥徒，若是者，贵贱不同，均吏也。

　　古者君民间相安无事，固不得无吏，而为员不多。唐、虞建官，厥可稽已，其去民近故也。择才且贤者，才且贤者又不屑为。是以上世之士高隐大山深谷，上之人求之，切切然恐不至也。故为吏者常出不得已，而天下阴受其赐。后世以所以害民者牧民，而惧其乱，周防不得不至，禁制不得不详，然后小大之吏布于天下。取民愈广，害民愈深，才且贤者愈不肯至，天下愈不可为矣。今一吏，大者至食邑数万，小者虽无禄养，则亦并缘为食以代其耕，数十农夫力有不能奉者，使不肖游手往往入于其间。率虎狼牧羊豕而望其蕃息，岂可得也！

　　天下非甚愚，岂有厌治思乱，忧安乐危者哉？宜若可以常治安矣，乃至有乱与危，何也？夫夺其食，不得不怒；竭其力，不得不怨。人之乱也，由夺其食；人之危也，由竭其力。而号为理民者，竭之而使危，夺之而使乱。二帝三王平天下之道若是然乎！

天之生斯民也，为业不同，皆所以食力也。今之为民②不能自食，以日夜窃人货殖，搂而取之，不亦盗贼之心乎？盗贼害民，随起随仆，不至甚焉者，有避忌故也。吏无避忌，白昼肆行，使天下敢怨而不敢言，敢怒而不敢诛。岂上天不仁，崇淫长奸，使与虎豹蛇虺均为民害邪？

然则如之何？曰："得才且贤者用之。若犹未也，废有司，去县令，听天下自为治乱安危，不犹愈乎？"

【注释】

① 九卿：指宗法社会高级官吏中的大臣。百执事：指其他大小官员。
② "为民"：即为人民做事，指官吏。为，读去声。

明夷待访录

黄宗羲

导 读

黄宗羲(1610—1695),字太冲,号南雷,人称梨洲先生,浙江余姚人。

黄宗羲的父亲黄尊素是明朝东林党人,被魏忠贤害死。十九岁的黄宗羲进京讼冤,他找到刑求他父亲的阉党们,亲自动手报仇,或将其刺伤,或将其刺死。

黄宗羲是明朝大儒刘宗周的学生,刘宗周在明朝亡后绝食而死,给了黄宗羲伟大的身教。黄宗羲从事反清复明活动十多年,最后失败。黄宗羲在四十七岁以后,专心著书立学,到八十六岁去世,前后治学近四十年之久,成绩极为丰富。举凡天文、地理、乐律、历算、政治、史学、诗文,以上各方面他都有著作问世,并且很精彩。

黄宗羲一生最精彩的思想表现,是他的政论。他在五十三岁时候发表《明夷待访录》,严厉抨击君主专政,说"为天下之大害者,君而已矣!"他反对忠于一君一姓,而要忠于天下与万民。这种言论,不能不说是石破天惊的。

黄宗羲的遗著,在清光绪三十一年(1905),有杭州群学社的石印本二册,书名《黄梨洲遗著》,收有十种;在清宣统二年(1910),又有上海时中书局铅印聚珍版本二十册,书名《梨洲遗著汇刊》,收有十九种,是比较完全的版本。

原　君

　　有生之初，人各自私也，人各自利也，天下有公利而莫或兴之，有公害而莫或除之。

　　有人者出，不以一己之利为利，而使天下受其利；不以一己之害为害，而使天下释其害。此其人之勤劳必千万于天下之人。夫以千万倍之勤劳而己又不享其利，必非天下之人情所欲居也。故古之人君，去之而不欲入者，许由、务光①是也；入而又去之者，尧、舜是也；初不欲入而不得去者，禹是也。岂古之人有所异哉？好逸恶劳，亦犹夫人之情也。

　　后之为人君者不然，以为天下利害之权皆出于我，我以天下之利尽归于己，以天下之害尽归于人，亦无不可；使天下之人不敢自私，不敢自利，以我之大私为天下之大公。始而惭焉，久而安焉，视天下为莫大之产业，传之子孙，受享无穷；汉高帝所谓"某业所就，孰与仲多"②者，其逐利之情，不觉溢之于辞矣。

　　此无他，古者以天下为主，君为客，凡君之所毕世而经营者，为天下也。

今也以君为主，天下为客，凡天下之无地而得安宁者，为君也。是以其未得之也，屠毒天下之肝脑③，离散天下之子女，以博我一人之产业，曾不惨然。曰："我固为子孙创业也。"其既得之也，敲剥天下之骨髓，离散天下之子女，以奉我一人之淫乐，视为当然，曰："此我产业之花息④也。"然则为天下之大害者，君而已矣。

向使无君，人各得自私也，人各得自利也。呜呼！岂设君之道固如是乎？

古者天下之人爱戴其君，比之如父，拟之如天，诚不为过也。今也天下之人，怨恶其君，视之如寇仇⑤，名之为独夫⑥，固其所也。而小儒规规焉⑦，以君臣之义无所逃于天地之间⑧。至桀纣之暴，犹谓汤武不当诛之，而妄传伯夷、叔齐无稽之事⑨，乃兆人万姓崩溃之血肉，曾不异夫腐鼠⑩。岂天地之大，于兆人万姓之中，独私其一人一姓乎？是故武王，圣人也；孟子之言，圣人之言也⑪。后世之君，欲以如父如天之空名，禁人之窥伺者，皆不便于其言，至废孟子而不立⑫，非导源于小儒乎！

虽然，使后之为君者，果能保此产业，传之无穷，亦无怪乎其私之也。既以产业视之，人之欲得产业，谁不如我？摄缄縢，固扃鐍⑬，一人之智力，不能胜天下欲得之者之众，远者数世，近者及身，其血肉之崩溃，在其子孙矣。昔人愿世世无生帝王家⑭，而毅宗之语公主，亦曰："若何为生我家！"⑮痛哉斯言！回思创业时，其欲得天下之心，有不废然摧沮⑯者乎！是故明乎为君之职分，则唐、虞之世，人人能让，许由、务光非绝尘⑰也；不明乎为君之职分，则市井之间，人人可欲，许由、务光所以旷后世而不闻也。然君之职分难明，以俄顷淫乐，不易无穷之悲，虽愚者亦明之矣。

【注 释】

① 许由、务光：相传尧想把天下传给许由，汤想把天下让给务光，他们都不肯接受，所以这里说"去之而不欲入"。

② 某业所就，孰与仲多：见《史记·高祖本纪》。某，刘邦自称。仲，指刘邦的二哥。最初，刘邦的父亲认为刘邦无赖，不如他二哥能从事田间生产。刘邦得了天下之后，问他父亲说："我所成就的家业，和二哥比谁多？"这说明刘邦是把天下当作自己的家业来看待的。

③ 屠：宰割。毒：毒害。这是说为了自己取得天下，使人民肝脑涂地。

④ 花息：利息。

⑤ 寇仇：强盗、仇敌。这句话见《孟子·离娄下》："君之视臣如草芥，则臣视君如寇仇。"

⑥ 独夫：指不受群众拥护的人。《尚书·泰誓下》篇称商纣为"独夫纣"。

⑦ 规规焉：见识狭小的样子。这里是说一般小儒见小不见大。

⑧ 以君臣之义无所逃于天地之间：出自《庄子·人间世》："臣之事君，义也，无适（往）而非君也，无所逃于天地之间。"意思是说君臣关系，是无法变更、不可逃避的。又《二程遗书》卷五："父子、君臣，天下之定理，无所逃于天地之间。"

⑨ 伯夷、叔齐：相传是殷的贵族孤竹君之二子。武王伐纣，他们走到武王面前来反对，商亡后又一起到首阳山隐居，最后饿死。见《史记·伯夷列传》。作者认为这是小儒所造作的荒唐故事。

⑩ 腐鼠：见《庄子·秋水篇》："鸱得腐鼠，鹓雏过之，仰而视之曰：吓！"腐鼠就是腐臭了的死老鼠，比喻最不值钱的东西。这里是说小儒把百姓的性命看得一钱不值。

⑪ 孟子之言：见《孟子·梁惠王下》："齐宣王问曰：汤放桀，武王伐纣，

有诸？孟子对曰：于传有之。曰：臣弑其君可乎？曰：贼仁者谓之贼，贼义者谓之残，残贼之人，谓之一夫。闻诛一夫纣矣，未闻弑君也。"

⑫ 废孟子而不立：明太祖朱元璋见到孟子《民为贵君为轻》一章，下诏毁掉孔庙里的孟子牌位；又在洪武二十三、二十七年下诏修订《孟子》，凡书中含有民主思想的章节，都予删除。今传刘三吾《孟子节文》就是奉朱元璋令删订的本子。

⑬ 摄缄縢、固扃鐍：见《庄子·胠箧篇》。摄，结紧。缄、縢都是捆扎箱箧的绳索，扃鐍是箱箧上的关钮和锁钥。都是为了防人开箱盗物，但是遇到大盗就会连箱箧一起搬走；比喻国君设立许多法度来维护政权，也不能永远保住天下。

⑭ 愿世世无生帝王家：这句话见《南史》四十五卷《王敬则传》。宋顺帝被迫出宫时，"泣而弹指，惟愿后身生生世世不复天王作因缘"。

⑮ 毅宗：即明崇祯朱由检。当李自成打到北京时，朱由检挥剑击向他的女儿，说："汝奈何生我家？"

⑯ 摧沮：沮丧的样子。

⑰ 绝尘：超尘绝俗的意思。

原 臣

有人焉，视于无形，听于无声①，以事其君，可谓之臣乎？曰：否！杀其身以事其君，可谓之臣乎？曰：否。夫视于无形，听于无声，资于事父也；杀其身者，无私之极则也。而犹不足以当之，则臣道如何而后可？曰：缘夫天下之大，非一人之所能治，而分治之以群工②。故我之出而仕也，为天下，非为君也；为万民，非为一姓也。吾以天下万民起见，非其道，即君以形声强我，未之敢从也，况于无形无声乎！非其道，即立身于其朝，未之敢许也，况于杀其身乎！不然，而以君之一身一姓起见，君有无形无声之嗜欲，吾从而视之听之，此宦官宫妾之心也；君为己死而为己亡，吾从而死之亡之，此其私昵者之事也③。是乃臣不臣之辨也。

世之为臣者昧于此义，以谓臣为君而设者也。君分吾以天下而后治之，君授吾以人民而后牧之，视天下人民为人君橐④中之私物。今以四方之劳扰，民生之憔悴，足以危吾君也，不得不讲治之牧之之术。苟无系于社稷⑤之存亡，则四方之劳扰，民生之憔悴，虽有诚臣，亦以为纤芥之疾也。夫古之为臣者，于此乎，于彼乎？

盖天下之治乱，不在一姓之兴亡，而在万民之忧乐。是故桀、纣之亡，乃所以为治也；秦政⑥、蒙古之兴，乃所以为乱也；晋、宋、齐、梁之兴亡，无与于治乱者也。为臣者轻视斯民之水火⑦，即能辅君而兴，从君而亡，其于臣道固未尝不背也。夫治天下犹曳大木然，前者唱邪，后者唱许⑧。君与臣，共曳木之人也；若手不执绋⑨，足不履地，曳木者唯娱笑于曳木者之前，从曳木者以为良，而曳木之职荒矣。

嗟乎！后世骄君自恣，不以天下万民为事。其所求乎草野⑩者，不过欲得奔走服役之人。乃使草野之应于上者，亦不出夫奔走服役，一时免于寒饿、遂感在上之知遇，不复计其礼之备与不备，跻之仆妾之间而以为当然。万历⑪初，神宗之待张居正⑫，其礼稍优，此于古之师傅未能百一；当时论者骇然居正之受无人臣礼。夫居正之罪，正坐⑬不能以师傅自待，听指使于仆妾，而责之反是，何也？是则耳目浸淫⑭于流俗之所谓臣者以为鹄⑮矣！又岂知臣之与君，名异而实同耶！

或曰：臣不与子并称乎？曰：非也。父子一气，子分父之身而为身。故孝子虽异身，而能日近其气，久之无不通矣；不孝之子，分身而后，日远日疏，久之而气不相似矣。君臣之名，从天下而有之者也。吾无天下之责，则吾在君为路人。出而仕于君也，不以天下为事，则君之仆妾也；以天下为事，则君之师友也。夫然，谓之臣，其名累变。夫父子固不可变者也。

【注 释】

①"视于无形，听于无声"二句，见《礼记·曲礼上》。意思是：儿子应当善于体察父亲的心意，哪怕没有明确表示，也要体察到。这是伦常社会所谓事父之道，所以下文说"资于事父"。"资于事父"是"资于事父以事君"的节文，语见

《丧服经传》。

② 群工：百官。工、官同声，义通。

③ 这话取典于晏子的故事。《晏子春秋·内杂》第二："……故君为社稷死则死之，为社稷亡则亡之。若君为己死而为己亡，非其私昵，孰能任之。"又见《左传》襄公二十五年。这里引用晏子的话，是说君臣的关系，臣不是绝对服从君的。私人所爱叫"私昵"。

④ 橐：音驼，囊也。

⑤ 社，土神；稷，谷神。祭祀土神、谷神的地方也叫社稷。古代灭亡一个国家，就要变置其社稷。社稷的存亡象征了国家的存亡，所以通常又用社稷代表国家。

⑥ 秦始皇名政。

⑦ 水火，比喻患难。《孟子·梁惠王下》："今燕虐其民，王往而征之，民以为将拯己于水火之中也。"

⑧ 这几句见《淮南子·道应训》："今夫举大木者，前呼邪许，后亦应之，此举重劝力之歌也。"又见《吕氏春秋·淫辞篇》。邪、许都是状声词。

⑨ 绋：绳索，这里的执绋，是指拉着系在木头上的绳子。

⑩ 草野，指不在朝廷做官的人。《仪礼·士相见礼》："在野则曰草茅之臣。"

⑪ 万历：明神宗朱翊钧的年号（1573—1619）。

⑫ 张居正：号太岳，明江陵人。万历时的宰相，曾受过朱翊钧的重视和优待。

⑬ 坐：因为的意思。

⑭ 浸淫：逐渐习染的意思。

⑮ 鹄：箭靶。这里当标准解。

原　法

　　三代以上有法，三代以下无法。何以言之？二帝、三王①知天下之不可无养也，为之授田以耕之；知天下之不可无衣也，为之授地以桑麻之；知天下之不可无教也，为之学校以兴之，为之婚姻之礼以防其淫，为之卒乘之赋②以防其乱。此三代以上之法也，固未尝为一己而立也。后之人主，既得天下，唯恐其祚命③之不长也，子孙之不能保有也，思患于未然以为之法。然则其所谓法者，一家之法，而非天下之法也。是故秦变封建而为郡县，以郡县得私于我也；汉建庶孽④，以其可以藩屏⑤于我也；宋解方镇之权⑥，以方镇之不利于我也。此其法何曾有一毫为天下之心哉，而亦可谓之法乎！

　　三代之法，藏天下于天下⑦者也：山泽之利不必其尽取，刑赏之权不疑其旁落，贵不在朝廷也，贱不在草莽也。在后世方议其法之疏，而天下之人不见上之可欲，不见下之可恶，法愈疏而乱愈不作，所谓无法之法也。后世之法，藏天下于筐箧⑧者也；利不欲其遗于下，福必欲其敛于上；用一人焉则疑其自私，而又用一人以制其私；行一事焉则虑其可欺，而又设一事以防其欺。天下之人共知其筐箧之所在，吾亦鳃鳃然⑨日唯筐箧之是虞，故其法不得不密。法愈密而天下之乱即生于法之中，所谓非法之法也。

论者谓一代有一代之法，子孙以法祖为孝。夫非法之法，前王不胜其利欲之私以创之，后王或不胜其利欲之私以坏之。坏之者固足以害天下，其创之者亦未始非害天下者也。乃必欲周旋于此胶彼漆⑩之中，以博宪章⑪之余名，此俗儒之剿说⑫也。即论者谓天下之治乱不系于法之存亡。夫古今之变，至秦而一尽，至元而又一尽，经此二尽之后，古圣王之所恻隐爱人而经营者荡然无具，苟非为之远思深览，一一通变，以复井田、封建、学校、卒乘之旧，虽小小更革，生民之戚戚终无已时也。即论者谓有治人无治法⑬，吾以谓有治法而后有治人。自非法之法桎梏⑭天下人之手足，即有能治之人，终不胜其牵挽嫌疑之顾盼，有所设施，亦就其分之所得，安于苟简，而不能有度外之功名⑮。使先王之法而在，莫不有法外之意存乎其间⑯。其人⑰是也，则可以无不行之意；其人非也，亦不至深刻⑱罗网，反害天下。故曰有治法而后有治人。

【注 释】

① 二帝：指尧舜。三王：指夏禹、商汤、周文王和武王。

② 卒：步兵，乘：兵车。卒乘之赋，是说征集卒乘。

③ 祚命：禄命，指一姓君主统治天下时间的久暂。

④ 庶孽：凡不是皇后生的嫡子都称庶孽。庶有众多的意思，孽通"櫱"，树木旁出的枝干叫櫱，引申为庶子之称。汉朝初年以燕、代、齐、赵、梁、楚、荆、吴、淮南等九国封同姓诸侯，其目的是为了利用亲族保卫王室。

⑤ 藩：篱落。屏：门内小墙。引申为屏障、保卫的意思。《左传·僖公二十四年》："故封建亲戚，以藩屏周。"

⑥ 方镇之权：唐朝带兵镇守一方的叫"方镇"，后来方镇跋扈，割据一方。宋初解除将领的兵权，军政大权都由皇帝统一掌握。

⑦ 藏天下于天下：就是"公天下"的意思。语见《庄子·大宗师》："若夫藏天下于天下而不得所遁。"

⑧ "筐箧之藏"：见《晏子·春秋内篇·杂下》第十八。筐箧就是箱笼，盛物的竹器。这里是用来比喻"私天下"。

⑨ 鳃鳃然：恐惧的样子。

⑩ 此胶彼漆：胶、漆都是有黏性的东西。比喻拘泥于祖宗成法，不知变通。

⑪ 宪章：见《礼记·中庸》："仲尼祖述尧舜，宪章文武。"据朱熹注，宪章是"守其法"的意思。

⑫ 剿说：见《礼记·曲礼》："毋剿说。"注："谓取人之说以为己说。"即剽窃、抄袭的意思。

⑬ 有治人无治法：即认为治理天下主要依靠能治之人，而不能靠法度。

⑭ 桎梏：本来是束缚手足的刑具，这里当"束缚"解。

⑮ 度外：即法度之外。所谓不能有度外之功名，指不能脱离"非法之法"的桎梏而取得治绩。

⑯ 先王之法：指古圣王的"无法之法"。法外之意：指在先王之法以外的其他想法。这两句是说，如果先王之法还保存，也会有人有其他想法。

⑰ 其人：指有"法外之意"的人。这两句意思是：如果这些人的想法对，可以不反对实行他们的想法。

⑱ 深刻：法度深严、苛刻。

置　相

有明之无善治，自高皇帝罢丞相始也①。

原夫作君之意，所以治天下也。天下不能一人而治，则设官以治之；是官者，分身之君也。孟子曰："天子一位，公一位，侯一位，伯一位，子男同一位，凡五等。君一位，卿一位，大夫一位，上士一位，中士一位，下士一位，凡六等。"②盖自外而言之，天子之去公，犹公、侯、伯、子、男之递相去；自内而言之，君之去卿，犹卿、大夫、士之递相去。非独至于天子遂截然无等级也。昔者伊尹、周公之摄政③，以宰相而摄天子，亦不殊于大夫之摄卿，士之摄大夫耳。后世君骄臣谄，天子之位始不列于卿、大夫、士之间④，而小儒遂河汉⑤其摄位之事，以至君崩子立，忘哭泣衰绖⑥之哀，讲礼乐征伐之治⑦，君臣之义未必全，父子之恩已先绝矣。不幸国无长君⑧，委之母后，为宰相者方避嫌而处，宁使其决裂败坏，贻笑千古，无乃视天子之位过高所致乎！

古者君之待臣也，臣拜，君必答拜。秦、汉以后，废而不讲，然丞相进，天子御座为起，在舆为下。宰相既罢，天子更无与为礼者矣。遂谓百官之设，所以事我，能事我者我贤之，不能事我者我否之。设官之意既讹，尚能得作君之意乎！古者不传子而传贤，其视天子之位，去留犹夫宰相也。其后天子传子，宰相不传子。天子之子不皆贤，尚赖宰相传贤，足相补救，则天子亦不失传贤之意。宰相既罢，天子之子一不贤，更无与为贤者矣，不亦并传子之意而失者乎！

或谓后之入阁办事，无宰相之名，有宰相之实也⑨。曰：不然。入阁办事者，职在批答，犹开府之书记⑩也。其事既轻，而批答之意，又必自内授之而后拟之⑪，可谓有其实乎！吾以谓有宰相之实者，今之宫奴⑫也。盖大权不能无所寄，彼宫奴者，见宰相之政事坠地不收，从而设为科条，增其职掌，生杀予夺出自宰相者，次第而尽归焉。有明之阁下，贤者贷其残膏剩馥，不贤者假其喜笑怒骂，道路传之，国史书之，则以为其人之相业⑬矣。故使宫奴有宰相之实者，则罢丞相之过也。阁下之贤者，尽其能事则曰法祖，亦非为祖宗之必足法也。其事位既轻，不得不假祖宗以压后王，以塞宫奴。祖宗之所行未必皆当，宫奴之黠者又复条举其疵行，亦曰法祖，而法祖之论荒矣。使宰相不罢，自得以古圣哲王之行摩切⑭其主，其主亦有所畏而不敢不从也。

宰相一人，参知政事⑮无常员。每日便殿议政，天子南面，宰相、六卿⑯、谏官东西面以次坐。其执事皆用士人⑰。凡章奏进呈，六科给事中⑱主之，给事中以白宰相，宰相以白天子，同议可否。天子批红；天子不能尽，则宰相批之，下六部施行。更不用呈之御前，转发阁中票拟⑲，阁中又缴之御前，而后下该衙门，如故事⑳往返，使大权自宫奴出也。

宰相设政事堂㉑，使新进士主之，或用待诏者㉒。唐张说㉓为相，列五房于政事堂之后：一曰吏房，二曰枢机房，三曰兵房，四曰户房，五曰刑礼房，分曹以主众务，此其例也。四方上书言利弊者及待诏之人皆集焉，凡事无不得达。

【注 释】

① 高皇帝：指朱元璋。洪武十三年（1380年）废除丞相制，改设内阁大学士备顾问。大学士官仅五品，职权很小，六部大权直接由皇帝掌握。

② 见《孟子·万章下》。五等是周王朝爵禄的等级，六等是诸侯各国爵禄的等级。

③ 摄：代理的意思。摄政，代理执行天子的政务。伊尹曾摄代汤孙太甲的王位，成王年幼，周公旦曾代理行政。

④ 天子之位始不列于卿、大夫、士之间：天子之位与卿、大夫、士并列，汉代今文经学家和孟子说合。而古文家认为天子是至高无上的，不应该和公侯伯子男放在一起。详见《五经·异义》等书。

⑤《庄子·逍遥游》："吾惊怖其言，犹河汉而无极也。"河汉即天上的银河，银河非常高远，不能穷极其源流，比喻别人的话不近人情，不能相信。这里是指小儒不相信伊尹、周公摄位之事是真实的。

⑥ 衰：通"缞"，丧服。绖：丧服的带子，系在头上和腰上。

⑦ 礼乐征伐之治：出自《论语·季氏》："天下有道，则礼乐征伐自天子出。"指天子的政务。按《论语·宪问》："子张曰：书云'高宗谅阴，三年不言'，何谓也？子曰：何必高宗，古之人皆然。君薨，百官总己以听于冢宰三年。"高宗，殷王武丁。谅阴，居丧时住的房子，即凶庐。三年不言，指居丧期间不问政务。冢宰，官名，为六卿之首，地位相当于后世的宰相。据孔子的话，古代新接位的国君居丧期间由冢宰摄政，百官听命于冢宰。作者认为后世君权过重，即使居丧期间也不让宰相摄政，所以加以批评。

⑧ 国无长君：指皇帝年纪幼小。

⑨ 宰相之实：明仁宗、宣宗两朝以后，大学士职权渐重，地位接近于宰相。但始终受到宦官的钳制和操纵。

⑩ 开府：指地方官署，如督抚衙门等。书记，衙门里办理书牍奏记之类文书工作的人。

⑪ 内授之而后拟之：明代皇帝口传谕旨，由司礼太监笔录，交阁臣拟稿。太监可以从中操纵。

⑫ 官奴：即太监。

⑬ 相业：宰相的功业。

⑭ 摩切："摩"通"磨"。即"琢磨切磋"的意思，见《诗·卫风·淇奥》。

⑮ 参知政事：官名。唐始置，辅助宰相处理政事，明代废除。

⑯ 六卿：吏、户、礼、兵、刑、工六部的长官。

⑰ 执事：指手下的办事人。执事皆用士人，意思是不要任用宦官。

⑱ 六科给事中：官名。据《明史·食货志》说："吏、户、礼、兵、刑、工六科，每科设都给事中一人，左右给事中各一人，给事中四、六、八、十人不等。"职务是掌管侍从、规谏、补阙、拾遗，内外章奏及稽察六部百司的工作，执行国家的监察工作。

⑲ 票拟：章奏发到内阁后，由办事人员把批覆的意见拟成诏谕，进呈皇帝核定，叫做"票拟"。

⑳ 故事：旧例。这里指明王朝的惯例。

㉑ 政事堂：是唐代宰相议事的场所。

㉒ 待诏者：和下文的待诏之人，都是指那些已经决定任用而尚未派定官职，正在等待诏命的人。

㉓ 张说：字道济，洛阳人，唐代有名的宰相，后封燕国公，有《燕国公集》。

学 校

　　学校，所以养士也。然古之圣王，其意不仅此也，必使治天下之具皆出于学校，而后设学校之意始备。非谓班朝①、布令、养老、恤孤、讯馘②，大师旅则会将士，大狱讼则期吏民，大祭祀则享始祖，行之自辟雍③也。盖使朝廷之上，间阎④之细，渐摩濡染⑤，莫不有诗书宽大之气，天子之所是未必是，天子之所非未必非，天子亦遂不敢自为非是，而公其非是于学校。是故养士为学校之一事，而学校不仅为养士而设也。

　　三代以下，天下之是非一出于朝廷。天子荣之，则群趋以为是；天子辱之，则群擿以为非。簿书、期会、钱谷、戎狱⑥，一切委之俗吏。时风众势之外，稍有人焉，便以为学校中无当于缓急之习气。而其所谓学校者，科举嚣争，富贵熏心，亦遂以朝廷之势利一变其本领，而士之有才能学术者，且往往自拔于草野之间，于学校初无与也。究竟养士一事亦失之矣。

　　于是学校变而为书院⑦；有所非也，则朝廷必以为是而荣之；有所是也，则朝廷必以为非而辱之。伪学之禁⑧，书院之毁⑨，必欲以朝廷之权与之争胜。其不仕者有刑，曰："此率天下士大夫而背朝廷者也。"其始也学校与朝廷无与，其继也朝廷与学校相反，不特不能养士，且至于害士，犹然循其名而立之，何与？

东汉太学三万人，危言深论⑩，不隐豪强，公卿避其贬议；宋诸生伏阙搥鼓，请起李纲⑪。三代遗风，惟此犹为相近。使当日之在朝廷者，以其所非是为非是，将见盗贼奸邪慑心于正气霜雪之下！君安而国可保也。乃论者目之为衰世之事⑫，不知其所以亡者，收捕党人，编管陈欧⑬，正坐破坏学校所致，而反咎学校之人乎！

嗟乎！天之生斯民也，以教养托之于君。授田之法废，民买田而自养，犹赋税以扰之；学校之法废，民蚩蚩⑭而失教，犹势利以诱之。是亦不仁之甚，而以其空名跻之曰"君父，君父"，则吾谁欺！

郡县学官⑮，毋得出自选除⑯，郡县公议，请名儒主之。自布衣以至宰相之谢事者，皆可当其任，不拘已仕未仕也。其人稍有干于清议⑰，则诸生⑱得共起而易之，曰："是不可以为吾师也。"其下有《五经》师，兵法、历算、医、射各有师，皆听学官自择。凡邑之生童⑲皆裹粮从学，离城烟火聚落之处，士人众多者，亦置经师。民间童子十人以上，则以诸生之老而不仕者充为蒙师。故郡邑无无师之士，而士之学行成者，非主六曹⑳之事，则主分教之务，亦无不用之人。

学宫㉑以外，凡在城在野寺观庵堂，大者改为书院，经师领之，小者改为小学，蒙师领之以分处诸生受业。其寺产即隶于学，以赡诸生之贫者。二氏之徒㉒分别其有学行者，归之学宫，其余则各还其业。

太学祭酒㉓，推择当世大儒，其重与宰相等，或宰相退处为之。每朔日，天子临幸太学，宰相、六卿、谏议皆从之。祭酒南面讲学，天子亦就弟子之列。政有缺失，祭酒直言无讳。天子之子年至十五，则与大臣之子就学于太学，使知民之情伪㉔，且使之稍习于劳苦。毋得闭置宫中，其所闻见不出宦官宫妾之外，妄自崇大也。

郡县朔望㉕大会一邑之缙绅㉖士子。学官讲学，郡县官就弟子列，北面再拜，师弟子各以疑义相质难，其以簿书期会不至者罚之。郡县官政事缺失，小则纠绳㉗，大则伐鼓号于众㉘。其或僻郡下县，学官不能骤得名儒，而郡县官之学行过之者，则朔望之会，郡县官南面讲学可也。若郡县官少年无实学，妄自压老儒而上之者，则士子哗而退之。

择名儒以提督学政㉙。然学官不隶属于提学，以其学行名辈相师友也。每三年，学官送其俊秀于提学而考之，补博士弟子㉚；送博士弟子于提学而考之，以解礼部，更不别遣考试官。发榜所遗之士，有平日优于学行者，学官咨于提学补入之。其弟子之罢黜，学官以生平定之，而提学不与焉。

学历者能算气朔，即补博士弟子。其精者同入解额㉛，使礼部考之，官于钦天监㉜。学医者送提学考之，补博士弟子，方许行术。岁终，稽其生死效否之数，书之于册。分为三等：下等黜之，中等行术如故，上等解试礼部，入太医院㉝而官之。

凡乡饮酒㉞，合一郡一县之缙绅士子。士人年七十以上，生平无玷清议者，庶民年八十以上无过犯者，皆以齿南面㉟，学官、郡县官皆北面，宪老乞言。

凡乡贤名宦祠，毋得以势位及子弟为进退。功业气节则考之国史，文章则稽之传世，理学则定之言行。此外乡曲之小誉，时文㊱之声名，讲章之经学㊲，依附之事功，已经入祠者皆罢之。

凡郡邑书籍，不论行世藏家，博搜重购。每书钞印三册，一册上秘府㊳，一册送太学，一册存本学。时人文集，古文非有师法，语录非有心得，奏议无裨实用，序事无补史学者，不许传刻。其时文、小说、词曲、应酬代笔，已刻者皆追板烧之。士子选场屋之文及私试义策蛊惑坊市者㊴，弟子员黜革,见任官落职,致仕官夺告身⁴⁰。

民间吉凶,一依朱子《家礼》⁴¹行事。庶民未必通谙,其丧服之制度,木主⁴²之尺寸,衣冠之式,宫室之制,在市肆工艺者,学官定而付之。离城聚落,蒙师相其礼以革习俗。

凡一邑之名迹及先贤陵墓祠宇,其修饰表章,皆学官之事。淫祠⁴³通行拆毁,但留土、谷⁴⁴,设主祀之。故入其境,有违礼之祀,有非法之服,市悬无益之物,土留未掩之丧,优歌在耳,鄙语满街,则学官之职不修也。

【注 释】

① 《礼记·曲礼》:"班朝治军。"孔颖达疏:"班,次也;朝,朝廷也。次谓司士正朝仪之位次也。"这里班朝就是朝见臣子的意思。

② 讯馘:古时战争结束后在明堂里举行庆功礼。《礼记·王制》:"以讯馘告。"讯,即审讯俘虏;馘,是杀死敌人后割下来的耳朵。这里讯馘是献俘、献馘的意思。

③ 辟雍:周代称太学为辟雍,也就是明堂。《礼记·明堂位》疏引蔡邕《明堂月令章句》说:"明堂者,天子大庙,所以祭祀。……向功、养老、教学、选士皆在其中。故言取正室之貌则曰大庙,取其正室则曰大室,取其堂则曰明堂,取其四时之学则曰大学,取其圆水则曰辟雍,虽名别而实同。"所以这里说:"班朝、布令……行之自辟雍。"

④ 闾阎:即里巷,这里是民间的意思。

⑤ 渐摩濡染:逐渐习惯、感染的意思。

⑥ 簿书:指记载钱朵出纳的簿籍,也是古代一般官文书的通称。期会:定期向上级官吏述职、请示。钱朵:指税务。戎狱:指军政和司法。

⑦ 书院:我国中古后期一种特设的教育机构,有官设,也有私设。士子在书

院里可以长期进修研究。著名的书院,有丽正书院(唐)、岳麓书院、白鹿洞书院(宋)等。明代东林党组织东林书院,书院里学生议论朝政成为风气,和在朝的宦官权贵经常进行抗争。作者的父亲黄尊素,即是明末著名的东林党人。

⑧ 伪学之禁:南宋韩侂胄排斥异己,和他意见不合的,如朱熹(曾讲学于庐山白鹿洞书院)等,都斥为伪学,加以禁止,形成为门户党派之争。

⑨ 书院之毁:如东林书院即曾被魏忠贤禁毁。

⑩ 东汉太学三万人:见《后汉书·儒林传》。又《党锢传》说:"桓灵之间,主荒政谬,国命委于阉寺,士子羞与为伍,故匹夫抗愤,处士横议。"作者所谓"危言深论"云云,即指此而言。阉寺即宦官。

⑪ 请起李纲:北宋时金兵围汴京,太学生陈东率领太学诸生和市民数万人伏阙上书,请求复用主战派李纲。朝廷被迫任李纲为尚书右丞,充京城防御使。见《宋史》卷二三《钦宗纪》。

⑫ 论者:指当时的史论家,如汪师韩《韩门缀学》曾说:"当时太学生动辄上书,诚衰世之景象。"作者在此加以驳斥。

⑬ 编管:是交地方官管制监视的意思。陈即陈东,欧即与陈东同时上书之欧阳澈,事迹见《宋史·忠义传》。

⑭ 民蚩蚩:出自《诗·卫风·氓》:"氓之蚩蚩",朱熹《集传》:"蚩蚩,无知之貌。"

⑮ 学官:古代时期各级地方政府(府、县)中主管教育的官。清代于府学设教授,州厅学设学正,县学设教谕。俗称学老师。

⑯ 选除:选择、除授;指由朝廷派定。

⑰ 清议:意即清正的言论,指在野的士大夫和知识分子之间的舆论。"有干于清议",即干犯了舆论,为舆论所不满。

⑱ 诸生:指已经入学的士子。

⑲ 生童：指有资格入学而尚未入学的成年人和童子。

⑳ 六曹：指地方政府中分掌吏、礼、兵、刑、工等行政工作的官吏。

㉑ 学宫：即文庙（孔子庙），也是府学、县学的所在地。

㉒ 二氏：指老氏、释氏。二氏之徒：指道教徒和佛教徒。

㉓ 太学：即国学。祭酒：本来是年高德劭者的一种尊称，后来用为官名。太学祭酒是太学里最高的长官。

㉔ 民之情伪：古代皇帝的太子和诸侯的世子，都是十五岁入太学。见《大戴礼保傅篇》及《公羊传注》等。情伪，即真伪。《左传》僖公二十九年："民之情伪，尽知之矣。"知民之情伪，即了解民心。

㉕ 朔：旧历每月的初一。望：十五。

㉖ 缙绅：亦作搢绅。搢，插；绅，大带。古时做官的人把朝笏插在大带中。后来用以指官吏及地方士绅。

㉗ 纠绳：纠是举发，绳是弹正。

㉘ 伐鼓号于众：即鸣鼓呼号，表示当众谴责之意。

㉙ 提督：是提举督促的意思。学政：指地方上的教育行政。明代设提学道，清代在各省置提督学政。是掌管全省的学校教育及士习文风的官。

㉚ 博士弟子：汉武帝始兴太学，设博士官。置弟子五十人，令郡国举送。明代国子监（太学）设有国子博士，博士弟子即指保送国子监受业的学生，通称监生。

㉛ 解额：唐代由地方官考试后贡举到京师，叫作"解"。后来乡试（省试）也称为解试，有一定的取录名额，故称为解额。

㉜ 钦天监：观察天文气象的机关。"钦天"二字是取义于《尚书·尧典》"钦若昊天"。钦，有敬顺的意思。

㉝ 太医院：供奉内廷的医疗机构。

㉞ 乡饮酒：古时地方上选举和敬老的一种集会，在学校（庠序）里举行。所敬的是六十岁以上有"德行"者。见《仪礼·乡饮酒礼》及《礼记·乡饮酒义》。

㉟ 齿：年龄。以齿就是按照年龄。南面：在上面向南坐着。

㊱ 时文：八股文的别称。

㊲ 讲章之经学：宋明理学家讲解和阐发《四书》《五经》意义的书，称为讲章。内容大都很繁琐浅陋。

㊳ 秘府：皇帝藏书的地方不许外人观看，故称为秘府。

㊴ 场屋：科举考试的场所，场屋之文即八股文。义策：即经义和策论，都是唐宋时科举考试的文体，明清时变为八股文。当时许多文人私人组织文社，做诗词，也做八股文，并选出来刻印问世，称为"社稿"。这里所说的私试义策，即指此而言。明清时坊间盛行各种八股文的选本，作者在此加以批评。

㊵ 告身：一种任命状之类的文书。

㊶ 朱子《家礼》：共五卷，相传由朱熹所撰，自宋以后都遵用此书。后人考证并非朱熹所撰。见王懋竑《白田草屋杂著》。

㊷ 木主：死人的牌位。

㊸ 淫祠：指不在祀典之列的（当时认为是不正当的）祠庙。

㊹ 土谷：即土神、谷神，也就是社稷之神。

田制一

昔者禹则壤定赋①,《周官》体国经野②,则是夏之所定者,至周已不可为准矣。当是时,其国之君,于其封疆之内,田土之肥瘠,民口之众寡,时势之迁改,视之为门以内之事也。

井田既坏,汉初十五而税一,文、景三十而税一③;光武初行什一之法,后亦三十而税一。盖土地广大,不能缕分区别,总其大势,使瘠土之民不至于甚困而已。是故合九州之田,以下下为则④,下下者不困,则天下之势相安,吾亦可无事于缕分区别,而为则壤经野之事也。夫三十而税一,下下之税也,当三代之盛,赋有九等⑤,不能尽出于下下,汉独能为三代之所不能为者,岂汉之德过于三代欤?古者井田养民,其田皆上之田也。自秦而后,民所自有之田也。上既不能养民,使民自养,又从而赋之,虽三十而税一,较之于古亦未尝为轻也。

至于后世,不能深原其本末,以为什一而税,古之法也。汉之省赋,非通行长久之道,必欲合于古法。九州之田,不授于上而赋以什一,则是以上上为则也。以上上为则,而民焉有不困者乎?汉之武帝,度支⑥不足,至于卖爵、贷假⑦、榷酤⑧、算缗⑨、盐铁⑩之事无所不举，乃终不敢有加于田赋者，彼东郭咸阳、孔仅、桑弘羊⑪，计虑犹未熟与？然则什而税一，名为古法，其不合于古法甚矣。而兵兴之世，又不能守其什一者，其赋之于民，不任田而任用⑫，以一时之用制天下之赋，后王因之。后王既衰，又以其时之用制天下之赋，而后王又因之。呜呼！吾见天下之赋日增，而后之为民者日困于前。

儒者曰：井田不复，仁政不行，天下之民始敝敝⑬矣。孰知魏、晋之民又困于汉、唐，宋之民又困于魏、晋？则天下之害民者，宁独在井田之不复乎！今天下之财赋出于江南；江南之赋至钱氏⑭而重，宋未尝改；至张士诚⑮而又重，有明亦未尝改。故一亩之赋，自三斗起科至于七斗，七斗之外，尚有官耗私增⑯。计其一岁之获，不过一石，尽输于官，然且不足。乃其所以至此者，因循乱世苟且之术也。吾意有王者起，必当重定天下之赋；重定天下之赋，必当以下下为则而后合于古法也。

或曰：三十而税一，国用不足矣。夫古者千里之内⑰，天子食之，其收之诸侯之贡者，不能十之一。今郡县之赋，郡县食之不能十之一，其解运至于京师者十之九。彼收其十一者尚无不足，收其十九者而反忧之乎！

【注释】

① 则：是划分的意思。则壤：划分土壤的等级。定赋：制定赋税的比额。详见《尚书·禹贡》。

② 体国经野：见《周礼·天官》序官。体有划分的意思，国指京城。体国，即是规划京城中的建置。经是测量远近里数，野是京畿以外的地区。

③ 十五税一：就是按照十五分之一的比例征收赋税，汉初一度实行，后废。汉惠帝元年又恢复。汉景帝改为三十税一。

④ 九州之田：九州的说法不一，这里是《禹贡》九州，即：兖、冀、青、徐、豫、荆、扬、雍、梁。《禹贡》分土地为九等，即上上、上中以至下下。下下，指最坏的土壤而言。则，标准。这里指赋税的标准。

⑤ 赋有九等：《尚书·禹贡》分赋税为九等，即上上、上中以至下下。此云九等，即《禹贡》言。

⑥ 度支：本官名，掌贡赋租税，会计出入。这里是指国家财政开支而言。

⑦ 贷假：宽免的意思。指允许犯法的人用钱赎免。

⑧ 榷酤：《汉书·武帝纪》载，天汉三年"初榷酒酤"。榷是专的意思。酒由国家专卖叫榷酤。

⑨ 算缗：《汉书·武帝纪》记载：元狩四年"初算缗钱"。李斐注："缗，丝也，以贯钱也。一贯千钱，出算二十。"算是算赋，资产每千钱纳算赋二十钱。

⑩ 盐铁：指汉武帝所实行的盐铁专卖政策。武帝元狩六年（前117年）使大农盐铁丞孔仅、东郭咸阳设立盐官和铁官多处，主管盐铁专卖，禁止人民私煮私铸，违者即处以钳足的刑罚，并没收其器物。事见《史记·平准书》。

⑪ 东郭咸阳、孔仅、桑弘羊：《汉书·食货志》："于是以东郭咸阳、孔仅为大农丞领盐铁事。而桑弘羊贵幸。咸阳，齐之大鬻盐，孔仅，南阳大冶，皆致产累千金。……弘羊，洛阳买贾人之子。"颜师古注："姓东郭，名咸阳。姓孔，名仅。"

⑫ 任：这里是依据的意思。不任田而任用，是说不依据土地、收入的多少而依据政府开支的多少来征收赋税。开支愈来愈多，赋税也就愈来愈重。

⑬ 敝敝：是说民生凋敝。

⑭ 钱氏：指吴越王钱镠及其子孙。唐亡后，镠据杭州，自称吴越国王，改元天宝，为十国之一。传至其孙俶，于宋太平兴国三年（978年）举国降宋。

⑮ 张士诚：在元末聚盐民起义，国号大周，后为朱元璋所灭。

⑯ 官耗私增：旧时征收田赋，官吏借口预防收藏、运输等的耗损，于正额外加收若干，叫做耗羡。名义上是用以弥补经手官吏的耗损，所以又叫做官耗。私增，指地方官吏在朝廷规定的税额之外，私自巧立名目，增加赋税。

⑰ 千里之内：指王畿之内。《诗·商颂·玄鸟》："邦畿千里。"又《孟子·万章下》："天子之制，地方千里。"

田制二

　　自井田之废，董仲舒有限民名田之议①，师丹、孔光②因之，令民名田无过三十顷，期尽三年而犯者没入之。其意虽善；然古之圣君，方授田以养民，今民所自有之田，乃复以法夺之，授田之政未成而夺田之事先见，所谓行一不义而不可为也③。或者谓夺富民之田则生乱，欲复井田者，乘大乱之后，土旷人稀而后可，故汉高祖之灭秦，光武之乘汉，可为而不为为足惜。夫先王之制井田，所以遂民之生，使其繁庶也。今幸民之杀戮，为其可以便吾事，将使田既井而后，人民繁庶，或不能于吾制无龃龉④，岂反谓之不幸与？

　　后儒言井田必不可复者，莫详于苏洵⑤；言井田必可复者，莫切于胡翰、方孝孺⑥。洵以川路、浍道、洫涂、沟畛，遂径之制，非穷数百年之力不可。夫诚授民以田，有道路可通，有水利可修，亦何必拘泥其制度疆界之末乎！凡苏洵之所忧者，皆非为井田者之所急也。胡翰、方孝孺但言其可复，其所以复之之法亦不能详。余盖于卫所之屯田⑦，而知所以复井田者亦不外于是矣。世儒于屯田则言可行，于井田则言不可行，是不知二五之为十也。

每军拨田五十亩，古之百亩也，非即周时一夫授田百亩乎[8]！五十亩科正粮十二石，听本军支用，余粮十二石，给本卫官军俸粮，是实征十二石也。每亩二斗四升，亦即周之乡遂用贡法[9]也。天下屯田见额六十四万四千二百四十三顷，以万历六年实在田土七百一万三千九百七十六顷二十八亩律之，屯田居其十分之一也，授田之法未行者，特九分耳。由一以推之九，似亦未为难行。况田有官民，官田者，非民所得而自有者也。州县之内，官田又居其十分之三。以实在田土均之，人户一千六十二万一千四百三十六，每户授田五十亩，尚余田一万七千三十二万五千八百二十八亩，以听富民之所占，则天下之田自无不足，又何必限田、均田[10]之纷纷，而徒为困苦富民之事乎！故吾于屯田之行，而知井田之必可复也。

难者曰：屯田既如井田，则屯田之军日宜繁庶，何以复有销耗也？曰：此其说有四：屯田非土著之民，虽授之田，不足以挽其乡土之思，一也。又令少壮者守城，老弱者屯种，夫屯种而任之老弱，则所获几何，且彼见不屯者之未尝不得食也，亦何为而任其劳苦乎！二也。古者什而税一，今每亩二斗四升，计一亩之入不过一石，则是什税二有半矣，三也。又征收主自武人，而郡县不与，则凡刻剥其军者何所不为，四也。而又何怪乎其销耗与！

【注 释】

① 董仲舒：广川人，是西汉时独尊儒术的哲学家。他曾经说："古井田法虽难卒行，宜少近古，限民名田，以澹（同赡）不足，塞兼并之路。"见《汉书·食货志》。颜师古注："名田，占田也。各为立限，不使富者过制，则贫弱之家可

足也。"

② 师丹、孔光：西汉末哀帝即位，师丹辅政，建议："今累世承平，豪富吏民，訾数钜万，而贫弱俞（同愈）困，……宜略为限。"孔光曾奏请："诸侯王列侯，皆得名田国中，列侯在长安，公主名田县道，及关内侯吏民名田，皆毋过三十顷。"均见《汉书·食货志》。

③ 行一不义而不可为：语见《孟子·公孙丑上》："行一不义，杀一不辜，而得天下，皆不为也。"

④ 龃龉：牙齿上下对不上，引申为抵触的意思。

⑤ 苏洵：宋眉山人，字明允，所著《嘉祐集》卷五《田制篇》云："既为井田，又必兼备沟洫。……井田之制，万夫之地，盖三十二里有半。共间为用为路者一，为浍为道者九，为洫为涂者百，为沟为畛者千，为途为径者万。此二者（按指井田、沟洫二者）非塞溪壑，平涧谷，夷丘陵，破坟墓，坏庐舍，徙城廓，易疆陇，不可为也。纵使能尽得平原广野，而遂规划于其中，亦当驱天下之人，竭天下之粮，穷数百年而专力于此，不治他事，而后可以望天下之地尽为井田，尽为沟洫，已而又为民作屋庐于其中，以安其居而后可。吁，亦已迂矣！"

⑥ 胡翰：明金华人。字仲申。元末他住在南华山，著有《春秋集义》《胡仲子集》。方孝孺：字希直，一字希古，著有《逊志斋集》。他们都主张恢复井田制。胡翰在其《井牧》一文中曾论述井田十便，见《胡仲子集》卷一。方孝孺谓"井田废而天下无世家"，见《逊志斋集》卷一《宗仪》第三首《睦族》。又卷十一《与友人论井田书》，痛惜井田制的破坏，"使富者益富，贫者益贫，二者皆乱之本也。"他认为井田可复，"江、河以北，平壤千里，画而并之，甚易为力。"

⑦ 卫所：是明代的防守制度。凡属于一郡一府的军事要地设所，属于数郡相连的要地设卫。一卫约五千多人，一所有一百多人的，也有千余人的。留守的士卒

在那里垦殖土地，从事生产，叫做屯田。

⑧ 一夫授田百亩：《礼记·王制》："制农田百亩。"又《孟子·万章下》："耕者之所获，一夫百亩。"

⑨ 贡法：关于周之贡法，孔颖达在《毛诗正义》中作了最概括的解释："周制有贡有助。助者，九夫而税一夫之田；贡者，什一而贡一夫之谷。"乡遂都用贡法，大概和夏的贡法略同，都是十分取一。

⑩ 均田：均田之名始于汉，是按照等级限田的意思。后北魏曾实行均田制，至唐代犹相沿不废。

财计三

　　治天下者既轻其赋敛矣，而民间之习俗未去，蛊惑不除，奢侈不革，则民仍不可使富也。何谓习俗？吉凶之礼既亡，则以其相沿者为礼。婚之筐篚①也，装资也，宴会也；丧之含殓②也，设祭也，佛事也，宴会也，刍灵③也。富者以之相高，贫者以之相勉矣。

　　何谓蛊惑？佛也，巫也。佛一耳，而有佛之宫室，佛之衣食，佛之役使，凡佛之资生器用无不备，佛遂中分其民之作业矣。巫一耳，而资于楮钱④香烛以为巫，资于烹宰以为巫，资于歌吹婆娑⑤以为巫，凡斋醮祈赛⑥之用无不备，巫遂中分其民之资产矣。

　　何谓奢侈？其甚者，倡优也，酒肆也，机坊⑦也。倡优之费，一夕而中人之产；酒肆之费，一顿而终年之食；机坊之费，一衣而十夫之暖。

　　故治之以本，使小民吉凶一循于礼，投巫驱佛，吾所谓学校之教明而后可也。治之以末，倡优有禁，酒食有禁，除布帛外皆有禁。今夫通都之市肆，十室而九，有为佛而货者，有为巫而货者，有为倡优而货者，有为奇技淫巧而货者，皆不切于民用，一概痛绝之，亦庶乎救弊之一端也。此古圣王崇本抑末⑧之道。世儒不察，以工商为末，妄议抑之。夫工固圣王之所欲来⑨，商又使其愿出于途者⑩，盖皆本也。

【注 释】

① 筐筥：装东西的竹器。圆的叫筐，方的叫筥。这里指婚前男方送给女方的礼物。

② 含：殡殓时给死人口中含上珠子或米饭。殓：即殓尸入棺，当时风俗，要给死者穿戴较好的服饰。

③ 刍灵：草扎的假人假马，用以殉葬。见《礼记·檀弓》。

④ 楮钱：即纸钱。

⑤ 歌吹婆娑：形容巫师歌唱吹奏、拜伏回旋之状。

⑥ 斋：做法事。醮：打醮。祈：祈祷。赛：赛会。

⑦ 机坊：指织造绸缎的作坊。

⑧ 崇本抑末：封建时代，习惯上"本"指农业，"末"指工商业。这里所说的"末"，指衣食方面的一切浮奢浪费，以及巫祝迷信和奇技淫巧等，作者认为工商皆"本"。

⑨ 来：招致。《礼记·中庸》："来百工，则财用足。"

⑩ 途者：语本《孟子·梁惠王》上："今王发政施仁，使天下仕者皆欲立于王之朝，耕者皆欲耕于王之野，商贾皆欲藏于王之市，行旅皆欲出于王之涂。""涂"同"途"。

明儒学案序 节录

盈天地皆心也,变化不测,不能不万殊。心无本体,工夫所至,即其本体。故穷理者,穷此心之万殊,非穷万物之万殊也。是以古之君子,宁凿五丁之间道①,不假邯郸之野马②,故其途亦不得不殊,奈何今之君子必欲出于一途,使美厥灵根者,化为焦芽绝港③。夫先儒之语录,人人不同,只是印我之心体之变动不居,若执定成局,终是受用不得。此无他,修德而后可讲学。今讲学而不修德,又何怪其举一而废百乎?时风愈下,兔园④称儒,实老生之变相;坊人诡计,借名母以行书⑤。谁立庭庭之中正?九品参差⑥;大类释氏之源流,五宗水火⑦。遂使杏坛块土,为一哄之市⑧,可哀也夫!

羲幼遭家难⑨,先师蕺山先生⑩视羲如子。扶危定倾,日闻绪言⑪。小子矍矍⑫,梦奠⑬之后,始从遗书得其宗旨,而同门之友多归忠节。岁己酉,毘陵恽仲升来越,著《刘子节要》⑭。仲升,先师之高第弟子也。书成,羲送之江干⑮,仲升执手丁宁曰:"今日知先师之学者,惟吾与子两人,议论不容不归一,惟于先师言意所在,宜稍为通融。"羲曰:"先师所以异于诸儒者,正在于意,宁可不为发明!"⑯仲升欲羲序其《节要》,

羲终不敢。是则仲升于殊途百虑⑰之学,尚有成局之未化也。

【注释】

① 《水经注》:"秦惠王欲伐蜀,而不知道,作五石牛,以金置尾下,言能屎金,蜀王负力令五丁曳之成道。"这是古时一种传说。在常璩《华阳国志》、何逊《七召》里记载又不同。这传说本来是形容劳苦人们(五丁)力量的巨大,开辟了蜀道。这里引用的意思是:心既万殊,学问也是万殊的,不必出于一途,故古之君子宁可不避艰难,自辟途径。

② 邯郸野马:未详。大意是不走现成方便的途径。

③ 灵根者:灵根即心,扬雄《太玄经》卷六《养》:"藏心于渊,美厥灵根。"焦芽:系借用佛家术语。佛家称求真道之心为菩提心,不能发菩提心,谓之"焦芽败种"。港是水的支流,"绝港"犹言断港绝河,即断流的小河,这里形容心灵的闭塞不通。这两句意思是,如果必欲出于一途,就会使本来完美通灵的心变得像焦芽绝港一样枯涸闭塞。

④ 兔园:即《兔园策》,《五代史·刘岳传》:"兔园策者,乡校俚儒教田夫牧子之所诵也。"这里是指诵习《兔园策》的乡曲俗儒。

⑤ 名母:有些本子作"名毋""名每",皆误。"名母"的故事见《战国策·魏策》,相传宋国有一个学生,学了三年,回家竟直呼他母亲的名字(古代儿女不能直呼父母的名字)。母亲责问他,他解释说,伟大和贤德,没有超过天地和尧舜的。天地尧舜都能直呼其名,何况母亲呢?作者用这个典故,是指斥当时的坊间书贾假托别人名字刊行一些坏书。

⑥ 九品参差:九品中正是魏文帝为维护贵族士子利益而制定的一种官人之法。其法:郡县设小中正,州设大中正,区别人物,以九等第其高下。由小中正上之于大中正,再上之于司徒,送尚书选用,这里的意思是慨叹学术上九品参差,无

所折衷，没有人来甄别它的是非邪正。

⑦五宗：佛家的五宗，即天台宗、华严宗、法相宗、三论宗、律宗。这里的五宗，似乎指的是禅宗之五家。禅宗到了五祖弘忍，分南宗、北宗，北宗不再分派，南宗下又分五家：沩仰宗、临济宗、曹洞宗、云门宗、法眼宗。彼此意见纷歧，所以说"五宗水火"。

⑧杏坛：在曲阜孔子庙内，相传孔子曾讲学于此。这里用它来代表儒家讲学的地方。一哄之市：即闹市，见《庄子》。这是说，儒学的讲授变成了各立门户，逐利纷争的场所。

⑨家难：指作者父亲黄尊素遭到魏忠贤杀害之事。

⑩蕺山先生：指刘宗周，明山阴人。《明儒学案》有《蕺山学案》。

⑪绪言：指学术思想上具启发性的话。

⑫矍矍：语本《周易·震卦》："视矍矍。"孔《疏》："视不专之容。"释文："中未得之貌。"意思是说由于用心不专一，所以心无所得。

⑬梦奠：相传殷俗殡于两楹之间。孔子曾经夜梦坐奠于两楹之间，跟着就患病七日而死，见《礼记·檀弓上》。所以后来称死为梦奠。

⑭《刘子节要》：作者恽日初，字仲升，号逊庵，武进人，刘宗周弟子。《刘子节要》十四卷，是他仿照《近思录》的体例编成的。下分道体、论学、致知等十四类，每类为一卷。

⑮江干：江岸。

⑯"先师所以……不为发明"句：按黄宗羲《南雷文定五集·答恽仲升论子刘子节要书》云："夫先师宗旨，在于慎独。其慎独之功，全在'意为心之主宰'一语。原老兄之心，总碍于《论语》'毋意'之一言，以从事于意，终不可以为宗旨，故于先师之言意者，一概节去以救之。弟则以为不然。"

⑰殊途百虑：语本《周易·系辞下》："天下同归而殊途，一致而百虑。"

潜书

唐甄

导 读

李敖

唐甄(1630—1704),初名大陶,字铸万,后改名甄,号圃亭,四川达州人。《清史稿》说他:"甄性至孝,父丧,独栖殡室三年。以世乱不克还葬,遂葬父虎丘。顺治十四年举人。选长子山西长子县令,下车,即导民树桑凡八十万本,民利赖焉。未几,坐逃人诖误,去官。僦居吴市,炊烟屡绝,至采枸杞叶为食,衣败絮,著述不辍。始志在权衡天下,作《衡书》,后以连蹇不遇,更名《潜书》。分上下篇,上篇论学,始《辨儒》,终《博观》,凡五十篇;下篇论政,始《尚治》,终《潜存》,凡四十七篇。上观天道,下察人事,远正古迹,近度今宜,根于心而致之行,非虚言也。宁都魏禧见而叹之曰:'是周、秦之书也,今犹有此人乎!'卒,年七十五。"

唐甄的《潜书》是他积三十年心血而成的作品。在书中,他大胆指出:"天子之尊,非天帝大神也,皆人也!"又大胆指出:"自秦以来,凡为帝王者,皆贼也!"这种反对君主专制的言论,在中国历史上是石破天惊的。三百年后看起来,更觉出他持论的勇迈。

抑　尊

圣人定尊卑之分，将使顺而率之，非使亢①而远之。为上易骄，为下易谀，君日益尊，臣日益卑，是以人君之贱视其臣民，如犬马虫蚁之不类于我，贤人退，治道远矣。

太山之高，非金玉丹青②也，皆土也；江海之大，非甘露醴泉也，皆水也；天子之尊，非天帝大神也，皆人也。是以尧舜之为君，茅茨不剪③，饭以土簋④，饮以土杯，虽贵为天子，制御海内，其甘菲食⑤、暖粗衣，就好辟⑥恶，无异于野处也，无不与民同情也。

善治必达情，达情必近人。陈五色于室中，灭烛而观之则不见；奏五音于堂下，掩耳而听之则不闻。人君高居而不近人，既已瞽于官、聋于民矣。虽进之以尧舜之道，其如耳目之不辨何哉！

人君之于父母，异宫而处，朝见有时，则曰天子之孝与庶人异。人君之于子孙，异宫而处，朝见有时，则曰天子之慈与庶人异。人君之于妻，异宫而处，进御有时，则曰天子之匹与庶人异。骨肉之间，骄亢袭成⑦，是以养隆而孝衰，教疏而恩薄⑧。逸人间之，废嗣废后，易于反掌。不和于家，乱之本也。亲虽至昵，亦有难谏；友虽至私，亦有难语；师虽善诱，亦有难教，而况君乎？

人君之尊，如在天上，与帝⑨同体。公卿大臣罕得进见，变色失容，不敢仰视，跪拜应对，不得比于严家之仆隶。于斯之时，虽有善鸣者，不得闻于九天⑩；虽有善烛者，不得照于九渊⑪。臣日益疏，智日益蔽，伊尹、傅说⑫不能诲，龙逢、比干⑬不能谏，而国亡矣。

蜀人之事神也必冯⑭巫，谓巫为端公，襄⑮则为福，诅则为殃，人不知神所视听，惟端公之畏，而不惜货财以奉之。若然者，神不接于人，人不接于神，故端公得容其奸。人君之尊，其犹土神乎！权臣嬖侍，其犹端公乎！无闻无见，大权下移，诛及伯夷，赏及盗跖⑯，海内怨叛，寇及寝门，宴然不知。岂人之能蔽其耳目哉？势尊自蔽也。

直言者，国之良药也。直言之臣，国之良医也。除肤疡、不除症结者，其人必死；称君圣、谪百官过者，其国必亡。所贵乎直臣者，其上，攻君之过，其次，攻宫闱之过，其下焉者攻帝族，攻后族，攻宠贵，是疡医⑰也。君何赖乎有此直臣，臣何贵乎有此直名？是故国有直臣，百官有司莫不畏之。畏之自天子始。

昔者明显帝⑱食，庖人进鳖，显帝食而甘之，舍箸而问曰："吾闻刘光缙禁鳝鳖之属，安所得此鳖也？"左右对曰："取之远郊。"显帝曰："自今勿复进此，恐犯御史禁也。"以万乘之尊，下畏御史，可以为帝王师矣。

位在十人之上者，必处十人之下；位在百人之上者，必处百人之下；位在天下之上者，必处天下之下。古之贤君不必大臣，匹夫匹妇皆不敢陵；不必师傅，郎官博士皆可受教；不必圣贤，闾里父兄皆可访治。尊贤之朝，虽有佞人，化为直臣；虽有奸人，化为良臣；何贤才之不尽，何治道之不闻！是故殿陛九仞，非尊也，四译⑲来朝，非荣也，海唯能下，故川泽之水归之；人君唯能下，故天下之善归之。是乃所以为尊也。

【注 释】

① 亢：高，形容尊者高高在上。

② 丹、青：都是可做颜料的矿物。

③ 茅茨不翦：茅屋没有修剪整齐。翦，同"剪"。

④ 土簋：陶制食器。

⑤ 菲食：薄食，粗恶的食物。

⑥ 辟：同"避"。

⑦ 骄亢袭成：人君因袭地养成骄傲高亢。

⑧ 养隆而孝衰，教疏而恩薄：人君对父母供养虽丰厚但无孝心，对子孙疏于教育而少恩慈。

⑨ 帝：指天帝，上帝。

⑩ 闻于九天：指臣子的意见不能闻于君主。

⑪ 照于九渊：指人君不能通达下情。

⑫ 伊尹：汤的贤臣。傅说：商高宗武丁的贤臣。

⑬ 关龙逄：夏桀的臣子，因谏被杀；比干：商纣的叔父，亦以谏死。

⑭ 冯：同凭，依靠的意思。

⑮ 禳：祭祀除灾。

⑯ 伯夷：商朝孤竹君之子，商亡后，与弟叔齐耻食周粟，饿死首阳山下。见《史记·伯夷传》。盗跖：相传是古代的大盗，《庄子》有《盗跖篇》。

⑰ 疡医：治疗瘫疽疮疖的外科医生，这里用他只能"除肤疡，不除症结"来比喻不敢直言君过的臣子。

⑱ 明显帝：即明神宗朱翊钧。

⑲ 四译：指四方边远的国家。边远的国家必须经过翻译才能互通语言，所以称为四译。《礼记·王制上》说："五方之民言语不通，嗜欲不同。达其志，通其欲，东方曰寄，南方曰象，西方曰狄鞮，北方曰译。"寄、象、狄鞮、译都是当时担任翻译的职官。

大　命

　　岁饥，唐子之妻曰："食无粟矣，如之何？"唐子曰："以牺①。"他日，不能具牺，曰："三糠而七牺。"他日，犹不能具。其妻曰："三糠七牺而犹不足，子则奚以为生也？"曰："然则七糠而三牺。"邻有见之者，蹙頞②而吊之曰："子非仕者与，何其贫若此也！意者其无资身之能乎？"唐子曰："不然。鱼在江河，则忘其所为生；其在潢泽之中，则不得其所为生；以江河之水广，潢泽之水浅也。今吾与子在潢泽之中，故无所资以为生也，子曷以吊我者吊天下乎！"

　　唐子行于野，见妇人祭于墓而哭者；比其反也③，犹哭。问："何哭之哀也？"曰："是吾夫之墓也。昔也吾舅④织席，终身有余帛；今也吾夫织帛，终身无完席。业过其父，命则不如，是以哭之哀也。"唐子慨然而叹曰："是天下之大命也。夫昔之时，人无寝敝席者也；今之时，人鲜衣新帛者也。"

　　唐子曰："天地之道故平，平则万物各得其所。及其不平也，此厚则彼薄，此乐则彼忧。为高台者，必有洿池；为安乘者，必有茧足⑤。王公之家,一宴之味费上农一岁之获,犹食之而不甘;吴西之民,非凶岁为麫⑥粥,杂以荍⑦秆之灰,无食者见之,以为是天下之美味也。人之生也,无不同也,今若此,不平甚矣。提衡者权⑧重于物则坠,负担者前重于后则倾,不平故也。是以舜、禹之有天下也,恶衣菲食⑨不敢自恣,岂所嗜之异于人哉?惧其不平以倾天下也。"

唐子之父死三十一年而不能葬,母死五年而不能葬,姊死三十年而不能葬,弟死二十九年而不能葬。乃游于江西,乞于故人之宦者,家有一石一斗三升粟,惧妻及女子之饿死也。至于绣谷之山而病眩⑩,童子问疾,不答,登楼而望,慨然而叹曰:"容容其山,旅旅其石⑪,与地终也,吁嗟人乎!病之蚀气⑫也,如水浸火。吾闻老聃多寿,尝读其书曰:'吾惟无身,是以无患。'⑬盖欲窃之而未能也!"

【注 释】

① 粞:碎米。

② 頞:鼻根。

③ 比:及。反:同"返"。

④ 吾舅:儿媳称公婆为舅姑,舅指公公。

⑤ 茧:通"趼",茧足,脚上因走路过多而生茧。

⑥ 麫:麦屑。

⑦ 荍:荞麦。

⑧ 衡:秤。权:秤锤。

⑨ 恶衣菲食:《论语·泰伯》:"子曰:禹……菲饮食而致孝乎鬼神,薄衣服而致美乎黻冕,卑宫室而尽力乎沟洫。恶衣非食,本此。菲,薄。

⑩ 眩:头晕眼花。

⑪ 容容：山峰秀丽的样子。旅旅：山石众多的样子。

⑫ 病之蚀气：指疾病损蚀身体元气。

⑬ "吾惟无身，是以无忠"：《老子》第十三章："及吾无身，吾有何患！"

破　祟

屈原①之死，疑有祟焉，或湘水之神为祟与？今人但知人不得其死则为厉鬼，而未究古者列星山川之神皆能为祟。原也发而为言，皆非人世之言；其心志所往，皆非人世所及之境；见神见鬼，神语鬼语②，魂已上天，魄已入渊，可畏也！使当日者其弟子若宋玉之徒，见其师之迷乱，往卜于郑詹尹③，詹尹必曰"湘水为祟"，则至湘水之滨，备牲沉玉以禳其灾，原或免于死乎！妇人自杀于房，丈夫自沉于河，有物使之也，原其斯类与！不然，原亦贤者也，营营青蝇④，无伤正直，丘中有麻⑤，益见高蹈，彼岂未之诵与！而以父母之身饱渊鱼之腹，生死不明，得失罔辨，非有物使之乎！是为忠祟。伍员⑥不忍其父之死，托身仇国，而为之弑其君。身为乱贼之首，激烈狂悖，以求遂其志，是为孝祟。宋襄公⑦为仁祟，季路⑧为义祟，荀息⑨为信祟。奚啻是哉，庄周⑩伤道丧世乱，由于利欲，而矫之以虚无。虚无非差也，无之，所以求其有也。今读其书，不知其心安在，不知其明心之方安在，诋尧舜，诋仲尼，纵横颠倒，莫测其端。卒之其心无主，如火烬尘散，与利欲同归于灭亡，是为道祟。忠孝，大伦也；仁义信,美德也;道,大路也。不正其心,不得其方,失身之主,祸人之国,其害甚大,若之何不省也!

吾闻祟有二:有外祟,有内祟;内祟成而后外祟得以中⑪之。似德非德,似道非道,以至美色、厚利、奇器、夏屋⑫,皆外祟也;似德是德,似道是道,以至好色、好利、僻嗜、宴安,皆内祟也。心智暗塞,执见罔觉;血气偾张⑬,往而不反;趋岐为正,发狂为圣。于是智者入于非僻,愚者溺于邪淫,心化为妖矣。岂必彭生形见⑭,申生人语⑮,而后为祸哉!《春秋》,是非之准也。其所予夺,大异常见:人以为忠,而《春秋》以为非忠;人以为孝,而《春秋》以为非孝;人以为仁,而《春秋》以为非仁;人以为义,而《春秋》以为非义;人以为信,而《春秋》以为非信;人以为道,而《春秋》以为非道。明于此,而后内祟不起,外祟不入。

【注 释】

① 屈原:战国时楚人,我国伟大爱国诗人。曾作楚国左徒,后因受谗被放逐,自沉于汨罗江。汨罗江为湘水支流。

② 神语鬼语:屈原作品中描写自己上天周游,并包含丰富的神话,所以本文这样说。

③ 郑詹尹:战国时楚人,为太卜。《楚辞·卜居》写到屈原放逐三年后曾到郑詹尹处问卜。

④ 营营青蝇:语见《诗·小雅·青蝇篇》。郑笺:"蝇之为虫,污白使黑,污黑使白,喻佞人变乱善恶也。"

⑤ 丘中有麻:《诗·王风·丘中有麻序》:"丘中有麻,思贤也。庄王不明,贤人放逐,国人思之而作是诗也。"

⑥ 伍员:字子胥,春伙时楚人。父奢兄尚,均为楚平王所杀,子胥奔吴,助

吴公子光杀吴王僚，亚佐吴伐楚。后为吴王夫差（公子光之子）所杀。吴为楚之仇国，故说托身仇国。

⑦ 宋襄公：春秋五霸之一，好言仁义，而其实迂阔。与楚人战，拘于"君子不重伤，不擒二毛"的古训，终致大败。见《左传》僖公二十二年。

⑧ 季路：即子路，孔子弟子，为卫大夫孔悝之邑宰。孔悝有难，子路驰救，说："食其食者不避其难。"遂战而死。见《左传》哀公十五年。

⑨ 荀息：春秋时晋国大夫。晋献公想立庶子奚齐，怕死后诸公子不服，临终以托荀息。献公死，奚齐立，大臣拟杀奚齐，与荀息商议，荀息表示宁死必保奚齐，后来果然实践了自己的诺言。所以这里说是"信崇"。

⑩ 庄周：《吕氏春秋·必己篇》高诱注："庄子名周，宋之蒙人也。轻天下，细万物，其学尚虚无。"

⑪ 中：读去声，伤害的意思。

⑫ 夏：大。夏屋：高大的房子。

⑬ 偾：动。气动则血张，所以说"血气偾动"。

⑭ 彭生：春秋时齐国公子，为齐襄公所杀。后来襄公到贝丘打猎，看见一头大野猪，但他的随从却都说是公子彭生。见《左传》庄公八年。

⑮ 申生：春秋时晋献公的太子。献公听信宠姬的话把他害死。后来申生的兄弟夷吾作了晋君，暴虐无道。一次，大臣狐突在路上遇见申生，申生告诉他说，已经请求上帝处罚夷吾。这个迷信故事见《左传·僖公十年》。

博　观

　　唐子见果蠃①，曰："果蠃与天地长久也。"见桃李，曰："桃李与天地长久也。"见鹳鸲②，曰："鹳鸲与天地长久也。"天地不知终始，而此二三类者，见敝不越岁月之间，而谓之同长而并久，其有说乎？百物皆有精，无精不生，既生既壮，练而聚之，复传为形③。形非异，即精之成也；精非异，即形之初也。收于实，结于弹④，禅代不穷。自有天地，即有是果蠃、鹳鸲，以至于今；人之所知，限于其目。今年一果蠃生，来年一果蠃死；今日为鹳鸲之子者生，来日为鹳鸲之母者死：何其速化之可哀乎！察其形为精，精为形，万亿年之间，虽易其形而为万亿果蠃，实万亿果蠃而一蔓也；虽易其形而为万亿鹳鸲，实万亿鹳鸲而一身也。果鸟其短忽乎，天地其长久乎？果鸟其易形而短忽乎，天地其一形而长久乎？

　　无成乃无毁，有成必有毁。天地之既成也，吾知其必有毁也；知其必有毁也，亦知其必复有成也；知其必复有成，亦知其后成之不异于前成也。其日月星辰必复如是，其山川百物必复如是，其君长上下必复如是，其宫室舟车、衣服饮食必复如是，犹之相此蜩⑤而知彼蜩之羽如是也，相此菌而知彼菌之轮如是也。夫蜩不孳，菌不实⑥，而其生也古今若一。是又气之所至，不待传而传者也。是知天地非不易形而长久者，亦若蜩、菌焉而已矣，亦若果蠃、鹳鸰焉而已矣。乃人所欲莫如生，所恶莫如死，虽有高明之人，亦自伤不如龟鹤，自叹等于蜉蝣⑦。不察于天地万物之故，反诸身而自昧焉。是故知道者，斗酒羔羊以庆友朋而不自庆，被衰围绖⑧以致哀于亲而不自哀，盖察乎传形之常，而知生非创生，死非卒死也。

天地人物，奚以不穷乎？天地之混辟⑨大矣；必有为混为辟者在其中，而后不穷于混辟也。物之绝续众矣；必有为绝为续者在其中，而后不穷于绝续也。人之死生多矣；必有非生非死者在其中，而后不穷于死生也。孟春中月⑩之夜，为灯之玩者，以纸为郭⑪，景⑫旋于里。或扬旆而过，或鸣钲而过，或甲胄荷戈而过，或乘马徒步而过，绵绵不绝，何机之巧也，是非独机之巧，出灯则过者皆止，置灯则过者如飞，其转而不穷者，有灯以鼓之也。混辟、绝续、死生之不穷，必有为之灯者，不然，形敝则已，精亡则已，气索则已，孰为传之而不穷者，

老氏载魄抱一而能无离，专气致柔而能婴儿，涤除玄览而能无疵⑬。以之求长生，魂欲上天，魄欲入渊；还魂反魄，合乎自然。是皆逆阴阳之用，窃天地之机，以私其身，于是有人皆死而我独存者。观传形者，顺乎气耳⑭，而机不在焉；得长生者，握其机耳⑮，而道不在焉。

句汇⑯问于唐子曰："仲尼观水而叹逝者⑰，其义可得闻乎？"唐子曰："善哉问也，时之逝也，日月迭行，昼夜相继，如驰马然；世之逝也，自皇以至于帝王⑱，自帝王以至于今兹，如披籍⑲然；人之逝也，少焉而老至，老矣而死至，如过风然。此圣人与众人同者也。圣人之所以异于众人者，有形则逝，无形则不逝；顺于形者逝，立乎无形者不逝。无古

今，无往来，无生死，其斯为至矣乎！"

【注 释】

① 果蓏：即瓜蒌。多年生草本植物。

② 鸜鹆：俗名八哥。

③ 精：精气。形：形体。这是说生物身上的精气凝聚，就变成下一代的形体。

④ 实：指果蓏、桃李的果实。收于实：精气收敛在果实里。弹：指鸜鹆的蛋。结于弹：精气结聚在蛋里。

⑤ 蜩：蝉。

⑥ 孽：孽生、繁殖。旧说蝉不生殖。菌不实：是说菌不结果实。

⑦ 蜉蝣：一种生命短促的小虫。

⑧ 衰：丧服。绖：丧服的带子，围在头上和腰上。

⑨ 混：合。辟：分。

⑩ 孟春中月：即元宵日。孟春，阴历正月。

⑪ 郭：指灯笼的外壳。这里说的是走马灯。

⑫ 景：同"影"。

⑬ 涤除玄览而能无疵：语出《老子》第十章："载营魄抱一，能无离乎？专气致柔，能婴儿乎？涤除玄览，能无疵乎？"营魄即魂魄。专同"抟"。大意是：要使魂魄与身体合一，而不致离失；结聚精气，达到柔和，像无欲的婴儿一样；涤除内心的欲念，使之无瑕疵。

⑭ 顺乎气：顺着阴阳二气的作用。作者认为万物的死生相续而传之不穷，就是气的运动变化。

⑮ 握其机：掌握天地之机。机，指气运动变化的动力。上文说"其转而不穷

者，有灯以鼓之也"，即以灯喻机。

⑯ 句汇：名亩，《潜书》中屡见其向唐甄问学，姓氏及生平不详。

⑰ 仲尼观水而叹逝者：《论语·子罕》："子在川上曰：逝者如斯夫，不舍昼夜！"

⑱ 自皇以至于帝王：皇指三皇，帝指五帝，王指三王。

⑲ 披籍：翻书。

富 民

财者，国之宝也，民之命也；宝不可窃，命不可攘。圣人以百姓为子孙，以四海为府库，无有窃其宝而攘其命者，是以家室皆盈，妇子皆宁①。反其道者，输于幸臣之家，藏于巨室之窟。蠹多则树槁，痈肥则体敝，此穷富之源，治乱之分也。

虐取者，取之一金，丧其百金；取之一室，丧其百室。兖②东门之外，有鬻羊饔者，业之二世矣，其妻子佣走之属，食之者十余人。或诬其盗羊，罚之三石粟，上猎其一，下攘其十，尽鬻其釜甑之器而未足也，遂失业而乞于道。此取之一金，丧其百金者也，潞③之西山之中有苗氏者，富于铁冶，业之数世矣，多致四方之贾，椎凿鼓泻担挽④，所藉而食之者常百余人。或诬其主盗，上猎其一，下攘其十，其冶遂废，向之藉而食之者，无所得食，皆流亡于河、漳之上、此取之一室，丧其百室者也。

虐取如是，不取反是。陇右牧羊，河北育豕，淮南饲鹜⑤，湖滨缫丝，吴乡之民编蒉织席，皆至微之业也；然而日息岁转，不可胜算。此皆操一金之资，可致百金之利者也。里有千金之家，嫁女娶妇，死丧生庆，疾病医祷，燕饮赍馈，鱼肉果蔬椒桂之物，与之为市者众矣。缗钱锱银，市贩贷之；石麦斛米，佃农贷之；匹布尺帛，邻里党戚贷之，所赖之者众矣。此藉一室之富可为百室养者也。海内之财，无土不产，无人不生；岁月不计而自足，贫富不谋而相资。是故圣人无生财之术，因其自然之利而无以扰之，而财不可胜用矣。

今夫柳，天下易生之物也，折尺寸之枝而植之，不过三年而成树，岁剪其枝，以为筐筥之器，以为防河之扫⑥，不可胜用也。其无穷之用，皆自尺寸之枝生之也。若其始植之时，有童子者拔而弃之，安望岁剪其枝以利用哉！其无穷之用，皆自尺寸之枝绝之也。不扰民者，植枝者也，生不已也；虐取于民者，拔枝者也，绝其生也。

虐取者谁乎？天下之大害莫如贪，盖十百于重赋焉。穴墙而入者，不能发人之密藏；群刃而进者，不能夺人之田宅；御旅于涂⑦者，不能破人之家室；寇至诛焚者，不能穷山谷而遍四海。彼为吏者，星列于天下，日夜猎人之财，所获既多，则有陵己者负箧而去。既亡于上，复取于下，转亡转取，如填壑谷，不可满也。夫盗不尽人，寇不尽世，而民之毒于贪吏者，无所逃于天地之间。是以数十年以来，富室空虚，中产沦亡，穷民无所为赖，妻去其夫，子离其父，常叹其生之不犬马若也。

今之为吏者，一袭之裘值二三百金，其他锦绣视此矣；优人之饰必数千金，其他玩物视此矣；金盏、银罂⑧、珠玉、珊瑚、奇巧之器，不可胜计。若是者，谓之能吏，市人慕之，乡党尊之，教子弟者劝之。有为吏而廉者，出无舆，食无肉，衣无裘，谓之无能；市人贱之，乡党笑之，教子弟者戒之。盖贪之锢人心也甚矣！治布帛者，漂则白，缁⑨则黑。由今之俗，欲变今之贪，是求白于缁也。

治贪之道，赏之不劝，杀之不畏，必渐之以风。《礼》曰："知风之自。"⑩昔者明太祖衷襦⑪之衣，皆以梭布。夫衣可布，何必锦绣；器可瓦，何必金玉；粱肉可饱，何必熊之蹯，玉田之禾⑫吾闻明之兴也，吴之民不食粱肉，间阎无文采，女至笄⑬而不饰，市不居异货，宴宾者不兼味，室无高垣，茅舍邻比。吴俗尚奢，何朴若是？盖布衣之风也。人君能俭，则百官化之，庶民化之；于是官不扰民，民不伤财。人君能俭，则因生以制取，因取以制用，生十取一，取三余一，于是民不知取，国不知用，可使菽粟如水火，金钱如土壤，而天下大治。为君之乐，孰大于是哉！

【注 释】

① 家室皆盈，妇子皆宁：语本《诗·周颂·良耜》："百室盈止，妇子宁止"。

② 兖：兖州府，在今山东省。

③ 潞：潞安府，在今山西省。

④ 椎凿：指开矿。鼓泻：指鼓风、熔铁、铸造。担挽，肩挑车拉。以上指冶铁厂的不同工种。

⑤ 鹜：鸭。

⑥ 埽：防洪用的东西。用柳条编成，填以沙石。

⑦ 御旅于途：指拦路抢劫。涂，同"途"。

⑧ 盏：小杯。罂：音婴，酒器。

⑨ 缁：染黑。

⑩ 知风之自：语见《礼记·中庸》。

⑪ 衷：里亵衣。襦：短衣。

⑫ 熊之蹯：即熊掌。玉田：县名，在河北省，以产玉田米著名。

⑬ 笄：簪子。古俗女子年至十五就要佩戴发笄，表示成人。

室　语

　　唐子居于内，夜饮酒，已西向坐，妻东向坐，女安北向坐，妾坐于西北隅，执壶以酌，相与笑语。唐子食鱼而甘，问其妾曰："是所市来者，必生鱼也。"妾对曰："非也，是鱼死未久，即市以来，又天寒，是以味鲜若此。"于是饮酒乐甚。忽然拊几而叹。其妻曰："子饮酒乐矣，忽然拊几而叹，其何故也？"唐子曰："溺于俗者无远见。吾欲有言，未尝以语人，恐人之骇异吾言也。今食是鱼而念及之，是以叹也。"妻曰："我，妇人也，不知大丈夫之事，然愿子试以语我。"

　　曰："大清有天下，仁矣。自秦以来，凡为帝王者皆贼也。"妻笑曰："何以谓之贼也？"曰："今也有负数匹布或担数斗粟而行于涂者，或杀之而有其布粟，是贼乎，非贼乎？"曰："是贼矣。"

　　唐子曰："杀一人而取其匹布斗粟，犹谓之贼；杀天下之人而尽有其布粟之富，而反不谓之贼乎！三代以后，有天下之善者莫如汉，然高帝屠城阳，屠颍阳①，光武帝屠城三百②。使我而事高帝，当其屠城阳之时，必痛哭而去之矣；使我而事光武帝，当其屠一城之始，必痛哭而去之矣。吾不忍为之臣也。"

妻曰:"当大乱之时,岂能不杀一人而定天下?"唐子曰:"定乱岂能不杀乎,古之王者,有不得已而杀者二:有罪,不得不杀;临战,不得不杀。有罪而杀,尧舜之所不能免也;临战而杀,汤武之所不能免也③;非是,奚以杀为!若过里而墟其里,过市而窜④其市,入城而屠其城,此何为者!大将杀人,非大将杀之,天子实杀之;偏将杀人,非偏将杀之,天子实杀之;卒伍杀人,非卒伍杀之,天子实杀之;官吏杀人,非官吏杀之,天子实杀之。杀人者众手,实天子为之大手。天下既定,非攻非战,百姓死于兵与因兵而死者十五六。暴骨未收,哭声未绝,目眥⑤未干,于是乃服衮冕,乘法驾,坐前殿,受朝贺,高宫室,广苑囿,以贵其妻妾,以肥其子孙。彼诚何心而忍享之!若上帝使我治杀人之狱,我则有以处之矣。匹夫无故而杀人,以其一身抵一人之死,斯足矣;有天下者无故而杀人,虽百其身不足以抵其杀一人之罪。是何也?天子者,天下之慈母也,人所仰望以乳育者也。乃无故而杀之,其罪岂不重于匹夫!"

妻曰:"尧舜之为君何如者?"曰:"尧舜岂远于人哉?"乃举一箸指盘中之余鱼曰:"此味甘乎?"曰:"甘。"曰:"今使子钓于池而得鱼,扬竿而脱,投地跳跃,乃按之椹⑥上而割之,刳其腹,剥其甲,其尾犹摇。于是煎烹以进,子能食之乎?"妻曰:"吾不忍食也。"曰:"人之于鱼,不啻太山之于秋毫也;甘天下之味,亦类于一鱼之味耳。于鱼则不忍,于人则忍之;杀一鱼而甘一鱼之味则不忍,杀天下之人而甘天下之味则忍之。是岂人之本心哉!尧舜之道,不失其本心而已矣。"

妾,微者也,女安,童而无知者也,闻唐子之言,亦皆悄然而悲,咨嗟欲泣,若不能自释焉。

【注 释】

① 高帝屠城阳，屠颍阳：事见《史记·高祖本纪》："秦二世二年……沛公、项羽别攻城阳，屠之。……秦二世三年……（沛公）南攻颍阳，屠之。"沛公即汉高祖刘邦。

② 光武帝屠城三百：《后汉书·耿弇传》："弇凡所平郡四十六，屠城三百。"耿弇是东汉光武帝的大将。

③ 有罪而杀……不能免也：尧舜诛四凶，汤伐桀，武王伐纣，所以说不免杀人。

④ 窜：杀逐。

⑤ 目眥：眼眶。

⑥ 椹：切菜的砧板。

信及录

林则徐

导　读

李敖

　　林则徐（1785—1850），字少穆，福建侯官人。他是清朝进士，在湖广任总督时，向道光皇帝上陈鸦片问题，得到皇帝信任，乃在道光十八年（1838）担任钦差大臣，查禁鸦片，并见证了鸦片战争。

　　中英鸦片战争（1840—1842）是中国历史上划时代的大事。一谈中国近代史，大家都从鸦片战争讲起，因为它是中国"近代化"的开端，一个掩转的起点。

　　自鸦片战争后，中国大梦方觉，自感"天朝"声威不足以震慑夷狄的"船坚炮利"，而夷狄更是"不可理喻"，"晓以大义"并无效果，因而激励了民族自觉，开始委曲求全地接受西方文明。曾国藩、左宗棠、李鸿章等筹办洋务，乃至康有为、梁启超等的戊戌变法，都是这一自觉的显例。所以鸦片战争的失败，关系中国近代化的迟速，极为深远。

　　林则徐在战败后做了替罪羊，谪戍新疆伊犁，他又先知式的看到"终为中国患者，其俄罗斯乎？"从这本书里，可以看到这位先知的远见，以及他从防英国到防俄国的思想过渡。

颁发查禁营兵吸食鸦片规条稿 己亥二月

札广东水师某知悉：照得营兵吸食鸦片，屡奉谕旨严饬，又经历任两广督部堂广东抚部院再三诰诫，其中能自改悔者固不乏人，而既违明禁仍蹈故辙者亦复不少，大抵巡洋师船停泊之时，舟中无事，有一二人吸食，因而引类呼朋，群相效尤，遂成锢习。又有搜获烟土，并不全数缴官，假公济私，隐匿入己，因而煎熬吸食，甚且售卖得钱。同伍则朋比为奸，匿不举首；备弁亦通同庇纵，利其分肥。以致吸食者习为故常，售卖者视为利薮；名为健卒而精力疲惫不堪，委以查私而贿赂公行滋甚。此种积弊，实堪痛恨！本大臣前在楚省，业经设法查禁，着有成效。兹复奉命来粤，查办海口，兼以节制水师，访知弁兵，锢蔽已深，几于固结莫解。现与两广总督部堂邓、广东水师提督关会商，严定五人互保之法，以除积弊，而挽颓风。除该管将弁有犯此者，许所属营弁头目人等据实禀揭，考验特参外，合将规定规条特札颁发。札到，该口立即转行本属各营将弁，于文到五日内，立将该管兵目住址、籍贯、切实姓名，详造花名细册，呈送本大臣察核，以凭点派互保。其中有久惯吸食，该管将弁知之最详者，速即开除名粮解县严办，毋得冒滥列册。其余注保等事，悉照另颁规条办理。将弁中如有沾染吸食者，亦即揭参究惩。毋少隐讳，致于徇庇之咎。凛之慎之！特札。

札发编查保甲告示条款转发衿耆查照办理由 己亥二月

札口口知悉：照得鸦片来自外洋，流毒中国，先经督部堂邓抚部院怡会同剀切晓谕，至再至三，而积习已深，窑口兴贩、烟馆吸食等项，虽不敢明目张胆，显违功令，无如踪迹诡秘，侦探愈难。所赖地方文武，振刷精神，明示以立法之严，直抉其玩法之隐。立限首缴，已往之罪尚可宽；设法周防，再犯之法无可贷。须知章程一定，即当永远奉行，与其贻悔将来，不如先筹善策。本大臣恭膺钦命，按莅粤东，惧玉石之不分，贵莠良之早辨。窃愿与忠信之长，慈惠之师，求所以塞其源而截其流者，莫如保甲为最善。而保甲章程，则自嘉庆十九年颁行以后，每岁无不查催，条款非不周备，无如各省牧令，视为具文，按年勒令地保造呈烟户细册，地方官发房存案，全未寓目，书差责取陋规，地保藉图分润。究之编查是否确实，有无舛错遗漏，所举甲长牌头是否公正，无由稽核。是官长未收保甲之益，而民间反受保甲之扰矣。如此锢习，可为浩叹！兹本大臣明定章程，悉由地方官敦请邑中公正绅士为之综理，再由绅士公举各乡公正衿耆分理本乡事宜。如有隐匿遗漏，惟分理是问。至牌册纸张及书吏饭食，官为捐办，不许丝毫骚扰，不经吏胥之手。除将应行告示规条并断瘾药方札发遵照严禁外，札到，该□□即将发来告示条款、断瘾药方转发各属，布散各衿耆，并查照规条内所开结式，饬令妥为办理。俟册缴到日，即亲身赴乡，挨户点查，如查有兴贩吸食实据，即照例严拘究办，毋得草率徇隐。仍先将奉到日期具报查考。此札。

谕洋商责令夷人呈缴烟土稿 己亥二月初四日行

谕洋商知悉：照得广东华夷互市，已历三百余年，彼岂不能自相交易，所以必设洋商者，原为杜私通而防禁物起见也。恭查嘉庆廿一年；钦奉上谕责令洋商查明，如各夷船带有鸦片，即将货物全行驳回，不许贸易。原船逐回本国等因，钦此！钦遵在案。查节次夷船进口，皆经该商等结称，并无携带鸦片，是以准令开舱进口，并未驳回一船。今鸦片如此充斥，毒流天下，而该商等犹混行出结，皆谓来船并无夹带，岂非梦呓？若谓所带鸦片，早卸在伶仃洋之趸船，而该商所保其无夹带者，系指进口之船而言，是则掩耳盗铃，预存推卸地步，其居心更不可问。譬如人家防夜，设立更夫，乃财物已被席卷而逃，而看更者犹曰无贼，此非通盗而何！况夷馆系该商所盖，租与夷人居住，馆内行丁及各项工役，皆该商所雇，马占等皆该商所用，附近银铺皆该商所与交易者，乃十余年来，无不写会单之银铺，无不通窑口之马占，无不串合快艇之行丁工役，并有写书之字馆、持单之揽头，朝夕上下夷楼，无人过问，银洋大抬小负，昼则公然入馆，夜则护送下船，该商岂能诿于不闻不见？乃相约匿不举发，谓非暗立股分，其谁信之？且闻从前夷人来馆，先穿大服，佩刀剑，拜候各商，多有辞而不见，候其再来，而后答之。近年乃有托言照应过关，下澳远迎者矣。甚至东裕行竟送肩舆与大班边乘坐，而该大班转不许该商乘轿入馆。种种悖谬，廉耻何存？此虽皆由试办之商，觍颜作俑，素有身家之原商尚不至此，而薰莸同臭，实为尔等羞之！在尔等只知致富由于通商，遂尔巴结夷人为利薮，岂知夷人之利，皆天朝所予，倘一旦上干圣怒，绝市闭关，彼各国皆无辎铢之利可图，而何有于尔等乎？乃不知朝廷豢养深恩，而引汉奸为心腹，内地衙门，一动一静，夷人无不先知，若向该商问及夷情，转为多方掩饰，不肯吐实。即如纹银出洋，最干例禁，夷人果皆以货易货，安有银两带回？况经该商等禀明，每年交易之外，夷人总应找入内地洋钱四五百万元不等，如果属实，何以近来夷船，并无携带新洋钱到港，而内地洋钱日少一日？该商中之败类者，又何至拖欠夷债百余万之多？可见"以货易货"四字，竟是全谎。更有奇者，该商藉有前任粤海关阿所奏余剩洋银带回三成暂时试行之案，遂援为定例，年年影射，禀请下船，多制木箱，如同解饷。甚且代称某年夷人寄存某处银若干，今托某夷人带回，因与海关书吏串通做案，商则一面出结，银则一面出洋。言与行违，恬不为怪。曾经奉旨饬查，仅以一禀支饰了事。况如夷人查吨等，皆惯卖鸦片最为奸滑之人，前年奉旨查逐，而该商尤为力保，有"察出串卖鸦片，取银给单，情甘坐罪"之语，结犹在卷，试问此结应坐罪乎？否乎？又咽义吐船上之鸦片，系在内河搜出，是并进口之船出结亦不足据矣。旧冬三板船七只，因该商等屡禀，甫经准行，乃漏货物者有之，带火药者有之。如曰不知，要尔何用？如曰知之，罪不容诛！今计历年中国之银耗于外洋者，不下几万万矣。叠奉谕旨，以鸦片入口、纹银出洋之事，责备大小官员，十分严切，而该商等毫无干系，依然藏垢纳污，实堪令人切齿。本大臣奉命来粤，首办汉奸。该商等未必非其人也。合亟谕查。谕到，该商等立即逐一据实供明，以凭按律核办。至现在先以断绝鸦片为首务，已另谕夷人将趸船所贮数万箱鸦片悉数缴官，并责令签名出其汉字夷字合同甘结，声明嗣后永不敢带鸦片，如再夹带，查出，人即正法，货尽入官。此谕即交该商等赍赴夷馆，明白谕知，必须严气正性，晓以利害，不许仍作韦脂之态，再说央恳之词，务令慷慨激昂，公同传谕。限三日内取结禀覆。如此事先不能办，则其平日串通奸夷，私心外向，不问可知。本大臣立即恭请王命，将该商择尤正法一二，抄产入官，以昭炯戒。毋谓言之不早也。特谕。

谕各国夷人呈缴烟土稿 己亥二月初四日行

谕各国夷人知悉：照得夷船到广通商，获利甚厚，是以从前来船，每岁不及数十只，近年来至一百数十只之多，不论所带何货无不全销，愿置何货无不立办，试问天地间如此利市码头，尚有别处可觅否？我大皇帝一视同仁，准尔贸易，尔才沾得此利；倘一封港，尔各国何利可图？况茶叶大黄，外夷若不得此即无以为命，乃听尔年年贩运出洋，绝不靳惜，恩莫大焉！尔等感恩即须畏法，利己不可害人，何得将尔国不食之鸦片烟带来内地，骗人财而害人命乎！查尔等以此物蛊惑华民，已历数十年，所得不义之财，不可胜计，此人心所共愤，亦天理所难容。从前天朝例禁尚宽，各口犹可偷漏，今大皇帝闻而震怒，必尽除之而后已，所有内地民人贩鸦片开烟馆者立即正法，吸食者亦议死罪，尔等来至天朝地方，即应与内地民人同遵法度。本大臣家居闽海，于外夷一切伎俩，早皆深悉其详，是以特蒙大皇帝颁给平定外域，屡次立功之钦差大臣关防，前来查办。若追究该夷人积年贩卖之罪，即已不可姑容，惟念究系远人，从前尚未知有此严禁，今与明申约法，不忍不教而诛。查尔等现泊伶仃等洋之趸船，存有鸦片数万箱，意欲私行售卖。独不思海口如此严拿，岂复有人敢为护送！而各省亦皆严拿，更有何处敢与销售！此时鸦片禁止公行，人人知为鸩毒，何苦贮在夷趸，久椗大洋，不独枉费工资，恐风火更不可测也。合行谕饬。谕到，该夷商等速即遵照将趸船鸦片尽数缴官，由洋商查明何人名下，缴出若干箱，统共若干斤两，造具清册，呈官点验，收明毁化，以绝其害，不得丝毫藏匿，一面出具夷字汉字合同甘结，声明"嗣后来船永不敢夹带鸦片，如有带来，一经查出，货尽没官，人即正法，情甘服罪"字样。闻该夷平日重一信字，果如本大臣所谕，已来者尽数呈缴，未来者断绝不来，是能悔罪畏刑，尚可不追既往。本大臣即当会同督部堂抚部院禀恳大皇帝格外施恩，不特宽免前愆，并请酌予赏犒，以奖其悔惧之心。此后照日常贸易，既不失为良夷，且正经买卖尽可获利致富，岂不体面！倘执迷不悟，犹思捏禀售私，或托名水手带来与尔无涉，或诡称带回该国投入海中，或乘间而赴他省觅售，或搪塞而缴十之一二，是皆有心违抗，怙恶不悛，虽以天朝柔远绥怀，亦不能任其貌玩。应即遵照新例，一体从重惩创。此次本大臣自京面承圣谕，法在必行。且既带此关防，得以便宜行事，非寻常查办他务可比。若鸦片一日未绝，本大臣一日不回，誓与此事相始终，断无中止之理。况察看内地民情，皆动公愤，倘该夷不知改悔，惟利是图，非但水陆官兵，军威壮盛，即号召民间丁壮，已足制其命而有余。而且暂则封舱，久则封港，更何难绝其交通！我中原数万里版舆，百产丰盈，并不藉资夷货，恐尔各国生计，从此休矣！尔等远出经商，岂尚不知劳逸之殊形，与众寡之异势哉？至夷馆中惯贩鸦片之奸夷，本大臣早已备记其名，而不卖鸦片之良夷，亦不可不为剖白。有能指出奸夷，责令呈缴鸦片，并首先具结者，即是良夷，本大臣必先优加奖赏。祸福荣辱，惟其自取。今令洋商伍绍荣等到馆开导，限三日内回禀，一面取具切实甘结，听候会同督部堂抚部院示期收缴，毋得观望诿延，后悔无及！特谕。

饬拿贩烟夷犯颠地稿 己亥二月初八日行

札广州府暨南、番二县知悉：照得本大臣此次来粤，仰蒙钦交烟犯姓名事由，内开"一夷民颠第，递年逗留省城，凡纹银出洋，烟土入口，多半经其过付。该夷民常与汉人往来，传习夷字，学习讼词，购阅邸抄，探听官事，又请汉人教习中国文字，种种诡秘，不可枚举"等因。查颠第即颠地，本系著名贩卖鸦片之奸夷，本大臣到省后，即欲委员前赴夷馆查拿究办，因该府县等面禀，夷馆中各国夷人畏法者尚多，非尽如颠地之奸猾，请先分别良莠，再行查拿，是以先令洋商赍谕前往开导，令将烟土呈缴，并具永不夹带甘结，尚可宽其既往，其不缴者立即惩办。去后，兹复据该府县等面称，"闻得咪唎坚国夷人多愿缴烟，被港脚夷人颠地阻挠，因颠地所带烟土最多，意图免缴"等语，是该夷颠地诚为首恶，断难姑容，合亟札饬、拿究。札到该府等，即赴十三行传谕洋商暨夷人等，以本大臣奉命来此查办鸦片，法在必行，速将颠地一犯交出，听候审办。此外，夷人仍当分别良莠，如咪唎坚夷人果知畏威怀德，将烟土首先呈缴，不听颠地阻挠，定即先加奖赏，即英咭唎及港脚诸夷有先行呈缴者，亦必一体加奖，断不因颠地之愍不畏法，而连及能知改悔之人。至于安分良夷，本无夹带鸦片，本大臣尤必力为保护，不必心存疑虑。但当晓谕诸夷，将已来之鸦片速缴到官，未来之烟土具结永断，共作正经卖买，凛天朝之法度，即享乐利于无穷，不得自外生成，致干宪纪；一面将夷犯颠地译讯确供，禀请核办，毋延。特札。

谕缴烟土未覆先行照案封舱稿 己亥二月初十日会稿

谕洋商伍绍荣，卢继光，潘绍光知悉：照得现泊伶仃等处洋面各国趸船，存积鸦片甚多，私行售卖，经本大臣谕令夷人将趸船存贮鸦片悉数缴官，着该洋商等将谕帖赍赴夷馆，明白晓谕，限三日内取结禀覆，并谕该商等遵照在案。现在未据回禀，是其意存观望，殊属违玩，应即先行封舱。合就谕饬。谕到，该商等即便遵照，将停泊黄浦贸易各国夷船先行封舱，停止买卖，一概不准上下货物，各色工匠船只房屋，不许给该夷人雇赁。如敢私自交易往来及擅行雇赁者，地方官立即查拿，照私通外国例治罪。所有夷人三板，亦不许拢近各夷船，私相交结。至省城夷馆买办及雇用人等，一概撤出，毋许雇用。该商等仍遵照本大臣前谕，刻日取结禀办。倘敢违玩，本大臣本部堂本部院定即禀明，请旨永远封港，断其贸易。凛之！切切！

咪唎坚国夷商禀禀该商向不贩卖鸦片由 己亥二月十一日到

咪唎坚国远商禀禀钦差大人，为禀请敬报事：远商几年在广东做贸易，从来不贩卖受交鸦片垞一斤，亦丝银都不买，又随时到处勉劝各人，以此项毒物万不应做矣。现在禀明钦差大人知道：远商应承后来更不贩卖鸦片丝银，若有时做，就受刑罚。而此次忖想钦差大人宪仁政，必不忍将远商之货船买办事件阻留为难也。亦禀明过限期，因为远商想望各商，一齐禀报顺从。谨此，禀赴钦差大人台前，查察允准施行。

批咪唎坚京夷禀 己亥二月十二日

本大臣到粤,访知该京夷平日不卖鸦片,殊为出众可嘉。但本大臣早颁谕帖,令众夷人缴土,何以该夷不能迅速劝导,昨因多日未据呈缴,是以照案封舱。且奸夷有欲脱逃者夷馆中四通八达,防范难周,是以将买办工人一概暂撤,以杜指引。今据禀有各商一齐顺从之语,如果速缴鸦片,何难事事照常。第该夷一面之词,恐不足据,一时开舱等事,尚难准行。仰广州府转饬洋商,明白谕知,仍催各夷人速即缴土可也。

批司道会详核议设局收缴鸦片章程由 己亥二月十二日

　　查阅会详设局收缴鸦片章程，所议已臻妥协，惟思烟枪烟斗有新旧之不同，烟土烟膏尤真伪之易混，似应责成局员，悉心查验，不许以新充旧，以假作真。果系真土真膏，用熟枪斗，更须防人抽换，应于验收膏土时，即跟同呈缴之人，秤明斤两，每土一个，每膏一罐，均须用纸数层封固里外，俱令局员画押编号，写明斤两及收缴日期。其枪斗实系用熟渍油者，缴到时，即先敲裂，仍封固，编号画押，写明收缴日期。各种烟具，亦皆照办，仍将每日所收，汇登簿册，用片单通报查核，一面送交粮道点验贮库。积有数十号，即酌请本大臣会同督部堂抚部院示期覆验销毁。如验出假土新枪，显有抵换情弊，即须分别根究。若画押分明，封皮完固，则惟验收之员是问；封皮已损，画押无存，则惟藏贮之员是问。如此办理，有无格碍，仰再会议详覆，并录报督部堂抚部院仍候批示缴。

咨覆广督批示义律夷禀一案稿 己亥二月十二日

为咨覆事：道光十九年二月十一日戌刻，准贵部堂咨"据英咭唎国领事义律，于本月初十日上省，十一日子刻，具有夷禀一件，业经本部堂明白批示，并咨明准案，兹于未刻复据具禀一件，核其所请，现在俱难允准，所有夷禀，理合咨送，察核批示"等因到，本大臣准此。查该领事义律，禀请委员到馆，得以详细陈明，此言似尚近理，然何以本日自辰至申，不特叠派广州珠守、候补余守、佛冈刘丞、南海刘令、番禺张令同赴洋行会馆，待该夷人谕话，并藩臬两司亦皆至新城候信，而诸夷匿不一出，并该领事义律亦竟不到，是何道理！查夷人贩买鸦片，久干法纪，本大臣奉命来粤查办，不忍不教而诛，是以先发谕帖，令其呈缴烟土，此系格外从宽，该领事若有一隙之明，当如何感激速办。乃义律未进省以前，闻各夷人尚皆口称愿缴，不过未报实数，即颠地自知久惯贩卖，不敢遽出见官，亦尚未敢逃走。讵自二月初十晚，义律进省，即愿引带颠地脱逃，以阻呈缴烟土之议。若非防范严密，几致兔脱狼奔。是义律如此行为，直同鬼蜮，尚能胜领事之任乎？且一日之间，在贵部堂衙门混递两禀，于查禁鸦片谕令呈缴之事，一字不提，壹似无故留难者。独不思伊果能晓谕众夷人遵谕缴土，本大臣方嘉奖之不暇，即未能晓谕，而不敢簧惑众心，指引逃走，亦何至撤其买办，查其来船乎？此时抗违阻挠之人，转不在颠地而在义律，即使本大臣曲为宽贷，而该国人久沾广东贸易之利，垂二百年，若被义律一人猝然阻坏，该国主岂肯姑容。从前夷官在此，有不守法者，历经该国尽法惩治，岂义律未之闻耶？准咨前因，应请贵部堂姑再传谕义律，须知畏罪改悔，晓谕各夷人遵谕将趸船烟土迅速全缴，不但人船卖办，一切照常，本大臣与贵部堂，抚部院定当不追既往，奏恳大皇帝格外施恩，从此各夷人均作正经买卖，乐利无穷。倘佯为不知，甘心贻误，是其孽由自作，后悔何及！州来示谕四条，除发洋行实贴外，希一并传谕义律译付众夷人知之。相应咨覆。为此合咨贵部堂，请烦查照施行。

示谕夷人速缴鸦片烟土四条稿 己亥二月十二日

一，论天理应速缴也：查尔等数十年来，以害人之鸦片驱人银钱，前后所得不知几万万矣。尔则图私而专利，人则破产以戕生；天道好还，能无报应乎？及今缴出，或可忏悔消殃，否则恶愈深而孽愈重。尔等离家数万里，一船来去，大海茫茫，如雷霆风暴之灾，蛟鳄鲸鲵之厄，刻刻危机，天谴可畏！我大皇帝威德同天：今圣意要绝鸦片，是即天意要绝鸦片也。天之所厌，谁能违之！即如英国之犯内地禁令者，前在大班喇唎图占澳门，随即在澳身死；道光十四年，律劳卑闯进虎门，旋即忧惧而死；吗哩臣暗中播弄，是年亦死；而惯卖鸦片之曼益死于自刎。此外，凡有不循法度者，或回国而遭重谴，或未回而伏冥诛，各国新闻纸中皆有记载。天朝之不可违如是，尔等可不懔惧乎？

一，论国法应速缴也：闻尔国禁人吸食鸦片，食者处死，是明知鸦片之害人也。若禁食而不禁卖，殊非恕道；若禁卖而仍偷卖，是为玩法。况天朝贩卖之禁，本比吸食为尤重。尔等虽生于外国，而身家养活全靠天朝，且住内地之日多，住尔国之日少，凡日用饮食以及积蓄家财，无非天朝恩典，比之内地百姓更为优待，岂尔等于天朝之法，转不知凛畏耶？从前鸦片虽禁尚不加以严刑，这是天朝宽大之政，故于尔等私下贩卖，亦不十分穷究。今则大皇帝深恶而痛绝之：嗣后内地民人不特卖鸦片者要死，吸鸦片者也要死。试思尔等若不带鸦片来，内地民人何由而吸？是内地民人之死，都是尔等害之，岂内地民人该死，而尔等独不该死乎？今仰体大皇帝柔远之心，姑饶尔等之死，只要尔等缴清烟土，出具以后永不夹带甘结，如敢再带，人即正法，货尽没官。这是宽既往而儆将来，何等包含浑厚！且无论尔历年所卖鸦片不计其数，就论上年带来鸦片偷卖去的，谅亦不少了。仅将趸船之现存者，尽数呈缴，已极便宜，那有再让尔等多赚银钱，更诱内地民人买食以陷死罪之理！恭查大清律例，内载"化外人有犯并依律拟断"等语，从前办过夷人死罪如打死人偿命之类，都有成案，试思打死一命，不过衅起一时，尚当依律抵死，若贩卖鸦片，直是谋财害命，况所谋所害何止一人一家。此罪该死乎，不该死乎？尔等细思之！

一，论人情应速缴也：尔等来广东通商，利市三倍。凡尔等带来货物，不论粗细整碎，无一不可销售；而内地出产不论可吃可穿可用可卖者，无不听尔搬运。不但以尔国之货，赚内地之财，并以内地之货赚各国之财。即断了鸦片一物，而别项买卖正多，则其三倍之利自在，尔等仍可致富。既不犯法，又不造孽，何等快活！若必要做鸦片生意，必至断尔等贸易。试问普天之下，岂能更有如此之好码头乎？且无论大黄、茶叶不得即无以为生，各种丝斤不得即无以为织，即如食物中之白糖冰糖桂皮桂子，用物中之银朱腾黄白矾樟脑等类，岂尔各国所能无者？而中原百产充盈，尽可不需外洋货物。若因鸦片而闭市，尔等全无生计，岂非由于自取乎？况现在鸦片无人敢买，尔等寄在趸船，按月有租赁之价，日夜有防范之工，岂非多此枉费？一遇风狂火炽，浪卷潮翻，沉没烧毁，皆意中事也。何如呈缴而得优赏乎！

一，论事势应速缴也！尔等远涉大洋来此经营贸易，全赖与人和睦，安分保身，乃可避害得利。尔等售卖鸦片，贻害民生，正人君子，无不痛心疾首，甚至兴贩吸食之人罹于死罪者，皆由尔等卖烟而起，即里闾小民，亦多抱不平之气：众怒难犯，甚可虑也！出外之人，所恃者信义耳。现在各官皆示尔等以信义，而尔等转毫无信义，于心安乎？于势顺乎？况以本不应卖之物，当此断不许卖之时，尔等有何为难！有何靳惜！且尔国不食，势难带回，若不缴官，留之何用？至既缴之后，贸易愈旺，礼貌加优，岂非尔等之福！本大臣与督抚两院，皆有不忍人之心，故不惮如此苦口劝谕。祸福荣辱，皆由自取，毋谓言之不早也。